"Borussia ist stärker"
Zur Alltagsbedeutung des Fußballvereins, gestern und heute

D1727416

Europäische Hochschulschriften

Publications Universitaires Européennes
European University Studies

Reihe XIX
Volkskunde/Ethnologie
Abt. A Volkskunde

Série XIX   Series XIX

Ethnologie, anthropologie culturelle et sociale
a/folklore

Anthropology-Ethnology
Section A: Anthropology

Bd./Vol. 29

PETER LANG
Frankfurt am Main · Bern · New York · Paris

Roland Binz

» Borussia ist stärker «

Zur Alltagsbedeutung des Fußballvereins, gestern und heute

PETER LANG
Frankfurt am Main · Bern · New York · Paris

CIP-Kurztitelaufnahme der Deutschen Bibliothek

Binz, Roland:

"Borussia ist stärker" ; zur Alltagsbedeutung
d. Fussballvereins, gestern u. heute / Roland
Binz. - Frankfurt am Main ; Bern ; New York ;
Paris : Lang, 1988.
(Europäische Hochschulschriften : Reihe 19,
Volkskunde, Ethnologie : Abt. A, Volkskunde ;
Bd. 29)
ISBN 3-8204-1361-8

NE: Europäische Hochschulschriften / 19 / A

Die zum Teil unbefriedigende Bildqualität resultiert aus den
zur Verfügung stehenden Vorlagen. Verfasser und Verlag
bitten dafür um Verständnis.

D 21
ISSN 0721-3522
ISBN 3-8204-1361-8

Druck und Bindung: Weihert-Druck GmbH, Darmstadt

Printed in Germany

Diese Arbeit widme ich meiner Mutter.
In Liebe und Dankbarkeit.

Inhaltsverzeichnis

Vorbemerkung

Ein Vorhaben wie dieses kann ohne die Hilfestellung von
weiteren Personen und Institutionen nicht gelingen. Ihnen zu danken, ist mir daher sowohl Pflicht als auch Bedürfnis.

An erster Stelle danke ich dem Präsidenten des Deutschen
Fußball-Bundes, Herrn Hermann Neuberger, der mein Sti-
pendiumsgesuch aufgegriffen hat und der Sepp-Herberger-
Stiftung weiterempfahl. Diese hat mich dann, freundlichst
betreut von Herrn Dr. Wilfried Gerhardt, 26 Monate lang
in großzügiger Weise finanziell unterstützt und auf diese Weise für das unabdingbare materielle Fundament des
Dissertationsvorhabens gesorgt.

Für die wissenschaftliche Betreuung der Arbeit gilt mein
Dank zunächst Herrn Prof. Dr. Hermann Bausinger sowie
Herrn Prof. Dr. Ommo Grupe, Tübingen; ferner danke ich
Herrn Prof. Dr. F. H. Tenbruck, Tübingen, und Dr. Rolf Lind-
ner, Berlin, für Kritik und Anregung. Die statistische
Bearbeitung der erhobenen Daten wäre ohne die Hilfe von
Dr. Bert Hardin, Soziologisches Seminar Tübingen nicht
möglich gewesen; ihm sowie Herrn Prof. Schubring, Re-
chenzentrum Tübingen, der einen früheren empirischen
Teil betreute, gilt mein besonderer Dank.

Unschätzbare Hilfestellung in Gesprächen und durch die
Teilnahme an der Vereinsumfrage erhielt ich von zahlreichen (Jugend-)Spielern und Vorstandsmitgliedern vieler Fußballvereine des Südbadischen Fußballverbandes.
Stellvertretend für alle danke ich dem Geschäftsführer
des Verbandes, Herrn Nageleisen; ihm auch noch für die
Überlassung interner historischer Unterlagen und der
monatlichen Zusendung der "Amtlichen Mitteilungen";
letzere erhielt ich freundlicherweise auch vom Badischen
Sport-Bund, Freiburg, und vom Landessportverband Baden-

Württemberg, Stuttgart. Nicht zuletzt möchte ich mich
bei meinem 'Heimatverein', dem SV Kippenheim, bedanken,
in dessen Reihen ich lange Jahre als Spieler und einige
Zeit als Jugendtrainer wichtige und schöne Lebenserfah-
rungen machen durfte; sie waren in der Konzipierung und
Durchführung der Arbeit immer präsent. Vor allem bin
ich meinen ehemaligen Mitspielern Hans Blum, Bernhard
Weber und Peter Zehnle sowie dem Vorstandschaftsmitglied
Willi Schwende sehr verbunden, die mir beim Test des
Fragebogens behilflich waren.

Keine Doktorarbeit, die die Beziehungen zum Freundeskreis
unberührt läßt. Peters ironische Kommentierungen waren mir
immer freundschaftlich gemeinter Ansporn; in einem frühen
Stadium der Arbeit waren Walter und Dorothee inspirierende
Begleiter; Bernhard verzichtete zugunsten des Disserta-
tionsprojekts auf manches Tennismatch und Silvia war in
liebenswürdiger Weise bis zum Schluß auch eine wertvolle
redaktionelle Hilfe. Über die nie zu ergründenden seeli-
schen Schwingungen fühlte ich mich allezeit verbunden mit
Mucke und - zuletzt - Regina.

Tübingen, im Oktober 1986

                                        Roland Binz

Jahrbuch für
Volks- und Jugendspiele

In Gemeinschaft mit
E. v. Schenckendorff u. Prof. Dr. med. f. A. Schmidt
herausgegeben von Hofrat Profeffor H. Raydt

1907

B. G. Teubner   Leipzig u. Berlin

Einleitung

"Unsere deutsche Knabenwelt hat den Fußball zuerst mit
Begeisterung aufgenommen."[1] So emphatisch und zugleich
überschwenglich blickte man Mitte der neunziger Jahre
des vorigen Jahrhunderts auf die Anfänge des Fußballspiels in Deutschland zurück. In der Diktion zwar eher
buchhalterisch, doch dem Sinne nach voller Bewunderung
notierte man dann zu Beginn des neuen Jahrhunderts, daß
"an den deutschen Schulen" - man möchte ergänzen: noch
immer - "alljährlich neue (Fußball-)Vereine (entstehen)."[2] Nun lassen beide Feststellungen völlig offen,
welchen Wandel der Spiel- und Organisationsformen es in
diesen rund 30 Jahren gegeben hatte. Doch dafür markieren sie exemplarisch eine bemerkenswerte Konstante in
der Entwicklung des deutschen Fußballsports vor der
Jahrhundertwende: Die entscheidenden Akteure waren
Schüler und Jugendliche.

Konrad KOCH, von dem die beiden Zitate stammen, wußte,
wovon er sprach. Als Lehrer am Braunschweiger Gymnasium
Martino-Catharineum war er selbst direkt daran beteiligt, als eine Variante des englischen Rugby-Spiels in
den ebenfalls neu geschaffenen Spielunterricht eingeführt wurde,und KOCH gab den Anstoß zur Gründung eines
der ersten Schülerfußballvereine an einer deutschen
Schule; das war im Jahre 1874. Mit mehreren Veröffent-

---

1) KOCH in: JfJuV 1896, 183.
2) KOCH in: JfJuV 1902, 290.

lichungen im selben Jahrzehnt[1] trug KOCH dann nicht nur
zur Verbreitung der Fußballvereinsidee unter Schülern
bei, sondern, genauso wichtig, zur Vereinheitlichung der
Spielregeln. Zwar konnte er nicht verhindern, daß noch
lange Zeit sehr verschiedene Spielweisen[2] üblich waren,
außerdem blieb ihm die Entfaltung eines Rugbyvereinswe-
sens im Raum Frankfurt - Wiesbaden - Darmstadt - Homburg
v. d. H. vom Ende der siebziger bis Mitte der achtziger
Jahre fast völlig verborgen,[3] doch von den sonstigen

---

1) Z. B.: KOCH, K.: Fußball. Regeln des Fußballvereins
   des Gymnasiums Martino-Catharineum. Braunschweig
   1875; 2. Aufl., 1885; KOCH, K.: Fußball, das englische Winterspiel, in: Pädagogisches Archiv 1877,
   Heft 3; KOCH, K.: Vergleiche des englischen Thorballs
   mit dem deutschen Ballspiel "Kaiser", in: Neue Jahrbücher der Turnkunst, 1877, S. 137 - 146; KOCH, K.:
   Der erziehliche Wert der Schulspiele, Programm des
   Gymnasiums Martino-Catharineum 1878; KOCH, K.: Die
   Beseitigung des Nachmittagsunterrichts und die Schulspiele, in: Monatsblatt für die öffentliche Gesundheitspflege, 1880, Nr. 1.

2) Generell unterscheidet KOCH, wenn auch im Gebrauch
   nicht konsequent, zwei Spielarten. Das "Gemischte
   Spiel" meint den Einsatz von Händen und Füßen bei
   der Vorwärtsbewegung des Balles; es wird noch differenziert nach der Erlaubnis, den Ball nach vorn zu
   werfen, oder nur in einer Art Staffette nach rück-
   wärts, außerdem gab es unterschiedliche Auffassungen,
   wann um einen Ball "gerauft" werden durfte. Das "Ein-
   fache Spiel", gelegentlich auch "Associationsspiel"
   oder "Deutscher Fußball" genannt, erlaubte keinerlei
   Einsatz der Hände, damit war das wesentlichste Unter-
   scheidungskriterium zum Rugby-Spiel genannt; die Vereinheitlichung der Regeln orientierte sich an den Vorgaben des englischen Verbands, der "Football Association", die auch in der FIFA, dem 1904 gegründeten
   Weltverband des Fußballs, in der Technischen Kommission ein Übergewicht hatte. (Die noch heute gültigen
   17 Spielregeln wurden bereits 1898 aufgestellt, wobei
   im Laufe der Jahre mehr oder weniger gravierende Ab-
   änderungen vorgenommen wurden, 1925: Abseitsregel;
   1951: Die Farbe des Balles darf weiß sein, um nur zwei
   zu nennen); vgl. KOCH 1895, 39 ff.

3) KOCH (1895, 43) erwähnt lediglich den Frankfurter
   (Rugby-)Fußball-Klub "Germania"; tatsächlich wurden
   zwischen 1876 und 1883 in Frankfurt, Bornheim, Bocken-
   heim, Offenbach, Hanau und Neu-Isenburg insgesamt
   14 Klubs gegründet; vgl. Deutsche Sport- und Spiel-
   Zeitung Nr. 13, 1885, 159.

Vereinsgründungen dieses Zeitraums etwa in Bremen, Hamburg, Altona, Göttingen, Hannover und Berlin wußte er,
daß sie meistens auf den Impuls von Schülern höherer
Schulen zurückgingen. In den neunziger Jahren schließlich griff KOCH als Mitglied eines Initiatorenkreises
zur "Förderung der Jugend- und Volksspiele" (ZA) noch
einmal aktiv in die Fußballvereinsentwicklung ein und
erlebte eine geradezu stürmische Gründungswelle von -
nicht nur, aber überwiegend - Schülerfußballvereinen
mit.

In Anbetracht dieses Sachverhalts klingt es schon merk-
würdig, wenn in Gedenkreden und anderen Bezugnahmen auf
die Gründungszeit des deutschen Fußballs durchweg von
den Taten "der Männer" die Rede ist, die die "Pionier-
arbeit" angeblich geleistet haben. Gar völlig unverständlich ist die Vorgehensweise mancher Vereinschro-
nisten, die selbst dann noch "Männern" die Vereinsgründung zuschreiben, wenn auf der Vor- oder Folgeseite,
manchmal sogar auf der Textseite eine Photographie
der Gründermannschaft des eigenen Vereins ihre Jugendlichkeit beweist. Andere Jubiläumsschriften dokumentieren dagegen in einer gelungenen, wenn auch nicht weiter
reflektierten Bildauswahl die äußere und innere Persönlichkeitsentwicklung der Gründungsmitglieder. Dies belegen sehr eindrücklich zwei Aufnahmen von den Vereins-
gründern des FC "Südstern" Karlsruhe. Als Schüler von
ungefähr 15 bis 16 Jahren blicken sie noch eher verlegen und schüchtern in die Kamera. Sechs Jahre später,
nun als junge Männer um die 21, tragen sie mit ent-
schlossener Würde schwarze Anzüge mit modischen Bordü-
ren, Stehkragen, Binder und Hut, Erwachsenen-Accessoi-
res also, die einige zur kecken Pose verleiten, bei anderen den Eindruck (gekonnt) gespielter Souveränität
erwecken.

---

1) Vgl. Sportfreunde DJK FREIBURG 1981, 14 und 16.

2) FC "Südstern" KARLSRUHE 1981; im Jahre 1906, S.49;
im Jahre 1912, S. 52; vgl. hier: S. 20 und 28.

Abb.2: Gründungsmannschaft FC "Südstern" Karlsruhe (1906).
Der ursprüngliche Name lautete FC "Venus" (vgl. hier:
S. 162), den man 1907 in "Südstern" abänderte.

Stehend: Kathrein, Hils, Jörg, Reiser, Bullmann, Deuble, Eckerle, Böhringer;
liegend: Gerwig, Maier, Stöcklin

Abb.3: Vorstandschaft des FC "Südstern" Karlsruhe (1912);
in ihr sind drei Spieler des Gründungsteams vertreten (Jörg, Deuble, Stöcklin).

Vorstand: März — August 1912
Stehend: Josef Jörg, H. Mußgnug, Emil Deuble, Karl Klotzbieger, R. Kühlewein
sitzend: F. Becker, Paul Zosel, Gg. Stöcklin, Ph. Schardt, Otto Schäfer

Quelle: SÜDSTERN Karlsruhe 1981, 49 u. 52.

KOPPEHEL, der erste Historiograph des DFB und als lang-
jähriger aktiver Spieler, Schiedsrichter und Verbands-
verantwortlicher mit den Anfängen des Fußballsports bestens vertraut, schien ebenfalls von der Vorstellung
geleitet zu sein, wonach als Gründergeneration des Fußballsports nur "Männer" in Frage kommen konnten. Nur an
einer Stelle seines Buches zur "Geschichte des deutschen
Fußballsports"[1] schienen ihm Zweifel gekommen zu sein,
meint man Zeuge seines Erkenntnisprozesses zu werden.
"Man darf nicht übersehen", so leitet er eine von gängi-
ger Legendenbildung getragene Einschätzung der Ursprünge des Fußballs in Deutschland ein, "wie schwer der
Stand jener Männer war, die sich dem Spiel mit dem run-
den Lederball verschrieben hatten." Völlig unvermittelt,
als hätte er sich plötzlich ertappt, fährt er dann fort,
daß es "eigentlich gar keine Männer, sondern teilweise
Knaben waren"; allerdings blieb diese Einsicht ohne wirk-
liche Folgen auf den Fortgang seiner historischen Analyse.

Da es an anderer Stelle noch Gelegenheit geben wird, auf
die Motive näher einzugehen, die manchen Chronisten zur
Verdrängung des Sachverhalts vom offenkundig jugendlichen Ursprung der Fußballvereinsbewegung geführt haben,
wollen wir uns hier auf die Erläuterung von zwei Hinweisen beschränken. Noch in den zwanziger Jahren, als das
Erinnerungsvermögen eigentlich keine so gravierenden
Verzeichnungen der jungen Vereins- und Verbandsgeschich-
te hätte zulassen dürfen, hieß es in einem Jubiläums-
gruß, daß "an der Wiege (des Freiburger FC) Männer
(standen), deren Namen nicht nur im sportlichen, sondern auch im öffentlichen Leben guten Klang haben";[2]

---

1) Vgl. KOPPEHEL 1954, 26; (Hervorhebung im Original R. B.).
2) So äußerte sich der damalige DFB-Präsident Linnemann
   in seinem Glückwunschtelegramm anläßlich des 30-
   jährigen Jubiläums des FC Freiburg, vgl. FC FREIBURG
   1927, 84.

danach folgten sechs Namen, und zwar vier Promovierte
und zwei höhere Beamte. Tatsächlich waren diese Personen zur Gründungszeit des Vereins Abiturienten des
Gymnasiums und der Oberrealschule Freiburg. Die unver-
kennbare Absicht lag also in der Legitimierung der Fußballvereine als zuverlässige Institutionen des öffentlichen Lebens mit als seriös einzuschätzender Tradition. Offensichtlich war der Autor der Meinung bzw.
hatte er Grund zu der Annahme, der sachlich korrekte
Bezug auf die jugendliche Vergangenheit des Fußballvereins hätte ihrer gesellschaftlichen Anerkennung ge-
schadet. Der Verdrängungsleistung der "Erbschaft Jugendlichkeit" lag aber vermutlich noch ein zweiter Gesichtspunkt zugrunde, dessen zwei Seiten ebenfalls le-
gitimatorischen Ursprung hatten. Zum einen sah man sich
damals unter dem Druck, nach außen als jugendpflegeri-
sche, d.h. gesellschaftlich erwünschte Erziehungsein-
richtung von Jugendlichen zu erscheinen, zum anderen mußten
die konkreten Erziehungsmaßnahmen nach innen, vereinsintern durchgesetzt werden. In beiden Fällen schienen
Bekenntnisse zu den jugendspezifischen Organisations-
und Kommunikationsbedürfnissen aus den Vereinsursprün-
gen nicht opportun, weil vermeintlich kontraproduktiv.
Betrachtet man also nur diese Sichtweise der Vereinsanfänge (als Werk von Erwachsenen), dann hätte die um diese Zeit vollzogene Etablierung von Jugendabteilungen
zwar formalen Hüllen entsprochen, die aber doch immerhin reale jugendspezifische Gesellungsbedürfnisse be-
friedigten.

Diese Überlegungen führen uns in den historischen Kontext zurück, der im ersten Kapitel aus unterschiedlichen Blickwinkeln beleuchtet werden muß. Zuerst: Welche Ursachen und Voraussetzungen lagen denn überhaupt
der Herausbildung einer "Knabenwelt" zugrunde, und in
welchen institutionellen Zusammenhängen konnte sie sich

mit dem Fußballspiel zum Fußballvereinswesen ausprägen?
Dazu müssen im einzelnen die Entwicklungsstufen des
deutschen Bildungswesens beachtet werden, die vor dem
Ende des 19. Jahrhunderts zu einer neuen Bewertung
schulischer Bildung geführt haben. Unter anderem kommt
es darauf an, den veränderten Stellenwert der körperlichen Erziehung an Schulen exemplarisch zu identifizieren und auf seine jugendsoziologischen Implikationen zu
überprüfen. Da der jugendliche Ausgangspunkt einer so
umfassenden, also erfolgreichen Bewegung in einer von
Erwachsenen dominierten Umwelt und Öffentlichkeit wohl
kaum ohne die legitimatorische Schützenhilfe von Erwachsenen selbst vonstatten gegangen sein konnte, gilt
es, die in dieser Hinsicht relevanten Institutionen in
die Betrachtung mitaufzunehmen. Es handelt sich dabei
um die Maßnahmen jenes zuvor schon erwähnten Initiatorenkreises zur Förderung der Jugend- und Volksspiele,
ZA, der unter der Bezeichnung "Spielbewegung" einen in
der sporthistorischen Analyse noch viel zu gering beachteten Initiativengeist entfaltete.[1] Die Verknüpfung
der einzelnen historisch-konkreten und soziologisch-
abstrakten Fäden wird schließlich zu einem Gesamtbild
führen, auf dem, in Momentaufnahmen, historische Fuß-
ballvereinsformen sich ebenso abheben, wie darauf die
Grundstrukturen der ganzen Arbeit sichtbar werden. Insofern verstehen sich diese ersten drei Kapitel im dop-
pelten Sinne als Grundlegung: einerseits in fußballver-
einsgeschichtlicher Hinsicht, andererseits in Bezug auf
die inhaltliche Gliederung derjenigen Aspekte, unter denen
die Alltagsrelevanz von Fußballvereinen betrachtet werden
soll.

---

1) Vgl. hier: S. 140, Anmerkung 1.

Dies bedeutet mit anderen Worten, daß der Zeitpunkt, mit
dem diese geschichtliche Untersuchung endet, ineinsge-
setzt wird mit dem Ende der strukturellen Entwicklung
dieser Vereine, und sie war im wesentlichen in den ersten Jahren nach der Jahrhundertwende abgeschlossen.
Zwar trug die Gründung des Deutschen-Fußball-Bundes
(DFB) dazu wichtige Elemente bei, etwa durch die Vereinheitlichung der Regeln und des Wettbewerbs- und
Spielsystems nach eigenständigen Landesverbänden. Aber
entscheidend war, daß zur gleichen Zeit jene Generation
aktiver Spieler, die im letzten Jahrzehnt des 19. Jahrhunderts einen großen Anteil an der strukturellen Verankerung des Fußballspiels in der Wilhelminischen Gesellschaft hatte, allmählich aus Alters- oder aus Be-
rufsgründen kürzertrat, wenn nicht ganz ausschied. Diesen Vorgang muß man vor dem Hintergrund sehen, daß damit,
da die Vereine meist nur aus aktiven Spielern bestanden, sowohl die Möglichkeiten der Sportausübung als
auch der entstandene Sozialzusammenhang vor der Auflösung stand, wenn durch Abwanderung von Spielern die regelmäßige Teilnahme am sportlichen Wettbewerb nicht mehr
gesichert war. Als optimale Lösung dieses Problems erschien der in diesen Zeitraum datierbare Aufbau von
speziellen Jugendabteilungen. Denn einerseits konnte man
auf diese Weise den immer stärker werdenden Zulauf Jugendlicher organisatorisch auffangen und sie durch ein
leistungs- bzw. altersabgestuftes, eigenes Wettbewerbs-
system an den Verein binden. Andererseits schuf man sich
damit das entscheidende Strukturelement, das die sportliche wie vereinliche Selbstrekrutierung sicherte und
sie vom zufälligen Beitritt sonstiger am Fußballspiel
interessierter Erwachsener weitgehend unabhängig machte. Man kann sogar so weit gehen und behaupten, daß im
Entwicklungsverlauf der Fußballvereinsbewegung in Deutschland der Aufbau von Jugendabteilungen eine Zäsur dar-

stellte, die weit über das historische Datum hinaus
von Bedeutung war und in der Folge bis heute noch ist.

Die noch vor Ausbruch des 1. Weltkriegs vollzogene Einteilung in Schülermannschaften (unter 14 Jahre) und
Jugendteams (ab 15 Jahre) war zwar recht grobmaschig,
bildete aber eine wichtige Erfahrung für die nach 1919
dann vorgenommene Ausdifferenzierung von drei bzw. zwei
Jahrgänge umfassende Altersgruppen. Die vom DFB-Jugend-
ausschuß im Jahr 1921[1] beschlossene Einteilung des Ju-
genspielbetriebs in Mannschaften der 9 - 11-Jährigen,
der 11 - 14-Jährigen, der 15 - 16-Jährigen und der
17 - 18-Jährigen kommt in den beiden oberen Altersgruppen der heutigen Praxis gleich, lediglich die unter
14-Jährigen sind mittlerweile noch feiner strukturiert
und erfassen gegenwärtig bereits die 6 - 8-Jährigen. In
der gesellschaftlichen Wirklichkeit der Weimarer Republik bedeutete der Organisationsaufbau eines regelmäßigen Wettbewerbs jugendlicher Fußballmannschaften eine
institutionalisierte Hinwendung zu Jugendlichen, was in
der Kontinuität dieser Entwicklung sowie deren Präzisierung in "Jugendsatzungen" und der Bildung von "Ju-
gendausschüssen" auf DFB-, regionaler Verbands- und Be-
zirks- bzw. "Gau"ebene in diesem Umfang eine Neuerung
war. Nicht zuletzt auf diese intensive organisatorische
Betreuung dürfte zurückzuführen sein, daß im Einflußbereich des DFB bereits im Jahre 1929 über 50 % mehr Jugendliche bis 21 Jahre organisiert waren als im Deutschen
Turnerbund,[2] der einen organisationsgeschichtlich und

---

1) Vgl. den Bericht zu der Tagung des DFB-Jugendaus-
   schusses in: "Fußball und Leichtathletik" Nr. 30,
   27. 7. 1921, S. 924.

2) Die Angaben bei SIEMERING (1931) lauten für den
   Deutschen Turnerbund: 306.684 Jungturner bis 21 Jahre, zu denen noch 133.643 weibliche Mitglieder kamen;
   sinnvoll vergleichbar sind jedoch nur die männlichen
   mit den 469.107 DFB-Mitgliedern bis 21 Jahre per
   1929; vgl. SIEMERING 1931, 2 u. 16.

gesellschaftlich verbürgten Vorsprung zu haben
schien.[1]

Vor dem Hintergrund dieser hier nur in Zahlen und Struk-
turelementen gefaßten Entwicklungsgeschichte des deutschen Fußballsports bis etwa 1933 scheint die Vermutung
angebracht, daß exakt dieselben strukturellen Ausgangsbedingungen, nämlich die angedeutete Verfeinerung des
alters- und leistungsbezogenen Jugendspielbetriebs, neben der außergewöhnlichen Attraktivität des Spiels selbst,
mitentscheidend dazu geführt haben, daß heute rund
1,3 Millionen Schüler und Jugendliche in über 65.000
Mannschaften mehr als die Hälfte aller Sportaktiven des
Deutschen Fußball-Bunds ausmachen.[2] Allein an diesen
Zahlen erkennt man bereits, daß der Begriff der "jugendlichen Konstante", der eingangs verwendet wurde, nicht
nur für den historischen Fußballverein, sondern auch
für den gegenwärtigen gültig ist, und unter anderem diesem Tatbestand verdankt der DFB mit seinen viereinhalb
Millionen Mitgliedern den Rang, einer der größten Fach-
verbände der gesamten Sportwelt zu sein.

Kann man also den Vereinen für sich genommen geradezu
das Prädikat "ewiger Jugendlichkeit" bescheinigen, so
gilt das aus naheliegenden Gründen für die Mitglieder
"natürlich" nicht. Dennoch, man könnte auch sagen: deshalb bilden Sportvereine einen Mehrgenerationenzusam-
menhang, für den es unter dem Blickwinkel der Sportaktiven ebenfalls strukturelle Gründe gibt. Aus dem Senio-
renspielbetrieb, der den Kernbereich des fußballsport-

---

1) DIECKERT (1968, 11) recherchierte, daß bereits im
   Jahre 1862 über 24.000 Schüler, davon rund 3.000
   Mädchen, Mitglieder in Turnvereinen waren.
2) Vgl. Amtliche Mitteilungen des DFB, Nr. 12/1985,
   10.

lichen Wettbewerbs darstellt, gliedern sich über Alters-
mindestgrenzen die sogenannten "Alteherren" aus, die
nach Vollendung des 30. Lebensjahres einen mitunter regen Spielverkehr aufrecht erhalten, den näher zu betrachten ein Teil dieser Untersuchung sein wird, der Logik der natürlichen Abfolge entsprechend allerdings erst
am Schluß. Zuvor sollen jedoch im ersten Kapitel die
konkreten historisch-gesellschaftlichen Rahmenbedingungen untersucht werden, die einen solch expandierenden
Handlungsspielraum Jugendlicher, wie man Entstehung und
Entwicklung des Fußballvereinswesens im Vorgriff auf
ein Ergebnis der Analyse nennen kann, in der gesellschaftlichen Wirklichkeit des Deutschen Kaiserreichs
bis etwa 1914 ermöglicht und begünstigt haben.

Im zweiten Kapitel werden die für die Entstehungsge-
schichte des deutschen Fußballsports fundamentalen Initiativen der sogenannten "Spielbewegung" ausführlich
besprochen und in Beziehung gesetzt zu den gleichzeitig
aufkommenden autonomen (Schüler-)Fußballvereinen, denen
das dritte Kapitel gewidmet ist. Auch hier wird versucht,
im Kontext ihrer organisationshistorischen Vorläufer
und Vorbilder sowie anknüpfend an die übernommenen und
selbst geschaffenen kulturellen Praktiken, ein umfassendes Bild von den dabei entstandenen sozio-kulturellen
Merkmalen zu erstellen, die historische Fußballvereine
typischerweise kennzeichneten. Dieses gewissermaßen gene-
tische Interpretationsverfahren, das auf die ersten drei
Kapitel angewendet wurde, soll schließlich nicht nur dazu dienen, die heutigen Fußballsportvereine aus ihrer
ganz spezifischen Entwicklung zu verstehen. Sondern es
sollen auf diese Weise auch die Grundstrukturen aufgezeigt werden, auf denen die Einteilung des vierten Kapitels beruht und von denen die zentralen Antworten auf
unsere Ausgangsfrage nach der Alltagsbedeutung von Fußballvereinen erwartet werden können.

Abb.4: Gründungsmannschaft des FC Wollmatingen im Jahr 1909.

Quelle: WOLLMATINGEN 1984, 54.

Abb.5: Im Jahr 1911 zunächst unter dem Namen "Hertha",
dann, 1912, als "Sportfreunde" wurde der heutige
Verein "Sportfreunde DJK Freiburg 1911 e.V." gegründet.

Gründungs-Mannschaft
Willi Martin, Josef Hauser, Emil Link
Eugen Kunzelmann, Fritz Lohmüller, Herm. Kiefer, Emil Müller, Paul Frei, Adolf Martin, Willy Müller
Emil Simon, Michael Kammerer, Fritz Konzelmann

Quelle: FREIBURG 1911, 15f.

I. Historische Situation, gesellschaftliche Aufgaben
und soziologische Bedeutung des Bildungswesens in
Deutschland zur Zeit des Kaiserreichs

"Die Förderung der körperlichen Gesundheit und
Entwickelung unserer Jugend (...) scheint aber
nur möglich, wenn dann die eine oder andere Schul-
stunde wegfällt, da, wenn noch neue offizielle
Stunden auch für Körperbewegung eingeführt werden, die Kinder, die jetzt von 7 bis 11 bzw. 12
und von 2 bis 4 Uhr gewöhnlich auf den Schul-
bänken sitzen und dann noch häusliche Arbeiten
fertigen müssen, vielleicht auch noch eine Mu-
sik- oder sonstige Privat- und Nachhilfestunden
haben, dann den ganzen Tag über nicht mehr in das
elterliche Haus kommen und dann lieber gleich in
öffentlichen Anstalten untergebracht werden könnten. Die Liebe zur Familie und zur Häuslichkeit
würde dadurch aber noch mehr als dieses so schon
oft geschieht, geschwächt werden und das würde
ich erst recht für ein soziales Unglück halten.

Die Frage hängt mit der allerdings sehr dringend
gebotenen, aber auch schwierigen Reformation
unseres ganzen Schulwesens so innig zusammen, daß
sie für sich allein kaum mit gutem Erfolg wird
gelöst werden können." 1)

Diese Einschätzung des Bildungsalltags, die der Oberbürgermeister von Weimar im Jahre 1890 vornahm, beleuchtet schlaglichtartig alle jene Aspekte, die als nächstes genauer zu betrachten sind. Angesprochen sind einmal die starke, auch einseitige Belastung der Schüler,
der durch Einführung von mehr Bewegungsunterricht, als
es das Turnen vermochte, begegnet werden sollte. Diese

---

1) RAYDT 1891, 112 f. Das Zitat entstammt einem Ant-
   wortbrief, den der Weimarer Oberbürgermeister im
   Rahmen einer von RAYDT und anderen durchgeführten
   Umfrage über die Spielmöglichkeiten in deutschen
   Städten abfaßte; auf diese Umfrage wird später
   noch eingegangen, vgl. hier: S. 79ff.

Zusammenhänge waren der Gegenstand der "Spielbewegung"
und werden in einem eigenen Kapitel aufgegriffen. Im
Moment soll es um das oben auch angedeutete, seinerzeit um sich greifende Unbehagen am Schul- und Bil-
dungssystem des Kaiserreiches gehen sowie um die daraus entstandenen Reformdiskussionen. Die im Zitat ebenfalls anklingenden Besorgnisse, eine weitere Intensivierung der Bildungsanforderungen würden zusätzliche
negative Rückwirkungen auf das Eltern-Kind-Verhältnis
haben, sollen in einer historischen Perspektive auf die
zugrundeliegenden soziologischen Vorgänge analysiert
werden. Daraus ergeben sich schließlich die Rückschlüsse auf die Notwendigkeiten und Chancen der jugendlichen
Gegenreaktionen in der konkreten geschichtlichen Situation vor der Jahrhundertwende.

1. Die Defizite des Wilhelminischen Bildungssystems
   und einige Ansätze zu seiner Reformierung

Die Äußerung von Unzufriedenheit mit der Schule war zu
allen Zeiten ein Vorrecht der Schüler. Im zweiten Jahrzehnt des Deutschen Kaiserreichs schlossen sich ihnen
die Lehrer selbst an,und allmählich drang ein Bewußtsein von der Ungenügsamkeit des vorhandenen Bildungssystems bis in die höchsten staatlichen Stellen. Mit
Beginn der achtziger Jahre, verstärkt seit etwa 1890,
entstanden viele Bestrebungen, Bünde und Vereine, die
ihre nach Motiven, Voraussetzungen und Zielvorstellun-
gen sehr unterschiedlichen Konzeptionen zur Reform des
schulischen Erziehungswesens in die Öffentlichkeit trugen und eine ausgiebige Diskussion anfachten. Unter der
Sammelbezeichnung "Reformpädagogische Bewegungen" sind
sie Gegenstand der historisch-pädagogischen Forschung. [1]

Wie BECKERS/RICHTER aufzeigen, ging es den Reformpädagogen, die im übrigen zu "90 % aus Volksschullehrern"[2]
bestanden, vorrangig um eine Reform der Volksschulen,
obwohl einige Diskussionspunkte alle Schultypen be-
trafen. Im Hinblick auf die Methoden der Wissensver-
mittlung wurde beispielsweise der Frontalunterricht
einer starken Kritik unterzogen, da er durch sein mecha-
nisches Vorsprechen und Abfragen des Lehrstoffes keine
Rücksicht darauf nahm, ob die Schüler die Inhalte überhaupt verarbeitet hatten. Mit aus diesem Grund, so nahm
man an, ging bei den Schülern nicht nur die Motivation
zur Teilnahme am Unterricht verloren, sondern auf diese
Weise blieb die für wesentlich erachtete Fähigkeit der

---

1) Vgl. die kommentierte Bibliographie von BECKERS/RICH-
   TER 1979. Sie legen aufgrund der inhaltlichen und
   politischen Differenzen der einzelnen reformpädagogischen Ansätze nahe, den Begriff nicht wie allgemein
   üblich im Singular, sondern im Plural zu verwenden.
2) Vgl. BECKERS/RICHTER 1979, 81.

kreativen Aneignung von Wissen weitgehend unausgebil-
det. Ein ausgeprägt humanistischer, aber auch poli-
tisch-emanzipatorischer Impetus begleitete die Kritik
am rigiden Strafensystem an den Schulen, das die Schüler in ein strenges Ordnungsschema preßte und so einen,
in ihrer Sicht, unzeitgemäßen Untertanengeist förderte
anstatt die Entwicklung von persönlicher Eigenständigkeit und Selbstverantwortung, wie es die im Geist der
Aufklärung von Pestalozzi formulierten Bildungsideale
forderten.

War bereits die Überbetonung der Ordnungsprinzipien als
Werte sui generis völlig überholt, so galt dies erst
recht in Bezug auf die Dominanz bestimmter Inhalte an
den höheren Schulen, ein weiterer Gegenstand reform-
orientierter Kritik. Vor allem das Überwiegen der altsprachlichen Bildung, dessen Inkarnation mancherorts
noch immer der lateinische Aufsatz war, aber auch das
Festhalten an einem längst brüchig gewordenen Bildungs-
begriff und dessen Verankerung in der Antike ließen an
der Tauglichkeit des Bildungssystems insgesamt zweifeln.
Dennoch beanspruchten die humanistischen Gymnasien im
letzten Drittel des 19. Jahrhunderts ihre Vorrangstel-
lung als Bildungsanstalten der gesellschaftlichen Eli-
te. Allein deren Absolventen erhielten die Zugangsberechtigung zur Hochschule, was ihnen den Verbleib in
den privilegierten Schichten der Wilhelminischen Gesellschaft sicherte oder, was selten genug vorkam, den Eintritt erst öffnete.

Während die Diskussion um eine Reform der Bildungsinstitutionen für die Volksschule kaum nennenswerte Fortschritte brachte, erlangten die Mittelschulen, ein eigener Schultypus, der auf eine Höherqualifizierung von
Berufen in Handel, Handwerk, Industrie und Verwaltung
ausgerichtet war, eine offizielle Anerkennung immerhin

bereits 1910. Dies bedeutete eine indirekte Aufwertung
des Volksschulwesens, da deren Lehrerschaft gleichfalls nicht akademisch ausgebildet war.[1] Am meisten
profitierten vom Reformgedankengut die höheren Schulen,
was zur Folge hatte, daß das humanistische Gymnasium
in seiner bisherigen Ausnahmestellung relativiert wurde. Denn in einem "Allerhöchsten Erlaß" vom 26. 11. 1900
verfügte Wilhelm II. die Gleichstellung der Abschlüsse
an Oberrealschulen und Realgymnasium mit dem Abitur an
den humanistischen Gymnasien und ähnlichen Einrichtungen; außerdem "wünschte" er, daß "die Kenntnisse des
Englischen (...) auf dem (humanistischen) Gymnasium eingehender berücksichtigt (werden)",[2] was seinerseits die
gehobene Stellung der neuzeitlichen Bildungseinrichtun-
gen, also der Realschulen, von elitären Gymnasiasten
auch abfällig "Nützlichkeitskramschulen"[3] genannt, un-
terstreichen sollte.

Bereits auf das Jahr 1890, als in Berlin zum ersten Mal
eine Schulreformkonferenz tagte, geht eine Reform zurück,
die direkt unseren Themenzusammenhang betrifft. Unter
dem Stichwort "Überbürdung" war schon seit den achtziger Jahren beklagt worden, daß die hohen intellektuel-
len Leistungsanforderungen auf die körperliche Konstitution der Jugend viele negative Auswirkungen habe. Polemisch zugespitzt geißelte die "Deutsche Sport- und Spiel-
Zeitung" in einer Ausgabe des Jahres 1885 die Heranzüch-
tung des "Stubenhockers", der "hinterm Ofen (hockt) und
seine Schularbeiten (macht), oder Weltschmerz (hat)

---

1) Vgl. PAULSEN 1906, 161 f.
2) Vgl. LEXIS 1902, zit. nach BECKERS/RICHTER 1979,
   83.
3) Vgl. SCHULZE/SSYMANK 1932, 341.

...".[1] In der genannten Schulkonferenz wurden die Teilnehmer dann in drastischen Schilderungen mit Einzelheiten konfrontiert. Unter anderem wurde darauf hingewiesen, daß bereits Quartaner und Tertianer mit einem Stun-
denplan von bis zu 37 Wochenstunden belastet waren,
auch litten Abiturienten unter einem 10- bis 11-stündi-
gen Arbeitstag. Besonders eindrucksvoll illustrierte
ein statistischer Vergleich das Mißverhältnis von geistiger Arbeit und der Entwicklung körperlicher Leistungsfähigkeit an den Schulen. Denn bis zum Abitur waren rd.
25.000 Stunden für Unterricht und Hausaufgaben zu bewältigen, ihnen standen aber lediglich 657 Stunden für Turnen gegenüber. Ein Konferenzteilnehmer faßte die Gesamt-
situation an den deutschen Schulen in folgende Worte zusammen: "Es herrscht statt Pietät viel Verbitterung bei
unserer (Gymnasial-)Jugend; wenig Genuß, viel Überdruß;
viel Kritik und wenig gründliches Wissen und durchhal-
tender Fleiß."[2]

Als schließlich auch der Kaiser befand, daß man "diesen
Bogen nicht weiter spannen und nicht so gespannt lassen"[3]
dürfe, war die Einmütigkeit gesichert, mit der die Kon-
ferenz ihre Beschlüsse faßte. Mit der Einschränkung des

---

1) Vgl. Deutsche Sport- und Spiel-Zeitung, 1. Jg. 1885,
   263. Erschienen in Elberfeld (Wuppertal) ist sie eine der ältesten deutschen Sportzeitschriften, deren
   feuilletonistischer Charakter schon aus ihrem Untertitel hervorgeht: "Wochenschrift für Alt und Jung
   zur Belebung des Sinnes für edlere Vergnügungen des
   Geistes und Körpers"; im Ansatz weist der Untertitel auch die unter Reformpädagogen typische ganz-
   heitliche Sicht ("Geist und Körper") auf, ein Quer-
   verweis auf die damalige Aktualität von Pestalozzi'-
   schem Gedankengut; vgl. hier: S. 35.

2) Zur Schulreformkonferenz: SCHMID 1901, 361 ff,
   dieses Zitat: 363.

3) Als Wortbeitrag während der Schulreformkonferenz,
   zit. nach RAYDT 1891, 144.

Abb.6: Titelblatt(hälfte) der "Deutschen Sport- und
Spiel-Zeitung" (1885).

altsprachlichen Unterrichts zugunsten der deutschen
Sprache und des Faches Geschichte folgte man ebenso dem
"Wunsche des Kaisers" wie mit der Verringerung der Ge-
samtstundenzahl, die dem Ausbau der Leibesübungen zugute kommen sollte.[1] Im übrigen dürfte auf dieser Kon-
ferenz die Grundlage für einen allgemeinen Stimmungsum-
schwung bei Pädagogen und Schulbehörden gelegt worden
sein, der diese zunehmend offener machte für fördernde
Maßnahmen im Rahmen der jugendlichen Bewegungserziehung,
sowohl inner- als auch außerhalb der Schulen. In dieser
reformerischen Aufbruchstimmung bildete sich nicht zuletzt der "Zentralausschuß zur Förderung der Jugend-
und Volksspiele" (ZA), auf dessen Aktivitäten und Zielsetzungen, einschließlich ihrer Auswirkungen auf die
entstehende Fußballvereinsbewegung noch ausführlich eingegangen wird. Zunächst sind jedoch die bisher genannten
Gesichtspunkte, welche in groben Zügen die Diskussion
um die Reformbedürftigkeit des Wilhelminischen Schul-
systems referierten, im Kontext der soziologischen Analyse der hier angesprochenen gesellschaftlichen Gesamt-
entwicklung zu erläutern.

---

1) Dieser Beschluß dürfte auch von den Hiobsbotschaften
über sinkende Wehrtauglichkeit unter der deutschen Jugend beeinflußt worden sein. SCHMID 1901, 361 ff. referiert die zirkulierenden, zum Teil widersprüchli-
chen Fakten, die darauf schließen lassen, daß die
"nachlassende Wehrfähigkeit" ein von Militärs auf-
gebauter Popanz war, um eine Verbesserung der vor-
militärischen Erziehung durchzusetzen; in der Einführung von mehr Sport und von Spielen an den Schulen sahen sie eine geeignete Möglichkeit, ihr Ziel
zu erreichen, weshalb sie sowohl die Beschlüsse der
Schulreformkonferenz dazu, also auch die Spielbewegung unterstützten. Vgl. dazu den Aufsatz eines Generalarzt a. D. zum Zusammenhang von "Wehrfähigkeit
und Schule" (in JfJuV 1906, 1 - 10), in dem Taug-
lichkeitsziffern nach Städten und Regionen bis ins
Jahr 1878 zurückverfolgt werden und der für 1905
feststellte, daß bis zu 67 % der Abiturienten untaug-
lich waren - trotz 15 Jahren Spielbewegung!

2. Zu einigen Folgen der Bildungsreform im Kaiserreich in soziologischer Sicht

Das zu Teilen schon eingetretene und noch größer zu werden drohende "soziale Unglück", von dem der Weimarer
Oberbürgermeister im Eingangszitat sprach, bezieht sich
auf eine Erscheinung, die mit der strukturellen Veränderung der feudalen hin zur modernen, arbeitsteilig gegliederten Gesellschaft eng zusammenhängt. Es begann mit
der Etablierung altersgegliederter Schulen, verstärkte
sich im Zuge der Ausdifferenzierung zusätzlicher, qualitativ anspruchsvollerer Schultypen und wurde bei der inhaltlichen Intensivierung und zeitlichen Ausdehnung der
Bildungsübermittlung immer offenkundiger: Die Erziehung
der Nachgeborenen wurde in zunehmendem Maße dem Einflußbereich des primären Lebenskreises entzogen. PAULSEN
formulierte seinerzeit diese Entwicklung von der Gegen-
seite her gesehen, als er in diesem Zusammenhang die
"Verstaatlichung des Bildungswesens" als einen "Grundzug"[1] der deutschen Bildungsgeschichte identifizierte.
Auch er umschreibt damit nur das Faktum, daß die gesellschaftlich organisierte Sozialisation die familiäre immer
weiter zurückdrängte. TENBRUCK nimmt sogar an, daß mit
fortschreitendem Strukturwachstum der modernen Gesellschaft der Familie "kaum mehr als die Sozialisierung
des Kindes (verbleibt), das hier die elementare Beherr-
schung des Körpers, der Sprache, der Triebe und Wünsche
lernt."[2] Dagegen ist die Vermittlung von individuell
wie gesellschaftlich relevanten Kompetenzen und Rollen,
Orientierungen und Motivationen, Erwartungen und Kenntnissen aus dem primären Lebenskreis weitgehend ausgela-

---

1) Vgl. PAULSEN 1906, 171.
2) Vgl. TENBRUCK 1962, 90.

gert, und an ihre Stelle treten in erster Linie die
Bildungsinstitutionen, die somit zu zentralen Soziali-
sierungsinstanzen der modernen Gesellschaft werden.[1]
In soziologischer Perspektive gesehen, dokumentieren
die Diskussionen und Organisationen zur Reform des
deutschen Bildungswesens, die in den neunziger Jahren
begannen, das erwachende Bewußtsein und den Bedeutungs-
zugewinn der Schulen als gesellschaftliche Sozialisationsinstitutionen. Es wird noch zu zeigen sein, daß
dieser Vorgang selbst im Zusammenhang mit der Einführung und Verbreitung der körperlichen Erziehung eine
wichtige Rolle spielte.

Wie die Diskussion um die Bildungsreformen aber auch
aufgezeigt hat, wurde die psycho-soziale Situation der
Schüler, die sich aus dem Ablösungsprozeß aus der Familie heraus ergeben hatte, nur insofern berücksichtigt,
als sie der Optimierung der Bildungsvorstellungen dien-
lich sein konnten. Das weiterhin dominante gesellschaftliche Leitbild der Unterordnung des Einzelnen unter die
vorgegebenen Ziele eines ideologisch verbrämten Ganzen
behinderte beträchtlich eine Zuwendung zu den Folge-
problemen, mit denen die Schüler und Heranwachsenden
durch die hohen sachlichen Anforderungen der Schule konfrontiert waren. SZEMKUS[2] vermutete, daß gerade die
Diskrepanz zwischen den Sachprioritäten der Schule einerseits und den emotionalen Bedürfnissen der Schüler,

---

1) Dieser Sachverhalt wird von einem der jüngsten Ur-
   teile des deutschen Bundesverfassungsgerichts bestätigt, das die allgemeine Schulpflicht sowie die
   sich daraus für die Eltern ergebenden Pflichten als
   mit dem Grundgesetz für übereinstimmend erklärte,
   auch wenn dies eine Beschränkung des elterlichen
   Bestimmungsrechts über die Erziehung des Kindes be-
   deute.(Aktenzeichen: 1 BvR 794/86, zit. nach "Süddeutsche Zeitung", 1986, Nr. 213, S. 52).
2) Vgl. SZEMKUS 1974, 45.

die nicht zuletzt eine Folge der zeitlichen und räumlichen Trennung vom primären Lebenskreis waren, andererseits für die Heranwachsenden auch eine Chance beinhaltete. Denn seiner Ansicht nach bot sich hier ein
"sozial offener Raum" an, den Jugendliche sich aneig-
nen und selbständig gestalten konnten. Daß sie dazu
sich in Gruppen zusammenschlossen, lag aufgrund der
altersgegliederten Unterrichtsorganisation nahe, die
ihrerseits schon formale Gruppenkonstellationen aus-
bildete.

EISENSTADT[1] hat als einer der ersten das Phänomen der
jugendlichen Gruppenbildung auf die Verfassung moderner Gesellschaften zurückgeführt, das ohne die fortgeschrittene Trennung von familiärer Erziehung und gesellschaftlich bzw. staatlich organisierter Bildung
nicht erklärt werden könne. Vor allem die Verbreitung
der altersgleichen Gruppierungen stand im Zentrum seiner Studien. Dabei konnte er zeigen, daß der labile
Zustand, in dem sich die jugendliche Persönlichkeit
als Folge der Diskontinuität zwischen Familie und Gesellschaft befindet, gerade in der altershomogenen Gruppe, sozusagen der "Gleichbetroffenen", nicht nur ausge-
halten, sondern auch allmählich überwunden werden kann.
Zudem ermöglicht die Gruppe der jugendlichen Altersgleichen auch den Abbau von Status- und Verhaltensunsicherheiten gegenüber der Erwachsenenwelt und ihren
zunehmenden Anforderungen. Geradezu kennzeichnend für
die Gleichaltrigengruppe in modernen Gesellschaften ist
nach EISENSTADTs Untersuchungen, daß sie eigene Verhal-
tensnormen, Umgangsformen, Sprachregeln und -stile und

---

1) Vgl. EISENSTADT 1966; Darstellung und Analyse der
Jugendbewegung erfolgt in seinen Kapiteln II und VII,
wo er die in unserem Zusammenhang relevanten Thesen
entfaltet.

Handlungsmotivationen aufbaut. Diese Merkmale werden
spätestens dann wieder für unsere Analyse relevant werden, wenn es um die Interpretation konkreter Erschei-
nungsformen von Fußballvereinen zur Jahrhundertwende
geht. Nicht nur für sie, sondern grundsätzlich für
altershomogene Gruppen gilt, daß sie sogar den Stellenwert von Primärgruppen[1] erreichen. Dazu müssen sie jedoch eine hinreichende Beständigkeit gewinnen und ihre
Mitglieder durch spezifische Aktivitäten dauerhaft und
fest in den Sozialzusammenhang Gruppe einbinden, sodaß
Alternativen nicht beliebig vorgezogen werden. Unter
solchen Voraussetzungen können sie durchaus auch die
Grundlage für über den jugendlichen Sozialisationsbe-
darf hinausgehende Sozialgebilde sein.

Der soeben im Kontext jugendsoziologischer Erkenntnisse
skizzierte historische Prozeß brachte schließlich zum
ersten Mal selbständig agierende jugendliche Gruppen
hervor, die ihrem Wesen nach eigene soziale Gruppen darstellten. Ihre empirischen Erscheinungen fallen zusammen mit der Entstehung der sogenannten "Jugendbewegung"
gegen Ende des 19. Jahrhunderts. In der jugendsoziologischen Literatur gelten jedenfalls die 1895 aufkommenden Wandervogelgruppen als Prototypen jugendspezifischer
Sozialisationsgruppen, die auch kulturell eigene Wege
gehen. Sie waren, wie SZEMKUS analysierte, eine "Antwort auf die Strukturerweiterung der industriellen Gesellschaft",[2] die ihren Heranwachsenden keinen kontinuierlichen, psychosozial angemessenen Übergang in die
Erwachsenenwelt mehr bieten konnte. Doch traf die gleiche historisch-gesellschaftliche Situation auch auf die

---

1) Zur Primärgruppe vgl. vor allem TENBRUCK 1962, 118,
   Anm. 7; auch SCHÄFERS 1980.
2) Vgl. SZEMKUS 1974, 46.

bereits einige Jahre vor dem Wandervogel sich formie-
rende Fußballvereinsbewegung zu. Hier wie dort deuten
sich schon in der Tatsache der Gruppenbildung die sozialisatorischen Funktionen an, die sie für Jugendliche erfüllen konnten. Denn zum einen bot ihnen der
Fußballsport die Gelegenheit, einige alterstypischen
Bedürfnisse zu verwirklichen, die mittlerweile auch
die Jugendpsychologie zu den spezifischen Dispositions-
merkmalen von Jugendlichen zählt, dazu gehören körper-
liches Leistungsstreben, Spielfreude und sportlicher
Wettkampf.[1] Zum anderen waren sie aufgrund der von
den Fußballregeln geforderten Anzahl von Mitspielern
überschaubar, was ein altersgerechtes Kommunikationsklima mit seinen spontanen Beziehungsäußerungen begün-
stigte. Da die Schüler-Fußballvereine meistens auf der
Basis von Schulklassen gegründet wurden, waren die Kontakte der Mitglieder sehr zahlreich, was seinerseits
zu einer Verdichtung der sozialen Beziehungen geführt
hat. Die eben genannten Charakteristika der Schüler-
Fußballvereine, allgemeiner der jugendzentrierten
Sportgruppen, beschreiben also einen eigentümlichen
Erlebnis- und Aktionsraum. Dieser war offenbar geeignet, die psycho-sozialen Defizite der strukturellen Entwicklung, welche die Wilhelminische Gesellschaft vor
der Jahrhundertwende aufzuweisen hatte, nicht nur aus-
zugleichen, sondern ihnen mit eigenen kulturellen, sozialen und organisatorischen Mitteln entgegenzutreten.

---

1) Vgl. RÖTHIG/GABLER 1970^2; vor allem BACH 1974 hat
   in seiner "Struktur- und Funktionsanalyse der Leibesübungen in den Jugendorganisationen vor 1914",
   den Zusammenhang von Sportaktivitäten und altershomogenen Jugendgruppen erläutert und damit einen
   wichtigen Anstoß gegeben, speziell Fußballvereine
   in diesem Kontext zu betrachten.

Die Schlußfolgerungen aus den bisherigen theoretischen
Erörterungen und den Hinweisen auf den gesellschaftlichen und historischen Rahmen fließen nun ein in die
leitenden Fragestellungen, unter denen das vorgefun-
dene Quellenmaterial aufbereitet wurde. Grob gliedert
es sich danach, welche ideellen und praktischen Anteile
die Spielbewegung an der Einführung und Verbreitung
des Fußballspiels im Deutschen Kaiserreich bis kurz
nach der Jahrhundertwende hatte. Da ihr konkreter Ausgangspunkt die Bemühungen waren, den Schulunterricht
bzw. das (beizubehaltende) Turnen durch Bewegungsspiele
anzureichern, werden erneut die Verhältnisse an vor
allem höheren Schulen berührt. Um die von der Spielbewegung vorgeschlagenen Einzelmaßnahmen transparent zu
machen, wird unter anderem auf einige pädagogische Leitsätze und ihre ideologischen Hintergründe einzugehen
sein. Vor allem in Zusammenhang mit Konrad KOCHs Rolle,
die eingangs in Stichworten schon herausgehoben wurde,
werden auch ein paar interkulturelle Aspekte der Spiel-
pädagogik und ihre Anwendung bzw. Übertragung auf
deutsche Verhältnisse deutlich werden. Immer wieder wird
zu prüfen sein, welche weiteren Konsequenzen aus der formalen, schulinternen Strukturierung von Spielgruppen für
die alterstypischen Organisations- bzw. Sozialisations-
bedürfnisse der Schüler und Jugendlichen zu erwarten
waren.

In den vorangegangenen Überlegungen blieb noch völlig unberücksichtigt, welche Rolle dem (Fußball-)Spielplatz in
diesem Prozeß der Entstehung von Schülerspielvereinigungen beizumessen ist. Da aber die Spielbewegung auch
in dieser Hinsicht initiativ geworden ist, was in einem
eigenen Abschnitt aufgearbeitet werden wird, darf man sich
von einer näheren Betrachtung der entsprechenden Ausgangslage und den möglicherweise zu konstatierenden Ver-

änderungen einigen Aufschluß über die sozialen und
kulturellen Bedeutungen der Spielplätze im Deutschen
Kaiserreich versprechen. Am Schluß des nun folgenden
Kapitels sollen dann die unter Protektion der Spielbewegung entstandenen Schülerspielvereinigungen unterschieden werden. Eine Darstellung ihrer Formen, sportimmanenten und sozialen Aktivitäten, ihrer Einbindung
in die institutionelle Aufsicht durch Lehrer und Schulbehörden wird die Voraussetzung dafür bieten, sie
analytisch und konkret historisch abzugrenzen von den
autonomen Schüler-Fußballvereinen, die im selben Zeitraum entstanden sind und denen dann das ganze dritte Kapitel gewidmet sein wird.

II. Die Bedeutung der Spielbewegung für die Entstehung
des organisierten Fußballspiels

1. Geschichtliches Umfeld und Formierung des "Zentral-
ausschusses"

"Die Schule muß tun, was sonst erziehlich nicht getan
wird und auch oft nicht getan werden kann."[1] Unmißver-
ständlich begründete RAYDT, der selbst Gymnasiallehrer
und zu dieser Zeit Studiendirektor in Leipzig war, die
Notwendigkeit, an deutschen Schulen auch Bewegungsunterricht, Spiele, einzuführen.mehr noch dokumentiert er
das Selbstverständnis und Selbstbewußtsein vom umfassenden gesellschaftlichen Auftrag, ja den Führungsanspruch
der Schule in Erziehungsfragen. Fast nahtlos läßt sich
so an unsere weiter oben getroffene Feststellung anknüpfen, daß dem Schul- und Bildungswesen im Wilhelminischen Kaiserreich in soziologischer Sicht eine Schlüsselrolle zugefallen war. In diesem Zusammenhang sprachen
wir davon, daß das im Zuge der Industrialisierung aufge-
tretene Strukturwachstum der Gesellschaft eine stark zunehmende Diskontinuität zwischen primärem, in der Familie zentrierten und sekundärem, gesellschaftlich dominierten Lebensbereich entstehen ließ; daraus leiteten
Bildungspolitiker und engagierte Pädagogen wie RAYDT die
Legitimation für einen erweiterten Erziehungsauftrag
der Bildungsinstitutionen ab. Und in der Tat brachte
die industrielle Entwicklung ja auch einige, zum Teil
dramatische Veränderungen der Binnenstrukturen des Kaiserreichs mit sich, was hier nur in Stichpunkten angedeutet werden kann.

---

1) Vgl. RAYDT 1905, 16, zit. nach PREISING 1980, 421.

Die tiefgehende Umstrukturierung der gesamten Gesellschaft
läßt sich zum Beispiel aus der Umschichtung des Arbeits-
platzangebots in wichtigen Erwerbszweigen ablesen. So
ging etwa der Anteil aller Beschäftigten, die im landwirtschaftlichen Bereich tätig waren, allein im Zeitraum
der Jahre 1882 bis 1895 von fast 43 % auf unter 36 %
zurück.[1] Andererseits genügte dieselbe Zeitspanne, um
den Anteil der in Industrie und Bergbau Beschäftigten
von etwa 39 % auf rund 44 % zu steigern.[2]

Ein weiterer entscheidender Faktor zur Beschreibung des
gesellschaftlichen Strukturwandels sind die Veränderungen der Bevölkerungsgröße. Beispielsweise stieg die
Zahl der Gesamtbevölkerung in den Staaten des Deutschen
Reichs zwischen 1816 und 1913 von ca. 24 auf über 65
Millionen. Die dynamische Binnenwanderung vom Land in
die Städte spiegelt sich in der Urbanisierungsrate wider,
die in gewaltigem Ausmaß anstieg: 1871 lebten
14,3 % der Bevölkerung in Orten mit mehr als 20 Tsd.
Einwohnern; 1910 war dieser Anteil auf 40,4 % gestiegen. Auch der Anteil der Großstadtbevölkerung stieg in
diesem Zeitraum beträchtlich an: von 4,8 % auf 27 %
(1871 gab es erst acht Städte mit mehr als 200.000 Einwohnern, im Jahr 1900 waren es 33). In diesem Zusammenhang ist auf ein bislang wenig beachtetes Phänomen hinzuweisen, das TENFELDE[3] herausgearbeitet und material-

---

1) Im Vergleich dazu nehmen sich die etwa 5% aller
   Erwerbstätigen der Bundesrepublik, die 1986 in der
   Landwirtschaft beschäftigt waren, geradezu beschei-
   den aus, vgl. DIE ZEIT, Nr.12, 14.3.1986, S.1.

2) Die folgenden statistischen Daten entstammen RITTER/
   KOCKA 1974, 34 ff; vgl. auch PREISING 1980, 419.

3) Vgl. TENFELDE, Großstadtjugend in Deutschland vor
   1914, (1982).

reich belegt hat. Demnach war der Urbanisierungsprozeß in der deutschen Industrialisierungsphase vor 1914
von einer ausgeprägten "Großstadtverjüngung" gekennzeichnet, die die "generelle Jugendlichkeit der deutschen
Reichsbevölkerung" noch übertraf; bereits SCHMOLLER um-
schrieb diesen Vorgang als "Verjugendlichung" der
Reichsbevölkerung.[1] Zum Beispiel betrug im Jahr 1900
der Anteil der unter 30-Jährigen knapp über 61 %,
allein fast 35 % der Gesamtbevölkerung (von knapp 56
Millionen) war bis zu 15 Jahre alt. Parallel zu dieser
Entwicklung, die etwa seit Mitte der 1870er Jahre einsetzte und zur Folge hatte, daß die reichsdeutsche Bevölkerung vor 1914 deutlich jünger war als diejenige
Englands, Frankreichs und der USA, erhöhte sich auch die
Zahl der Beschäftigten, die zwischen 1873 und 1893 um
28 % zunahm. An unmittelbaren Auswirkungen dieser Alters-
strukturen sieht TENFELDE "Belastungen der kommunalen,
urbanen Infrastrukturen durch einen 'unproduktiven'
Planungs- und Finanzbedarf" etwa für das Bildungs- und
Erziehungswesen,[2] der am Ende der Arbeitsbevölkerung
entzogen werden mußte.

---

1) Vgl. SCHMOLLER, Grundriß der Allgemeinen Volkswirt-
schaftslehre, München/Leipzig 1923, 164, zitiert
nach TENFELDE 1982, 186, Anm. 21.

2) Einige Zahlen, der "Zeitschrift des Königlich preußischen Statistischen Bureaus", Jg. 1899, LXXXIXff.
entnommen: "Die Volksschulen verursachen einen Jah-
resaufwand von etwa 314,7 Mill Mark"; "Die Höheren
Lehranstalten verursachen einen jährlichen Aufwand
von ungefähr 70 Millionen Mark"; "Die Gesamtkosten
der Universitäten und Hochschulen übersteigen jährlich 32 Mill. Mark". Abschließend heißt es: "Deutschland wird mit Recht das Land der Schulen genannt. Man
kann das verstehen, wenn man die Thatsache würdigt,
daß gegenwärtig (1899) rund 9 1/2 Mill., also reichlich 17,5 % seiner Bevölkerung in Schulen aller Art
unterrichtet werden, und daß mindestens eine halbe
Milliarde Mark jährlich auf das Unterrichts- und
Bildungswesen im Reiche verwendet wird."

Vor dem Hintergrund dieser statistischen Daten kann an
dieser Stelle schon einmal auf das Schlagwort "Jugend-
fürsorge" hingewiesen werden, das in den neunziger Jahren und verstärkt nach 1900 breiten Raum in der öffentlichen Diskussion sowie im Rahmen von staatlichen und
konfessionellen, aber auch partei- und verbandspoliti-
schen Maßnahmen beanspruchte (vgl. hier: S. 204ff.).
Des weiteren ist anzunehmen, daß diese Massierung von
jugendlichen Altersgruppen in der großstädtischen Bevölkerung, deren Unübersehbarkeit im Stadtbild auf
subtile Weise ebenfalls dazu beigetragen hat, daß das
jugendliche Selbstbewußtsein noch weiter zunahm, ergänzend zu den bereits mit Rückgriff auf EISENSTADT
festgestellten strukturell bedingten Auswirkungen. Insgesamt sollen die hier zusammengetragenen Daten zur Beschreibung des gesellschaftlichen Strukturwandels genügen, um für unsere Zwecke den Erklärungshintergrund für
die nun darzustellenden pädagogischen Maßnahmen und
Zielsetzungen zu liefern, die von der Spielbewegung ergriffen wurden.

Im Jahre 1882 verfügte der preußische Minister für
geistliche, Unterrichts- und Medizinalangelegenheiten,
v. Goßler, in einem Erlaß, daß zusätzlich zum regulären
Turnunterricht an Preußens Schulen noch regelmäßig Gelegenheit zum "Turnspiel"[1] zu geben sei. Da dieser

---

1) Unter dem Begriff "Turnspiele" wurden im allgemeinen folgende Kategorien und Einzelspiele verstanden:
1. Lauf- und Fangspiele: Drittenabschlagen, Barlauf,
Fuchs zu Loch, Schlaglaufen, Katze und Maus, Schwar-
zer Mann, Diebschlagen, Tag und Nacht, Urbär,
Glucke und Geier, Holland-Seeland; 2. Kampfspiele:
Kreislaufen, Hinkkampf, Schwebekampf, Tauziehen;
3. Ballspiele: Schlagball mit und ohne Freistätten,
Jagdball, Neckball, Fangball, Kreisball, Kreisfuß-
ball, Prellball, Reiterball, Sauball, Schleuderball,
Stehball, Wanderball, Feldball, Grenzball; vgl.
JfJuV 1899, 161.

"Spiel-Erlaß", wie er fortan genannt wurde, einige wesentliche pädagogische Neuerungen enthielt, die über den
Tag hinaus Gültigkeit behielten, wurde er schließlich
zum Vorbild für die Initiatoren der Spielbewegung. Neben
den mit allgemeiner Hygiene befaßten Absichten ging es
im Erlaß vor allem darum, mit dem Turnspiel bei den
Schülern den "Gemeinsinn" sowie die "Freude am tatkräf-
tigen Leben und die volle Hingabe an gemeinsam gestell-
te Aufgaben und Ziele"[1] zu wecken. Die untergründig anklingenden ideologischen Intentionen wurden auch in na-
tionalpädagogischen Interpretationen ausgesprochen.
"Pro patria est dum ludere videmur"[2] (Es ist für das
Vaterland, wenn wir zu spielen scheinen) lautete die
übertrieben pathetische Variante eines Patriotismus, den
es mittels der Turnspiele bei Schülern und Jugendlichen
zu stärken galt. Mitunter nicht weniger schwülstig, doch
dafür mit konkretem historischem Bezug wurde häufig
F. L. Jahn in Anspruch genommen, für den Turnen und Turnspiele seinerzeit schon zusammengehörten und geeignet
waren, die Zugehörigkeit zum "deutschen Vaterland" zu
fördern.[3] Ganz nüchtern, schon modern beruhte die, man
könnte sagen: "entwicklungspsychologische Begründung"
des Spiel-Erlaßes auf der Einsicht, daß Bewegungsspiele
dem jugendlichen Bedürfnis nach Selbsterfahrung der
körperlichen Kräfte entgegenkommen und überdies der Verfeinerung ihrer motorischen Geschicklichkeit dienen.

---

1) RAYDT 1905, 16, zit. nach PREISING 1980, 421.

2) Stellvertretend für viele, die mal die lateinische,
   mal die deutsche Fassung dieses Spruches verwendeten: RAYDT, in: JfJuV 1893, 182.

3) Vgl. SCHRÖDER 1967.

Da sich der Spiel-Erlaß zu einseitig auf die Schule als
Vermittler und Realisator der Spielideen stützte, deren
Personal auch überhaupt nicht bzw. in ungenügendem Maße
didaktisch und inhaltlich für die Erteilung von Spielunterricht ausgebildet war, blieb der erhoffte Erfolg aus.
Nach PREISINGS Analyse spielte des weiteren eine entscheidende Rolle, daß Privatinitiativen, die sich in
den achtziger Jahren an der Umsetzung des Spiel-Erlaßes
außerhalb des Schulrahmens beteiligen wollten, auf den
Widerstand der Turnvereine stießen. Ihr Konkurrenzden-
ken, gepaart mit der Anmaßung des Alleinvertretungs-
rechts auf privat-organisierte Bewegungsaktivitäten
blockierten die Ausbreitung etwa der Spielvereine, die
der Düsseldorfer Amtsrichter Hartwich angeregt hatte.
Ganz anders gingen dagegen die Initiatoren der Spielbewegung vor. Ohne die einzelnen Bildungsinstitutionen,
ohne Pädagogen und zuständige Behörden zu vernachlässigen, gewann man zuerst eine illustre Schar hochrangiger
Persönlichkeiten des Wilhelminischen Establishments als
ideelle und materielle Gönner und Mäzene.[1] Ganz entscheidend verbesserten sich ihre Wirkungsmöglichkeiten,
als auch Wilhelm II. sein Wohlwollen signalisierte und
den Unterrichtsminister zur Auszahlung einer kapitalen
Starthilfe von 3.000 Mark anwies.[2]

---

1) Unter den 35 Gründungsmitgliedern des ZA waren 11 Ab-
   geordnete, 5 Bürgermeister (der Städte Posen, Magdeburg, Danzig, Straßburg, Königsberg/Pr.), mehrere
   Schulräte, Direktoren und Lehrer von Real- und humanistischen Gymnasien sowie Kommerzien-, Sanitäts-
   und Medizinal-Räte, nicht zu vergessen einige Turninspektoren einschließlich des Vorsitzenden der Deutschen Turnerschaft und deren Geschäftsführer; vgl.
   hier: S. 50.

2) Vgl. JfJuV 1892, 107.

Abb.7: Vorstandsmitglieder des "Zentralausschuss" (ZA),
1902.

Quelle: JfJuV 1902, Einband, innen.

Organisatorisch trat die Spielbewegung zunächst mit der
Bildung des "Zentralausschuss zur Förderung der Volks-
und Jugendspiele" (ZA) an die Öffentlichkeit. Der ZA
kam hauptsächlich auf Initiative des Görlitzer Abge-
ordneten des Preussischen Landtags Emil von Schenken-
dorff[1] zustande. Dieser hatte Turnspiele bereits in
dem von ihm geleiteten "Verein für Handfertigkeit" eingeführt, und zwar mit so großem Erfolg, daß sich "schon
bald die Spiele in den höheren Lehranstalten und der
Volksschule von Görlitz (einbürgerten)", wie er diesen
Vorgang selbst schilderte.[2] Bis zu seinem Tod im Jahr
1915 fungierte v. Schenckendorff auch unumstritten als
Vorstand des ZA; die übrigen Mitglieder des Vorstands
wurden aus dem ursprünglich 35 Personen umfassenden ZA
gewählt, während die Unterausschüsse[3] sich entsprechend

---

1) Der Freiherr, Dr. med. h. c. Emil Gustav Theodor von
   Schenckendorff "entstammt(e) der neumärkischen Solda-
   tenfamilie v. Sch.", zu der auch Max v. Sch. gehörte (1783 - 1817), der als Lyriker des nationalen Be-
   freiungskampfes gegen Napoleon Lieder wie "Freiheit,
   die ich meine" schrieb. Nach einer abgebrochenen
   Offizierslaufbahn wurde E. v. Sch. Direktor des
   Reichstelegraphendienstes, später nationalliberaler
   Abgeordneter im preussischen Abgeordnetenhaus, wo
   er "in der Bildungspolitik mit schulpolitischen Arbeiten hervorgetreten ist"; vgl. BIOGRAPHISCHES WÖR-
   TERBUCH 1975, 2748.

2) Vgl. JfJuV 1892, 105.

3) Neben den Unterausschüssen für: "Jugend- und Volksfeste", "die deutschen Hochschulen", "die Fortbil-
   dungs- und Fachschulen", "Förderung der Wehrkraft
   und Erziehung" leistete der "Technische Ausschuß"
   mit der Erfassung und Ausarbeitung von Spielregeln,
   die im "Westentaschenformat" vertrieben wurden, wohl
   eine der wichtigsten Arbeiten. Im einzelnen wurden
   im Jahre 1906 folgende Einzelhefte zu einem geringen
   Preis, z. T. in 7. Auflage angeboten: Heft 1 -
   Faustball. Raffball; Heft 2 - Einfacher Fußball (ohne
   Aufnehmen); Heft 3 - Schlagball (ohne Einschenker);
   Heft 4 - Schleuderball. Barlauf; Heft 5 - Schlagball (mit Einschenker); Heft 6 - Tamburinball; Heft
   7 - Schlagball mit Freistätten; Heft 8 - Grenzball.
   Stoßball. Feldball; Heft 9 - Fußball (mit Aufnehmen);
   vgl. JfJuV 1906, Anhang.

der Interessen der ZA-Mitglieder zusammensetzten.[1] Am
Anfang verstand sich der ZA als ein Förderverein, der
in koordinierender und informierender Tätigkeit den
Spielgedanken im Deutschen Reich verbreiten und in
allen Bevölkerungsschichten verankern wollte. In einem
jeweils für das kommende Jahr gültigen Arbeitsplan wurden Einzelmaßnahmen zur Verwirklichung der langfristi-
gen Ziele festgelegt. Diese hatten sich zum Teil aus Umfragen ergeben, zum Teil beruhten sie auf den Beobachtungen der ZA-Mitglieder vor Ort.[2]

Im wesentlichen lassen sich aus der Fülle der Gesamtakti-
vitäten drei Daueraufgaben hervorheben.[3] Zum einen wollte man die deutschen Städte "zur Schaffung von Spielplätzen (anregen)"; intensiv widmete man sich der "Bildung besonderer Vereine behufs Förderung der Volksspiele am Orte", und außerdem galt der "Frage der Bildung von
Gymnasiasten-Vereinigungen zur Förderung der Turn- und
Spielzwecke" ein besonderes Augenmerk; auf alle Punkte
wird noch ausführlich eingegangen.

Ein großer Teil der sehr vielfältigen publizistischen
Betriebsamkeit des ZA konnte sich im "Jahrbuch für Ju-
gend- und Volksspiele" (JfJuV) entfalten. Das Jahrbuch

---

1) Da sich die Zusammensetzung des ZA über die Jahre
   personell nur geringfügig änderte, er sich im rollie-
   renden System immer wieder selbst wählte und bestätigte, sprach PREISING (1980, 435) mit Bezug auf
   Max Weber (Wirtschaft und Gesellschaft, Köln 1964,
   590) von einer "Honoratiorengesellschaft".

2) Zwar kamen die Mitglieder des ZA überwiegend aus
   Provinzen des Staates Preußen, dennoch war man be-
   müht, die Berichterstattung aus allen anderen Staaten
   nicht zu vernachlässigen, was wohl im großen und
   ganzen auch gelungen ist.

3) Die folgenden Zitate beziehen sich auf JfJuV 1892,
   105 ff.

entwickelte sich mit der Zeit zum niveauvollen und
ambitionierten Forum, das über den lokalen und regionalen Erfahrungsaustausch hinaus auch Anregungen aus
den unterschiedlichsten Fachrichtungen Raum zur Darstellung bot. Die Stellungnahmen von Pädagogen, Medi-
zinern, Turninspektoren, Turnerschaftsrepräsentanten
und Behördenvertretern, z. B. Schulräten, vermitteln
heute ein sehr differenziertes Bild der ganzen Spielbewegung, sowohl in theoretischer und praktischer Hinsicht, als auch in Bezug auf ihre politischen, sozialen und kulturellen Implikationen. Nicht zuletzt sind
die in großem Maßstab angelegten und durchgeführten
empirischen Studien auch heute noch von großer Bedeutung. Deren übersichtlich aufbereitete, detaillierte
Informationsfülle wäre im Nachhinein nur unter immensem
Aufwand rekonstruierbar.[1]

---

1) Folgende, zum Teil sehr umfangreiche Statistiken
   und ihre Auswertungen wurden zwischen 1893 und
   1900 veröffentlicht:

   JfJuV 1893, 103 - 139: Das Jugend- und Volksspiel in
                          den deutschen Städten im
                          Jahre 1892;
   JfJuV 1894, 164 - 206: Das Jugend- und Volksspiel in
                          Deutschland 1892 - 1893;
   JfJuV 1895, 215 - 300: Die Jugendspiele an den höhe-
                          ren Lehranstalten, Lehrerse-
                          minaren und Präparandenanstal-
                          ten Deutschlands im Jahre 1894;
   JfJuV 1896, 282 - 299: Das Bewegungsspiel an den
                          deutschen Lehrerinnen-Seminaren,
                          höheren Mädchen- und Mädchen-
                          Mittelschulen im Jahre 1895;
   JfJuV 1897, 257 - 266: Das Bewegungsspiel an den
                          Volksschulen der Städte
                          Preußens im Jahre 1896;
   JfJuV 1898, 145 - 153: Leibesübungen im Freien an den
                          höheren Schulen Berlins und
                          der Vororte 1896/97;
   JfJuV 1900, 129 - 160: Die Spielplätze in den deutschen
                          Orten über 5.000 Einwohner in
                          den Jahren 1890 - 1899.

Einer der fleißigsten Autoren in den Jahrbüchern war
Konrad KOCH, der mit dem Eintritt in den ZA überhaupt
erst seine eigentliche publizistische Tätigkeit zu ent-
falten begann.[1] Neben seinen sonstigen Veröffentlichun-
gen als alleiniger Autor[2] wurde er einem breiteren
Publikum als Redakteur einiger Spezial-Rubriken des
Jahrbuchs bekannt, wo er engagiert zu brisanten Themen
Stellung bezog, mit denen schließlich der ZA und die
Spielbewegung insgesamt identifiziert wurden. Zum Beispiel setzte er sich in der Berichtsreihe "Über den
Fortgang der Spiele und verwandter Leibesübungen", die
KOCH von 1894 bis 1901 betreute, vehement für die Verbreitung des Wettkampfgedankens ein. Er begründete dies
mit dem Hinweis auf F. L. Jahn, der schon zu seiner Zeit
empfohlen hatte, mithilfe von Wettkämpfen die besten
'Allround'-Turner zu ermitteln; KOCH konterte damit ge-
schickt die verschiedentlich von orthodoxen Anhängern
des Turnens verfochtene These, durch Wettspiele, freilich ohne Geldwetten im heutigen Sinne ("Toto"), würden
die Jugendlichen zu sehr dem "Sportmäßigen" angepaßt.
Pädagogische Bedenken, wonach die Schüler durch die Vorbereitung auf Wettkämpfe intensiver mit dem Sport als
mit der Schule beschäftigt seien - "Aber der arme Homer
und Horaz! und die arme Mathematik!" - zerstreute KOCH als

---

1) Gemäß HOFFMEISTERs Bibliographie (1978, 113 ff.)
   entfielen gut 80 % von KOCHs Veröffentlichungen auf
   die Jahre nach 1892. Neben seinen Jahrbuch-Beiträgen
   erschienen Aufsätze, aktuelle Diskussionsbeiträge,
   Abdrucke von Reden und Vorträgen in:
   - "Deutsche Turnzeitung"; Berlin, 1. 1856 - 89. 1944;
   - "Körper und Geist"; Düsseldorf, 1883 - 1886;
   - "Zeitschrift für Turnen und Jugenspiel"; Leipzig
     1892/3 - 1902/3
   - "Pädagogische Abhandlungen"; Leipzig, 1.1874 - 3.1877.

2) Vgl. auch die Literaturliste am Schluß dieser Arbeit
   sowie HOFFMEISTER 1978.

"unbegründet oder wenigstens höchst übertrieben"[1]; in
diesem Zusammenhang konnte er immerhin auch auf lange
Jahre eigener Erfahrungen mit dem Schülerfußballverein
an seinem Braunschweiger Gymnasium Martino-Catharineum
verweisen.

Die Betreuung der Kolumne "Der gegenwärtige Stand der
Spielplatzfrage" lag zwischen 1896 und 1901 ebenfalls
in KOCHs Händen (vgl. hier: S.79ff.); von 1906 bis zum
Jahr seines Todes, 1911, referierte KOCH auch Ablauf,
Planung und Koordination der "Spielkurse".

Insgesamt als unbefriedigend müssen dagegen KOCHs Berichte gelten, die sich zwischen den Jahren 1896 und 1902
mit dem "Stand des Fußballspiels" beschäftigten. Die
"zahlreichen Lücken und Unvollständigkeiten", zu denen
er sich bereits in seiner "Fußball-Geschichte"[2] ent-
schuldigend bekannte, konnte KOCH auch in seinen Jahres-
berichten nicht schließen, sodaß allein darauf eine Rekonstruktion der deutschen Fulball(vereins)geschichte
nicht zu begründen ist. Unsystematisch und eher vom Zu-
fall (der Kenntnisnahme) bestimmt sind seine Feststellungen von Vereinsgründungen. Dagegen vermitteln seine gelegentlichen Spielberichte von Wettkämpfen zweier Teams
einen gewissen Eindruck vom technischen und spieltakti-
schen Vermögen früherer Fußballspieler. Bei seinen quantitativen Angaben dominieren vage Schätzungen, die sich
auf wenig gesicherte Basisdaten stützen. Etwa wenn er
anhand der 1893 "annähernd verkauften 2.000 Fußbälle",
einschließlich seiner Haltbarkeits-Mutmaßungen die Bälle
betreffend, eine Zahl von "50 bis 100.000" Fußballspielern
im Jahre 1895 hochrechnete; später verzichtete er ganz

---

1) JfJuV 1896, 165.
2) KOCH 1895, 40.

auf den Ansatz eines empirischen Belegs und glaubte,
man dürfe ihre Zahl "dreist nach Hunderttausenden
schätzen"[1], eine im Überschwang der günstigen Entwicklung der gesamten Spielbewegung geborene, doch weit
überzogene Annahme, obwohl heute kein akkurater Gegen-
beweis mehr angetreten werden kann.[2] KOCHs Vorgehen
kontrastiert jedenfalls auf frappierende Weise mit der
im ZA ansonsten mithilfe von umfangreichen Erhebungen
und peniblen Statistiken praktizierten Genauigkeit, Veränderungen im einzelnen festzuhalten, die womöglich das
Resultat der ZA-Aktivitäten gewesen sind.

Ein weiterer Schwerpunkt der Arbeit des ZA war die
Koordination des Angebots an "Spielkursen". Man führte
damit eine Praxis des Görlitzer "Vereins für Handfertigkeit" fort, der unter Leitung des Görlitzer Gymnasial-
direktors Eitner schon Ende der achtziger Jahre auch für
auswärtige Interessenten von Schulen und aus Turnvereinen theoretischen und praktischen Spielunterricht er-
teilte. Das Jahrbuch veröffentlichte die Kurstermine
und einzelne Erfahrungsberichte und sorgte dadurch für
eine überregionale Verbreitung dieser spezifischen In-
formationsmöglichkeit über die Regeln und die Praxis von
Spielen wie Lawn-Tennis, Fußball in seinen beiden Haupt-
varianten, Kricket und anderen. Daß sich immer wieder
einige Kursteilnehmer gegen die Pflege "ausländischer"
Spiele wandten, gab dem ZA die Gelegenheit, seine pragmatische Grundhaltung zu demonstrieren: "Nehmen wir das
Gute, wo wir's finden, Spiele sind, wie alle bewährten

---

1) JfJuV 1898, 206.

2) An konkreten Zahlen liegen vor: 86 Vereine haben
   1900 den DFB gegründet, an offiziell bekannten Schülerfußballvereinen an Höheren Schulen gab es 78
   (vgl. hier: S. 111ff.); eine Dunkelziffer läßt sich
   für das Jahr 1895 mit Vorsicht auf 200 abschätzen,
   vgl. hier: S. 152.

Erziehungsmittel, international";[1] v. Schenckendorff
verwahrte sich auch schon mal gegen "übertrieben her-
vorgekehrte Deutschtümelei".[2]

Finanziert hat der ZA seine Arbeit ausschließlich aus
Spenden und freiwilligen Beiträgen. Zum Teil stammten
sie von öffentlichen Körperschaften wie den Staatlichen
und Landes-Behörden, überwiegend jedoch von Städten und
Gemeinden. Aus der Abrechnung des Jahres 1899 geht hervor, daß über 300 Städte- und Gemeindeverwaltungen, zum
Teil auf mehrere Jahre vorab, im Durchschnitt eine Mark
pro Tausend Einwohner bewilligt hatten; auf diese Weise
kamen mehr als 9.300 Mark zusammen, wozu sich noch
2.430 Mark von Behörden, 370 Mark von öffentlichen Vereinen und über 270 Mark von Privatpersonen addierten.[3]

Rein formal betrachtet erkennt man den "Bewegungs"-
Charakter der Spielbewegung schon daran, daß sich der ZA
erst 1912 in einen rechtsfähigen Verein umwandelte; bis
dahin existierte noch nicht einmal eine Satzung. Dieser
Umstand dürfte ihm eine flexible und pragmatische Haltung
gegenüber manchen Problemen erleichtert haben, die der
Verwirklichung seiner Ziele im Wege standen; zweifellos erhöhte dies insgesamt auch seine Wirkungsmöglichkeiten, von denen nun die Rede sein soll.

---

1) JfJuV 1894, 138.
2) Ebd.
3) JfJuV 1900, 266. Die Gesamtsumme von rund 12.000 Mark,
   die so im Jahre 1899 zusammenkam, entsprach etwa dem
   15fachen des durchschnittlichen Jahreseinkommens eines Arbeitnehmers im Jahr 1900 von 784 Mark; vgl.
   HOHORST/KOCKA/RITTER 1975, 107.

2. Die Spielbewegung auf dem Weg zu ihren zentralen
   praktischen Zielen

Unter organisationsstrategischen Gesichtspunkten betrachtet war der Start der Spielbewegung alles andere als er-
folgversprechend. Ohne auf einen reichsweit verteilten
Unterbau an lokalen und regionalen strukturellen Stützen
vertrauen zu können, schlossen sich, wie bereits erwähnt, unter Führung von E. v. Schenckendorff weitere
34 hochrangige Persönlichkeiten des gesellschaftlichen
Establishments zum "Zentralausschuss" (ZA) zusammen. Obwohl man sich auf die gleichen Wurzeln wie die Turner
berief, nämlich Jahn und Guthsmuths, organisierte sich
der ZA getrennt von der organisierten Turnerschaft. Dadurch bestand die Gefahr - wie zuvor bei Hartwich -,[1]
in Konfrontation mit der Führungsspitze der Deutschen
Turnerschaft (DT) zu geraten, die eine personell, strukturell und ideologisch fest in der Gesellschaft veranker-
te Organisation repräsentierte. Der ZA konnte als ein
Konkurrent gelten, und zwar nicht nur um eigene Mitglieder in den Turnvereinen, sondern auch um Macht, Einfluß und Prestige in einer, wie Quellen belegen,[2] nach
öffentlich vorzeigbarer Reputation geradezu gierenden Gesellschaft, betrachtet man einmal nur die gehobenen
Schichten des Deutschen Kaiserreichs. Trotz dieser nach-
teiligen Ausgangsvoraussetzungen ließ man sich im ZA
nicht davon abhalten, neben der Turnerschaft eine eigenständige Bewegung in Gang zu setzen. Daß dies in der Tat
gelungen ist, das kann man auf mehrere Ursachen zurückführen.

---

1) Vgl. hier: S. 49; nähere Einzelheiten bei PREISING 1980
   417ff.
2) Vgl. RITTER/KOCKA 1974, 80f; Orden und Titel im
   Wilhelminischen Reich.

59

Die Verantwortlichen der Deutschen Turnerschaft hatten
es bereits in unmittelbarem Zusammenhang mit dem "Spiel-
Erlaß" von 1882 versäumt, ihre eigenen Strukturen sowie
die traditionellen turnsportlichen Inhalte zu erneuern
und in eine zukunftsorientierte, gesellschaftlich
attraktive Perspektive einzubetten. Dank ihrer Selbst-
einschätzung als wichtiger "Träger des Gedankens der po-
litisch-nationalen Einheit"[1] erstarrte die DT immer
mehr in einem ideologischen Konformismus mit den politisch Herrschenden und denunzierte jede reformerische
Intention als "Gefährdung des Bestehenden".[2] Als sich
dann mit Beginn der Wilhelminischen Ära ein kultureller
Wandel anbahnte, sichtbar unter anderem an der Schulre-
form-Konferenz von 1980, da erwiesen sich die zur Inno-
vation benötigten Kräfte als zu schwach, um aus eigenem Antrieb die verkrustete Turnideologie sport-in-
haltlich aufzubrechen. Es war offenkundig, daß innerhalb
der Deutschen Turnerschaft jener Funke nicht zu zünden
war, mit dem man neue Ideen und Aktivitäten entfachen
und damit den Bedürfnissen und Erfordernissen der Zeit
nach sportlichen Spielen hätte entsprechen können.

Diesen reformerischen Schwung brachten dagegen die
Initiatoren und führenden Mitglieder des ZA mit, von
denen einige gleichwohl dem Turnen nahestanden (KOCH,
Angerstein, F.H. Schmidt, RAYDT, Eitner). Dank ihrem
taktischen Geschick, entscheidende Persönlichkeiten der
DT wie den Vorsitzenden A. Maul und den Geschäftsführer Goetz direkt in die eigenen Gremien einzubinden,
versicherten sie sich der Loyalität und der Unterstützung von regionalen Turnverbänden und lokalen Turnver-

---

1) Mit PREISING (1980, 437, Anm. 47) ist daran zu erinnern, daß die innenpolitischen Auseinandersetzungen zur Zeit Bismarcks gerade diesen Stempel trugen.
2) Ebd.

einen, nicht zu vergessen den Turnlehrern in deren Verbänden und Vereinen. Zwar ließ man es nicht am geboten-
nen Respekt vor der historischen Leistung der mittlerweile eher "etablierten" Turnbewegung fehlen und gab
sich konziliant in der Geste des Einladenden gegenüber
den offiziellen Repräsentanten der Turnerschaft. Dennoch ließ der ZA zu keiner Zeit einen Zweifel daran aufkommen, daß man mit der Spielbewegung einen eigenen
Beitrag dazu leisten wollte, "Gesundheit, Lebensfrische,
Arbeitskraft und Freude am Dasein in jede einzelne deutsche Brust zu tragen" sowie "Volks- und Wehrkraft zu
stärken"[1]; in den Vorstellungen der ZA-Mitglieder reichte dazu das Konzept der Turner allein nicht aus.

Vor allem diese nationale Komponente, aber auch die Be-
hutsamkeit des ZA, dessen Argumentation die Verdienste
und den gesellschaftlichen Rang der Turner bekräftigte
und anerkannte, erleichterte die Kooperation beider Bewegungen. Dafür mußte die DT in Kauf nehmen, daß die
Spielbewegung den Turnern nur die Kompetenz in deren
traditionellen Turnübungen beließ. Da diese jedoch das
Turnspiel vernachlässigt hatten, schien es nurmehr logisch und plausibel, daß die Turner die Turnspiel-Pfle-
ge der Spielbewegung überließ. Auf diese Art war die
Turnbewegung als "materielle Ressource" gesichert, wie
PREISING die Durchsetzungsstrategie des ZA analysierte.[2] Allerdings bedarf PREISINGS Gesamteinschätzung
der Spielbewegung einer wichtigen Ergänzung, denn auf
der Grundlage seines einseitig ideengeschichtlichen
Interpretationsrahmens allein sind die realen Erfolge
des ZA weder zu erkennen noch zu erklären. Für unsere Analysezwecke ist es erforderlich, über

---

1) JfJuV 1892, 151.
2) Vgl. PREISING 1980, 418.

die gesellschaftstheoretischen Implikationen nicht deren praktische Konsequenzen zu vergessen, worum es nun
im folgenden gehen soll.

Gewiß hat die Spielbewegung, wie PREISING analysierte,
eine "Uminterpretation" der Spiele aus dem Bereich
"privater" in eine "gesellschaftliche Aufgabe"[1] vorgenommen. Unbestritten ist auch, daß sich viele ZA-
Mitglieder häufig in den öffentlichen Diskussionspro-
zeß eingeschaltet haben, um mit Zeitungs- und Zeit-
schriften-Artikeln und Vorträgen vor Turnvereinen und
sonstigen wohltätigen bzw. Freizeit-Organisationen den
gesellschaftlichen Stellenwert der sportlichen Spiele
zu verbessern, auch in Schulen die dritte Turn- als
Spielstunde zu fordern und durchzusetzen.[2] Schließlich
trugen die im ZA entwickelten Legitimationsmuster, wonach Spiele der Volksgesundheit und der Jugenderziehung
dienten, dazu bei, ihre Anerkennung als gesellschaftlich nützlich zu beschleunigen. Dennoch verdeckt PREI-
SINGs Überakzentuierung der argumentativen Vorgehensweisen des ZA, daß dessen Handlungsstrategie schon von Anfang an darauf ausgerichtet war, die inhaltlich-theore-
tischen Anstöße praktisch werden zu lassen. In regelmäßigen statistischen Erhebungen, die ein "außerordent-
liches Mitglied des Königlichen preussischen statistischen Bureaus, Berlin"[3] auswertete, legte man sich und

---

1) Vgl. PREISING 1980, 425.

2) Ein Erfolg in dieser Sache kam in zwei Etappen. Im
   Erlaß vom 29. 5. 1901 verfügte der Preußische Unterrichtsminister die dritte Turnstunde für Spiele
   zunächst für höhere Schulen; im Erlaß vom 13. 6. 1910
   wurde sie auch für Volksschulen verbindlich; vgl.
   JfJuV 1916, 43 f. Auch den Erlaß vom 20. 3. 1905,
   mit dem das Mädchen-Turnen für alle Mädchen-Schu-
   len obligatorisch wurde sowie die beiden Erlasse
   zur Einrichtung von Fortbildungskursen für Lehrer
   in Leibesübungen und Volks- und Jugendspielen (vom
   6. 5. 1905 und 3. 3. 1906) rechnete sich der ZA als
   (Teil-)Erfolge an; vgl. JfJuV 1916, 44.

3) JfJuV 1893, 103; vgl. hier: S. 53, Anmerkung 1.

der interessierten Öffentlichkeit[1] über die erzielten
Fortschritte Rechenschaft ab.

Genau besehen war die Strategie des ZA zweigleisig angelegt. Einerseits mußte man sich den Zugang zu den
relevanten Behörden und maßgebenden gesellschaftlichen
Institutionen sichern, andererseits bedurfte es der direkten Kontaktaufnahme mit einzelnen Bürgern, die bereit waren, vor Ort organisatorisch tätig zu werden.
Auf der einen Schiene gelang dies, indem - wie bereits
erwähnt - die im ZA vertretenen Turnerschaftsrepräsentanten für eine grundsätzliche Gewogenheit der Turner
bürgten. Des weiteren sicherten die Schulräte und
Gymnasialdirektoren im ZA die geneigte Aufmerksamkeit
der Schulbehörden in den einzelnen Staaten und Provinzen. Schließlich ebneten die dem ZA angehörenden
städtischen Repräsentanten wie Bürgermeister und Stadt-
räte von zum Teil renommierten Städten (Danzig, Straßburg, Frankfurt) den Kontakt und die Aufgeschlossenheit
weiterer Kommunalparlamente; vor allem diese entschieden über die Verwirklichung der weitgesteckten Spiel-
platz-Pläne. Die zweite Schiene, auf der die Ziele des
ZA fortgeschrieben und in die Praxis umgesetzt werden
sollten,bildete im wesentlichen das Spielkurs-Programm.

---

1) Das sehr skeptische Urteil des Geh. Rats Weber,
   dem ZA-Mitglied aus München, dürfte in Anbetracht
   der später noch aufgezeigten realen Erfolge der
   Spielbewegung nur bedingt zutreffend sein: "Die
   Jahrbücher gehen hinaus in eine Menge von Städten,
   und ich kann Ihnen die Versicherung geben: sie werden - nicht gelesen; sie werden in die Registratu-
   ren gegeben und harren dort einer freudigen Aufer-
   stehung entgegen" (womit er in Bezug auf eine noch
   immer nur ungenügende Berücksichtigung in der sport-
   bzw. pädagogisch-historischen Forschung durchaus
   Recht hat. R. B.) "Aber wenn unter 1.000 Städten
   900 versagen, so bin ich dankbar dafür, wenn 100
   durch das Jahrbuch angeregt werden. Das geschieht,
   und das hat auch schon seinen Nutzen"; JfJuV
   1899, 33.

Nach Geschlechtern getrennt wurden theoretische und
praktische Unterweisungen in Volks- und Jugendspielen
angeboten, und zwar überwiegend für die Lehrerschaft
aller Schultypen. Die Kurse selbst waren kostenfrei,
so daß die Teilnehmer lediglich für Reise und Aufenthalt aufkommen mußten.[1] Vor allem die Dezentralisierung der Kursangebote auf insgesamt 22 Städte im Jahre 1895 gegenüber sieben 1892 erschloß mehr und auch
neue Absolventenkreise, sodaß zwischen 1890 und 1900
rund 4000 Lehrer und etwa 2.000 Lehrerinnen aus allen
deutschen Staaten teilnehmen konnten; bis zum Jahre
1915 erhöhten sich diese Zahlen noch beträchtlich auf
15.176 Lehrer und 7.303 Lehrerinnen.[2] Ein entscheidender Vorteil der Spielkurs-Praxis bestand darin, daß
sich hier den die Kurse leitenden Vertretern - bis
1900 waren es 56 männliche und 6 weibliche[3] - der
Spielbewegung ein direkter, persönlicher Zugang zu jenem Personenkreis eröffnete, der später an Schulen und
in den von Turnvereinen unabhängigen, privaten "Förder-
vereinen" die Ideen des ZA weiterverbreiten sollte.
Wenn auch die Vermittlung praktischer Kenntnisse nicht
immer erheblich gewesen sein mochte, wie v. Schenckendorff einmal meinte, so erhielten die Teilnehmer, in
seinen Worten, doch immerhin "einen kräftigen Impuls
zur Förderung der Spiele und wurden zu begeisterten
Pionieren der Sache."[4] Die Kurse dürften schließlich
nicht nur den Austausch der Lehrer bzw. allgemein der
Teilnehmer untereinander über die Erfahrungen mit den
Spielen erleichtert haben, sondern nicht zuletzt in
diesem Zusammenhang hatte der ZA die Gelegenheit, Tabus und Hemmnisse etwa gegen "ausländische" Spiele

---

1) Vgl. hier: S. 61, Anmerkung 2, wo die beiden Erlasse
   zur Einrichtung von Lehrer-Fortbildungskursen in
   Volks- und Jugendspielen erwähnt sind.
2) JfJuV 1916, 8.
3) JfJuV 1900, 241 f.
4) JfJuV 1892, 81.

oder gegen "Schüler-Vereinigungen" abzubauen und durch
sachliche Betrachtungen zu ersetzen.

In dieser Kurzbeschreibung der entscheidenden Ansprech-
partner des ZA und der zentralen Praxisfelder haben
sich auch jene drei Gegenstandsbereiche herauskristal-
lisiert, die nun im einzelnen näher zu untersuchen sind.
Als Förderer des Spielplatzbaus, als Initiatoren von
Volks- und Jugendspielvereinen sowie als Mentoren von
Schülerspielvereinigungen hat er nicht nur an der
sozialen und kulturellen Gestaltung der Wilhelminischen
Gesellschaft mitgewirkt, sondern unter diesen Aspekten
ist sein Beitrag zur Entstehung der Fußballvereinsbewegung konkret belegbar.

3. Vereinsinitiativen im Kontext "Volks- und Jugendspiele"

Von den nun folgenden Beispielen zu einzelnen Vereinsgründungen, die ihren auslösenden Anstoß von ZA-Aktivitäten erhielten, werden zunächst zwei vorgestellt,
die zwar rein zeitlich noch vor der eigentlichen Spielbewegung entstanden sind, trotzdem wurzelten sie im
gleichen ideellen Umfeld. Dies trifft etwa auf einen
Freiburger Verein zu, der bestrebt war, daß "alle Spiele, welche in dem bekannten Spielbuche von Eitner angeführt sind, betrieben werden können";[1] Eitner, Gymna-
sialdirektor in Görlitz, hatte gemeinsam mit v. Schenk-
kendorff den Spielbetrieb in Görlitzer Schulen eingeführt und die ersten Spielkurse für Lehrer abgehalten.
Der Freiburger "Verein zur Förderung der Volks- und Jugendspiele" erwarb im Jahre 1891 von der Stadt ein
"6 bad. Morgen großes Gelände" und stellte es als "öffentlichen, d. h. jedermann kostenlos zugänglichen Spielplatz (Wiese)"[2] zur Verfügung. Zwar konnten die zusätzlich angeschafften Spielutensilien (diverse Bälle,
Schläger, Begrenzungsfahnen, Netze, Torstangen) nur Vereinsmitglieder auf Vorlage einer Berechtigungskarte in
Anspruch nehmen; doch wer zum Beispiel seinen Ball
selbst mitbrachte, konnte den Platz benutzen, sodaß der
Vorwurf einer ebenfalls beabsichtigten sozialen Ausgrenzung wohl nicht erhoben werden konnte. Dies umso

---

1) JfJuV 1892, 64.

2) Der Zusatz "(Wiese)" bezog sich darauf, daß in Verbindung mit dem Spielplatz auch Lawn-Tennis-Plätze
   zur Verfügung standen, deren Benutzung kostete "eine nicht sehr hohe Gebühr (8 Mark für Einzel-,
   11 Mark für Familienzulaßkarten)", vgl. JfJuV 1892,
   64; ein Morgen (ahd. 'morgan': "So viel Land, wie
   ein Gespann an einem Morgen pflügt") deckte eine
   Fläche von 25 - 34 ar ab, ein badischer Morgen lag
   bei 36 ar, das Gelände war also 216 ar groß; zum
   Vergleich: ein Fußballfeld mißt etwa (100 x 70 m)
   70 ar.

mehr, als der Platz in der Hauptsache für die Volks-
und Mittelschulen der Stadt geschaffen wurde; deren
Schüler bekamen jeweils am schulfreien Mittwoch- und
Samstagnachmittag regelmäßigen Spielunterricht er-
teilt. Die Organisation der Spielstunden übernahmen
zwei Volksschullehrer, die in der Turnlehrer-Bildungs-
anstalt in Karlsruhe ausgebildet worden waren, ihre Bezahlung leistete der Verein.[1] Während der Platz an
den beiden genannten Tagen für die Schulen reserviert
war, wurde er zur übrigen Zeit sowohl von anderen Schülern und Jugendlichen frequentiert, als auch in den
Abendstunden von erwachsenen Mitgliedern der Freiburger "Männerturnvereine, des Akademischen Turnvereins,
dem Arbeiterbildungsverein sowie dem 'Velozipedisten-
verein'".[2] Zu den Spielen, die von allen "am häufigsten und ausdauerndsten geübt wurden" zählte unter anderem "Fußball".[3] Der Berichterstatter des Freiburger Volks- und Jugendspielvereins, Prof. E. v. Philippovich, faßte den im ersten Jahrbuch des ZA veröffentlichten Aufsatz mit den Worten zusammen, daß es "ohne gros-
se Agitation und ohne irgendwelchen Druck und Zwang auf
die Schulen, Vereine oder Organe der Gemeindeverwal-
tung" gelungen sei, "durch Privatmittel einen Spielplatz
zu schaffen, der heute bereits in den in der öffentlichen Meinung anerkannten nützlichen Einrichtungen unseres Gemeineinwesens zählt"[4] ein Aspekt, der im nächsten
Kapitelabschnitt gesondert bearbeitet wird. Da sich des

---

1) Jeder Lehrer erhielt für die ungefähr 21 Nachmitta-
   ge, die er pro Saison (von Mitte April bis Mitte
   November) einschließlich der Ferien auf dem Platz
   zubrachte "ohne Rücksicht auf etwaige Ausfälle wegen ungünstiger Witterung 150 Mark" (JfJuV 1892,
   65, Anm. 1).

2) JfJuV 1892, 64.

3) Ebd., 67

4) Ebd., 68; (Hervorhebung im Original; R. B.)

Referenten Einschätzung aber auch auf den Verein selbst
ausdehnen läßt, betonte er - ganz im Sinne der Initiatoren der Spielbewegung - gleich im ersten Jahrbuch
nicht nur die soziale Bedeutung ihrer Zielsetzungen,
sondern er stellte zugleich ein Beispiel ihrer praktischen Verwirklichung vor.

Bei dem in Hamburg seit 1891 bestehenden "Verein für
Jugendspiel und Handfertigkeit" erkennt man die geistige Nähe, vermutlich das konkrete Vorbild bereits im
Vereinsnamen. Denn es war v. Schenckendorff, der als
erster das Jugendspiel in einen Verein für Knabenhand-
fertigkeit integrierte und sich darüber auch schriftlich äußerte.[1] Dieser Verein setzte sich ebenfalls zunächst zum Ziel, eine ausreichende Größe an geeignetem Gelände zu beschaffen und zu Spielplätzen umzuge-
stalten. "Durch das freundliche Entgegenkommen des Se-
nats"[2] gelang es ihm schließlich, bis zum Jahre 1895
fünf Plätze einzurichten; in diesem Sommer konnten insgesamt - alle Plätze addiert - an 87 Spieltagen die
Plätze von 23 Volks- und 3 höheren Schulen genutzt werden, sodaß - wiederum die Tagesteilnahmen addiert -
über 68.000 Schüler zusammenkamen, beaufsichtigt von
dafür bezahlten Lehrern. Da wegen des großen Andrangs
und des dadurch verminderten Raumangebots das Fußballspiel während der regulären Spielstunden "nicht geübt"
(139) werden konnte, "unterstützt(e der Verein) die Ein-
übung von Fußballpartien nach der offiziellen Spielzeit" (139; Hervorhebung im Original, R. B.) gerade

---

1) Vgl. die biographischen Angaben zu E. v. Schenckendorff hier: S.51, Anm.1; vgl. ebenso die bibliographi-
   schen Hinweise bei Fritz Schmidt (Nürnberg), Emil v.
   Schenckendorffs (1837 bis 1915) Verdienste um die
   körperliche Erziehung der deutschen Jugend, o. O.,
   o. J.; vgl. dazu: Deutsches Biographisches Jahrbuch 1925, 168.

2) JfJuV 1896, 134; weitere Zitate sind im folgenden
   mit den Seitenangaben der vorstehenden Quelle genannt.

darin erkannte man einen "Ansporn für die Schüler zum
regelmäßigen Erscheinen" (139). Der Verein hatte sich
vor allem zum Ziel gesetzt, der "schulentwachsenen
Jugend" und erwachsenen Bürgern die Gelegenheit zum
"Volksspiel" zu geben. Aus diesem Grund wurden "auf
zwei Plätzen in den Frühstunden des Sonntags und auf
einem derselben auch Sonntagsnachmittags Spiele für
Erwachsene eingerichtet", an denen durchschnittlich
"95 und 48 (Frühstunden) und 158 (nachmittags)" Personen (141) teilnahmen. [1]

Die beiden folgenden Beispiele von Vereinsgründungen
standen nun schon in direktem Zusammenhang mit ZA-Initiativen, denn sie wurden im Anschluß an einen Spiel-
kurs ins Leben gerufen. Bei dem einen handelte es sich
um den "Verein für Volks- und Jugendspiele der Lehrer
des Kreises Gelsenkirchen", der im Jahre 1893 entstand
und "zur Hebung und Förderung der Spiele in und außerhalb der Schule als eines Mittels zur körperlichen und
sittlichen Kräftigung" unter anderem spezielle "Schü-
lerabteilungen" bildete. [2] Der im Jahre 1895 in Alten-
dorf, einer "Arbeitergemeinde bei Essen" entstandene
Verein zur Förderung der Volks- und Jugendspiele be-
schaffte gleichfalls zuerst einen Spielplatz. [3] In die-

---

1) Im Bericht heißt es ferner, daß "(sich selbst) Ar-
   beitslose bei den Jugendspielen ein(stellten) ...
   und so hatten wir im letzten Sommer (1894, R. B.)
   auf zwei Plätzen fast täglich eine Riege Arbeits-
   loser, die lieber hier ihre Mußestunden vertrieben,
   als in einer elenden Kneipe die Bank drückten"
   (JfJuV 1896, 141). Sieht man einmal von dem eher
   aus Unbedarftheit geäußerten Zynismus ("Mußestunden"!) ab, dann könnte man dem Beobachter in diesem
   Punkt sogar zustimmen.

2) JfJuV 1894, 99.

3) JfJuV 1898, 157 ff.

sem Beispiel diente er aber nicht nur als Sport- und
Spielgelände für Schüler (tagsüber) und Erwachsene
(Abendstunden), sondern gelegentlich diente er auch
als Gemeindefestplatz. Dies geht aus einer Andeutung
in diesem Bericht hervor, in der von einem "allgemeinen Volksfest" die Rede ist, das - unter Beteiligung
der örtlichen Musikkapelle - auf dem Spielplatz stattgefunden hat.[1]

Als nächstes geht es um zwei preußische Städte, in
denen exemplarisch städtische Behörden die Anregungen
des ZA aufgegriffen und in die Wirklichkeit umgesetzt
haben. In Magdeburg führte die Schulbehörde seit 1894
einen auf fünf Spielplätzen organisierten Spielbetrieb
durch, zu dem an Schönwettertagen "bis zu 200 Teilnehmer" erschienen. Zu Beginn des Schuljahres mußten die
Schüler ihre Teilnahme, bei Einwilligung der Eltern,
fest zusagen, sodaß ein "regelmäßiges Erscheinen" erwartet werden konnte. Bei Verhinderungen war man ver-
pflichtet, sich "ordnungsmäßig zu entschuldigen". Diese
Regelungen galten als Teil der mit dem Spielbetrieb
verbundenen Erziehungsvorstellungen, allerdings nur
bei der Teilnahme am freiwilligen Spielnachmittag
neben dem regulären Schulturnen.[2]

Im Gegensatz dazu war das Spielwesen, das die Frankfurter Schulbehörden organisierten, geradezu peinlich reg-
lementiert, zumindest den Buchstaben der Verordnungen
und Instruktionen zufolge.[3] In Frankfurt hatte man andererseits schon seit dem Jahr 1883, offenkundig auf An-

---

1) JfJuV 1898, 160.

2) Die Angaben zu Magedburg finden sich in: JfJuV
   1895, 163 - 167.

3) Alle Zitate zu Frankfurt sind JfJuV 1893, 23 - 30
   entnommen.

regung des "Spiel-Erlasses", (vgl. hier S. 28 ff.)
einen regelmäßigen Spielbetrieb aufgenommen, an dem
sich alle "20 Knabenschulen (6 höhere, 4 Mittel- und
10 Bürgerschulen)" beteiligten. Bei freiwilliger Teilnahme wurde im Jahre 1892 eine Quote von 44 % erzielt,
das waren rund 3.000 Schüler, eingeteilt in Abteilungen von bis zu 100 Schülern, die jedoch in "Gespielschaften von 16 bis 30" untergliedert waren. Der Schilderung des Ablaufs durch Turninspektor Weidenbusch ist
ferner zu entnehmen, daß nicht nur der Spielbetrieb
selbst perfekt durchorganisiert war, sondern auch sehr
präzise Einzelvorschriften erlassen worden sind. Eine
12 Punkte enthaltende "Platzordnung" sollte nicht nur
das Verhalten der Schüler während der offiziellen Spielzeit regeln, sondern in einigen Unterpunkten reflektierte sie auch die sozusagen "ungeregelten" Bedürfnisse von Heranwachsenden, wie etwa das neugierige Um-
herstreunen, gerade auf dem An- und Abmarsch zu den Spielstunden, oder auch Verlockungen zu kindlichem Unfug
aller Art.[1] Die eigentliche "Spielordnung" enthielt
außer den Vorschriften zum "Ablegen der Kleidungsstük-
ke" und Mahnungen in gesundheitlicher Absicht ("Gegen
kühlen Ostwind soll keine Partei anlaufen") auch Empfehlungen, wie mit "Spielverderbern", also solchen, die "in
rechthaberischer Weise dem Spielkaiser oder dem Anmann[2]

---

1) Ein Auszug aus der "Platzordnung" auf Frankfurts be-
hördlich betreuten Spielplätzen der achtziger und
neunziger Jahre (JfJuV 1893, 26): "1. Die Schüler
haben sich pünktlich zu versammeln und sich sowohl
auf dem Weg zum und vom Spielplatze als auch auf
dem Spielsplatz selbst anständig zu betragen. Es
ist ihnen auf das strengste verboten:
a) die Getreidefelder zu betreten (auch das Gehen
   in den Furchen ist nicht erlaubt),
b) Bäume und Anpflanzungen zu beschädigen,
c) Unfug gegen die auf der Eschersheimer Landstraße
   fahrende Lokalbahn zu treiben,
c) auf der Seehofwiese diejenigen Bäume, in welchen
   sich maschinelle Anlagen befinden, zu betreten.
   (...)"

2) Vgl. zu den beiden Begriffen die späteren Ausführungen
   auf S. 116f.

widersprechen und ihren Anordnungen zuwider handeln",
umzugehen ist: sie sollten "eine Zeit lang oder ganz von
den Spielen ausgeschlossen werden". Bei Unfällen regel-
te eine "Instruktion inbetreff des Verfahrens bei Verletzungen" das nähere und schließlich sollte eine "Instruktion inbetreff des Wassertrinkens auf dem Spielplatze" unter anderem ein "unvorsichtiges Trinken, namentlich kalter Flüssigkeiten" verhindern. Allzu streng
wird man sich wohl nicht an diese Vorschriftenregister
gehalten haben, denn immerhin resümiert Weidenbusch,
daß "die Spiele bei unseren Schülern festen Boden gewonnen (haben)", wofür ihm als "bester Bweis" gilt, daß
man "dieselben" Schüler "auf freien Plätzen und in weniger verkehrsreichen Straßen wieder spielen" sehen konnte. Dieses Fazit zieht im übrigen auch der Magdeburger
Referent, der in diesem Zusammenhang besonders die Bildung von "Freiwilligen (Fußball-)Spielvereinigungen" an
den höheren Schulen hervorhebt.

Als nächste ist auf zwei Vereine einzugehen, die ein
Beispiel dafür geben, wie sich auch innerhalb von Turnvereinen Volks- und Jugendspiel-Initiativen entfalteten. In Struktur und Zielsetzung den bisher besprochenen ähnlich, zeichneten jedoch den Krefelder "Verein
zur Förderung der Volks- und Jugendspiele" zwei zusätzliche Besonderheiten aus. Einerseits kam das Engagement
seiner Mitglieder aus sozialer Verantwortung, und zwar
indem man im Jahre 1895 damit begann, den Spielbetrieb
während der Schulferien weiter aufrecht zu erhalten,
verbunden mit einem sogenannten "Frei-Frühstück (für die
armen Kinder)"[1]. Der Krefelder "Vaterländische Frauen-

---

1) In diesen Genuß kamen "hauptsächlich die von ihren
   Lehrern als kränklich oder doch bedürfig bezeichneten
   Mädchen der Volksschuloberklassen (12 - 14 Jahre,
   das Alter, wo Bleichsucht und Blutarmut besonders
   böse Feinde der weiblichen Jugend ärmerer Klassen

verein" übernahm diese Organisation und arrangierte,
daß jeweils in der Spielpause um 10 Uhr "die Kinder
zum Frühstück geführt (wurden), das für jedes (berechtigte) Kind in durchschnittlich 3/10 Liter guter
Milch und einem sehr großen Weckchen bestand". Die
zweite Besonderheit des Krefelder Vereins war dessen
Angebot von Jugendspielen für Mädchen,[1] wofür sich
hauptsächlich "vier Krefelder Turnlehrerinnen" einsetz-
ten. Im ersten Jahr (1895) beteiligten sich auf zwei
Spielplätzen über 6.000 Mädchen, sechs Jahre später waren es sogar rund 17.000, von denen über 15.000 ein
kostenloses Frühstück erhielten.[2]

Beim zweiten Beispiel turnerischer Spielaktivitäten in
eigenen Vereinen, dem Turnklub Hannover[3] regte das ZA-
Mitglied RAYDT, ein Mitglied auch dieses Turnvereins,
im Jahre 1896 an, eine "Abteilung für Leibesübungen in
freier Luft (insbesondere Volks- und Jugendspiele,
Baden, Schwimmen, Schlittschuhlaufen, Rudern, Wander-
fahrten usw.)" zu gründen. Seine spezielle Absicht war
dabei, die schulentlassene Jugend anzusprechen. Zu
diesem Zweck wandte sich der Verein direkt an "Innun-
gen, Arbeitervereine und Fortbildungsschulen" mit der
Bitte, ihre jugendlichen Mitglieder in die neugebilde-
te Abteilung des Turnklubs zu schicken. Wenn auch die

---

sind)". Im ersten Jahr, genauer während der Ferien
vom 15. 8. - 10. 9. 1895, wurden insgesamt 5.304
Freikarten für ein Frühstück ausgegeben und vom
"Vaterländischen Frauenverein" finanziert (JfJuV
1896, 128). Vgl. auch die "Milch- und Badekolonien"
der Leipziger "Schrebervereine", in denen ebenfalls
bedürftige Kinder versorgt, betreut und mit den Jugendspielen vertraut gemacht wurden; in: RAYDT
1891, 87 - 91. Alle Angaben zu Krefeld entstammen
JfJuV 1896, 124 - 130.

1) Vgl. auch den Bericht über den "Damenturn- und Spiel-
klub" in Mainz, der seit 1895 die Gelegenheit für
Mädchen bot, an den Jugendspielen teilzunehmen
(Tennis und verschiedene Gruppen Ballspiele) in:
JfJuV 1899, 165 - 167.

2) JfJuV 1902, 192.

3) Alle Angaben zum Turnklub Hannover entstammen JfJuV,
1897, 78 - 84.

Resonanz insgesamt "gering" gewesen war, so zählte es
RAYDT in seinem Jahrbuchbericht zu den "lichten Seiten" dieser Gründung, daß sich "einige Spielgruppen von
Lehrlingen und Gehilfen" gebildet hatten, "welche ganz
regelmäßig jeden Sonntagnachmittag wiedergekommen"
seien. Überraschend für die Veranstalter dieser Einrichtung war auch, daß "viele Familien" den Spielplatz
zum Ziel ihrer Sonntagsausflüge machten, wo sie dann
beim Verein Spielgeräte mieteten "und untereinander sich
an den Ballspielen vergnügten".

Die Hinwendung des Turnklubs Hannover zu den Lehrlingen
und Gehilfen ist eine geeignete Überleitung zur Bespre-
chung der Privatvereine in Dresden[1] und Plauen[2]. Dort
hatten sich ebenfalls zwei Vereinigungen die Verbreitung
des Spielgedankens vorgenommen, betrachteten
aber als besondere Zielgruppe die schulentlassenen Jugendlichen im Lehr- und Gehilfenverhältnis. So gründete beispielsweise der Sekretär des "Gemeinnützigen
Vereins" in Dresden, der seinerseits in Zusammenarbeit
mit dem Dresdener Turnlehrerverein schon einen täglichen Spielbetrieb von abends 5 bis 7 Uhr für Schüler
organisierte, im Jahre 1892 einen "Spielklub für das
Lehrlingsheim Dresden". "Besonders Fußball (und Wurf-
ball)" war sehr beliebt, das jedoch erst dann ausgiebig gespielt werden konnte, als die Teilnehmerzahl von
6 im Frühjahr 1892 auf 20 im Herbst gestiegen war. Die
Attraktivität dieser Einrichtung erkennt man daran, daß
der Spielklub im Frühling 1893 "über 40 Mitglieder
aus verschiedensten Berufen" zählte. In Plauen schließlich kann man die Initiative des "Kaufmännischen Vereins" geradezu als "Keimzelle" von Betriebssportgemein-

---

1) Beschrieben in JfJuV 1894, 145 f.
2) Ebd., 147 f.

schaften bezeichnen. Denn "weg vom Comptoirbock" und
hin zur "körperlichen Ausarbeitung[1] in frischer Luft"
drängte der Verein seine "Jünger Merkurs"[2]. Dazu hatte man von der Stadt eine Waldwiese gepachtet und zu
einem Spielplatz umgestaltet, zu dem auch eine Lawn-Ten-
nis-Anlage gehörte. Gegen eine Gebühr von 2,50 Mark
durften die Vereinsmitglieder die vereinseigenen Bälle
und sonstigen Spielgeräte (Tennis-Schläger) benutzen.
Außer an den Spielzeiten des Vereins am Dienstag- und
Freitagabend sowie am Sonntagvormittag stand der
Platz auch den städtischen Bürgerschulen zur Verfügung. Aus dem Bericht geht jedoch nicht hervor, ob der
Verein analog den Beispielen aus anderen Städten noch
einen geregelten öffentlichen, von Lehrern beaufsichtigten Spielbetrieb organisierte oder mitfinanzierte.
Damit kann nun die Beschreibung von Spielvereinsini-
tiativen, die in Anlehnung an ZA-Impulse zustande kamen, beendet werden.

Abschließend sollen die Intentionen dieses Kapitelabschnitts noch einmal zusammenfassend dargestellt werden. Es sollte hier primär gezeigt werden, auf welche
Weise die Vorstellungen des ZA, wie der Spielgedanke
verbreitet und in der Bevölkerung verankert werden
könnte, aufgenommen und in eigenständige Vereinsinitiativen umgesetzt worden sind. Das entscheidende Verdienst kommt dabei den engagierten ZA-Mitgliedern zu,
die es verstanden haben, viele neue Vereinszusammen-
schlüsse anzuregen, die dann ihrerseits als Multipli-
katoren der ursprünglichen Zielsetzungen des ZA wirk-

---

1) Vgl. die Übereinstimmung dieses historischen, heute nicht mehr gebräuchlichen deutschen Worts mit
   dem englisch-amerikanischen "to work out", was im
   Sinne von "individuell Sport treiben"; (z. B.
   Jogging, Gymnastik, Kraftmaschinen) Teil des täglichen Sprachgebrauchs ist.

2) JfJuV 1894, 147.

ten. Auf diese Weise entstand in der Tat eine "soziale Bewegung", wie auch PREISING resümierte, eben die "Spielbewegung".

Sehr bemerkenswert war dabei einerseits, daß diese Bewegung gewissermaßen "von oben", nämlich vom "Zentral"-ausschuß ausgelöst worden ist. Da dessen Zielsetzungen jedoch eine Dezentralisierung immanent war, eben der Anstoß zu vielen selbständigen Vereinen in möglichst allen Orten des Deutschen Reiches, schuf sich der ZA seine organisatorische Basis nachträglich. Ein im Grunde heikles Unterfangen, das wohl nur deshalb so erfolgreich war, weil er auf die Einhaltung durchaus denkbarer Regeln verzichtete.[1] So war weder ein bestimmter Spielkanon vorgeschrieben, noch verpflichtete

---

1) Ganz im Gegensatz dazu zeichneten sich die Pläne zur Etablierung eines regelmäßigen "Festes der Deutschen" ("Deutsches Nationalfest" bzw. auch "Deutsches Olympia" genannt) durch eine völlige abstruse Überorganisierung aus - eine typische Kopfgeburt: Noch ehe eine Veranstaltung stattgefunden hatte, waren Gesamt-, Einzel-, Orts- und Kreisausschüsse, deren Satzungen und Änderungsvorschläge auf dem Reißbrett festgelegt,einschließlich der Vorgabe von Tagesordnungen für die erst noch zu gründenden örtlichen Ausschüsse; Ehrenmitgliedschaftsvorschriften gab es ebenso wie Angaben über stets einzuladende Ehrengäste. Summa: Über lokale und regionale "Vaterländische bzw. Sedan-Festspiele" (vgl. JfJuV 1901, 254 zu Dresden und Köln) hinaus kam es nie zu einer nationalen Veranstaltung; v. Schenckendorff, der Ko-Organisator des Deutschen Nationalfestes, ein ansonsten realitätsbewußter und besonnener Mann, ahnte wohl das bevorstehende Mißlingen und gab bei einer Sitzung die folgenden Worte zu Protokoll: "Ich kann, meine Herren, es offen bekennen: ich habe niemals bei der Befolgung eines Planes mich abwechselnd zwischen so hochgehendem Hoffen und so tiefgehendem Bangen befunden" als bei diesem Projekt (JfJuV 1897, 26), völlig zurecht, denn das "Nationale Olympia" war ein grandioser konzeptioneller Fehlschlag; zu Einzelheiten der Konzeption vgl. JfJuV 1898, 54 - 83.

man die Vereine zur Zahlung von Abgaben; die organisatorische und inhaltliche Bestimmung der jeweiligen,
konkreten Vereinsziele stand im Belieben der sich or-
ganisierenden Mitglieder. Zwar führte man verschiedene
Auseinandersetzungen, etwa gegen die Entwicklung zur
Professionalisierung einzelner Disziplinen, auch die
"sportmäßige", d.h. einseitige Ausübung mancher Spiele war Gegenstand kritischer Artikel im Jahrbuch und
von Vorträgen bei Kongressen. Jedoch waren die Einwände entweder ambivalent (Polemiken gegen den "Sport"
bei gleichzeitiger Befürwortung des Wettspiels),[1] oder
sie zeitigten deshalb keine überprüfbare Wirkung, weil
der ZA über so gut wie keine Sanktionsmittel verfügte,
jedenfalls geht aus den Jahrbüchern Entsprechendes nicht
hervor; auch dies ein Kennzeichen vom spezifischen Bewe-
gungscharakter der Spielbewegung.

Das überragende Merkmal der Spielbewegung, das Ziel,
auf das ihre sämtlichen Initiativen und persönlichen
Anstrengungen zuliefen, kann man als Losung so formulieren: "Hauptsache, es wurde gespielt", wobei die Begriffe "Spiel" und "spielen" ganz bewußt so unspezifisch gebraucht wurden, denn auf diese Art konnten sie
sowohl mit pädagogischen, mit sozial-politischen wie
auch mit gesundheitspolitischen Absichten am wirkungsvollsten verknüpft werden. Und selbst als nach 1900
das Deutsche Reich zur imperialen Großmacht aufgestiegen war, was die übergroße Mehrheit der ZA-Mitglieder
mit viel Wohlgefallen betrachteten, wurden alle Ausgren-

---

1) "Zu einem Wecken und Steigern des Spieleifers läßt
   sich auf verschiedene Weise beitragen, hauptsächlich
   aber durch die Veranstaltung geeigneter Wettspiele"
   (KOCH in: JfJuV 1894, 40; Herv. i. Orig. R. B.).

zungsvorstöße, wie sie gelegentlich gegen "englische Spiele" vorgenommen wurden, als "Deutschtümelei" konsequent zurückgewiesen.[1] Man behielt das Primärziel unbeirrbar im Auge, und das hieß körperliche Ertüchtigung durch körperliche Spiele.[2]

Die konkreten Erfolge ihrer Bemühungen kann man unter anderem einer Statistik entnehmen, welche die Anzahl der Orte registrierte, in denen zwischen 1890 und 1899 ein nach den zuvor beschriebenen Beispielen organisierter Spielbetrieb existierte.[3] Danach gab es eine Gesamtzunahme von 324 auf 457 Orte, das ist ein Plus von 41 %, die sich mit einer gleichgewichtigen Steigerungsrate von zwischen 40 % und 44 % auf die Orte unter 20 Tsd. Einwohner (von 225 auf 315), diejenigen mit 20 - 100 Tsd. Einwohner (79 auf 114) und Orte über 100 Tsd. Einwohner (20 auf 28) verteilte. Daß von dieser Entwicklung auch die gerade im Entstehen begriffene Sportbewegung profitierte, dürfte unbestritten sein, jedenfalls hinsichtlich der Fußballbewegung hat KOPPEHEL die Relevanz der Spielbewegung betont. Denn unter dem durch die Spielbewegung positiv besetzten Begriff "Spielabteilung" haben viele aktive Fußballspieler in

---

1) Vgl. hier: S. 56f.

2) In einem Rückblick auf die Tätigkeit des ZA in den ersten fünf Jahren seiner Existenz nahm v.Schenckendorff auch "Stellung zum Sport" (JfJuV 1896, 65-73). Er bekräftigte hier seine pragmatische Haltung, korrigiert eine frühere, von Angerstein eher ablehnende Position und gibt seiner Überzeugung Ausdruck, "daß auch der Sport zu den nationalen Aufgaben, welche der Zentral-Ausschuß und die Turnerschaft übernommen haben,unbedingt mit herangezogen werden könne und auch müsse", weil auch er "jenes ernste Bestreben nach körperlicher Kräftigung" (ebd., 69, Hervorhebung i. Orig. R. B.) aufweise.

3) Vgl. JfJuV 1900, 152.

anderen kulturellen Vereinen, in denen sie ebenfalls
Mitglieder waren, also in"Radfahr-, Spar-, Gesangs-,
Vergnügungs- und Wandervereinen" die Bildung einer
Fußballabteilung angeregt, deren Existenz und spieltechnische Entwicklung sie "insbesondere (mit) Wettspielen (gegen reguläre Fußballvereine. R. B.) gefördert" haben, wie KOPPEHEL ausführt.[1]

---

1) KOPPEHEL 1954, 18.

4. Zum Ausbau von Spielplätzen im ersten Jahrzehnt
   der Spielbewegung

a) Argumente zur Begründung und Maßnahmen zum Ausbau
   von Spielplätzen

Im Jahre 1892 machte sich der Hamburger Realschuldirektor Reinmüller Gedanken über die aktuellen Verhaltensformen der großstädtischen Jugend.[1] Bei einem Teil registrierte er "Blasiertheit" und beobachtete, wie sie die meiste Zeit "schlaff und gelangweilt" in ihrem Zimmer hockte. Gerade sie sah er in der Gefahr, "engherzig, egoistisch" zu werden, und er befürchtete, daß ihnen jedes "Verständnis für frische Natürlichkeit im Leben" abgehen könnte. Den anderen Teil, die "überwiegende Mehrzahl" der großstädtischen Jugendlichen, sah er dem "Giftstoff der Straße" ausgeliefert. Doch das Herumtreiben in "kleineren und größeren Rotten auf Dämmen, Trottoirs und Höfen" konnte seiner Ansicht nach nicht die Alternative zum Rückzug in die eigenen vier Wände sein. Stattdessen entwickelte Reinmüller die Grundzüge eines jugendpflegerischen Konzepts, in dem die Organisation eines von Lehrern beaufsichtigten öffentlichen Spielbetriebs die Hauptrolle spielte. Eine Voraussetzung, um dieses Konzept verwirklichen zu können, war der Ausbau städtischer Spielplätze; in ihnen sah er ein wirkungsvolles Gegenmittel sowohl zur "Straße",[2] als auch zur häuslichen Abgeschiedenheit.

---

1) Reinmüllers Ausführungen sind JfJuV 1892, 92 - 95 entnommen.

2) Ähnliche Motive führten einige Jahre später zu den religiös begründeten Jugendvereinen des Pastor Clemens Schultz, St. Pauli, die LINDNER (1984) in der theoretischen Perspektive der "Kulturanalyse" untersucht hat. Kam jenen jedoch primär eine "bewahrende Funktion" zu (LINDNER, 357), so bot die Alternative von Reinmüller, der Spielplatz, einen von den Jugendlichen in eigener Regie gestaltbaren Sozialraum; vgl. die Ausführungen hier: ab S. 100 ("Der Spielplatz und seine soziokulturellen Bedeutungen"), sowie den 2. Abschnitt von Kap. III, S. 204ff.

RAYDT, Mitbegründer und Geschäftsführer des ZA, seinerzeit Konrektor in Ratzeburg, gründete seine Forderung
nach mehr Spielplätzen auf eine breite empirische Basis. Er hatte 1891 eine Umfrage ausgewertet, die noch
im Vorfeld der Spielbewegung auf Initiative von v.
Schenckendorff[1] gestartet worden war und sich zum Ziel
gesetzt hatte, die Voraussetzungen für die Einführung
des Jugendspiels in Gemeinden über 8.000 Einwohnern zu
ermitteln. RAYDT faßte die eingegangenen 239 Antworten
– unter anderem aus Berlin, Dresden, Frankfurt, Hamburg, Leipzig, Wiesbaden, um nur die größten zu nennen, die meist auch besonders ausführlich antworteten –
in der Feststellung zusammen, daß "ein wesentliches Hindernis für die Einführung des Jugendspiels der Mangel
an freien, geeigneten Plätzen"[2] gewesen sei. Die Gründe für das Spielplatz-Defizit seien jedoch nicht durchweg "pekuniärer Art" gewesen, sondern "vereinzelt", so
fügte RAYDT hinzu, "wirkt(e) auch die Verschönerung der
Städte durch Parkanlagen hindernd der Anlage von Spielplätzen entgegen."[3] Mit dieser Bemerkung spielte er
auf einen Trend zur repräsentativen Ausgestaltung der
deutschen Städte an, womit er zugleich innerhalb der
Spielbewegung eine Diskussion eröffnete, die vor allem
nach 1895 sehr pointierte Kritik an der Stadtentwicklung im Wilhelminischen Kaiserreich äußerte.

---

1) Dazu gehörten noch weitere Personen des öffentlichen Lebens wie die beiden Bürgermeister von
Dresden und Görlitz sowie mehrere Görlitzer Stadt-
räten und RAYDT selbst; vgl. RAYDT 1891, 43.

2) RAYDT 1891, 115; (Hervorhebung im Original, R. B.).

3) RAYDT nimmt den Bericht der Stadt Salzungen zum
Ausgangspunkt für seine Bemerkung. Dort hieß es, daß
die Spiele der Jugend "(auf den Straßen und Plätzen
der Stadt) seit etwa 10 Jahren mit fortschreiten-
der Verschönerung der Stadt durch die notwendig
daraus hervorgehenden Verbote sehr zurückgegangen"
(RAYDT 1891, 115) seien.

Vor allem KOCH, der ab dem Jahrbuch-Jahrgang 1896
die Betreuung der Kolumne "Zum gegenwärtigen Stand
der Spielplatzfrage" übernahm, wurde gelegentlich
noch deutlicher als RAYDT zuvor.[1] Beispielsweise beklagte er einerseits die "Spekulationslust" der Behörden selber, die auf Millioneneinnahmen aus dem Verkauf
noch unbebauter, innerstädtischer Flächen hofften,
andererseits sah er sich in diesem Aufsatz veranlaßt,
vor den "Bauspekulanten"[2] zu warnen, die es auf einige Berliner Spielplätze wie denjenigen am "Treptower
Park", den "Exerzierplatz an der einsamen Pappel" abgesehen hatten, und selbst der Ur-(Turn-)Spielplatz
aus den Zeiten von F. L. Jahn, die "Hasenheide",[3]
schien zu der Zeit nicht sicher vor einer Bebauung gewesen zu sein. In einem Aufsatz eines späteren Jahrbuchs[4] wird die Vernichtung öffentlicher Flächen durch
ungehemmte Bebauung auch in einer ihrer Folgewirkungen beschrieben. Denn das so verstärkte großstädtische
Wachstum beschleunigte nicht zuletzt die Flucht aus
der Großstadt in die Vororte, im obigen Beispiel von Ber-
lin-City nach Groß-Lichterfelde. Dadurch wurden nicht
nur auch im Vorort die spekulativen Bautätigkeiten gefördert, sondern im gleichen Zug verringerte sich,
analog der großstädtischen Erscheinung, ebenfalls die
Kapazität an Spielplatzflächen.[5] In einem 1901 veröffentlichten Artikel[6] griff KOCH seinerseits die Arbeit städtischer Landschaftsarchitekten an, die er
polemisch als "Übergriffe von Gartenkünstlern" bezeichnete; außerdem forderte er ein weiteres Mal die verant-

---

1) JfJuV 1897, 164 - 169.

2) Vgl. auch den Aufsatz des Berliner Turninspektors
   Schröer über "Leibesübungen und Bodenspekulation"
   in: JfJuV 191o, 67 - 69.

3) Vgl. SCHRÖDER 1967, 156.

4) JfJuV 1906, 203 - 206.

5) Vgl. in: RITTER/KOCKA 1974, 50 - 53; Verstädterung
   eines Dorfes bei Lübeck.

6) JfJuV 1901, 289.

wortlichen Behörden auf, die "Bauwut" zu stoppen.[1] Es
wird sich noch zeigen, daß die Anstrengungen des ZA
staatliche, kommunale und private Träger zum verstärkten Ausbau des Spielplatzangebots zu motivieren, alles
in allem erfolgreich waren.

Schon im Zusammenhang mit der pädagogischen Begründung
des Jugend- bzw. Sportspiels im allgemeinen, der Bedeutung etwa des Fußballs im besonderen war festzustellen, daß sich führende ZA-Mitglieder nicht scheuten,
das englische Beispiel als vorbildlich darzustellen;
auch in der Diskussion um Spielplätze waren englische
Verhältnisse bzw., die man dafür hielt,[2] "ideal" wie

1) Vgl. in: RITTER/KOCKA 1974, 55 ff: Stadtplanungsver-
   suche und Parkanlagen im Ruhrgebiet. Die skeptische
   Haltung einiger ZA-Mitglieder und anderer, ihnen
   nahestender Autoren des Jahrbuchs gegenüber der
   Stadtentwicklung zur Zeit der Jahrhundertwende beinhaltete zugleich einen zivilisationskritischen
   Tenor, der für viele reformpädagogischen Bewegungen typisch war; vgl. BECKERS/RICHTER 1979.

2) Kolportiert werden sehe hohe Zahlen wie "6.700
   Kricket- und 1.000 Fußballplätze allein in London"
   (MARX 1894, 20 f.). Daß davon ein Stadtviertel wie
   West Ham offenkundig ausgenommen war, ist das Ergebnis von KORRs Recherchen: "Ein weiteres typisches Kennzeichen für fast ganz West Ham war das
   Fehlen von Grünflächen und Erholungszonen" (KORR
   1979, 76), deshalb wurde auf den uneingezäunten
   Flächen zwischen den Fabriken und einzelnen Indu-
   strieanlagen Fußball gespielt. Noch deutlicher wider-
   spricht MASON den Vorstellungen vom paradiesischen
   Spielplatz-Zustand in England. Für die Zeit um 1870
   konstatierte er ein "Defizit an Spielplätzen gerade in den industriellen Zonen von Nord- und Mittel-
   england", wobei gerade London am ungünstigsten ausgestattet war ("London worst of all"; ebd., 87).
   Daher bildeten sich um 1891 in London, um 1907 auch
   in Birmingham und Manchester, mehrere der deutschen
   Spielbewegung analoge Vereinigungen wie "London Playing Fields Association" oder "Birmingham Open
   Spaces and Playing Fields Association", die sich
   ebenfalls zum Ziel gesetzt hatten, Angestellte und
   Arbeiter beiderlei Geschlechts sowie die Jugendlichen zum (Cricket-, Fußball- usw.) Spiel zu ermuntern; vgl. MASON 1980, 87 f.

KOCH[1] meinte. Nach den Erfahrungen von RAYDT[2] seien
die Public Schools "eher ohne Schulzimmer als ohne
Spielplatz denkbar" gewesen. Insbesondere jenes englische Gesetz, wonach "allgemein zugängliche Plätze
der allgemeinen Benutzung nicht wieder entzogen werden"[3] durften, beeindruckte KOCH und seine Kollegen.
Dem kam allenfalls noch der Erlaß der königlich bayerischen Regierung aus dem Jahre 1899 nahe. Darin war
gefordert, daß "bei den Stadtbebauungsplänen stets
auf geräumige Spielplätze Rücksicht genommen"[4] werden
sollte, obwohl zum Beispiel die Stadt München zu dieser Zeit bereits über die zweitgrößte Spielfläche pro
Tausend Einwohner verfügte.[5] Doch über diese staatliche Anordnung in Bayern sowie in Schleswig-Holstein
(vgl. hier: S.87) hinaus gab es in keinem anderen Staat
ähnliche Vorschriften, jedenfalls findet sich in den
Berichten des ZA kein entsprechender Hinweis.

Kommen wir nun zu den konkreten Maßnahmen, die der ZA
zur Förderung des Baus von Spielplätzen ergriffen hat.
Dazu zählen zunächst einmal die regelmäßigen Erhebungen bei Stadt- und Schulbehörden. Beinahe inquisitorisch
wurde nach der Anzahl der vorhandenen Plätze, ihrer Grös-

---

1) JfJuV 1902, 178.

2) RAYDT befand sich 1886 auf einer "längere(n) Studien-
   reise" durch England und veröffentlichte darüber ein
   Buch: "Ein gesunder Geist in einem gesunden Körper.
   Englische Schulbilder in deutschem Rahmen", Hannover
   1889; vgl. RAYDT 1891, 21; das obige Zitat findet
   sich in: JfJuV 1892, 35.

3) KOCH in: JfJuV 1902, 181.

4) KOCH in: JfJuV 1902, 181.

5) Münchens Spielplatzangebot von 1.611 qm/Tsd. Einw.
   wurde nur noch von Hannover mit 1.827,9 Tsd. Einw.
   übertroffen; vgl. JfJuV 1900, 140/141. Weitere Vergleiche hier: S. 86, Anmerkung 3.

se in Quadratmetern sowie nach den Besitzverhältnis-
sen gefragt, nicht weniger drängend formuliert war die
Frage nach konkreten Bauvorhaben. Die Veröffentlichung
der Ergebnisse in den Jahrbüchern berücksichtigte sehr
oft die einzelnen Städte und nannte die Regierungsbezirke (in Preußen) beim Namen, bzw. verglich die Staaten und Provinzen untereinander. Es ist durchaus denkbar, daß die so hergestellte Öffentlichkeit ihre eigene Wirkung tat, etwa indem sie die Rivalität benach-
barter Städte und Regierungsbezirke bzw. zwischen
preußischen und nicht-preußischen Städten und Staaten
wachrief.

Die erste Erhebung, die der ZA im Rahmen seiner kontinuierlichen Ermittlungen zum neuesten "Stand des Jugendspiels in Deutschland" durchführte, betraf alle
deutschen Städte über 5.000 Einwohnern; dabei wurden
mehr als 700 Magistrate und Schulbehörden gleichzeitig angeschrieben. Die Auswertung erschien im Jahr
darauf[1], ergänzt durch mehrere Einzelberichte, die
sich eingehend mit der Spielplatzsituation in Berlin,
Bonn, Görlitz, Hannover und Königsberg befaßten; des
weiteren wurde eine Erörterung über die Beschaffenheit
von Mädchen-Spielplätzen abgedruckt. Da immerhin 441
Städte das Vorhandensein geeigneter Spielplätze bejaht
hatten und lediglich bei 63 von einem völlig Fehlen
auszugehen war, kam Woikowsky-Biedau, "außerordentli-
ches Mitglied des Königlich preußischen statistischen
Bureaus, Berlin (auftragsweise)" (103) zu einem positiven Fazit, indem er glaubte, feststellen zu können,
daß "die Platzfrage nur selten ein Hindernis für die

---

1) JfJuV 1893, 103 - 139; daraus die nun folgenden
   Angaben, Seitenzahlen in Klammern.

Einführung der Jugendspiele" (112) dargestellt haben
konnte. Abgesehen davon, daß die tatsächliche Anzahl
vorhandener Spielplätze in deutschen Städten und kleineren Gemeinden bereits zu diesem Zeitpunkt wesentlich
größer gewesen war - darauf wird später eingegangen -
gab sich der ZA mit dem Stand des Jahres 1892, selbst
in der günstigen Einschätzung von Woikowsky-Biedau,
keinesfalls zufrieden, ganz im Gegenteil schien ihm
"eine Vermehrung der Spielplätze dringend geboten"[1]

Man erneuerte den Appell, den Eitner bereits ein Jahr
zuvor formuliert hatte.[2] Konkret wandte man sich in erster Linie an die Kommunen, sie mögen Wiesen oder
sonstiges geeignetes Terrain in ein "Stück Land für die
Jugend" umwidmen, "nötigenfalls gegen eine geringe
Pachtzahlung". Bitten ergingen an "wohlwollende und
wohlhabende Mitbürger"[3], aus ihren Besitztümern Gelände freizugeben, und auch an die Garnisonen richtete
man den Aufruf, ihre Exerzierplätze zumindest teilweise für die Nutzung als Spielplätze zu öffnen. Parallel
zu diesen öffentlichen Aufforderungen richtete man,
wie bereits erwähnt, im Jahrbuch eine Rubrik ein, in
der die Veränderungen im Spielplatzbestand referiert
oder auf die von Bebauung bedrohten Spielplätze aufmerksam gemacht wurden. Im Jahrbuch des Jahres 1895 (303ff)
veröffentlichte man noch "Leitsätze über Neuanlage und
Einrichtung von Spielplätzen". Diese enthielten Vorschläge zur Beschaffenheit des Untergrunds in Abhängig-
keit von den beabsichtigten Hauptverwendungszwecken,
außerdem gab es Anregungen zu Umkleide- und Sanitärstel-
len sowie zu Formen der Ruhestellen (Bänke und Liegeflä-
chen) bzw. Gaststätten.

1) JfJuV 1895, 302 (Hervorhebung im Original, R. B.).
2) JfJuV 1894, 29.
3) Exemplarisch der Baron Freiherr Emil von Hirsch in
   Planegg, der 1896 dem Männerturnverein München ein
   40 Hektar großes Waldrandgelände zu sehr günstigen
   Konditionen überließ, den der MTV um weitere 18
   Hektar erweiterte und zu einem offenbar mustergülti-
   gen Waldparkspielplatz ausbaute; vgl. JfJuV 1902,
   279 - 285.

Nicht zuletzt ging es um die Größe der einzelnen Plätze bzw. der gesamten Anlagen. Nach den gängigen Berechnungen reichte ein Hektar Spielfläche mit den Ausmaßen 110 x 90 m bei längsseitiger Halbierung für zwei Fußballplätze, wobei man die nicht dem Standard entsprechende Breite in Kauf nahm;[1] auf diese Weise reichte der Platz zugleich auch für sechs Schlagballplätze. Daß bei einigen ZA-Mitgliedern die Tendenz vorhanden war, Heranwachsende primär verwahrend in Obhut zu nehmen, wird von einer Überlegung unterstrichen, die davon ausging, daß man auf einem Hektar Spielplatz und während einer zweistündigen Spielzeit entweder vier Fußballmannschaften mit rund 50 Schülern oder im Falle des Schlagballspiels sogar 150 Schüler "zur gleichen Zeit beschäftig(en)"[2] konnte. Auf der Basis von Erfahrungen aus verschiedenen Städten wurde diese Zahl so aufbereitet, daß sich daraus ein Bedarf von rund vier Hektar Fläche pro 20 Tausend Einwohnern errechnete, "ein Idealfall", wie der Referent etwas betrübt hinzufügte.[3]

---

1) Gemäß den FIFA-Regeln 45 - 90 m, üblich sind 68 - 70 m, vgl. FUSSBALL-REGELN 1982/83, 4 ff.

2) JfJuV 1902, 185.

3) Hier einige Beispiele von Städten, deren reales Platzangebot mit der "Ideal"-Zahl des ZA konfrontiert wird sowie die ebenfalls übliche Berechnung nach 1.000 Einwohnern; Stand 1899:

Stadt	Einwohner	Ideal/ha	Real/ha	qm/1.000 E.
Berlin	1.677.304	803	außer Wertung	
Hamburg	625.552	134	"	"
München	407.307	80	69	1.691,1
Leipzig	399.963	80	40	1.020,6
Dresden	336.440	68	37	1.112,7
Köln	321.564	64	3	102,2
Frankfurt/M.	229.279	44	12	511,2
Stuttgart	158.321	32	13	821.4
Straßburg i.E.	135.608	28	5	343,6

Bei näherem Hinsehen entpuppen sich jedoch sowohl dieses Lamento als auch andere beschwörende Appelle an Behörden als Bestandteil der rhetorisch-agitatorischen
Strategie des ZA, denn tatsächlich bewegte er einiges
in den ersten Jahren seiner Tätigkeit, und zwar gerade auf dem Sektor Spielplätze. Ein Ergebnis seiner Bemühungen war unter anderem der bereits erwähnte Spiel-
platz-Erlaß der königlichen Regierung in München, für
den sich vermutlich auch der "königl. wirkl. Rat" und
Münchener Stadtschulrat Weber, ein langjähriges Mitglied des ZA, eingesetzt hatte. Bereits fünf Jahre früher verfügte die königliche Regierung in Schleswig-
Holstein an sämtliche städtischen Behörden ihres Zu-
ständigkeitsbereichs einen ähnlichen Erlaß, in dem es
auszugsweise hieß: "(...) Der Herr (Unterrichts-)Mi-
nister legt den größten Wert darauf, daß namentlich auch
in den Städten die Bewegungsspiele eifrig gepflegt und,
um dies zu ermöglichen, überall zweckmäßig gelegene und
eingerichtete Spielplätze beschafft werden (...)".[1]
Um einen entsprechenden Druck zusätzlich auszuüben, beließ man es nicht bei der Anweisung, sondern man sah
"einer Anzeige darüber entgegen, ob und in welchem Um-
fange dort geeignete Spielplätze für die Jugend eingerichtet" waren.[2] Nicht zuletzt auf diesen Erlaß, an
dessen Zustandekommen wohl auch das ZA-Mitglied v.
Esmarch, Geheimer Medizinalrat und Generalarzt in Kiel,
beteiligt war, wird man auch die im Vergleich mit anderen preußischen Provinzen und Bundesstaaten überdurch-
schnittliche Steigerung zurückführen können, die Schles-
wig in der Anzahl der Spielplätze zu verzeichnen hatte.
Nominal nahmen sie zwischen 1890 und 1899 von 39 auf
86 zu, das entspricht einer Zuwachsrate von 120 %,
während es reichsweit nur 79 % waren;[3] betrachtet man

1) JfJuV 1895, 23.
2) Ebd.
3) JfJuV 1900, 146 - 151.

gar nur die Städte unter 20.000 Einwohner, dann ist die
Steigerung von 160 % in Schleswig-Holstein gegenüber
68 % im gesamten Deutschen Reich noch drastischer ausgefallen.

b) Einzelbeispiele bekannter Spielplätze und Gesamt-
entwicklung bis 1899

Bereits im Abschnitt über die Vereinsbildungen wurde
mehrfach erwähnt, wie diese Entwicklung Hand in Hand
mit dem Bau von Spielplätzen ging. Immer wieder wurden
in den Jahrbüchern die konkreten Vorgehensweisen zur
Beschaffung von geeignetem Gelände und dessen Ausbau
beschrieben; mit der Aufnahme der speziellen Spiel-
platz-Rubrik häuften sich solche Berichte noch. Zu
den Einzelberichten aus Berlin, Bonn, Görlitz, Hannover und Königsberg[1] sowie aus Dresden, München und
Leipzig[2] kamen noch Sonderberichte aus Krakau,
Elberfeld, Krefeld und Flensburg im Jahre 1896 hinzu,
denen 1897 zwei weitere Berichte zu München und Dresden folgten. Flensburg ist besonders erwähnenswert,
weil sich der dortige "Sportverein" offenkundig zunächst als Bauträger-Verein des Spielgeländes konstitu-
iert hatte.[3] Krefeld demonstrierte wiederum das Engagement privater Mäzene.[4] Sie stellten dem "Handwerker-
und Bildungsverein" ein Gelände zur Verfügung, das
dieser in Zusammenarbeit mit der dortigen Turnerschaft
herrichtete und mit Spielgeräten ausstattete. Anschließend diente es sowohl dem "Verein zur Förderung
der Volks- und Jugendspiele" als auch dem Fußballklub,

---

1) JfJuV 1893.
2) JfJuV 1895.
3) JfJuV 1896, 205 - 207.
4) JfJuV 1896, 207 - 209.

der Volksschule und dem Realgymnasium als permanentes
Spielfeld. Die Stadt Krefeld verfügte noch über einen
weiteren Spielplatz. Er befand sich im Besitz des Krefelder Turnvereins und wurde genutzt von einer nahege-
legenen Volksschule, der Mittelschule sowie dem humanistischen Gymnasium, dessen "freiwillige Spielabteilung" ebenfalls dort ihre wöchentlich zwei Spielstunden abhielten.

Große, auch überregionale Bekanntheit erlangten Spielplätze wie die "Bult", "Maschwiesen", "Hippodrom",
"Schützenplatz" in Hannover[1]. Für Rugby-Spieler war der
"Cannstatter Wasen" bei Stuttgart ein Begriff.[2] Das
"Heiligegeistfeld" war ein stark frequentiertes Spielgelände inmitten von Altona.[3] Karlsruhe hatte seit
den achtziger Jahren seinen "Engländerplatz".[4] In Mün-

---

1) JfJuV 1893, 76 - 79.

2) "Der Fußball", II. 1895, 117.

3) JfJuV 1899, 191.

4) Dieser Platz diente bis Anfang der 1880 er Jahre als
"kleiner Exerzierplatz" der großherzoglichen Gar-
den; ein Teil davon nutzte die Feuerwehr, indem
sie dort einen Holzturm zum Trocknen der Wasser-
schläuche errichtete; dieser wiederum wurde von den
späteren Fußballspielern als "Umkleide-Gelegenheit"
genutzt, wie GEPPERT (1954, 34) berichtet. Den Namen
"Engländerplatz" erhielt er jedoch in den 1880er
Jahren, als er von Schülern des englischen Gymnasiums zum Kricket und Rugby-Fußballspiel genutzt
wurde. Zwar wird er weiterhin von Spaziergängern
frequentiert, doch im Namen "Engländerplatz" erhielt sich bis heute eben diese sportliche Funktion;
vgl. Eisenlohr, Karl, Der Alte Engländerplatz, in:
Karlsruher Tagblatt, Nr. 162, 12. 6. 1928, einge-
sehen in der Stadtbibliothek Karlsruhe.

chen waren allgemein das "Oberwiesenfeld" und die
"Theresienwiese" als Sport-Spielplätze bekannt, ebenso
der "Königlich öffentliche Turnplatz", dessen "Jahnwiese" speziell für Fußballspiele genutzt wurde.[1] In
Leipzig hatte ein privates Unternehmen mit dem bezie-
hungsreichen Namen "Sportplatz"[2] ein umfangreiches
Gelände zur Sportanlage ausgebaut; herausragend war
ein 40.000 Zuschauer fassendes Stadion, weitere Rasen-
plätze waren ebenfalls angelegt worden, die an Leipziger
Fußballklubs vermietet wurden.[3] Auf den Leipziger
"Bauernwiesen" traf sich der Akademische Turnverein
"Alemannia", und zwar "Sonntags früh von 7 bis 9 Uhr"[4]
und spielte Fußball.

Das letzte Einzelbeispiel beschäftigt sich mit den Verhältnissen in Dresden.[5] Dort haben sich im Laufe der
neunziger Jahre mehrere private und städtische Initiativen entfaltet, die für kleinere und größere Park-
Spielplätze sorgten. Die im "Gemeinnützigen Verein" or-

---

1) JfJuV 1895, 176 - 190.

2) Ein gutes Beispiel dafür, wie bei Konrad KOCH allmählich eine nationalistische Grundhaltung an Bedeutung gewann, sind seine Einwände gegen den Gebrauch des Wortes "Sportplatz": "Da diese Anlagen
   nicht für die bemittelten Klassen gemacht werden,
   sondern dem ganzen Volke bestimmt sind, so muß der
   hie und da für solche Plätze beliebte Name "Sportplatz" als weniger passend (...) als undeutsch, verwerflich (zurückgewiesen werden)". Stattdessen plädierte er dafür, "unser gutes deutsches Wort
   "Spielplatz" zu verwenden; vgl. JfJuV 1898, 213 f.;
   (Hervorhebungen im Original, R. B.).

3) JfJuV 1895, 193.

4) Kommentar des Referenten: "Trotz der für Studenten
   gewiß ungewohnten Zeit war die Beteiligung am Spiel
   rege wie nie zuvor", vgl. JfJuV 1895, 191.

5) JfJuV 1897, 169 ff.

ganisierten Lehrer und Lehrerinnen schufen Spielmöglichkeiten vor allem auf "geeigneten Wiesenflächen in
der Umgebung der Stadt". Der Verein "Volkswohl" baute
seinen Waldspielplatz in der "Dresdener Heide", einem
"von jeher beliebte(n) Ausflugsort für die Dresdener
Bürgerschaft" [1] im Jahre 1894 zum "Heidepark" aus.
Auf 26 ha Fläche waren neben einem Naturtheater, einem
"Volksheim" [2] und einem Teich noch "ein großer Platz
für Volks- und Jugendspiele, eingefaßt von einer Radrennbahn" angelegt, sowie weitere Plätze für Ballspiele und solche für "Mädchenspiele", letzteres jedoch
ohne nähere Bezeichnung.

In der Innenstadt hatte der Verein "Volkswohl" [3] mehrere als "Volksparks" bezeichnete Spielplätze angelegt,
die den Sportklubs als Übungs(Trainings)plätze dienten,
zum gegebenen Zeitpunkt den Stadtteilen als Festplätze.
Im Jahre 1896 begann schließlich die Stadtverwaltung
damit, ein Parkgelände an der Lennéstraße auszubauen.
Zentral erhob sich eine Radrennbahn, dessen Innenfeld
mit 10.000 qm als Spielplatz genutzt wurde, angrenzend
befanden sich sechs Lawn-Tennisplätze sowie drei weitere Fußballplätze, wovon einer vom "Neuen Dresdener
Fußball-Club" als sein permanenter Spielplatz bezeichnet wurde. [4] Nach Ansicht des Berichterstatters, Land-

---

1) JfJuV 1895, 169
2) GONSER (1903, 13) weist darauf hin, daß die "Volks-
   heime" in enger Verbindung zu den "Mäßigkeitsver-
   einen" standen. Sie sollten zum ungezwungenen Besuch
   und Aufenthalt anregen, wobei kein "Trinkzwang" bestand wie etwa in öffentlichen Gasthäusern; außerdem
   gab es "belehrende Vorträge, musikalische, deklama-
   torische, ernste und heitere Darbietungen" (ebd.).
3) Vgl. BÖHMERT 1913; Die soziale und kulturelle Tätigkeit des Dresdener Vereins Volkswohl 1888 - 1913;
   zu Böhmert und der "Volkswohl"-Bewegung vgl. REULECKE
   1980 (in: HUCK, Sozialgeschichte der Freizeit, 1980,
   141 - 160).
4) "Der Fußball", II.1895, 146.

Abb.8:Sport- und Spielplatz in Kiel (1908)

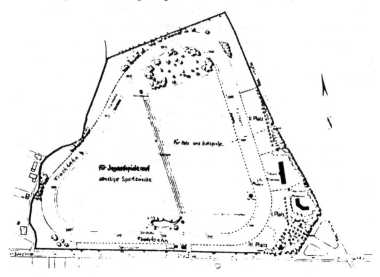

Quelle: JfJuV 1908, 228.

Abb.9: Spielplatz in Königsberg i.Pr.

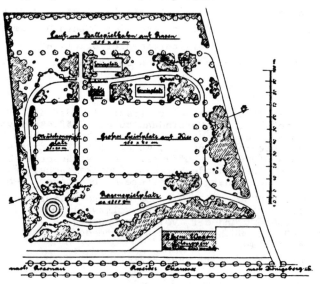

Quelle: JfJuV 1907, 281.

richter Böhmert, war diese Anlage, "Großer Garten" genannt, als "städtischer Festspielplatz gedacht" gewesen.[1] Im übrigen sei dieses städtische Gelände "der
Lage und Einrichtung nach mehr den wohlhabenderen Klassen zugute gekommen," (178), während die "Volksparks",
die der Verein "Volkswohl" gebaut hatte, "in erster
Linie für die unbemittelten Volkskreise bestimmt" (178)
waren, ein klarer Beleg für die schichtenspezifische
Nutzung der einzelnen Platzanlagen.

c) Die Entwicklung des Spielplatzbaus in Zahlen

Nach diesen vorangegangenen Einzelbeispielen, die in
Ansätzen darauf hinweisen sollen, daß die spezifische
Nutzung von Spielplätzen schon in ihrem Namen enthalten
war ("Sportplatz", "Engländerplatz", "Jahnwiese"), kann
nun zu einer summarischen Darstellung der gesamten Entwicklung des Spielplatzbaus übergegangen werden. Dazu
wurden aus der sehr umfangreichen Erhebung, die der ZA
per 1899 durchführte (JfJuV 1900, 129 - 160), einige
der markantesten Daten ausgewählt, für den hier verfolg-
ten Zweck zusammengestellt und um ein paar zusätzliche
Berechnungen ergänzt. Zuvor ist zur Beteiligung an der
Erhebung noch zu sagen, daß insgesamt 804 Orte über
5.000 Einwohner einbezogen wurden. Von sämtlichen 516
preussischen Orten, die Teil der Stichprobe waren, haben
nur 103 überhaupt nicht geantwortet, was einer Rücklaufquote von über 80 % entspricht; von den 312 nicht-
preussischen antworteten lediglich 66 %.

Die Übersicht 1[2] belegt eine imposante Entwicklung des
Baus von Spielplätzen im ersten Jahrzehnt, als sich die

---

1) JfJuV 1897, 174 ff, dem auch die folgenden Zitate entstammen; Seitenzahlen in Klammern.
2) Vgl. hier: S. 94.

Übersicht 1: Entwicklung des Spielplatzbaus im Deutschen Reich zwischen 1890 und 1899.
Quelle: JfJuV 1900, 129 - 160; hier: 146 - 151.

Ortsgröße	Einzel-Staaten (Provinz) Summen	1890 Spielplätze	1899 Spielplätze	Veränderungen absolut	relativ %
bis 20 Tsd. Einw.	Baden	15	20	+ 5	+ 33
	Württemberg	20	28	+ 8	+ 40
	Preußen (Gesamt)	391	635	+ 244	+ 62
	- Rheinland	73	121	+ 48	+ 66
	Deutsches Reich Gesamt	557	940	+ 383	+ 68
20 bis 100 Tsd. Einw.	Baden	8	19	+ 11	+ 137
	Württemberg	4	14	+ 10	+ 250
	Preußen(Gesamt)	267	512	+ 245	+ 91
	- Rheinland	94	143	+ 49	+ 52
	Deutsches Reich Gesamt	363	693	+ 330	+ 91
über 100 Tsd. Einw.	Baden	-	-	-	-
	Württemberg	-	-	-	-
	Preußen (Gesamt)	136	236	+ 100	+ 73
	- Rheinland	81	123	+ 42	+ 51
	Deutsches Reich Gesamt	246	459	+ 213	+ 86
Alle Orte Deutsches Reich		1.166	2.092	+ 926	+ 79

Spielbewegung intensiv um deren Einrichtung kümmerte.
Da nur die sogenannten "Volks- und Jugendspielplätze",
nicht aber die "Kleinkinderspielplätze" in der ZA-
Statistik erfaßt sind, kann man davon ausgehen, daß es
sich hier in der Tat um diejenigen Anlagen und Stadien
gehandelt hat, in denen das zuvor in Einzelbeispielen
aufgeführte leichtathletische und ballsportliche Geschehen stattfand.

Die Verteilung der unterschiedlichen Steigerungsraten
zwischen 1890 und 1899 dürfte in engem Zusammenhang mit
dem Prozeß der Verstädterung stehen, der im Deutschen
Reich nach 1871 einsetzte. Zum Beispiel[1] ging der Anteil der Gemeinden mit unter 20.000 Einwohnern von
87 % (1871) auf 78 % (1890) auf 65 % (1910) zurück.
Analog dazu weist unsere Übersicht in dieser Rubrik die
geringste Zunahme an Spielplätzen auf, nämlich nur
+ 68 %, mithin 11 % unter dem Durchschnitt. Parallel zur
Bevölkerungsentwicklung in Städten über 20 bis 100.000
Einwohnern, die von 12 % (1871) und 19 % (1890) dann
27 % (1910) der Gesamtbevölkerung ausmachten, haben
auch die Spielplätze in dieser Ortsgröße überdurch-
schnittlich stark zugenommen, mit + 91 % im Jahre 1899
haben sie sich binnen diesem einen Jahrzehnt fast ver-
doppelt. Und auch in Städten über 100.000 Einwohner, deren Progression von 0,5 % (1871) über 3 % (1890) auf
7 % (1910) eine ähnlich steile Tendenz aufzuweisen hatte, wurden noch überpropotional (86 %) mehr Spielplätze
gebaut als im Reichsdurchschnitt.

Betrachtet man nur die absoluten Zahlen, dann fällt auf,
daß im Königreich Preußen die meisten Spielplätze zu
finden waren; davon hatte wiederum die Provinz Rheinland

---

1) Die folgenden Zahlen entstammen: HOHORST/RITTER/KOCKA
   1975, 42f.; vgl. hier: S. 45f.

den größten Anteil. Im Kontext der demographischen Entwicklung im Deutschen Reich erklärt sich auch dieses
Ergebnis, zumindest vorläufig und für den aktuellen
Zusammenhang hinreichend. Mit 40,1 Mill. (1871: 24,7
Mill.; 1890: 29,9 Mill) lebten in Preußen im Jahre
1910 etwa 62 % der Gesamtbevölkerung des Deutschen
Reiches (1871: 41,0 Mill.; 1890: 49,4 Mill.; 1910:
64,9 Mill.), der mit Abstand größte Staat. Das Rheinland war seinerseits mit 7,1 Mill. Menschen nicht nur
bevölkerungsreicher als der nächstgrößte Staat, das
Königreich Bayern mit 6,8 Mill. (1910), sondern auch
innerhalb Preußens die an Bürgern größte Provinz. Für
den Tatbestand, daß im Rheinland die Entwicklung des
Spielplatzbaus in allen Ortsgrößen weit unter dem
Reichsdurchschnitt lag, konnte keine empirisch gestütz-
te Erklärung gefunden werden; vermutlich kann man die
intensive Nutzung des Grund und Bodens für die Industrialisierung, die im Rheinland besonders stark ausgebaut wurde, verantwortlich machen; sie dürfte mehr
Gelände für Produktionsstandorte wie für Städtebau
verschlungen haben als anderswo, was sich auf eine
Verteuerung des öffentlichen Grund und Bodens ausge-
wirkt hat und den nicht-ökonomischen Nutzen als Spielplatz vielfach verdrängt haben dürfte.

Nehmen wir nun die Besitzverhältnisse nach Übersicht 2
(vgl. S.97) in den Blick, dann fällt zunächst einmal
die Dominanz der kleineren Gemeinden auf, die allein
78 % aller Spielflächen unter ihrer Kontrolle hatten.
Daß sie ihren Anteil in Orten über 20.000 Einwohner
noch steigern konnten, in Preußen sogar 94 % aller Orte über 100.000 Einwohner umfaßte, dürfte ebenfalls auf
die obengenannten ökonomischen Ursachen zurückzuführen
sein. Man muß annehmen, daß private Vereine und Sportklubs aufgrund der hohen Bauplatzpreise große Schwie-

Übersicht 2: Besitzverhältnisse der Spielplätze per 1899 sowie projektierte Erweiterungen und Neuanlagen. Quelle: JfJuV 1900, 154-159.

Spielplätze sind in Besitz von

Ortsgröße	Einzel-Staaten (Provinz) Summen	Gemeinde +)			Staat Militär +)			Vereine Klubs +)			Gesamt ++)	Neu
		abs.	%	Neu	abs.	%	Neu	abs.	%	Neu		
bis 20 Tsd. Einw.	Baden	11	55	2	6	30	-	3	15	-	20	2
	Württemberg	21	75	1	3	11	-	4	14	-	28	1
	Preußen (Gesamt)	439	77	27	73	15	1	69	11	1	635	29
	- Rheinland	99	82	4	11	9	-	11	9	-	121	4
	Deutsches Reich Gesamt	689	73	40	114	12	3	136	14	3	939	46
20 bis 100 Tsd.	Baden	12	63	2	5	26	-	2	10	-	19	2
	Württemberg	12	86	-	-	-	-	2	14	-	14	-
	Preußen (Gesamt)	437	85	31	39	8	1	36	7	4	512	36
	- Rheinland	129	90	4	5	3	-	9	6	1	143	4
	Deutsches Reich Gesamt	558	80	42	73	10	1	62	9	6	693	49
über 100 Tsd. Einw.	Baden	-	-	-	-	-	-	-	-	-	-	-
	Württemberg	4	100	-	-	-	-	-	-	-	4	-
	Preußen (Gesamt)	221	94	5	9	4	-	6	2	2	236	7
	- Rheinland	118	96	2	2	2	-	3	2	1	123	3
	Deutsches Reich Gesamt	383	83	8	25	5	-	57	11	5	459	13
Alle Orte Deutsches Reich		1.630	78	90	212	10	4	249	12	14	2.091	108

+) Die hier ausgewiesenen Prozentanteile beziehen sich jeweils auf die in der vorletzten Spalte (Gesamt ++) genannten Gesamtheiten.

rigkeiten hatten, geeignetes Gelände für einen nicht-
kommerziellen Zweck zu erwerben, von Ausnahmen wie in
Leipzig abgesehen.[1] Aus diesem Grund dürften Sportvereine in den größeren Städten überwiegend als Pächter von öffentlichem, städtischem Gelände in Frage gekommen sein. Im umgekehrten Sinne könnten die ökonomischen Gründe auch erklären, daß Vereine und Sportklubs in Orten unter 20.000 Einwohnern mit 14 % über-
durchschnittlich oft eigene Sport- und Spielplätze besaßen, verglichen mit der Gesamtzahl im Deutschen
Reich von 12 %.

Bei den unter der Rubrik "Staat/Militär" aufgeführten
Plätzen handelte es sich in der Regel um Exerzierplätze. Wegen ihres harten Untergrunds waren sie für sportliche Spiele (buchstäblich) im Grunde wenig geeignet,
zumal man beim (Rugby-)Fußballspiel öfters hinfallen
konnte, was in der Folge wohl auch zu schlimmen Verletzungen führte. Deshalb und weil sie meistens außerhalb
des Wohngebiets gelegen waren, kamen Exerzierplätze
eigentlich nur als provisorisches Übungsgelände in Betracht, das zwar vorübergehend willkommen war, auf dem
man sich aber nicht längerfristig niederzulassen gedach-
te. Dennoch waren Exerzierplätze gerade für solche
Spielgruppen von Bedeutung, deren Sozialzusammenhang sich
erst noch im Aufbaustadium befand. Sobald jedoch Beständigkeit im sportlichen Geschehen eingekehrt und die so-

---

1) Vgl. hier: S. 89f.

2) Vgl. zum Beispiel WEGELE 1956, 148 f; auch dem neu-
   gegründeten Freiburger FC (1897) gelang es "unter
   vielen Mühen, den Exerzierplatz für den Sonntag
   freizubekommen". Problematisch war, daß dort auch
   ein Schäfer das Weiderecht hatte, der die fußball-
   spielenden Oberschüler "durchaus als lästige Ein-
   dringlinge ansah"; vgl. FREIBURGER FC 1927, 87 f.

zialen Beziehungen untereinander konsolidiert waren,
erforderte dies "einen eigenen, zu jeder beliebigen
Stunde verfügbaren Platz", wie der Chronist des FC
"Phönix" Karlsruhe schon vor der Jahrhundertwende fest-
hielt.[1]

Aus der Besitzverteilung der Spielplätze kann man abschließend auch erkennen, daß die Appelle des ZA bei
den Kommunen besonders erfoglreich waren. Nicht ohne
Genugtuung stellt RAYDT daher fest, daß "als durchaus
erfreulich auch im Jahre 1902 zu bemerken gewesen" sei,
"daß viele deutsche Stadtverwaltungen der Vermehrung
und Erhaltung der Spielplätze eine erhöhte Sorgfalt
zuteil werden ließen."[2] Mit anderen Worten hatten gerade die Kommunalverwaltungen an der Entwicklung des
Fußballsports einen wichtigen Anteil, insofern sie,
wie die hier zusammengetragenen Zahlen belegen, eindeutig das Gros der benötigten Spielfläche aus öffentlichem Besitz zur Verfügung stellten. Aufgrund des re-
cherchierbaren Informationsstandes, wie er hier vorgestellt wurde, läßt sich heute jedoch kaum noch entscheiden, ob die behördlichen Bemühungen ausreichend waren und
den vorhandenen Bedarf decken konnten. Berücksichtigt

---

1) Vgl. WEGELE 1956, 152, aus einer Chronik des FC
   "Phönix" Karlsruhe 1894 zitierend.

2) "Auch durch Sparkassen und persönliche Wohltäter
   sind Spielplätze neu geschaffen worden", vgl.
   JfJuV 1903, 148 f.

man die vielen Klagen in Vereinschroniken, wird man
diese Frage verneinen müssen.[1]

d) Der Spielplatz und seine soziokulturellen Bedeutungen

Bereits zu Beginn der Spielbewegung hatte RAYDT dem
Spielplatz eine auf den ersten Blick überraschende
Bedeutung zugeschrieben, als er ihn als einen Ort cha-
rakterisierte, "auf welchem sich ein ungezwungener und
harmloser <u>Verkehr der beiden Geschlechter</u> entwickeln"[2]
könne. Möglicherweise geht diese seine Ansicht ebenfalls auf Reise-Erfahrungen (oder Erlebnisse) in England zurück; andererseits hatte schon einige Jahre zuvor
eine der ersten deutschen Sport-Zeitungen einen Artikel veröffentlicht, in dem dieser Aspekt exemplarisch
behandelt wurde. So stellte die "Deutsche Sport- und
Spiel-Zeitung" ihrer einführenden Beschreibung der Regeln und Spielweise des Lawn-Tennis darüber eine Betrachtung an, welchem Umstand das Tennisspiel wohl seine
"außerordentliche Beliebtheit" verdanke; dabei wurden
folgende Gründe angeführt. Erstens, weil es "junge Männer und Damen in geselligem Verkehr (ein in England so
schwieriges Desideratum)" zusammenbrachte, und weil es
ihnen auf diese Weise, zweitens, "Gelegenheit zu 'inno-

---

1) Des weiteren ist anzunehmen, daß Schikanen wie in
   Waldshut gerade gegen Jugendliche auch in anderen,
   nicht nur ländlichen Gegenden vorgekommen sind. Die
   Chronik des VfB WALDSHUT (1925, 11) berichtet, daß
   der "Feldhüter" die Spielenden, offenbar willkürlich, vom (öffentlichen) Gelände immer wieder ver-
   trieb. Begebenheiten dieser Art waren schließlich der
   Stoff für Vereinsgründungs-Mythen, in denen "Kampf"
   und "Widerstand" gegen die "(Feld-)Obrigkeit" be-
   herrschende Vokabeln sind. Den realen Kern haben wir
   oben versucht darzustellen, ob die konkrete Wirklichkeit tatsächlich so düster war, wie sie in Chroniken
   rückblickend oft dargestellt wurde, darf eher bezweifelt werden.

2) RAYDT 1891, 12. (Hervorhebung im Original, R. B.).

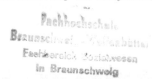

cent flirting' und ernstem Hofmachen" bot, ja, Lawn-
Tennis sei sogar "ein vorzüglicher Heiratsvermittler"
gewesen.[1]

So weit wäre RAYDT wohl doch nicht gegangen. Ihm schien
es eher darauf anzukommen, diese Spielplatzfunktion
der Geschlechterbegegnung dadurch zu legitimieren, daß
er ihr die damals zunehmenden, im Verhalten freizügi-
geren Kontaktmöglichkeiten junger Frauen und Männer in
Tanzhallen mahnend gegenüberstellte: "Ein Volk, dessen
Jünglinge und Jungfrauen sich durch den Spielball kennen lernen", sei, so verkündete er in moralisch-apo-
diktischem Tonfall, "besser dran, als ein solches, bei
dem diese Bekanntschaften in der Hauptsache durch den
Tanzball vermittelt werden".[2] Diese heutzutage etwas
genierlich und verkrampft wirkende Einstellung zum Tanz-

---

1) Alle Zitate in: "Deutsche Sport- und Spiel-
   Zeitung", I. Jg., 1885, 191; unter dem Titel
   "Der Ersatzmann" wird in der kuriosen literarischen Gattung "Rasenball-Novelette" ein
   Beispiel beschrieben, wie sich Beziehungen im
   Lawn-Tennis anbahnen konnten. Auch der Fußballverein Stuttgart versäumte in einer für
   die Öffentlichkeit bestimmten Selbstdarstellung nicht darauf hinzuweisen, daß sich neben
   seinem Fußballplatz ein "Lawn-Tennis-Court" befand, auf dem sich "namentlich die Damenwelt"
   (auch) zum Tennisspiel versammelte; Der Fußball, II. 1895, 147.

2) RAYDT 1891, 12. (Alle Hervorhebungen im Original, R. B.).

vergnügen[1] muß man in Zusammenhang damit sehen, daß
vor der Jahrhundertwende die höhere Schulbildung noch
ausnahmslos in nach Geschlechtern getrennten "Knaben-
und Mädchenschulen" vermittelt wurde. Das dabei ange-
staute Erfahrungsdefizit im Umgang mit dem anderen Geschlecht dürfte ein Grund für RAYDTs spezifische Funk-
tionsbeschreibung gewesen sein. Man sollte daher die

---

1) Der Autor der "Volksfestspiel"-Begründung, der Oberlehrer Witte, äußerte sich wenig später noch weit
pointierter als RAYDT: "Nicht scharf genug aber kann
man gegen die heutige Art des Tanzes eifern. Er
ist vielleicht das ungesundeste und unsittlichste
Vergnügen, dem man sich vor aller Augen hingeben
darf. Hier hat man das Recht, eine Dame, der man
sonst kaum die Hand reichen dürfte, zu umschlingen
und an sich zu ziehen! Die dumpfe Atmosphäre des
Ballsalles, die genossenen geistigen Getränke, die
Kleidung des weiblichen Geschlechts (den Knöchel
des Fußes sehen zu lassen gilt für unanständig, den
Busen aber giebt man den Blicken preis) - all das
hat die Sinne bereits empfänglich gemacht; und nun
drängt man sich aneinander, eine leichte Musik prik-
kelt das Ohr, so dreht man sich und walzt und rast
dahin! Und was ist der eigentliche Grund dieser
Tanzlustbarkeiten? Alles ist nur darauf berechnet,
die Geschlechter einander zu nähern. Entweder zu
einem 'Bunde fürs Leben' (- der Ballsaal ist der
eigentliche Heiratsmarkt) oder zu - noch Schlimmerem;
man sehe sich nur einmal die 'öffentlichen Tanzver-
gnügen' in einem modernen 'Etablissement' an" - Witte
dürfte das getan haben, bedenkt man die Detailgenauig-
keit seiner Schilderungen (JfJuV 1896, 12 f).

Ganz anders ein "Sanitätsrath" Dr. Niemeyer, der
berechnet hatte, daß eine "Tänzerin, die ihre Tanz-
karte richtig heruntertanzt, im kreisenden Geschwind-
schritt eine Strecke von gut drei deutschen Meilen
zurücklegt". Statt sich wie WITTE entsetzt mit Ver-
botsgedanken zu tragen, empfiehlt der Autor (in:
Der Fußball, II. 1895, 390), daß "sehr zarte Frauen
und Mädchen sich erst von dem Arzte Gewissheit verschaffen, ob sie nicht auch an einem Herzfehler lei-
den oder lungenschwach sind"; weiterhin rät er den
Tänzerinnen, sich "vorher durch fleißiges Turnen,
Schlittschuhlaufen, Bergsteigen, häufiges und kräf-
tiges Einatmen in frischer Luft (zu kräftigen)."

anti-sinnlichen Untertöne bei ihm nicht überbewerten,
sondern den Aspekt der "Geselligkeit" als die neue und
umfassendere Bedeutung sehen, die er dem Spielplatz
zuerkannt hat. Diesen nun als Ort der sozialen Bewegung wahrzunehmen, als eine Gelegenheit, um Bekanntschaften anzuknüpfen und bestehende Beziehungen zu
pflegen, stellt eine sozialpolitisch wichtige Ergänzung der bisherigen sportlichen und pädagogischen Bedeutungen dar. Allerdings geriet diese Funktion gegen
Ende des Jahrzehnts zunehmend in den nationalistischen
Sog, dem sich die Initiatoren und Sympathisanten der
Spielbewegung beinahe widerstandslos hingaben. Dabei
kam der Begriff "Geselligkeit" in einer nationalpathe-
tischen Variente in Gebrauch und diente als "Volksgeselligkeit" weitgehend ideologischen Zwecken, wie sich
gleich zeigen wird.

Zur Bestimmung der "ethischen Bedeutung der Volks- und
Jugendspiele" glaubte ein Direktor Dr. Sachse aus Leipzig feststellen zu müssen: "Auf dem Spielplatz giebt es
keine Rangunterschiede."[1] Dem mag man insofern noch
zustimmen, als es in der Tat unerheblich ist, ob der
Torwart einer Fußballmannschaft im Beruf Direktor einer
Bank oder Dreher in einer Fabrik ist, Hauptsache, er
läßt möglichst wenig Bälle ins Tor. Doch der Autor meinte allen Ernstes, die "Heilung der sozialen Schäden",
wie er die Widersprüche der Wilhelminischen Klassenge-
sellschaft nannte, wären durch einen "gegenseitigen
Verkehr (der verschiedenen Stände)" etwa auf dem Fußballplatz zu bewerkstelligen gewesen.

---

1) JfJuV 1896, 15.

Auch KOCH ging in seinem Buch "Die Erziehung zum Mute durch Turnen, Spiel und Sport"[1] in einem eigenen Kapitel auf diese Problemstellung ein. Unter der Überschrift "Das Wegfallen der Standesunterschiede auf dem Spiel- und Turnplatze" untersuchte er, welchen Einfluß der Spielplatz auf die "Lösung der sozialen Frage" haben könnte. Zwar übernahm er nicht die euphorische Beurteilung eines von ihm zitierten "Prof. Ph. Tissié, Bordeaux"[2] doch zumindest eine "Milderung der sozialen Gegensätze" versprach auch er sich vom Zusammentreffen von "Hoch und Niedrig" beim Spiel.[3] Nun kann man KOCH ein wirkliches Bedürfnis nach Überwindung der sozialen Kluften vorderhand nicht absprechen. Doch bleibt der Verdacht, mit dem Näherrücken der Stände war zunächst der eigene gemeint, und zwar im Sinne einer größeren Anerkennung und damit Aufwertung als Nationalpädagogen, zumal man de facto wichtige Dienste zur Aufrechterhaltung des gesamten politischen Systems leistete.

Bemerkenswert an KOCHs Argumentation ist im übrigen weniger sein Glaube an die reale Versöhnungskraft eines Spielplatzes, sondern sind vielmehr seine Feststellungen zum Auseinanderstreben der sozialen Gruppen. Zum Beispiel führte er an, daß selbst das "Wirtshausleben (...) die Bevölkerung mehr oder weniger streng nach Rang und Vermögen"[4] teilte[5], ja, daß insgesamt die "Gesellschaftsklassen auch in ihrem Erholungsleben so ganz auseinander gegangen"[6] seien. Mit diesen beiden Hinweisen

---

1) KOCH 1900.

2) KOCH 1900, 182.

3) Ebd.

4) Ebd.

5) Vgl. dazu auch ROBERTS (in: HUCK 1980, 124): Es gab zur Zeit vor der Jahrhundertwende "Gasthäuser für die Reichen und für die Armen, Dorfschänken und städtische Schnapshöllen, enge, überfüllte Stehbierhallen und weitläufige Bierpaläste."

6) KOCH 1900.

erfaßte er prägnant den fortgeschrittenen Zustand der
sozialen und kulturellen Aufsplitterung der Wilhelminischen Gesellschaft. Da für KOCH jedoch das politische
Herrschaftssystem selbst sowie die Privilegien ständi-
scher Zugehörigkeit ein unantastbares Tabu darstellten,
blieb als Ausweg aus diesem Dilemma lediglich die Fik-
tion, der Spielplatz könne zumindest symbolisch die Har-
monie eines erwünschten gesellschaftlichen Ganzen widerspie-
geln, wenn schon die konkrete soziale Wirklichkeit in
die ungleichen Teile widerstrebender Interessengruppen
mit Standesvorteilen zerfiel.

Daß KOCH und seine Kollegen im ZA sowie die sozialen
Schichten, die sie repräsentierten, auch überhaupt nicht
daran dachten, die "so schroffen, trennenden Standesunterschiede"[1] zu beseitigen, sondern allenfalls darauf
bedacht waren, sie vorübergehend "vergessen" (ebd.) zu
machen, das zeigt die Diskussion um "Volksfestspiele"
die um die Mitte des neunten Jahrzehnts begann; damit
wenden wir uns einem weiteren Bedeutungsaspekt des
Spielplatzes zu. Die entsprechenden Überlegungen im ZA
handelten von der Absicht, "die Feste des deutschen Volkes zeitgemäß zu reformieren und zu wahren Volksfesten
zu machen"[2]. Ihr Begründungsansatz war durchaus sozial-
kritisch, indem das "Fabrikwesen der modernen Zeit"
für die Gefährdung der "körperlichen Gesundheit der Ar-
beitenden"[3] verantwortlich gemacht wurde; Entspannung
in Spiel und Festlichkeiten betrachtete man als einen
verdienten Ausgleich. In geradezu zivilisationskriti-
scher Absicht machte man das "Prinzip der Arbeitsteilung"

---

1) KOCH 1900, 183.
2) JfJuV 1896, 1 - 29.
3) ebd., 5.

dafür haftbar, daß die Arbeiter "keine Befriedigung
in der Arbeit" mehr finden, was die "Volkszufrieden-
heit nachhaltig stören"würde, eine Argumentation, die
sozialdemokratischem Gedankengut bemerkenswert nahe-
stand.

Doch mit dem Festhalten an der für "unentbehrlich" erachteten Produktionsweise einerseits und der Ablehnung
politischer Zugeständnisse an die sozialen Bewegungen
andererseits hatte man sich erneut in ein Dilemma
begeben, aus dem man wiederum nur mit fiktiven Lösungen den Ausweg suchte: "Das Volk muß wieder lernen,
sich freuen zu können",[1] allen zuvor aufgezählten
Gründen für Unzufriedenheit zum Trotz.

Konkret vorgesehen waren zunächst städtische und regionale Großveranstaltungen, deren Inkarnation später
das "deutsche Nationalfest", auch "deutsches Olympia"
genannt,[2] werden sollte. Die "Volksfestspiele" hatten
Turnübungen, moderne Sportspiele wie Fußball und leichtathletische Wettbewerbe im Laufen, Springen, Werfen in
einen organisatorischen Zusammenhang zu bringen mit
historischen Übungen aus dem Jahnschen Turnspielkanon
wie Schnellklettern, Dauerhangeln, Tauziehen und Ringen[3] einerseits und den jeweiligen lokalen bzw. regionalen Traditionsspielen andererseits.[4] Auf diese Weise

---

1) JfJuV 1896, 8.

2) Vgl. hier: S. 75, Anmerkung 1.

3) Eine ausführliche Beschreibung von Turnspielen und
   ihre pädagogischen Ansprüche im Vergleich zu den
   Sportspielen findet sich bei EICHBERG/HOPF 1982,
   49 ff.

4) WITTE (JfJuV 1896, 23) nennt als Beispiel das
   "Fahnenjagen oder Ringelstechen (zu Pferde)", gespielt von "Bauernburschen auf dem Lande."

wollte man nicht nur die Entspannungs- und Sensations-
bedürfnisse großer Teile der Bevölkerung befriedigen,
die sie bisher zu Sportveranstaltungen im Fußball,
Boxen oder Radfahren hingezogen hatte. Sondern zugleich ging es auch um die Erzeugung einer national-
kulturellen Identität, deren Kontinuität vermeintlich
gegeben schien; schließlich glaubte man, solche Volksfestspiele demonstrierten eine volkliche Zusammengehörigkeit, da "Hoch und Niedrig" zur selben Zeit und
am selben Ort diesen Spielen beiwohnen sollten.

Nun darf bei aller Agitationsrhetorik und dem notorisch
nationalen Wortgeklingel nicht übersehen werden, daß
es sich hier im wesentlichen nur um Versuche handelte,
eine solche einseitig ideologische Instrumentalisie-
rung von Spiel und Spielplatz auf breiter gesellschaftlicher Ebene durchzusetzen. Zwar berichten die Jahrbücher von einer ganzen Reihe von "Sedan-Jubelfeiern"[1]
und ähnlichen Veranstaltungen mit "Volksspielfest"-
Charakter im obigen Sinne. Doch alles in allem muß
man die Reformierungsversuche der Volksfeste nach diesen antiquierten, volkstümelnden Vorgaben als Fehlschlag bezeichnen. Den deutlichsten Beleg liefert KOCH
in seinem oben erwähnten Buch "Erziehung zum Mute",[2]
wo er im einzelnen feststellte, daß es "in Deutschland
noch kaum möglich" sei, "daß ein Dutzend junger Rechts-
anwälte mit einem Dutzend einfacher Arbeiter ein Wettspiel ausfechten, daß eine Fußballriege aus Studenten

---

1) Die am 2. September in manchen Städten gefeierten
   "Sedan"-Feste erinnern an die Schlacht von Sedan
   im Jahre 1870, als die französische Armee kapitu-
   lierte und Napoleon III. gefangen genommen wurde.
   KOCH berichtet über Ablauf und Orte, in denen ge-
   feiert wurde, in JfJuV 1896, 36ff.
2) KOCH 1900, 182 (alle Zitate).

in den Bergwerkdistrikten herumreist und mit den besten
Spielern der einzelnen Orte Wettspiele veranstaltet";
auch seien "die Angehörigen unserer Höheren Stände
(...) noch sehr weit davon entfernt", sich mit anderen Bevölkerungsschichten zu "Leibesübungen im Freien"
zusammenzufinden. Schließlich wurde die Gesamteinschätzung von KOCH bereits erwähnt, wonach "die Gesellschaftsklassen auch in ihrem Erholungsleben" sich ganz
auseinander entwickelt hätten.

In der Tat wurden die Spielplätze weitgehend schichtenspezifisch genutzt, wie das etwa im Beispiel der "Jünger
Merkurs" in Plauen[1] angedeutet wurde; diesen Rückschluß
erlaubt auch die Einrichtung der "Volksparks" in Dresden,
die "in erster Linie für die unbemittelten Volkskreise
bestimmt"[2] waren. Aus diesem Grund beinhaltet das
Schlagwort "Volksgeselligkeit", streift man seine ideologische Hülle ab, die neue Bedeutung der Spielplätze,
und zwar als öffentliche Treffpunkte sozial weitgehend
homogener Bevölkerungskreise und ihrer schichten- bzw.
alterspezifischen Untergruppen. Ihre allgemein soziale
oder speziell sportbezogene Kommunikationsfunktion konnte man ihnen auch dann zuschreiben, wenn sie wie Dresdens
"Heidepark" als Beispiel für Spielparkanlagen eher den
unangestrengt entspannten Zeitvertreib nahelegten, oder
auch als reine Zuschauerarenen den primär enervierenden,

---

1) Vgl. hier: S. 74 bzw. JfJuV 1894, 147.
2) JfJuV 1897, 178.

innere Beteiligung ermöglichenden[1] Wettbewerbssport
offerierten.

Mit der Betrachtung eines weiteren, des letzten As-
pekts der Spielplatzfunktionen kommen wir wieder zu
einem zentralen Ausgangspunkt zurück, der die Spielbewegung insgesamt kennzeichnete. Bereits in seinem die
Erstausgabe der Jahrbücher einleitenden Aufsatz hat
KOCH eine spezielle Funktion herausgehoben. Er wies
darauf hin, daß, noch besser als dies die Schule zu
leisten imstande gewesen sei, "der gesellige Verkehr
auf dem Spielplatz die Knaben zusammenbringt".[2] Eine
Bestätigung erhielt diese Einschätzung einige Zeit später durch den Magdeburger Schulrat Platen.[3] Nach seinen Beobachtungen hatte sich "vor allem auf jedem der
Spielplätze ein fester Stamm von solchen Jünglingen gebildet, welche an einem Spieltage niemals fehlen", wei-

---

1) Der Soziologe Norberg ELIAS (1983) hat in einem Aufsatz versucht, mithilfe der Aristotelischen Grundsätze zum Aufbau einer literarischen Tragödie das
Phänomen der inneren Beteiligung von Zuschauern bei
sportlichen Wettbewerben zu erhellen. Seiner Ansicht nach erlebt der Zuschauer etwa eines Fußballspiels die sportlichen Ereignisse "mimetisch", das
heißt, sie bauen Erregung und Spannung auf, die
"beglückend und reinigend", d. h. kathartisch,
auch wieder durch nachfolgende sportliche Ereignisse abgebaut werden. Wohl nicht zufällig hat der
Herausgeber von ELIAS' Aufsatz, der Soziologe
LINDNER (1983), diesen Gedankengang mit einem Aufsatz von PARIS (1983) redaktionell quasi fortge-
sponnen und in der Publikation am Schluß plaziert.
PARIS interpretiert das Fußballspiel bzw. die innere
Beteiligungsmöglichkeit des Zuschauers mit den Mitteln der soziologischen Theorie des Symbolischen Interaktionismus. Danach kann der Zuschauer, im Stadion etwa, die Rolle des "generalisierten Anderen"
(G. H. Mead) übernehmen, indem er alternative Spiel-
züge in der eigenen Phantasie realisiert; außerdem
nimmt er an den tatsächlichen Spielereignissen gerade deshalb teil, weil er "die Figuration beider
Mannschaften immer schon als Ganzes überblickt"
(PARIS 1983, 156).

2) JfJuV 1892, 6.

3) Vgl. JfJuV 1895, 16.

ter spricht Platen davon, daß somit "stets Krystalli-
sationspunkte" gegeben waren, "welche weitere Spieler
naturgemäß anziehen." Indem er daraus den Schluß zieht,
der Sport- und Spielvereinsgedanke habe in Magdeburg
einen "festen Boden" gefunden, trifft er begrifflich
exakt die doppelte Bedeutung dieses Vorgangs. Denn
offenkundig haben sich Spielplätze zum einen zu jugendlichen Treffpunkten entwickelt und so den "Untergrund"
für Gruppenbildungen abgegeben, die sich dem Sportspiel
widmeten. Zum anderen dürften diese Spielplätze in
ihrer sozial-ökologischen Funktion als räumliche Konstanten, die jederzeit und unbehindert zugänglich waren, entscheidend zur Kontinuität ihrer sozialen Beziehungen beigetragen haben.

Solange Schüler und Jugendliche aufgrund gesetzlicher
Bestimmungen nicht berechtigt waren, öffentliche Lokale
zu betreten, waren sie umso mehr auf den Spielplatz angewiesen, um ihre persönlichen Beziehungen über das gemeinsame Spiel hinaus zu erweitern und zu festigen. Hier-
aus resultierte insbesondere die zentrale Bedeutung des
Spielplatzes als Sozialraum für Schüler und Heranwachsende - ganz wie ihn KOCH in unerwartet konkreter jugendsoziologischer Perspektive, wenn auch nicht Terminologie voraussagte. Man kann daher abschließend festhalten,
daß die intensiven Bemühungen der Spielbewegung um den
Ausbau der Spielplätze für die Entstehung der Fußballvereinsbewegung insofern von ausschlaggebendem Gewicht
waren, als sie die Voraussetzungen für die sozialräum-
liche Etablierung der Schülerfußballvereine bedeuteten;
dies wird sich bereits im nächsten Abschnitt zeigen,
wo nun näher auf die Schüler- und Jugendspielvereine
eingegangen wird, die im Rahmen der ZA-Initiativen entstanden sind.

5. Schülerspielvereinigungen

Bereits ganz am Anfang der Spielbewegung mußte sich der
ZA mit der Frage auseinandersetzen, welchen Stellenwert
man speziellen Schülervereinen zubilligen sollte. Bisher waren solche Gruppierungen hauptsächlich unter dem
Begriff "Schülerverbindung" bekannt geworden. Diese
waren jedoch "übel beleumundet", da sie als Menetekel
galten für den Zerfall der allgemeinen Sitten, insbesondere die Untergrabung des Respekts vor den Autori-
täten in Schule und Gesellschaft; wir werden darauf noch
zurückkommen.[1] Ohne die als Fehlentwicklung gebrand-
markten Gefahren wie "Nachäffung studentischen Treibens",
vor allem das "Kneipenwesen",[2] geringzuschätzen, setzte sich im ZA dennoch allgemein eine positive Haltung
gegenüber Schülervereinen durch; in ihnen sah man den
geeignetsten Ansatz, den Spielgedanken einzuführen und
weiter zu verbreiten. Am entschiedensten befürworte-
te Wickenhagen die Schülervereine.[3] Fern jeder histo-
risch-soziologischen Differenzierung behauptete er gar,
Schülervereine hätten "als natürliches Erzeugnis unserer sozialen Verhältnisse immer bestanden" und würden
auch "immer bestehen". Damit versah er sie noch mit
der Weihe einer sozial-anthropologischen Konstante.
Weniger euphorisch, dafür mit lapidar formulierter Be-
stimmtheit stellte RAYDT[4] fest: "Die Jugendspiele
(...) werden erfahrungsgemäß durch Schüler-Vereinigungen, wie Fußball-Klubs und dergleichen sehr gefördert.
Daher sollte man schulseitig derartigen Vereinen nichts
in den Weg legen."

---

1) Vgl. PILGER 1880, der Schülerverbindungen in den
   grellsten Farben schilderte; siehe hier: S. 155ff.
2) Vgl. JfJuV 1892, 52.
3) Vgl. ebd., 76 - 78.
4) Vgl. ebd., 91.

Konrad KOCHs Auffassungen zu Schülervereinen und ihre
Bedeutung im Rahmen der Spielbewegung waren in einem
Aufsatz festgehalten,[1] dessen sozial-programmatische
Ansprüche zugleich die Leitlinien für den ZA bildeten;
so jedenfalls könnte man unter anderem auch die Tatsache interpretieren, daß dieser Aufsatz das allererste
"Jahrbuch für Jugend- und Volksspiele" im Jahre 1892
eröffnete. Wir nutzen dies als Gelegenheit zu einem
kleinen Exkurs, der sowohl die Hintergründe von KOCHs
pädagogischen Grundsätzen aufhellen soll als auch die
praktischen Erfahrungen, die KOCH mit Schülerfußballvereinen gemacht hatte und die als wesentliche Bestand-
teile in seinen Aufsatz zur Schülervereinspädagogik eingeflossen sind.

a) Konrad KOCH: Mentor der Schülerspielvereine

Während seines Studiums der Theologie und Philologie am
Pädagogischen Seminar in Leipzig, gegen Ende der sechziger Jahre des vergangenen Jahrhunderts, konnte sich
KOCH im Zusammenhang mit einer Ausarbeitung über "Thomas Arnold als Pädagoge"[2] einen Einblick in das englische Erziehungssystem verschaffen. Dabei hatte ihn
offenkundig vor allem Arnolds Wirken in Rugby beein-
druckt, sodaß er immer wieder von ihm als "Genie der
Erziehungskunst" sprach und ihn noch in den neunziger
Jahren zur Legende eines "großen Erziehers" erhob.[3]
Tatsächlich resultierte Th. Arnolds Bedeutung für das

---

1) Vgl. ebd., 5 - 7; falls nicht anders vermerkt, wird
   Koch in diesem Abschnitt 5.a) immer aus dieser
   Quelle zitiert.
2) Vgl. HOFFMEISTER 1978, 8.
3) Zit. nach HOPF 1979, 67; der "große Englische Er-
   zieher" in: KOCH 1895, Geschichte, 29.

englische Bildungswesen aus den Erfolgen, die dieser
von 1828 bis 1842 als Direktor der in der englischen
Stadt Rugby erworben hatte.[1] Einerseits reformierte
er in dieser Zeit das Präfekten-System, das den älteren Schülern eine Reihe von, in vielen Schüler-Gene-
rationen errungenen Rechten der Selbstverwaltung gab,
die unter anderem in der Subordinierung und Diszi-
plinierung von jüngeren Mitschülern bestand.[2] Andererseits setzte Arnold zusammen mit einer Beschneidung
dieser Rechte und Privilegien neue pädagogische Normen
durch, die den "Christian Gentleman"[3] zum Erziehungsziel und zur gesellschaftlichen Leitfigur machte.

1) DUNNING (1979a) hat in der theoretischen Perspektive
   der Weberschen Grundbegriffe "Macht" und "Herrschaft"
   das Präfekten-System an den Public Schools untersucht; weitere Angaben bei DUNNING 1979a, 327 - 368;
   ders. 1979b, 12 - 18; ders. 1979c, 42 - 53; vgl.
   BRAMFORD 1961, der die schichtenspezifische Zusammensetzung mehrerer Public Schools zwischen 1801 und
   1850 und ihre Veränderungen erfaßte.

2) Das Präfekten-System wird von DUNNING (1979a) als
   ein seit dem 18. Jahrhundert ausgebildetes Gewohn-
   heitsrecht der Schülerselbstverwaltung beschrieben.
   Es bestand darin, daß ältere Schüler u. a. das Recht
   auf "fags" ("prefect fagging system" in Englisch)
   besaßen, d. h. jüngere Schüler mußten ihnen permanent für Hilfsdienste zur Verfügung stehen; außerdem
   hatten sie das Recht, die "fags" mit Prügelstrafen
   zu sanktionieren, wenn Übertretungen der Schulordnung, aber auch kleinere Nachlässigkeiten ihnen,
   den Präfekten gegeüber vorkamen. Arnold beschnitt
   vor allem die Sanktionsrechte der Präfekten und
   zwang sie wieder stärker unter die Schulkontrolle,
   da er zur Einsicht gekommen war, daß überzogene
   Machtausübung der Präfekten und Widerstand der un-
   terdrückten Schüler zu einem ständigen Unruheherd
   geworden waren.

3) Damit befaßt sich insbesondere: MANGAN, J. A.,
   Athleticism in the Victorian and Edwardian Public
   School; Cambridge 1981; auch MASON (1980, 9 ff)
   untersucht die Zusammenhänge zwischen "muscular
   Christianity" und der Entwicklung des Fußballs in
   England.

Einige der Ziele und Werte wie Charakterbildung, Fairness, Selbstkontrolle und Selbstzucht griff auch KOCH auf, außerdem hielt er es für opportun, eine modifizierte Fassung des Präfekten-Systems einzuführen. Da die organisatorische Voraussetzung "Internat" am Braunschweiger Gymnasium Martino-Catharineum nicht gegeben war, kam ihm die Idee, das Prinzip des "selfgovernment" der Schüler zusammen mit einer weiteren Neuerung einzuführen, nämlich der Einrichtung von Spielnachmittagen. Auf dem Spielplatz, so befand KOCH, sollte alles "Schulmäßige" zurückgedrängt und den Schülern stattdessen Gelegenheit "für ein gutes Stück Selbstregierung" gegeben werden, "die sonst in unserem öffentlichen Schulwesen bis jetzt so wenig Raum findet."[1] Zurecht sieht HOPF in KOCHs Vorgehen die Schaffung eines "Gegenbilds zum normalen Schulalltag."[2] Kurioserweise bedeutete, was in England eine Beschränkung von Schülerrechten war, in Deutschland einen pädagogischen Reformansatz, insofern den Schülern an der Schule zum ersten Mal ein eigener Handlungsspielraum zugestanden wurde. Zwar bezog sich dies zunächst nur auf das Fußballspiel selbst, doch bald darauf wurde die "Selbstregierung" in Form eines "Schülerfußballvereins" gewissermassen institutionalisiert.

Vorübergehend, von 1878 bis 1879, hatte Koch auch "Gespielschaften" zusammengestellt, deren Mitglieder aus der gleichen Wohngegend kamen. "Durch diese Einteilung", so resümierte er das Vorgehen in der "Geschichte und Organisation der Schulspiele in Braunschweig" im Jahre 1882,[3] sollten die sonst durch die Jahrgangsklassen ge-

---

1) Zitiert nach HOPF 1979, 67.
2) Ebd.
3) Vgl. Monatsschrift für das Turnwesen, Heft 4, 1882.

trennten Schüler, die aber durch den gemeinsamen Schulweg und sonstige Beziehungen einander näherstanden, in
innigere Berührung gebracht werden." Bildung und Strukturierung dieser Gespielschaften erinnern sehr an das
englische Präfekten-System, denn KOCH hatte angeordnet, daß dabei "die älteren als Vorgesetzte und Lehr-
meister der jüngeren aufzutreten hatten." Nach einem
Jahr hob er diese (altersheterogenen) Gespielschaften
jedoch wieder auf, angeblich weil "ein einmaliges Zusammenspiel in der Woche unter den Mitgliedern der
Stadtteile das Gefühl der Zusammengehörigkeit nicht
mehr in ausreichender Weise (förderte)."[1] Stattdessen
kehrte er zu den Gruppierungsprinzipien zurück, die
er bereits 1875 in den "Regeln des Fußball-Vereins
der mittleren Classen des Martino-Catharineums zu
Braunschweig"[2] niedergelegt hatte. Neben den sportlichen Spielregeln für eine gemäßigte Variante des Rugby-
Fußballspiels und einigen Hygienevorschriften[3] bein-

1) Vgl. Monatsschrift für das Turnwesen, Heft 4, 1882.

2) In Faksimile, doch unvollständig bei HOFFMEISTER
   1978, 50 - 51; die folgenden Zitate beziehen sich
   auf diese Quelle.

3) Da ihr Inhalt ebenso wie die Sprache symptomatisch
   scheint für das pädagogische Selbstverständnis, das
   dem Schulspiel zugrunde lag, sollen sie hier vollständig zitiert werden:
   "a. Schwächliche und kränkliche Schüler werden nur
       mit ärztlicher Erlaubnis zugelassen.
    b. Es wird nie ohne Aufsicht eines Lehrers gespielt.
    c. Bei unsicherem Wetter wird nur von Freiwilligen
       gespielt.
    d. Es wird bei der Einrichtung des Spielplatzes da-
       für Sorge getragen, daß kein Schüler gegen den
       Ostwind anzulaufen hat.
    e. Auf dem Platze darf Niemand sich hinlegen oder
       müßig stehen.
    f. Kein Schüler darf ohne besondere Erlaubnis den
       Rock ablegen; diese Erlaubnis wird nur denen er-
       theilt, die ein wollenes Hemd tragen.
    g. Jedem zu Erkältungen neigenden Schüler wird emp-
       fohlen, an den Spielnachmittagen ein wollenes
       Hemd zu tragen.
    h. Nach Beendigung des Spiels hat jeder Schüler au-
       genblicklich seinen Ueberrock oder Plaid anzule-
       gen und sich sofort nach Hause zu begeben.
       Zitiert nach HOFFMEISTER 1978, 51.

halteten die "Regeln" auch die organisatorischen Bestimmungen zur Bildung von "Fußball-Riegen" der einzelnen Klassen, das heißt, Koch kehrte auch zu den Gespielschaften auf altershomogener Basis zurück. Die
Anleihe bei der teilweise skurrilen Jahnschen Begrifflichkeit kann das Reformerische, modellhaft Partizipatorische an KOCHs Überlegungen nicht verdecken.

Beispielsweise wählten die Schüler selbst den Vorstand
ihres Klassenvereins, der aus "Classenkaiser, Schrift-
wart und Zeugwart" bestand; KOCH nannte sie "Rottmeister", die sich noch je einen "Anmann" zum Stellver-
treter bestimmen konnten, zwei Bezeichnungen aus dem
bewußt geschichtsmächtigen Begriffsarsenal von F. L.
Jahn.[1] Diese Rottmeister hatten die Aufgabe, aus ihren
Mitschülern eine Auswahl der zwölf besten Spieler zu
treffen, mit denen zusammen sie dann (die aus 15 Spielern bestehende Rugby-)Fußballmannschaft bildeten. Als
verlängerter Arm des Aufsicht führenden Lehrers, der
sich beim Spiel selbst im Hintergrund halten sollte,
waren sie ihm für eine "anständige" Durchführung des
Spiels verantwortlich; insofern nahmen sie eine Mit-
telstellung zwischen Lehrer und Schülern ein, was in
sich einen Ansatz zur Überwindung des traditionell
subalternen Lehrer-Schüler-Verhältnisses[2]
bedeutete. Die autoritäre Stellung der Rottmeister,
deren Führungsfunktion auf dem Spielplatz bzw. im
Spiel selbst in der Bezeichnung "Spiel- bzw. Fußball-
Kaiser" zum Ausdruck kam, resultierte aus der Anordnung,
daß sie bei Unklarheiten in der Regelanwendung zu
schlichten und zu entscheiden hatten; daher hatten sich

---

1) Rottmeister: "Führer einer Rotte (Abteilung, Schar)
   im Landsknechtsheer", vgl. WAHRIG 1977, 3070.

2) Vgl. hier: S.127ff.

ihren Anweisungen alle Mannschaftsmitglieder strikt
unterzuordnen.[1] In diesem Punkt erinnerten die Fußballkaiser an die Führungskompetenzen des "captain"
im Rugby-Schulspiel. Bei ihnen kam allerdings noch
hinzu, daß ihr auf dem Spielfeld errungenes Persön-
lichkeitsprestige unter den Mitschülern der Public
Schools auch noch von einer Aura andächtiger Bewunderung[2] umgeben war, für die es keine vergleichbaren
deutschen Zeugnisse in Bezug auf den Klassen- bzw.
Fußballkaiser gab.[3]

---

1) Vgl. MOORMANN, (o. J. ca. 1899); dessen Kompetenz, ein "Handbuch für (Association Fussball) Anfänger mit Regeln,
Winken für Spieler etc." schreiben zu können, durch
die Autoren-Erläuterungen: "Captain des Universitäts
A.F.C. Strassburg - Früher Captain des University
College of Wales A.F.C." unterstrichen werden sollte; als Verhaltensregel empfiehlt er jedem Captain
(Ebd., 14): "1. Erlaube niemand außer Dir zu befeh-
len."

2) Zum Beispiel schwärmte Tom Brown (HUGHES 1857/1967,
II, VIII): "Captain of the Eleven ... what a post
is his in our school world", übersetzt: "Kapitän
der Elf (Spielführer der Mannschaft) das war die
Traumposition in unserer Schulwelt". Eine Steigerung dieser Aura hat noch heute das Pendant zum
Rugby-Captain, das ist der "Quarterback" im American Football. Er verfügt über einen außerordentlich
hohen sozialen Status, der sich direkt aus seiner
zentralen Rolle im Footballspiel ergibt. Dazu: vgl.
RIESMAN 1951, der (mit Reuel Denney) in einem historischen Rückblick die Entwicklung des Spiels, die
Veränderung der Regeln, die Verbreitung an den
Colleges und die charakteristischen taktischen Ver-
feinerungen in den Vereinigten Staaten analysierte.
Im heutigen (Associations)Fußball kommt dieses So-
zialprestige begrifflich nicht im "Spielführer",
sondern im "Spielmacher" vom Typ eines Overath, Netzer bzw. dem "Fußballstar" allgemein zum Ausdruck,
zeitweilig auch im "Libero" Beckenbauerscher Prägung,
der, vermutlich zufällig in historischer Analogie,
auch heute den populären Beinamen (Spiel- bzw. Fuß-
ball-)"Kaiser" (er)trägt.

3) MURRAY's New English Dictionary on Historical Principles, Oxford 1893. Vol. II. C, 100 registriert in
Zusammenhang mit der Schule, daß "captain" bereits
seit 1706 folgende Bedeutung hatte: "The head boy of
a school or a form in it", was man am besten mit
"Schul- bzw. Klassensprecher" übersetzt.

Will man nun zu einer Einschätzung der pädagogischen
Wirkung dieses Selbstbestimmungsmodells kommen, dann
muß man gewiß berücksichtigen, daß penible Ordnungs-
vorschriften auf dem Spielplatz, deren "Appelle" und
Befehle zum "Antreten!" dem Militärischen[1] entlehnt
waren, die Auflockerungen des Lehrer-Schüler-Verhältnisses zumindest zeitweilig konterkariert haben dürften. Dennoch bleibt als Fazit der Einführung von freiwilligen Bewegungsspielen in Braunschweig festzuhalten, daß sie einerseits einen alternativen Akzent zum
alltäglichen Stillsitzen auf den Bänken darstellten.
Andererseits wurde zum ersten Mal die selbständige
Gruppierung von Schülern und Jugendlichen, wenn auch
formal nur zum Zwecke des Spiels, offiziell legitimiert. KOCH gaben sie überdies die Gelegenheit, am
Beispiel des Schülerfußballvereins die pädagogischen
Vorteile der altershomogenen Gruppenbildung zu stu-
dieren. Auf diese Beobachtungen und Erfahrungen dürfte schließlich im wesentlichen zurückzuführen sein,
daß KOCHs Aufsatz, in dem er im ersten ZA-Jahrbuch
nachdrücklich sich für Schülerspielvereine einsetzte,
einen unvermutet reformerischen, fast jugendbewegten
Schwung aufweist.

Denn hier[2] skizziert KOCH, mit Anklängen an Pestalozzi,[3] das Bild auch des "einsichtsvollen Erziehers",

1) Über die begriffliche Militarisierung des Jugendspielbetriebs, vgl. JfJuV 1896, 79 - 86, insbes.:
   81 f.; vgl. auch den Aufsatz "Die turnerischen Be-
   fehlsformen beim Militär und in der Schule", in:
   JfJuV 1901, 248 - 253.

2) JfJuV 1892, 5 - 7; alle folgenden Zitate sind
   dieser Quelle entnommen.

3) Bei einzelnen Anhängern der Spielbewegung erlebte
   Pestalozzi in der Tat eine Art Renaissance, vgl.
   den Aufsatz "J. H. Pestalozzi und die körperliche
   Erziehung der Jugend", in: JfJuV 1896, 60 - 64;
   allgemein zu Pestalozzis Wirkung vor der Jahrhundertwende, vgl. PAULSEN 1906, 149 ff.

der versucht, dem "Guten in der Jugend Raum und Gelegenheit zu schaffen, daß es hervortreten und sich geltend machen könne." Ausdrücklich fügte er hinzu, daß
dies "nur auf dem Boden der Freiheit" der Schüler im
und zum Spiel zu erreichen sei, jedenfalls für die
älteren Schüler; für die mittleren Klassen hielt KOCH
die obligatorische Teilnahme durchaus für pädagogisch
vertretbar, denn das langfristige Ziel war ja, daß die
rechtzeitige Gewöhnung schließlich zur inneren Überzeugung führen und die spätere Teilnahme dann freiwillig erfolgen würde. Wie sehr im übrigen die Spielbewegung vom allgemeinen Reformwillen ihrer Zeit getragen
bzw. selbst Bestandteil der pädagogischen Erneuerung
war, zeigt sich daran, daß man sich durchaus nicht bor-
niert auf die Einführung der Jugendspiele beschränkte.
KOCH übertrug seine Einsichten aus den Spiel(vereins)-
erfahrungen auf den Unterricht, in dem "die köstlichsten
Erfolge (auch) nur dann erreichbar" seien, "wenn er im
Schüler selbst die freie Lust an der Arbeit zu wecken"
wußte.

Einige der von KOCH in diesem Aufsatz programmatisch
für die Spielbewegung formulierten Erziehungsziele dek-
ken sich teilweise wiederum mit Maximen der viktoriani-
schen Pädagogik von Th. Arnolds Prägung; diese sind etwa in das von KOCH überaus geschätzte Buch "Tom Brown's
schooldays"[1] eingeflochten. In diesem seinerzeit in

---

1) In seiner "Geschichte des Fußballs" (KOCH 1895)
weist KOCH mit folgenden Worten auf "Tom Brown's
schooldays" hin: "Leider ist dieses Buch, in dem
die Wirksamkeit des großen englischen Erziehers Thomas Arnold so herrlich geschildert wird, noch immer
nicht hinreichend in Deutschland gewürdigt und bekannt geworden, trotzdem es von den größten Auto-
ritäten auf dem Gebiete der Erziehung wiederholt
dringend empfohlen ist". Eine etwas überschweng-
liche Beurteilung, wenn man MANGANs Untersuchung
(1981) in der Renzension von J. K. RÜHL 1984,
208 - 212 glauben darf.

England sehr populären Erziehungsroman[1] läßt sich
der Autor Thomas HUGHES seine Hauptfigur, den Schul-
jungen Tom Brown, alle Entwicklungs- und Reifestufen
seines Heranwachsens im Kontext von Schulordnung, Prä-
fektensystem und Schülergemeinschaft in der Public
School von Rugby durchleben. Der dem Arnoldschen Konzept des "Christian Gentleman" zuzuordnende Begriffs-
inhalt des "manly self-restraint" kehrt beispielsweise
bei KOCH in der Forderung nach "Selbstzucht" wieder;
ausdrücklich meint er damit das Zurück-bzw. Verdrän-
gen von körperlichen "Begehrlichkeiten und Leiden-
schaften".[2] Die "companionship of shared experience",
was man am besten mit "Erfahrungsgemeinschaft" übersetzt, war ein Erziehungselement, das im Mannschaftsspiel am wirkungsvollsten zum Tragen kommen sollte;
in KOCHs Interpretation taucht es als Anspruch auf, mit
dem Fußballspiel schon bei den Schülern und Jugendlichen ein Gefühl für die Zugehörigkeit zu einem "grossen Ganzen", hier dem deutschen "Vaterland" einzuprä-
gen.

Ebenfalls bei HUGHES kann man eine grundlegende Beziehung zu KOCHs Befürwortung von Schülervereinen entdecken. Ein englischer Schüler kommentiert das Gemeinschaftserlebnis an einer Public School mit den Worten:

---

1) Vgl. MASON 1980, 13.
2) Gegen Ende des Jahrhunderts, vgl. JfJuV 1899, 213,
   verwendet KOCH alternativ für "Selbstzucht" den
   Begriff der "Enthaltsamkeit", die er als "echt
   turnerisch" und "ganz im Geiste Jahns" geradezu be-
   jubelt.

"... we form a complete social body ... a society, in
which we ... act and live ... as boys who will be men."[1]
In diesem Zitat ist eine frappierende Nähe zu KOCHs Begriff von der "Knabenwelt" zu erkennen, der einen eigenen Kosmos ("social body" - "society"), einen gemeinschaftlichen Handlungsrahmen ("act and live") von Heranwachsenden, gemeinsam auch die Pubertät erlebenden
("Boys who will be men") Adoleszenten darstellt. Ganz
ähnlich lautet deshalb KOCHs Forderung am Ausgangspunkt
der Spielbewegung im Jahre 1892: "Die Schulspiele dürfen nicht als bloße Leibesübungen angesehen werden,
sondern sie sollen die Schuljugend zu einem Jugendgemeinwesen (im Sinne Fichtes)[2] vereinigen".[3] Man
kann daraus schlußfolgern, daß KOCH informelle Schüler-
gruppierungen allgemein, Schülerfußballvereine im besonderen sozusagen sozialisationstheoretisch auf den
Begriff "Jugendgemeinwesen" gebracht hat; über dessen
Ort der sozialen Entfaltung, den Spielplatz, ist im
vorigen Kapitel das Entsprechende bereits ausgeführt
worden. Und daß der Spielplatz in der Tat die theoretische und praktische Nahtstelle seiner Schülerver-
einskonzeption war, das geht aus dem Satz hervor,
der unmittelbar an den obigen anschließt: "Näher als in
der Schule bringt der gesellige Verkehr auf dem Spiel-

---

1) Übersetzt: "... wir bilden eine vollständigen So-
   zialkörper ... eine Gesellschaft ... in der wir
   handeln und leben als Jungen, die zu Männern werden", vgl. HUGHES 1857/1967, nach X.

2) Johann Gottlieb FICHTE (1762 - 1814) entwickelte
   ein Konzept der Nationalerziehung, in dem die körperliche Erziehung eine bedeutende Rolle spielte;
   sie müsse erreichen, daß "dabei Gesundheit und
   Schönheit des Körpers und die Kraft des Geistes
   nicht nur nicht gefährdet, sondern sogar gestärkt
   und erhöht" werden, sie müsse auf den ganzen Menschen zielen; vgl. WITT 1982, 143; J. G. FICHTE,
   Ausgew. Werke (6 Bd.), Darmstadt 1962, Bd. 5, 521.

3) JfJuV 1892, 6. (Meine Hervorhebung, R. B.).

platz die Knaben zusammen, lehrt sie, Verträglichkeit
und Selbstbeherrschung im Verkehr mit anderen zu üben,
daneben auch sich in ihrer Mitte geltend zu machen".[1]

Vor diesem theoretisch-programmatischen Hintergrund,
auf den einzelne Autoren[2] aus der Spielbewegung immer
wieder in rhetorischen Modifikationen eingingen und
die auch die 1898 von RAYDT formulierten, erneuerten
Leitlinien des ZA bestimmten,[3] sind Entstehung und
zahlenmäßige Entwicklung der Schülerspielvereine zu sehen, auf die nun im einzelnen eingegangen werden kann.

b) Zur Verbreitung der Schülerspielvereine

Um nun die zahlenmäßige Entwicklung der Turn-, Spiel-
und Ballspiel-Schülervereine darstellen zu können, beziehen wir uns auf die beiden Erhebungen, die der ZA
in den Jahren 1892 und 1894 durchführen ließ. Notge-
drungen beschränken wir uns damit auf die höheren Schulen, denn die für 1896 vorgesehene Gesamtumfrage bei
den Volks- und Mittelschulen kam allein in Preußen zu-

---

1) JfJuV 1892, 6.

2) WITTING, Oberbürgermeister der Stadt Posen, greift
   in einem Vortrag über die "Bedeutung der Jugend- und
   Volksspiele vom Standpunkte der nationalen Wohlfahrt"
   (JfJuV 1894, 271 - 281) anläßlich des 1. Spielkongresses in Berlin, Februar 1894, den KOCHschen Gedanken vom "Jugendgemeinwesen" erneut auf (279),
   das mithilfe der Jugendspiele organisiert werden
   kann. Auch WITTING argumentiert quasi jugendsozio-
   logisch bzw. sozialisationstheoretisch, indem er
   den Spielen sowohl die Erzeugung von "Solidarität",
   "Zusammengehörigkeit", "mit einem Worte: Gemeinsinn"
   (280; hervorh. i. Orig. R. B.) zuschreibt, wie er
   auch die englischen Public Schools als Vorbilder
   zur "Nachahmung" (der Einführung und Verankerung
   von Spiel- und Spielgruppen) empfiehlt; vgl. JfJuV
   1894, 279 f.

3) Vgl. JfJuV 1898, 250 ff., insbesondere 255 - 259.

stande. Die dabei ermittelten Ergebnisse wurden jedoch
auch nur zum Teil (aus redaktionellen Gründen) im
Jahrbuch 1897 veröffentlicht[1] und enthielten im übrigen keinerlei Erkenntnisse zum Komplex Schülervereine an Preußens Volks- und Mittelschulen. Wie selbstverständlich haben sich diese beiden Umfragen ausschließlich an Knabenschulen gerichtet; erst im Jahre
1895 wendete man sich auch den höheren Mädchenschulen
zu, ein Indiz für die Dominanz eines männer-zentrier-
ten Weltbilds im ZA, dem in unserem Zusammenhang jedoch nicht weiter nachgegangen werden kann.[2]

---

1) Um den Aufwand für eine Umfrage an den deutschen
   Volks- und Mittelschulen - sie zählten zu den
   Volksschulen und hatten keine akademisch gebildeten Lehrer, durften auch keinen Einjährigenschein
   vergeben - zu demonstrieren, hier die Zahlen allein
   für Preußen: (nach PAULSEN 1906, 161, Anm.)

	1861	1901
Volksschulen in den Städten:	2.935	4.413
Volksschulen auf dem Lande:	21.828	32.332
Mittelschulen (nur in den Städten)		456

2) Interessant, daß bei den Mädchen der Altersstufe
   über 12 Jahre schon damals das Fußballspiel zu
   den beliebtesten Spielen zählte, und zwar nach
   "Drittenabschlagen" und "Reifenwerfen"; bei den
   Mädchen der Altersstufe 10 - 12 Jahre kam Fußball
   an 15. Stelle der Beliebtheitsskala (vgl. JfJuV
   1896, 296f). Bemerkenswerte Fakten, die die Frage
   nach der unterbliebenen Organisierung erst recht
   relevant macht; mit dem Vorwurf an den DFB, er
   habe nicht vor 1970 den Frauenfußball zugelassen, wie ihn die Autorin des Aufsatzes "Frauen-
   sport und Frauenbild. Der Fußball kam zuletzt"
   (Friederike Tinnappel in: "Frankfurter Rundschau"
   vom 24. 2. 1986, 16) in historischer Verkürzung erhebt, ist ja nur ein Aspekt berührt, nämlich der
   des Anschlusses an einen Verband; dazwischen lagen
   aber immerhin über 70 Jahre, in denen in vielen
   anderen Sportarten auch Frauen öffentlich Sport
   ausübten.

Bevor man mit der Analyse der Daten beginnen konnte,
mußten alle vorkommenden Bildungsanstalten erfaßt und
sinnvoll einem Vergleichssystem zugeordnet werden; dazu
wurden folgende neun Kategorien gebildet: Gymnasien,
Progymnasien, Realgymnasien, Oberreal- und Realschulen, Lehrerseminare, Präparandenanstalten, sonstige
(z. B. private Erziehungsinstitute, Klosterschulen).
Die Gesamtbeteiligung von 1.455 Anstalten ebenso wie
die Gesamtzahl der seinerzeit vorhandenen höheren
Schulen (1.629) wurden in zwei speziellen Übersichten
erfaßt.[1] Darin sind die obigen Kategorien jeweils
nach preußischen Provinzen sowie nach den Staaten des
Deutschen Reichs aufgeschlüsselt und vermitteln einen
heute wertvollen historischen Gesamteindruck.

Der Vergleich der Daten des Jahres 1894 mit denen
aus der Untersuchung des Jahres 1892 muß jedoch mit
großer Einschränkung weitergegeben werden, da die
Ausgangsvoraussetzungen sehr verschieden sind. Während
1892 lediglich 647 Berichte aus 567 Städten über 5.000
Einwohner zur Auswertung vorlagen, stellten die Zahlen von 1894 immerhin knapp über 90 % aller vorhandenen höheren Schulen dar; Vergleiche geben daher nur
grobe Anhaltspunkte und lassen keine zuverlässigen
Aussagen über die tatsächliche Entwicklung und ihre
Veränderungen zu. Unter dieser Einschränkung kann man
sagen, daß sich Schüler-Spielvereinigungen von einem
4 %-igen Anteil (28 von 647 Schulen) im Jahre 1892
auf 21 % (318 von 1.455) an Deutschlands höheren
Schulen im Jahre 1894 verbreitet haben.

Aufgrund der nur geringen Anzahl können die Ruder-,
Schwimm-, Rad-, Fecht- und ähnliche Schülervereine

---

1) JfJuV 1895, 268 - 271.

vernachlässigt werden. Im Folgenden geht es also nur
um die zu zwei Hauptgruppen zusammengefaßten Turnvereine, Turn- und Spielvereine und die reinen Spielvereine einerseits und die Ballspielvereine, von denen
etwa 90 % ausschließlich Fußball spielten,[1] andererseits. Zunächst als eigene Gesamtheit gesehen, soll
ihre Ausbreitung an den beiden wichtigsten Schultypen
(humanistische Gymnasien sowie neusprachlich-natur-

Jahl der Spielvereinigungen.

Anstalten	Turnvereinigungen	Turn- und Spiel-vereinigungen	Spielvereinigungen	Ballspiel-vereinigungen	Ruder- u. Schwimm-vereinigungen	Sonstige Vereinigungen	Zusammen
1	2	3	4	5	6	7	8
1. Gymnasien	78	10	23	54	19	9	193
2. Progymnasien	1	—	—	2	—	—	3
3. Realgymnasien	16	4	3	17	5	2	47
4. Realprogymnasien	3	—	2	3	—	1	9
5. Oberrealschulen	3	—	3	5	1	—	12
6. Realschulen	4	—	2	3	1	4	14
7. Lehrerseminare	15	6	6	—	—	2	29
8. Präparandenanstalten	—	3	—	—	—	—	3
9. Sonstige höhere Lehranstalten	4	—	2	2	—	—	8
Zusammen	124	23	41	86	26	18	318

Quelle: JfJuV 1895, 290

wissenschaftlich orientierte Realschultypen) verglichen werden. An die ungleiche Ausgangsdatenbasis nochmals erinnernd, scheint zwischen 1892 und 1894 der
Anteil der (Turn-/Spiel- und Ballspiel-)Schülervereine
ne an Gymnasien von 64 % (1892: 18 von 28) auf 53 %
(1894: 168 von 318) zurückgegangen zu sein, während
er im gleichen Zeitraum bei den Realschulen von 14 %
(4 von 28) auf 21 % (68 von 318) anstieg.

---

1) JfJuV 1895, 234.

Greifen wir nun die Turn- und Spielvereine heraus und
überprüfen allein ihre Verbreitung, dann stellt sich
heraus, daß ihr Anteil an Gymnasien ebenfalls gesun-
ken ist, und zwar von 42 % (1892: 12 von 28) auf 35 %
(1894: 112 von 318), während er an Realschulen von
7 % (2 von 28) auf 12 % (40 von 318) zunahm. In absoluten Zahlen ausgedrückt gab es im Jahre 1894 an Gymnasien insgesamt 112 Schülervereine, die Turnen und
Nicht-Ballspiele in ihrem Programm hatten, dagegen
waren es an Realschulen nun 40 statt früher nur zwei.
Analog, wenn auch nicht so drastisch, war die Veränderung bei Ballspielvereinen. Ihr Anteil sank an Gymnasien von 21 % (1892) auf 17 %, während er an Realschulen von 7 % auf 8 % stieg; dennoch gab es mit 56
Ballspielvereinen, davon rund 50 Fußballvereinen, genau doppelt so viele an Gymnasien als an Realschulen.[1]

Wenn auch an der zuvor gemachten Einschränkung in Bezug auf die Repräsentativität der Daten festgehalten
werden muß, so kann man in einer Gesamteinschätzung
dennoch von einem deutlichen Anstieg der Schüler-
Spielvereinigungen sprechen. Bezogen auf die jeweiligen Ausgangsdaten hat sich ihre Gesamtzahl sowohl bei
den Turn- und Spielvereinen als auch bei den Ballspielvereinen je ungefähr versechsfacht; lediglich die
Realschulen scheinen bei der Gründung von Turn- und

---

1) Diese Zahlen sprechen im übrigen gegen das
   "Modernisierungstheorem", das auch
   LINDNER (1983, 28) zur Erklärung des Entstehens
   der Fußballbewegung verwendet. Simplifizierend und
   ohne jede empirische Grundlage werden "modernes
   Bürgertum", "moderner Schultypus" und "modernes
   Sportspiel" dem "konservativen Bürgertum", seinem
   überkommenen Bildungstypus Humanistisches Gymnasium und dem unflexiblen, rückständigen Turnen ge-
   genübergestellt. Kurioserweise nehmen gerade an den
   Realschulen die Turnspielvereine von 7 auf 12 %
   zu.

Spielvereinen viel aktiver gewesen zu sein, denn davon gab es 1894 zwanzig mal mehr als 1892; die sonstigen Vergleichsmöglichkeiten weisen ziemlich ähnliche
Steigerungsraten auf.[1]

c) Spielvereinigungen im Spannungsfeld institutioneller Aufsicht

Es wurde bereits darauf hingewiesen, daß die Zulas-
sung von Schülerspielvereinigungen an Schulen generell
mit der dringenden Empfehlung verbunden war, einem
Lehrer die "sittliche Oberaufsicht"[2] zu übertragen;
Woikowsky-Biedau entwarf später[3] das Leitbild des
"Vertrauenslehrers", der sich, entgegen den Gepflogenheiten des damaligen Schulalltags,[4] um ein freundschaftliches Verhältnis zu den Schülern bemühen sollte.
Von der erhofften positiven Rückwirkung auf den Fachunterricht abgesehen schien eine solche Beziehung
genügend Einfluß aufzubieten, um Schülervereine von
einer Entwicklung zu verbindungsähnlichen Formen abhalten zu können. Wenn auch gelegentlich ein Schullei-
ter Schülervereine generell für "durchaus unnötig" be-

---

1) Sowohl bei den Turn- und Spielvereinen ist zwischen
   1892 (14 von 647 Schulen = 2 %) und 1894 (188 von
   1.455 Schulen = 13 %) eine ungefähre Versechsfa-
   chung festzustellen, wie auch bei den Ballspielvereinen: (8 von 647 Schulen = 1 %) im Jahre 1892 auf
   (86 von 1.455 Schulen = 6 %) im Jahre 1894.

2) JfJuV 1892, 91.

3) JfJuV 1895, 234.

4) "Dem Schüler ist gegenüber seinen sämtlichen Lehrern
   in erster Linie Ehrerbietung und Gehorsam vorgeschrieben" (4). "Ein leider nur allzu großer Teil
   unserer Jugendbildner aber verlangt Kadavergehorsam,
   sei es aus mißverstandenem Herrenmenschentum, aus
   übertriebenem Selbstbewußtsein, oder aus Allüren,
   die der Militärzeit entstammen und dem Herrn Leut-
   nant der Pädagogik dann besonders stark anhaften"
   (9); vgl. v. d. EMSCHER 1904 (Hervorh. im Original).

fand, oder ihnen mit den Worten: "Das fehlte auch noch"
kategorisch eine Existenzberechtigung absprach,[1] so
drückte sich im Motto "Das beste Mittel gegen unerlaub-
te Schülervereine sind erlaubte"[2] die allgemein verbreitete Grundhaltung der Schulleitungen aus. Allerdings
war die Neigung der Lehrerschaft, sich an der Betreuung
der Schülervereine zu beteiligen, nicht sehr ausgeprägt.[3]
Vielleicht war ein Grund die fehlende Bereitschaft zum
pädagogischen Umdenken, wahrscheinlicher ist jedoch,
daß der 'Dank des Vaterlandes' als unzureichende Entlohnung für diese Mehrarbeit empfunden wurde, dem man
eine Anrechnung der Aufsichtszeit auf das Stundendepu-
tat vorgezogen hätte. Jedenfalls konnten sich fast 300
der 1894 registrierten Schülerspielvereine einer weitgehenden Freiheit von institutioneller Aufsicht erfreu-
en, das waren rund 95 %. Demgegenüber verzeichnete die
Statistik lediglich 20 Vereine mit dem Vermerk "Unter
der Leitung der Schule bzw. des Direktors bzw. des
(Turn-)Lehrers". Wir wollen die wenigen Informationen
dazu benutzen, uns ein ungefähres Bild davon zu machen,
was Schulaufsicht in der Praxis bedeutet hat.

---

1) JfJuV 1895, 234.

2) MARX 1894, 26.

3)   (Freiwillige) Beteiligung der Lehrer am Jugendspiel:

bei den	in Preußen		in den übrigen Bundes-Staaten	
	unmittel-bar	gar nicht	unmit-telbar	gar nicht
Gymnasien ·················	18	55	10	69
Progymnasien ··············	12	65	6	88
Realgymnasien ·············	37	44	16	50
Realprogymnasien ··········	23	62	7	73
Oberrealschulen ···········	41	41	11	67
Realschulen ···············	38	38	10	69
Lehrerseminaren ···········	15	68	5	82
Präparandenanstalten ······	11	59	10	74
Sonstigen höheren Lehranst.	20	65	10	71
Überhaupt	21	56	9	72

Quelle: JfJuV 1895, 230

Zunächst soll es um den"Turnspielverein am Realgymnasium zu Halle a. S." gehen, über den in der Zeitschrift
"Der Fußball"[1] in prägnanter Auflistung die Vereinsaktivitäten des Jahres 1894 quantifiziert sind. Charakte-
ristisch für alle beaufsichtigten Vereine ist die Erweiterung der Vorstandschaft um einen "Ehrenvorsitzen-
den" wie in Halle, am Gymnasium zum Hl. Kreuz in Dresden auch "Protektor" genannt; in beiden Fällen war die
Position mit einer promovierten Persönlichkeit besetzt,
einem Lehrer,wenn nicht dem Direktor selbst. In Halle
war zugleich auch der I. Vorsitzende ein Lehrer, und
zwar der Turnlehrer; alle weiteren Vereinsfunktionen
wie der "I. und II. Schriftführer" sowie der "I. und
II. Gerätewart" wurden von Schülern ausgeübt. Aus der
peniblen Aufzeichnung[2] der monatlichen Aktivitäten läßt
sich nicht nur eine straffe Organisation und Führung
des Vereins ablesen, sondern gleichzeitig vermittelt sie
einen Eindruck vom bemerkenswerten Umfang des Spielbetriebs. Rechnet man beispielsweise die Wintermonate Dezember bis Februar sowie die eineinhalb Ferienmonate im
Juli und Oktober heraus, da in dieser Zeit deutlich weniger Zusammenkünfte verzeichnet waren, so entfallen auf
die verbleibenden 161 Schultage noch 101 Spieltage, an
denen Fußballspiele ausgetragen wurden, davon 84
"Übungsspiele" und 12 "Gesellschafts- und Wettspiele".
Das "Training", wie man die "Übungsspiele" heute wohl
nennen würde, wurde im Durchschnitt von 17 Spielern besucht, wobei jeweils montags (freiwillig) und mittwochs
(obligatorisch) von 14 Uhr 30 bis 16 Uhr 30 durchschnittlich eineinhalb Stunden gespielt wurde. Da weder für
Halle noch beim Dresdener "Fußballring" ein "Club- oder
Vereinslokal" angegeben war, darf man annehmen, daß die

---

1) "Der Fußball", II. 1895, 18 und 164.

2) Die Auflistung verzeichnete auch noch 74 Turntage
   im Jahre 1894.

Vereine kein offizielles geselliges Leben kannten, da
dies zu stark den Ruch des verbindungstypischen "Kneip-
wesens" an sich hatte.

Die Gründung des "Fußball-Vereins Stuttgart" ging auf
die Initiative eines Lehrers[1] zurück, der im Rahmen
der Einführung der Volks- und Jugendspiele im Jahre
1893 durch den "Bürgerverein der unteren Stadt Stuttgart" einen Aufruf zunächst nur an seine Schüler, später
auch an "berufstätige junge Leute" richtete. Vermutlich
begann man als Schülerverein, suchte jedoch den Anschluß
an den Cannstatter (Rugby) Fußballklub, "um das Spiel
geordneter pflegen zu können",[2] will sagen, um die Aufnahme in einen überregionalen Verband wie die "Süddeutsche Fußball-Union" ohne Probleme bewerkstelligen zu können. Da der Cannstatter Club die Bildung einer Fußball-
Sektion durch die Schüler ablehnte, gründete man mit anfangs 20 Mitgliedern den "Fußball-Verein Stuttgart", zu
dessen Vorsitzenden man den initiativ gewordenen Lehrer
wählte. Nun konnte man auch den Status eines "Schülervereins" ablegen, was auch geschah und daran erkennbar
war, daß Funktionsträger entweder ihre Berufsbezeichnung
oder Studenten ihre Fachrichtungen an ihre Namen anfüg-
ten: Schriftführer und I. Kapitän waren je ein "stud.
mach.", Kassier und II. Kapitän waren je ein "Techniker",
und Zeugwart war ein "stud. ing.". Man kann also davon
ausgehen, daß der aus Schülern der Prima bestehende Schülerfußballverein die strukturelle (Kontinuität der Vorstandschaft durch den Lehrer) und personelle (vom Schüler zum "stud. ing./mach.") Grundlage bildete, von der
aus der vereinsrechtlich relevante Fußballverein entstand.

---

1) Es ist anzunehmen, daß es sich um Schüler (und Lehrer) der Oberrealschule Stuttgart handelte, denn
diese ist auch in der Statistik des Jahrbuchs (JfJuV
1895, 298) verzeichnet.
2) Vgl. "Der Fußball", II. 1895, 116.

Im Jahre 1878 gründeten "25 Schüler, größtenteils Sekun-
daner (des Realgymnasiums I)" den "Deutschen[1] Fußballverein Hannover". Nicht zuletzt deshalb, weil der städtische Lehrer F. W. FRICKE die Leitung übernommen hatte,
ließen der Direktor und das Lehrerkollegium des Realgymnasiums diesen Schülerfußballverein "gern gewähren",
zumal "die Mitglieder sich mit vollem Ernste dem Spiele
widmeten und keinerlei verbotenen Verbindung angehörten."
Im Laufe der Zeit wurden die Aufnahmebedingungen dahin-
gehend verändert, daß in die "A-Abteilung" Mittel- und
Oberstufenschüler aller höheren Lehranstalten Hannovers
aufgenommen wurde, also eine Altersspanne von 15 bis
20 Jahren umfaßte. Die 1889 eingerichtete "B-Abteilung"
bestand aus den 10- bis 14-jährigen Schülern höherer
Lehranstalten und "bildete einen trefflichen Nachwuchs
für die A-Abteilung". Um auch "die Volksschüler der Fuß-
ballsache zu gewinnen", wurde im Jahre 1890 eine "C-Ab-
teilung" eröffnet. Nach wie vor war der "Deutsche Fußballverein Hannover" damit ein reiner Schülerfußballverein; zwar stand er nicht unter Aufsicht einer bestimmten
Schule, doch die "Leitung eines städtischen Lehrers",
eben F. W. FRICKE,[2] wurde in den Satzungen und gegenüber
der erwachsenen Öffentlichkeit hervorgehoben. Erst im
Jahre 1891 wurde noch eine "Sonntagsabteilung" gegründet,
um auch "solche junge Männer dem gesunden Fußballsport
in freier Luft zu(zu)führen, die bereits einen praktischen Lebensberuf ergriffen hatten";[3] erst dadurch verlor er den Status eines Schülervereins.

---

1) Das Attribut "deutsch" symbolisierte wohl nicht (in
   erster Linie) deren nationale Gesinnung, sondern
   diente zunächst der Unterscheidung vom (Rugby-)Fuß-
   ballklub der englischen Gemeinde in Hannover, bei
   dem die einzelnen Schüler zuerst Mitglieder waren,
   bevor sie sich "auf eigene Füße stellten" (JfJuV 1896,
   142). Die folgenden Angaben zum "Deutschen Fußballverein Hannover" sind seinem Jahresbericht in "Der
   Fußball", II. 1895, 114/115 entnommen.

2) FRICKE 1890, 42.

3) FRICKE nannte "Lehrer, Kaufleute und Studierende" (JfJuV
   1896, 144; Kapitäne der Sonntagsabteilung waren ein
   "Kaufmann" und ein "Posteleve"; vgl. "Der Fußball",II.
   1895, 114 f.

An den Satzungen des Vereins[1] fällt die omnipräsente,
strenge Betonung der Vorstandskompetenzen auf, die zugleich weitreichende Sanktionsmöglichkeiten beinhalte-
ten. So konnte der Vorstand auf alle seine Anordnungen
"willige Folgeleistungen" erwarten, "offenbare Wider-
setzlichkeit oder Gehorsamsverweigerung" (44) hatten
den "sofortigen Ausschluß aus dem Verein" zur Folge
(44). Mit ähnlichen Kompetenzen waren die Mannschafts-
kapitäne ("Spielkaiser") während eines Wettspiels und
bei Übungsspielen ausgestattet; auch sie durften auf
"Gehorsamkeit" rechnen, "Verstöße gegen die Spielge-
setze" sowie "andere Ungehörigkeiten" hatten sie in
ihrem monatlichen Bericht an den Vorsitzenden zu melden (44). Schriftführer, Kassenwart, Zeugwart[2] und
Absentenlistenführer[3] stellten, soziologisch gesprochen
zwar ebenfalls eigene Rollenprofile dar, doch war ihr
Funktionsbereich dem der Kapitäne und des Vorstands
untergeordnet.

Aus den Satzungen läßt sich die Dominanz pädagogischer
Ansprüche ablesen.[4] In ihrer Forderung auf allgemeines

---

1) Die folgenden Zitate beziehen sich auf FRICKE 1890;
   Seitenzahlen in Klammern.

2) Ein "Zeugwart" war für den Zustand des Platzes, einschließlich seiner korrekten Maße verantwortlich;
   dazu gehörte das Abstecken der Tore mit Stangen,
   der Ecken mit Fahnen sowie das Aufzeichnen der Spiel-
   feldbegrenzungslinien; nicht zuletzt hatte er den
   Ball unter seiner Obhut (FRICKE 1890, 45).

3) Der "Absentenlistenführer" hatte - wie das Wort be-
   reits verrät - das Fehlen der Mitglieder sowie ihr
   Zuspätkommen zum Spiel, den Übungsstunden und zu den
   wöchentlichen Versammlungen zu registrieren und dem
   Kassenwart zu melden; dieser kassierte daraufhin
   Strafgelder (FRICKE 1890, 45).

4) Die folgenden Zitate sind ebenfalls FRICKE 1890 entnommen; auf diese Schrift beziehen sich die in
   Klammern gesetzten Seitenzahlen.

Wohlverhalten der spielenden Schüler gegenüber der Vorstandschaft sowie den Spielführern glich der Verein eigentlich einer Fortsetzung des Schulalltags, zumindest
auf dem Papier. Gesellschaftspolitische Dimension gewannen diese Ansprüche noch dadurch, daß deren oberste
Maxime die "willige Unterordnung (des einzelnen Mitglieds) unter den Führer zum Wohle des Ganzen" (14)
war. Untermauert war diese Zielsetzung von einem rigiden Geldstrafensystem etwa für Fehlen und Zuspätkommen,
das der Absentenlistenführer zu registrieren und dem
Kassenwart wie dem Vorstand zu melden hatte. Vor dem
Hintergrund eines naiven psychologischen Transferdenkens
glaubte man, dieses Erziehungsziel schon im Spiel selbst
verwirklichen zu können. Denn dort, so nahm man an,
"lernt jeder sich als Glied der Gemeinschaft zu fühlen
und ist stets bestrebt, sein Thun auf den Vorteil der
Partei zu beziehen" (14). Dem Fußballspiel schrieb man
auch eine charakterbildende Funktion zu, insofern es
"eine außerordentlich gute Schulung zur Selbstverleug-
nung"(15) darstelle, da "das selbstsüchtige Hervor-
drängen des eigenen Ichs in dem Gefühl und dem Streben
für die Partei" eingedämmt werden sollte (15). "Gemeinsinn" bedeutete bei FRICKE "Unterordnung", und damit er-
füllte das Fußballspiel nach seiner Ansicht eine wichtige sozialpolitische Funktion.[1]

---

1) Noch pointierter formuliert RAYDT (JfJuV 1895, 24)
   eine in der sportsoziologischen Diskussion seit langem kontrovers diskutierte Position, wonach das
   Sportspiel an sich schon geeignet sei, entscheidend
   zur Sozialisation und Personalisation von Heranwachsenden beizutragen (vgl. BACHLEITNER 1984, der dieses
   komplexe Thema ausführlich darstellt). Bemerkenswert
   ist, daß RAYDT aus dem "amtlichen Leitfaden für Turnunterricht an den preußischen Schulen" zitiert und
   zu folgender Schlußfolgerung gelangt: "(...) Aus der
   Vereinsamung, durch Verzärtelung und Frühreife entstehen bei der Jugend nicht selten Unarten, an deren Beseitigung Elternhaus und Schule sich vergeblich mühen.
   Im Spiel aber werden Eigensinn, Dünkel, Rechthaberei
   und Gewaltthätigkeit nicht geduldet, Schüchternheit,

Dieses umfassend ausformulierte,[1] im Anspruch strenge
Erziehungskonzept, dem ein differenziertes System ma-
terieller (Geldstrafen) und persönlicher Sanktionsge-
walt (beim Vorstand) Geltung verschaffen sollte, kontrastierte in bemerkenswerter Weise mit der Begründung
und Konzeption der Schulaufsicht über die Fußballvereine der drei Karlsruher Realschulen. Man kann diesen
Schluß aus einem Aufsatz ziehen, den der Gymnasiallehrer am (Großherzoglichen) Gymnasium Karlsruhe, August
MARX (1894)[2] veröffentlichte. Er nahm die rasche Ausbreitung von Schülerfußballvereinen an Karlsruher Schulen seit dem Ende der achtziger Jahre zum Anlaß, sich
ausgiebig mit deren Vor- und Nachteilen auseinanderzusetzen sowie die pädagogischen Bedenken in konkrete
Empfehlungen umzusetzen. Unter Berufung auf Luthers Erkenntnis, daß es "wohl stehen (muß) in einem Lande, wo
die Kinder in der Stadt springen, tanzen und spielen auf
den Gassen", und anknüpfend an Goethes Kritik der allgemeinen Friedhofsruhe dank der allgegenwärtigen Staats-

---

grämliches Wesen und manche andere Schwächen der
Charakteranlage müssen weichen vor der gegenseitigen
Erziehungsarbeit der Altersgenossen (...) indem (so)
die Jugend Ziem und Schick, Gesetz und Recht kennen
und achten lernt, wird sie vorbereitet auf die ern-
sten Aufgaben des Lebens".

1) Etwa: "Findet ein Wettspiel mit einem auswärtigen
Vereine statt, so ist im voraus ein ganz bestimmtes
Programm darüber zu vereinbaren, in welcher Weise
die Zeit vor und nach dem Wettspiele ausgefüllt werden soll (...) Größere Spaziergänge zwecks Besichti-
gung der Sehenswürdigkeiten einer fremden Stadt sind
vor dem Spiele zu vermeiden, ebenso der Genuß geistiger Getränke und das Rauchen" (FRICKE 1890, 42).

2) Veröffentlicht als "Programmbeilage" zum Schuljahr
1893/94. Es war seinerzeit üblich, daß die höheren
Schulen zum Schuljahrsabschluß den Eltern Rechenschaft ablegten, z. B. über curriculare Veränderungen,
Lehrerwechsel, Schülerlisten u. ä.; daneben enthielten sie oft Beiträge über allgemeine Themen, teils
ambitionierte wissenschaftliche Erörterungen über
spezielle etwa philologische Zusammenhänge oder natur-
wissenschaftliche Entdeckungen.

gewalt [1] hielt MARX es für sehr begrüßenswert, daß wieder "gespielt" wurde. Letzteres war in seinen Augen das "Gesunde an der Sache", dagegen zählte er die Bildung von "Schülervereinen" zunächst zum eher "unliebsamen Beiwerk". Zwar wollte er die Schülerspielvereine nicht pauschal verurteilen, doch fielen seine "pädagogischen Bedenken" gegen sie noch "weit schwerer ins Gewicht" als etwa die gesundheitlichen Gefährdungen durch das Spiel (21).

Konkret führte er als deren Nachteile zum einen an, daß Schüler aus "Mangel an Selbstzucht" noch nicht in der Lage seien, die Folgen von "leichtsinnigen Geldausgaben" zu übersehen, die sie etwa für Reisen zu Wettspielgegnern tätigten. Daraus könnten "Schulden" entstehen, die möglicherweise zur gerichtlichen Auflösung des Vereins führten. Waren davor schließlich auch Erwachsenenvereine grundsätzlich nicht gefeit, so schien ein weiteres Argument spezifisch auf die altersbedingte Unerfahrenheit der Schüler zugeschnitten gewesen zu sein, obwohl seine trivialisierte Fassung vom deutschen "Vereinsmeier" ebenfalls den Anspruch auf allgemeine Gütligkeit erhebt: [2]

1) Zu Luther erwähnte MARX keine Quelle; zu Goethe: Eckermann, Gespr. mit Goethe III. 177 Reclam; zitiert nach MARX 1894, 20, Anm. 2); die folgenden Zitate entstammen MARX 1894, zugehörige Seitenzahlen in Klammern.

2) Obwohl schon Max WEBER (1911) in einer differenzierten soziologischen Begründung "Amerika" als "Vereinsland par excellence" bezeichnete (vgl. auch SILLS 1972), was mit Modifikationen auch für andere Länder gilt, gab es immer wieder Beiträge zu diesem Thema, die sich in Häme, Spott und intellektueller Überheblichkeit über den "Vereinsdeutschen" äußern. Insbesondere HOYER (1964) glaubt, über die individuellen psychosozialen Bedürfnisse, die zu einer Vereinsmitgliedschaft führen können, hinwegsehen zu dürfen. Sein als "humanistisch" bezeichnetes Gegenbild ("Es bedarf einer aus freien Stücken und in schöpferischen Spielformen ausgelebten Mitmenschlichkeit, damit Menschlichkeit nicht zur bloßen Parole erstarrt", ebd., 21), kommt dank seines wolkigen Pathos jedoch dem beklagten Zustand ("Parole") bedenklich nahe.

"Dem jugendlichen Geiste (...) wird leicht der Verein
und nicht das Spiel zur Hauptsache" (23). Dem Klischee
des deutschen Oberlehrers entsprechend plädierte
MARX für eine fortgesetzte Bevormundung auch der älteren Schüler. Im Kern richtete sich diese Ablehnung von
Schülerfußballvereinen gegen die Selbstorganisierung von
Jugendlichen in frei gestalteten Gruppen überhaupt.

MARX wandte sich ebenfalls gegen die Mitgliedschaft von
Schülern in solchen Fußballvereinen, denen auch Nicht-
schüler, Studenten und Berufstätige angehörten. In der
Befürchtung, hier entwickelten sich Schüler zu "früh-
reifen und autoritätslosen Wesen" (25), klingt auch die
Besorgnis an, bei einem regelmäßigen Umgang mit diesem
Personenkreis könnte sowohl die Autorität des Lehrers als
auch die der Institution Schule Schaden nehmen. Vor
allem diesen nichtschulischen Vereinsmitgliedern lastete
MARX die Verführung der Schüler zu "verfrühten Genüssen"
an, etwa weil es bei den Wettspielreisen in der Regel
"nicht ohne Wirtshausbesuch abgehen" würde; damit sei
aber zugleich der "Keim zu den verschiedensten unerfreulichen Ausschreitungen"[1] gelegt. Im übrigen wandte er
sich auch deshalb "entschieden" gegen den "Luxus" des
Reisens, weil "wir unsere Schüler, deren Eltern doch in

---

1) Im Zusammenhang "Reise" verwendet, eröffnet der Begriff "Ausschreitungen" eine bisher ungenutzte Konnotation. Er scheint zu beinhalten, daß das Verlassen
der vertrauten, d. h. auch: sozial kontrollierten
Umgebung zur "Überschreitung" gewohnter Verhaltensstandards reizt, bei Jugendlichen herausfordert, jedoch nicht als Selbstzweck, wie MARX insinuiert, sondern tatsächlich pragmatisch, nämlich um mit der
Fremdheit, dem Neuen umgehen zu können; am Schluß
von Kap. IV wird darauf noch einmal eingegangen. Die
Nähe zu dieser Konnotation, allerdings in negativer
Färbung, weist der Begriff "Ausschreitung(en)"
auf, wenn er heutzutage bei Pressereportagen über
Schlägereien und körperliche Auseinandersetzungen verwendet wird, verursacht von den sogenannten "Fans",
die zu Spielen ihrer Fußballteams unterwegs sind,
also reisen, "ausschreiten".

sehr verschiedener Weise mit Glücksgütern gesegnet
sind, zur Einfachheit erziehen" (24) müssen.

Bei aller Ernsthaftigkeit, mit der MARX die Gefahren der
unabhängigen Schülervereine herausstellte, war er doch
nicht dogmatisch etwa auf ein Verbot festgelegt oder
darauf, daß sie Schule den gesamten Spielbetrieb unter
ihre direkte Kontrolle nehmen sollte. Inspiriert unter
anderem von den positiven Erfahrungen des Straßburger
"Vereins zur Förderung und Pflege der Jugend- und Volksspiele im Freien",[1] hielt MARX dessen Empfehlung, "den
Spielenden keinerlei Zwang oder Beaufsichtigung durch
einen Fachlehrer" (26) aufzuerlegen, für bedenkenswert.
Dies veranlaßte ihn auch dazu, einmal die sozusagen
jugendsoziologische Seite der Schülervereine zu disku-
tieren. Er schließt sich der These eines von ihm nicht
genannten Autoren[2] an, derzufolge "jeder Verein von
Schülern aus einem an sich ganz berechtigten Trieb, dem
Geselligkeitstrieb" hervorgehe. Die Richtigkeit dieser
These scheint ihm durch die Tatsache bestätigt zu sein,
daß in seinem eigenen Blickfeld Karlsruhe die Schüler
"ohne Zuthun von oben her" mit dem Fußballspiel und der
Organisation in Vereinen begonnen hatten. Seine Schlußfolgerung aus dieser 'Triebtheorie', wonach man allenfalls die Vereine, aber nicht die Geselligkeit unterdrücken könne, lautete: "Das beste Mittel gegen unerlaub-
te Schülervereine sind erlaubte".[3]

---

1) Vgl. JfJuV 1894, 179.

2) Vermutlich war das KOCH, der bereits in seinem 1878
   veröffentlichten Programmbeitrag zum Braunschweiger
   Gymnasium Martino-Catharineum über den "erziehlichen
   Wert der Schulspiele" vom "Geselligkeitstrieb" der
   Jugend gesprochen hatte; zit. nach HOPF 1979, 66.

3) Der Diktion dieses Satzes zufolge könnte man in ihm
   auch die Umkehrung der eigentlichen Intention erkennen: Der Not gehorchend, ließ man von seiten der Schule Schülervereine zu, nicht dem eigenen 'Trieb', denn
   der verlangte eher ihre Unterdrückung.

In der Auseinandersetzung mit den oben dargelegten Chancen und Gefahren trafen die drei Karlsruher Realschuldi-
rektoren eine Vereinbarung, aufgrund derer sie die an
ihren Schulen bestehenden Schülerfußballvereine kontrollieren wollten. Man war übereingekommen, regelmäßig
in Satzungen, Mitglieder- und Vorstandslisten Einsicht
zu nehmen, und beanspruchte das Recht, "ungeeignete Elemente jederzeit fernzuhalten" (26); außerdem wurden Wettkämpfe mit anderen Vereinen bzw. die Reisen dazu unter
die Genehmigungshoheit der Schule gestellt; schließlich
untersagte man Mitgliedern, sich zur Spielankündigung
oder Berichterstattung von Spielen an die örtliche Pres-
se zu wenden. Während die erste Auflage durch Manipula-
tion der Mitglieder- und Vorstandslisten noch relativ
einfach zu umgehen war, kann man beim zweiten Punkt
von einer gravierenden Einschränkung der Freizügigkeit
sprechen, die zu ertragen wohl ähnlich schwergefallen
sein dürfte wie das Abschneiden von spezifischen Kontakten zur Öffentlichkeit als Resultat aus der dritten Vor-
schrift.

MARXens Zweifel, ob diese Maßnahmen auch längerfristig
zur gewünschten Wirkung führen würden, waren nur allzu
berechtigt. Denn der Gründungsboom an Schülerfußballvereinen noch vor dem Ende des Jahrhunderts war nicht nur
extensiv, wie wir von GEPPERT[1] erfahren, sondern er entfaltete sich auch außerhalb der institutionellen Kon-
trollierbarkeit, obwohl ihre Mitglieder allesamt noch
Schüler der verschiedensten Karlsruher Schulen waren.
Aus diesem Grund war es sachlich nicht gerechtfertigt,
daß der ZA - letztlich wohl um seine organisatorische
Reichweite unter Beweis zu stellen - auch Vereine die-

---

1) GEPPERT (1953, 35), der sich der Karlsruher Fußballszene seit 1893 (als 9-jähriger!) zugehörig fühlte,
   erinnerte sich an 26 städtische und fünf Vorortvereine, die vor 1900 (vorübergehend) existierten.

ses Organisationstyps unter die Bezeichnung "Schülerspielvereinigungen" und damit unter die Spielbewegung
im engeren Sinne subsumiert hat. Zwar bezogen diese von
schulpädagogischer und behördlicher Aufsicht unabhängigen Schülerfußballvereine wichtige organisatorische Impulse aus den vielfältigen Initiativen der Spielbewegung, und sie konnten sich auf deren legitimatorische
Vorleistungen auf gesamtgesellschaftlicher Ebene stützen. Dennoch müssen sie außerhalb des bisherigen Inter-
pretationskontexts "Spielbewegung" näher untersucht
werden, zumal sie laut Statistik des Jahrbuchs von 1895
sogar rund 95 % aller registrierten Schülervereinigun-
gen ausmachten.[1] Mit anderen Worten kann nun in einem
resümierenden Rückblick nochmals auf die Frage eingegangen werden, welche Bedeutung aufgrund des hier zusammen-
gestellten Quellenmaterials man der Spielbewegung für
die Entstehung und Ausbreitung der Fußballvereinsbewegung zuschreiben kann.

---

1) Vgl. JfJuV 1895, 234; hier: S. 122ff.

6. Resümee

In Anbetracht der Fülle von Aktivitäten und empirisch-
statistisch überprüfbaren Leistungen des ZA, über die
in diesem Kapitel berichtet werden konnte, ist doch
einigermaßen erstaunlich, wie wenig man heute noch mit
dem Begriff "Spielbewegung" konkret in Verbindung bringt.
Dabei mangelt es nicht nur im sportlichen Alltagswissen
an entsprechenden Kenntnissen, sondern auch in der
Sport(geschichts)wissenschaft läßt sich hierzu ein For-
schungs- und Erkenntnisdefizit[1] feststellen. Aber nicht
die plausiblen wissenschaftsgeschichtlichen und fachin-
ternen Erklärungen[2] für diese Lücken können hier im Vor-
dergrund stehen. Viel näher liegen einige Gründe, die
sich aus dem bisherigen Analysekontext direkt ergeben.
Vor allem können zwei Begriffe zunächst veranschauli-
chen, weshalb die Spielbewegung, ein kultur- und sozialgeschichtlich relevantes Phänomen während über zwei Jahrzehnten deutscher Geschichte zur Zeit der Jahrhundertwende, in fast völlige Vergessenheit geraten konnte.[3]

---

1) Bisher haben sich erst drei Autoren mit der Spielbewegung in systematischer Absicht befaßt: BERNETT
   (1984), PREISING (1980) und HOPF (1979), auf dessen
   Arbeit an anderer Stelle (vgl. hier: S. 158) kurz
   eingegangen wird; DEGENHARDT (1983) hat sie eher
   kursorisch abgehandelt. Während sich PREISING der
   Spielbewegung in der theoretischen Perspektive "soziale Bewegung" nähert und dabei der Frage nachgeht,
   "wie sie unter den herrschenden Bedingungen eine
   Gestaltungsfunktion für sich in der Gesellschaft erwarb", erörtert BERNETT einige charakteristische
   Merkmale in der Absicht, den Beitrag der Spielbewegung zur "Versportlichung" des Spiels ("am Exempel
   der Entwicklung des Faustballspiels") zu bestimmen.

2) HEINEMANN (1985, 36ff) weist darauf hin, daß die Institutionalisierung der Sportwissenschaft noch relativ
   jungen Datums ist und erst nach Mitte der sechziger
   Jahre erfolgte; die Sportpädagogik, als "Vorgänger"-
   disziplin, befaßte sich, naturgemäß, überwiegend mit
   der Ausbildung von Sportlehrern.

3) Der ZA ging 1922 im "Deutschen Reichsausschuß für Leibesübungen", dem Dachverband der partiepolitisch und
   konfessionell ungebundenen Turn- und Sportverbände
   auf (vgl. SIEMERING 1931, 6).

In nahezu jeder deutschen Gemeinde beliebiger Größe, in
jedem Stadtteil und in den Vororten der Großstädte gibt
es gegenwärtig (mindestens) einen "Sportplatz".[1] Aber,
obwohl diese Plätze ihrer Ausgangsfunktion nach für
"Spiele" aller Art erdacht, gebaut und in dieser Nut-
zungsvielfalt gesellschaftlich anerkannt wurden, stellt
sich nun die Frage, wer spricht heute in diesem Zusammenhang noch von einem "Spielplatz"? Ähnlich verhält es sich
mit einem weiteren Begriff, der einen authentischen Bezug zur Spielbewegung semantisch tradiert. Nur noch ein
ganz kleiner Teil der heutigen Sportvereine[2] nennt sich
entweder "Spielvereinigung (Spvgg.)", "Verein für Rasenspiele (VfR)", "Verein für Ballspiele (VfB)" oder "Verein für Leibesübungen in frischer Luft (VfL)". Dies sind
Bezeichnungen, mit denen frühere Vereine ihre ideelle
Nähe zur Spielbewegung, wenn nicht gar ihre organisatorischen Ursprünge darin zum Ausdruck gebracht haben.[3]

---

1) Lt. TIMM (1979, Tab. 53, 247) haben nur 3 % aller
   Sportvereine überhaupt keine Sportanlagen;insgesamt
   herrscht eher starker Kapazitätsmangel, denn etwa
   ein Drittel der Vereine melden einen größeren Bedarf
   als in ihrem Einzugsbereich Kapazität vorhanden ist.
   Trotz des "Goldenen Plans", mit dem in den sechziger
   Jahren immense Mittel für den Ausbau der Sportanlagen
   aus der öffentlichen Hand bereitgestellt wurden,
   reichten sie - bis heute - nicht aus, da die Mitgliedschaft im DSB noch schneller wuchs (vgl. dazu
   im Kap. IV, 2., S. 375ff.). Ein kontroverses Thema,
   das im Blick auf die Diskussion um die Folgen des
   allgemeinen Landschaftsverbrauchs gerade in einem
   dichtbesiedelten Land wie die Bundesrepublik noch
   an Brisanz gewonnen hat.

2) Im Südbadischen Fußballverband (SBFV) sind es nur knapp
   7 %; die meisten Vereine, rund 48 %, nennen sich
   "Sport-Verein, -Club, -freunde", rund 30 % tragen den
   Namen "Fußball-Verein, -Club, -Sportverein", der Rest
   verteilt sich auf "DJK", "TuS", "ASV", und PolizeiSV
   bzw. Betriebssportgruppen. Die Daten entstammen einer
   Totalerhebung der (auch vom DSB erhobenen) offiziellen Strukturdaten, die bei den 680 SBFV-Vereinen
   durchgeführt wurde, vgl. BINZ 1984, unveröffentlich-
   tes Typoskript.

3) Von den (7%) "Spielvereinigungen" (und verwandte) wurden die Hälfte vor 1933 gegründet, davon wiederum die
   Hälfte, also insgesamt ein Viertel hat ihr Gründungs-
   datum zwischen 1900 und 1914, der Blütezeit der Spielbewegung.

Aber genau genommen trugen bereits damals viele Vereine diese Namen zu Unrecht, da sie sich weniger dem "naiven",[1] auf einen harmonischen Spielverlauf bedachten
Selbstverständnis angeschlossen hatten, den diese Namen
signalisierten, sondern sowohl die "sportliche", auf
Kampf, Leistung und Gewinn orientierte Spielweise bevorzugten, als auch oftmals überhaupt nur eine Spielart,
etwa Fußball betrieben haben. Heute,da eine inhaltliche
Beziehung zur Spielbewegungsideologie ohnehin obsolet
ist, besteht die Hälfte der im Südbadischen Fußballverband organisierten "Spielvereinigungen"[2] aus reinen
Fußballvereinen, eine durchaus logische Entwicklung.

Beide Fälle illustrieren einen Grundzug, der so gut wie
alle Maßnahmen des ZA kennzeichnete und die Spielbewegung insgesamt charakterisiert: In den ursprünglich den
"Spielvereinigungen" zugedachten Funktionen war eine ganze Reihe weiterer Handlungsalternativen verborgen, und
es ist nicht ohne Ironie, daß trotz des beachtlichen
rhetorischen und publizistischen Aufwandes des ZA zugunsten der intendierten Funktionen gerade die alternativ
inhärenten ihre größten öffentlichen Wirkungen entfaltet haben und bis heute präsent sind. "Spielvereinigungen" haben als Vereine ja nicht wegen der intensiven
Pflege von Spielen wie "Schwarzer Mann", "Kreislaufen"
oder "Sauball" überlebt, sondern weil sich in einer internen Beliebtheitsauslese vor allem das Fußballspiel
und andere zeitgemäße Sportspiele als jene Kristalli-
sationskerne ausgebildet haben, um die sich Spieler
dauerhaft als soziale Organisation zusammenschließen
wollten. Analog dazu wurden die teils in großem Stil ge-

---

1) Vgl. BERNETT (1984, 147), der "norddeutsche Turnlehrer" mit diesem Kommentar gegenüber nicht-sport-
   lichen Spielauffassungen zitiert.
2) Auch dies ein Ergebnis der Erhebung der SBFV-Ver-
   eine, vgl. BINZ 1984, 39ff.

bauten "Spielplätze" nicht nur für traditionelle Spiele
nach dem Jahnschen Turnspielkanon genutzt, sondern parallel zur Verbreitung und allgemeinen Akzeptanz der
Sportspiele setzte sich ihre immanente Funktion als
reiner "Sportplatz" durch. Mit anderen Worten geht es in
der Schlußbetrachtung dieses Kapitels darum, die sozio-
kulturellen Phänomene, die in den von der Spielbewegung
geschaffenen Sach- und Sozialstrukturen latent vorhanden waren, zu erfassen und sie in einem zweiten Schritt
auf den Kontext Fußballvereinsbewegung zu beziehen.

Generell kennzeichnete die Spielbewegung selbst in grund-
legenden Fragen ein breites Interpretationsspektrum. Zum
Beispiel waren die pädagogischen Vorstellungen der ZA-
Mitglieder von stark autoritären Momenten geprägt, aber
immer wieder wurde mit Vehemenz auch für gegenteilige,
partizipatorische Auffassungen gestritten. So beruhte
die strikte "Aufsichtspflicht"[1] beim öffentlichen Spielbetrieb durch Lehrer einerseits auf dem seinerzeit allgemein akzeptierten Selbstverständnis von einer antago-
nistischen Lehrer-Schüler-Beziehung. Andererseits fanden
aber auch Auffassungen, die von einem reformpädagogischen
Impetus getragen waren, Eingang in das Diskussionsforum
des ZA, die Jahrbücher, wo ausdrücklich ein "persönli-
ches Lehrer-Schuler-Verhältnis" sowie "freundschaftliche" Umgangsformen zwischen beiden nicht nur für den
Spiel-, sondern auch für den Fachunterricht gefordert
wurden.[2]

---

1) Vgl. RAYDT in: JfJuV 1892, 90: "Die Spiele müssen
   unter Leitung von Lehrern oder anderer geeigneter
   erwachsener Personen stehen (...) Übelstände mancher Art können bei dem regen Eifer der Schüler
   sonst leicht entstehen".
2) Vgl. JfJuV 1895, 234; hier: S. 118.

Was nun die Strukturierung des Spielablaufs und die organisatorischen Prinzipien betrifft, offenbaren die Mitglieder des ZA ebenfalls mehrere Konzepte, die einander zum Teil sogar diametral entgegengesetzt waren. Auf der einen Seite gab es durchgängig Bestrebungen, das Schülerverhalten mithilfe von "Bestimmungen" und (Platz-, Spiel- und Mannschafts-)"Ordnungen" restriktiv zu regeln, die in speziellen "Instruktionen" (etwa "inbetreff des Wassertrinkens")[1] heute einer gewissen Komik nicht entbehren. Andere wiederum propagierten ein dezidiert 'freiheitliches' Leitbild. Es sollte sich nicht allein innerhalb der Spielpraxis verwirklichen können,[2] sondern war auf einen individuellen Lerneffekt bedacht[3] und nahm dadurch eine gesellschaftliche Dimension an. Gerade diesen Aspekt reflektierte ein ZA-Mitglied, als es mit Blick auf die große Anzahl von Schülerfußballvereinen im Jahre 1895 erfreut davon sprach, daß nun "ein neuer und freierer Geist die alten Stätten zu durchwehen (...)" begann.[4] Andererseits kontrastierte diese Ansicht

---

1) In dieser "Instruktion" wurde folgendes angeordnet:
   "1. Das Wasser ist beim Beginn der Spiele herbeizuschaffen und an einer kühlen Stelle des Spielplatzes aufzubewahren.
   2. Die Verabfolgung von Wasser zum Trinken an die Schüler geschieht stets unter der Aufsicht eines Lehrers.
   3. Kein Schüler darf mehrere Becher Wasser hintereinander trinken, die Zwischenpausen sollen mindestens eine halbe Stunde dauern.
   4. Schüler, welche allzusehr erhitzt und deren Lungen noch in erhöhter Thätigkeit sind, sollen nicht eher trinken, als bis sie sich etwas abgekühlt haben und ihr Atem wieder ruhig geworden ist." (vgl. JfJuV 1893, 26).
   Im Eifer des (Über-)Behütens gerieten diese Anordnungen eher überzogen und wirken heute fast belustigend, womit natürlich deren ernste Sorge um den Gesundheitszustand der ihnen anvertrauten Schüler nicht ins Lächerliche gezogen werden soll.

2) In einer Diskussion während des 1. Spielkongresses im Februar 1894 meldete sich ein Geh. Reg.rat zu Wort und wies darauf hin, daß "das Spiel seinem Wesen nach nichts anderes als Freiheit" sei, vgl. JfJuV 1894, 244 f. (Herv. i. Orig. R. B.).

3) Vgl. KOCH in JfJuV 1892, 6.

4) Vgl. WOIKOWSKY-BIEDAU in JfJuV 1895, 235.

wiederum eklatant mit dem häufig formulierten sozialen
Lernziel der "Unterordnung unter ein Ganzes", das angeblich im Mannschaftsspiel Fußball, wo auch Gehorsam gegenüber den "Führern" ("Captain") verlangt wurde, am besten
einzuüben sei.[1]

Ein letztes Beispiel soll den durchgehend ambivalenten
Charakter zentraler Ansprüche des ZA belegen. Unbestreit-
bar stellte das Engagement seiner Mitglieder, anstelle
von Fachunterricht zusätzlichen Spielunterricht bzw.
reine Spielnachmittage ohne Hausaufgaben allgemein verbindlich in die staatlichen Lehrpläne aufnehmen zu lassen, in sich bereits einen positiv zu bewertenden, re-
forminspirierten Ansatz dar. Zum Teil kam die Motivation
zu dieser Forderung schon am Anfang der Spielbewegung aus
dem Bedürfnis, zur Stärkung nicht nur der "Volks-", sondern auch der "Wehrkraft" des Deutschen Reichs beizutragen. Die, man könnte sagen: "nationalchauvinistische
Wende" des ZA, die sich parallel zum imperialen Ausgrei-
fen Wilhelms II. anbahnte, hat sich unter anderem in einem Ansteigen der Jahrbuch-Beiträge ausgedrückt, in denen nun vordergründig auf eine vorteilhafte Auswirkung
des Spielunterrichts, allgemein des Jugendspiels auf die
Wehrfähigkeit der deutschen Jugend abgehoben wurde.[2]

---

1) Vgl. FRICKE 1890, 15; hier: S. 132f.

2) In zwei aufeinander folgenden Jahrbüchern (1900 und
   1901) wird die Frage "Wehrkraft und Jugenderziehung"
   in Schwerpunktbeiträgen von je ca. 50 Seiten Länge
   abgehandelt. Exemplarisch ein Zitat aus dem Vorwort
   des Jahrbuchs 1906 (JfJuV 1906, III): "... hin und
   wieder wollte es scheinen (1905/06 ereignete sich
   die 1. Marokkokrise als Wilhelm II. gegen die Kolo-
   nialisierung Marokkos durch Frankreich protestierte
   und demonstrativ Tanger besuchte, R. B.) als ob unser
   deutsches Volk auf dem großen Völkerkampfplatze zeigen sollte, wie es mit den anvertrauten Pfunden ge-
   wuchert habe". Dabei konnte der Jahrbuch-Herausgeber,
   der Berliner Oberlehrer Wickenhagen, "die bange Frage hören: Ob wir wohl gerüstet sind für des Lebens
   schwerste Prüfung, den Krieg? Ob wir eine gesunde,
   selbstbewußte und wehrhafte Jugend herausgebildet
   haben (...)".

Damit wurde aber - zumindest propagandistisch - der fort-
schrittliche spielpädagogische Ansatz ins Gegenteil ver-
kehrt, indem man die Schul- und Jugendspiele nun in erster Linie als essentiellen Beitrag zur "Erhöhung der
Wehrkraft" instrumentalisierte,[1] die Spielbewegung rhetorisch quasi militarisierte.

Wie die bisher angeführten Einzelbeispiele mit ihren
extremen Positionen zeigten, handelte es sich bei den
realen Zielsetzungen der Spielbewegung wie auch bei den
verschiedentlichen ideologischen Überformungen insgesamt
um ein Konglomerat vieldeutiger Ansprüche, deren praktische Verwirklichungen erst recht nicht ausschließlich
im intendierten Sinne nutzbar waren. Gerade die Fußballbewegung kann als Musterfall dafür gelten, wie man sich
die latenten Funktionen bestimmter Strukturbildungen über
ihre manifesten Zuschreibungen hinaus zunutze machen
kann. HUEPPE, der erste Präsident des DFB, brachte dies
schon in den zwanziger Jahren zum Ausdruck, als er der
Spielbewegung das "große Verdienst" attestierte, mit
der "Schaffung von Spielplätzen" den Aufschwung der Fußballvereinsbewegung zwar unbeabsichtigt, aber dennoch
entscheidend gefördert zu haben.[2] KOPPEHEL, ehemals auch
ein hoher DFB-Funktionär, bekannte indirekt, daß die
Gründung von "Spielabteilungen" innerhalb von sonstigen
Interessen- und Zweckvereinen nach dem Vorbild der Spielbewegung erfolgte, und diese ebenfalls ein nützliches
Instrument bildeten, das Fußballspiel weiter zu verbreiten und seine Popularität zu steigern.[3]

---

1) KOCH (1900, 33ff) bringt die Jugendspiele seiner Zeit
   mit der "Militärpädagogik" nach dem Vorbild von
   Clausewitz in Verbindung.

2) vgl. HUEPPE 1925, 54.

3) Vgl. KOPPEHEL 1954, 18; hier: S. 77f.

Innerhalb dieses spezifischen, der strukturell-funktio-
nalen Theorie entlehnten Interpretationsmusters von manifesten und latenten Funktionen[1] kommt nun den verschiedenen Gruppenstrukturen, die an Schulen und auf Spielplätzen zum Teil auf Veranlassung, generell unter Protektion des ZA geschaffen worden sind, ein besonderer
Rang zu. Dazu zählen zunächst die vielgestaltigen
Formen von "Gespielschaften", die auf der Basis von Schulklassen, manchmal auch von Wohngegenden zusammengestellt
worden sind. Ihre latenten Funktionen als jugendliche
Sozialisationsgruppen ergibt sich schon aus der Tatsache der Gruppenbildung, was etwa in Berichten zum Ausdruck kommt, wonach man dieselben Gespielschaftsmitglie-
der auch zu anderen Zeiten und an anderen Orten zusammen
beim (Fußball-)Spiel sehen konnte. Dasselbe gilt für die
vornehmlich an höheren Schulen, aber auch an Mittel-
und Volksschulen entstandenen, altershomogenen Schülerspielvereine, von denen hier nur die in großer Zahl bestehenden Schülerfußballvereine in Betracht kommen sollten.

In der Sichtweise des ZA verkörperten Fußballspieler den
angestrebten neuen (Sozialisations-)Typus des energie-
geladenen, kämpferischen, mutigen "deutschen Jungen", der
im Verein mit seinen Kameraden als Vorbild für die eigene und für kommende Generationen auch ein kollektives
Durchsetzungsvermögen symbolisiert. Trotz einiger pädagogischer Bedenken hat der ZA, hat die Spielbewegung als
Ganzes sowohl das Fußballspiel selbst als auch seine organisatorische Erscheinungsform als Schülerfußballverein anerkannt. Das Wohlwollen der Spielbewegung beschränkte sich aber nicht nur auf jene (wenigen) Fälle
von Vereinen, die unter pädagogischer Aufsicht standen,

---

1) Vgl. MERTON 1961, 19 - 84.

sondern es bezog auch diejenigen ein, die sich frei und
unabhängig von institutioneller Kontrolle etabliert hatten, und das war die große Masse, die im Lauf der neunziger Jahre in Deutschland gegründet worden sind.[1] De
facto trug die Spielbewegung also entscheidend zur öffentlichen und gesellschaftlichen Legitimation von autonomen
jugendlichen Sozialisationsgruppen bei, als die man diesen Typus von Schülerfußballverein in seinem soziokulturellen Kern bezeichnen kann. Damit einher ging eine
Bestätigung der kommunikativen Funktionen des Sportplatzes nicht allein für erwachsene Spiel- und Sportgruppen,
sondern gerade auch als konstitutives Element jugendlicher Gruppenbildung auf der Basis des Fußballspiels.

Alle die in dieser Schlußbetrachtung noch einmal zusammengefaßten Leistungen der Spielbewegung rechtfertigten unserer Auffassung nach diese ausführliche Beschäftigung
mit ihr im Rahmen unserer Themenstellung. Das gesamte
Kapitel diente also dazu, sowohl den historisch-sozialen
Hintergrund des Deutschen Kaiserreichs vor der Jahrhundertwende so weit zu erhellen, um die jugendspezifischen
Strukturbildungen im allgemeinen erläutern zu können, als
auch, und dies nicht zuletzt, um im konkreten Umfeld der
organisatorisch-institutionellen Initiativen, die vom ZA
ausgingen, die entscheidenden Voraussetzungen aufdecken
zu können, welche zu den (Schüler-)Fußballvereinen im
besonderen geführt haben. Allerdings: Das Gros der in
diesem Zusammenhang entstandenen Vereine profitierte zwar
von den Leistungen der Spielbewegung, entfaltete sich
jedoch außerhalb ihrer Einflußsphäre. "Schüler-Selbstre-
gierung", die KOCH im Anschluß an die Gruppenkonzeption

---

1) DUNCKER (JfJuV 1898, 194) geht sogar so weit zu behaupten, daß das, was die Spielbewegung (bis zu jenem
   Zeitpunkt) erreicht hatte, "z. T. den Spielvereinigungen der Schüler unter sich zu verdanken" gewesen
   sei.

englischer Public-School-Praxis auch für deutsche "Schülerspielvereinigungen" definierte, konnte sich substan-
tiell erst in den freien, autonom agierenden "Schülerfußballvereinen" verwirklichen. Da sie den eigentlichen,
und zwar sowohl quantitativ als auch qualitativ beleg-
baren Ausgangspunkt der Fußballvereinsbewegung bildeten,
ist ihnen das nun folgende Kapitel III. gewidmet. Auch
hier wird es vonnöten sein, in ausführlichen kulturhi-
storischen Querverweisen den vielfältigen Hintergrund
plastisch hervortreten zu lassen, vor dem die sogenannten Fußball-"Clubs", wie sie sich meist nannten, ihre
soziokulturelle Eigendynamik entwickelt haben; diese
Vorgehensweise legitimiert sich nicht zuletzt aus den
vorgefundenen Forschungsdefiziten.[1]

1) Überhaupt kann erst seit den fünfziger Jahren mit
PLESSNER (1952), intensiver jedoch beginnend mit
LÜSCHEN (1960; 1966) von einer systematischen gei-
steswissenschaftlichen Beschäftigung mit dem Phänomen Sport in Deutschland gesprochen werden, gleichwohl erste Versuche RISSE (1921), mit Einschränkung
auch HESSEN (1908) gestartet haben (vgl. EICHBERG
1981, der weitere Aufsätze ausfindig gemacht hat,
in denen jedoch inhaltlich entlegenere Themenschwer-
punkte bearbeitet werden, etwa "Bergsport" oder mit
religiösem Bezug). Wissenschaftliche Arbeiten, die
sich mit dem Fußballsport, und da speziell mit seinen sozialen und soziologischen Entstehungsbedin-
gungen befassen, gibt es nur wenige. Sieht man einmal vom AUTORENKOLLEKTIV (1978) ab, dessen "populär-
wissenschaftliche" Vorgehensweise, wie es die Aufbereitung des deutschen "Fußball in Vergangenheit und
Gegenwart" (Titel) nennt (vgl. die Rezension
von BERNETT u. a. 1986), allzu oberflächlich mit
historischen Fakten umgeht, dann kann man zunächst
drei Lokal- bzw. Regionalstudien nennen: GEHRMANN
(1978) über den FC Schalke 04 sowie VÄTH (1981) über
ein Spessartdorf; BREUER/LINDNER (1976) analysieren
am Beispiel von Arbeiterfußballvereinen im Ruhrgebiet einige Elemente subkultureller Organisations-
und klassenspezifischer Identifikationspraxis. Während man in diesen drei Fällen von seriösen, empirisch gesicherten, gleichwohl geographisch einge-
grenzten und daher nichtrepräsentativen Erkenntnisab-
sichten sprechen kann, stellt VINNAIs Arbeit (1970)
eine jener dünkelhaften, in ökonomischem Determi-
nismus befangenen Produkte dar, wie sie Vertreter
der linksintellektuellen wissenschaftlichen Nachwuchs-

---

generation am Ende der sechziger Jahre bzw. nach der
"proletarischen Wende", wie PARIS (1976, 5) die pathetische Hinwendung der studentischen Linken zur bundesdeutschen Arbeiterschaft spöttisch kommentierte,
gelegentlich ablieferten. Bleibt noch HOPF (1979),
der seinen Untersuchungsansatz der deutschen Fußball-
geschichte zum einen auf die Zivilisationstheorie
nach ELIAS gründet; andererseits arbeitet er mit
verhaltenstheoretischen Argumenten, die sich jedoch
als nicht flexibel genug erweisen, um anders als
dogmatisch oder apodiktisch die Initiativen der Spielbewegung, der Schülerverbindungen und der Schüler-
fußballvereine sowie der Bildungsinstitutionen insgesamt zu charakterisieren, nämlich mit dem Paradigma
"Feudalisierung des Bürgertums". In diesem "manipu-
lationstheoretischen" Denken, wie man seinen Analyse-
Ansatz auch nennen könnte, befangen, "verschenkt" er
gewissermaßen einige der recherchierten Fakten, auf
die ich schließlich näher eingegangen bin.

III. Die Alternative: Schüler-Fußballvereine in
     eigener Regie

Im letzten Abschnitt des vorigen Kapitels (vgl. S.122ff.)
wurden auf der Grundlage einer Statistik, die im ZA-
Jahrbuch des Jahres 1895 abgedruckt war,[1] einige Zahlen zusammengestellt, die den Umfang und die Verteilung
der 1894 an deutschen höheren Schulen bestehenden Schülerspielvereinigungen widerspiegelten. Lediglich bei
20 von den insgesamt 318 ermittelten Vereinen konnte
davon ausgegangen werden, daß sie in der einen oder anderen Form einer Kontrolle durch die jeweilige Schule unterlagen, also nicht einmal jeder zehnte Schüler-Turn-
oder Ball-Spielverein war davon betroffen. In einem
ähnlichen Verhältnis standen beaufsichtigte und autonome Schülerfußballvereine zueinander. In der ZA-Statistik
fanden sich insgesamt nur acht Vereine mit einem Auf-
sichts-Vermerk, während die übrigen 74 ohne einen entsprechenden Hinweis aufgelistet waren.

Wie in diesem Zusammenhang bereits mit Bedauern festgestellt werden mußte, liegen exakte Zahlenangaben zu
Schülerfußballvereinen nur für höhere Schulen vor, aber
nicht für die Mittelschulen oder gar für die Masse der
deutschen Schulen, die Volksschulen. Aus den Aufzeich-
nungen von GEPPERT[2] geht jedoch hervor, daß beispielsweise von den 25 Karlsruher Schülerfußballvereinen, die
er für den Zeitraum der obengenannten ZA-Statistik namentlich aufzählte, auch einige primär von Volksschü-

---

1) JfJuV 1895, 215 - 300.
2) GEPPERT 1953, 34.

lern gegründet worden sind.[1] Nimmt man also GEPPERTs
Angaben zum Maßstab einer überschlägigen Berechnung,
dann kann man auf eine Dunkelziffer rückschließen, die
reichsweit etwa von der dreifachen[2] Menge an Vereinen
ausgeht. In konkreten Zahlen würde diese Annahme bedeuten, daß bereits um die Mitte der neunziger Jahre im
Deutschen Kaiserreich rund 200 Schüler-Fußballvereine
bestanden haben, die frei von direktiven pädagogischen
bzw. staatlich-behördlichen Einflüssen waren.[3]

Nicht nur Schülerspielvereinigungen im allgemeinen, sondern auch Schüler-Fußballvereine im besonderen konnten
als Symbole zum Teil spontaner jugendlicher Gruppenbildung interpretiert werden. Ganz gleich, von wem die
Haupteinflüsse ausgegangen sind: sollten diese Gruppierungen auch sozialisationsrelevante Bedeutung erlangen,
dann mußten zunächst solche Maßnahmen getroffen werden,
die die strukturelle Kontinuität des formalen Vereinsge-

---

1) WEGELE (1956, 77) beschreibt den Verein "UNION KARLS-
   RUHE" als Gründung von Volksschülern der Leopold-
   schule. Die Festschrift des FC "SÜDSTERN Karlsruhe"
   (1981, 49) stellt fest, daß dieser Verein auf die
   Initiative von Volksschülern der Bahnhof- (später
   Nebenius)-schule zurückgeht. Die Entfaltung größerer
   Fußballspielaktivitäten an Volksschulen wird für das
   Land Bayern und folgende Städte erwähnt, jedoch ohne
   Repräsentativität zu beanspruchen: (Bayern (JfJuV 1895,
   177); Stuttgart (JfJuV 1895, 120); Hannover (JfJuV 1896,
   147); Hamburg (JfJuV 1898, 2o7); Berlin (JfJuV 1900, 221).

2) Die ZA-Statistik weist für Karlsruhe nur 7 Vereine
   aus, aber GEPPERT gibt - ohne Vorortvereine - 25 Vereine an.

3) Im Grunde kann auch der Schülervereinstypus "Turnspielverein" zur Kategorie der Schülerfußballvereine
   gezählt werden, da - wie das Beispiel des Turnspiel-
   vereins am Realgymnasium zu Halle a. S. (vgl. hier:
   S. 127) zeigt - dort überwiegend Fußball gespielt worden ist, und zwar ebenfalls - bis auf Halle - ohne Schulaufsicht.

bildes sicherten. Bei den im Einflußbereich der Bil-
dungseinrichtungen stehenden Vereinen war diese Be-
standsgarantie durch die Institution Schule selbst ver-
bürgt, denn ein Schülerspielverein blieb auch dann bestehen, nachdem die ihn tragenden Mitglieder satzungs-
gemäß nach dem Abitur ausschieden, ganz von selbst
rückte der nächste Schülerjahrgang nach.

Diese Automatik entfiel jedoch bei den autonomen Schülerfußballvereinen. Ihre Mitglieder mußten aus eigener
Kraft feste und verläßliche Umgangs- und Verhaltensre-
geln finden,mußten aber auch bestimmte Strukturen aus-
bilden, die überhaupt erst die formale Fortexistenz
sicherten. Was also die Schule autoritär garantierte,
konnte im gesellschaftlichen Umfeld von Schülern und
Jugendlichen nicht ohne weiteres adäquat bereitgestellt
werden. Dies, zumal die im gymnasialen Rahmen gegründeten Vereine auch noch zusätzliche Anforderungen erfüllen mußten, die in Zusammenhang mit der Tatsache
standen, daß mit dem Bildungsgang "höhere Schule" praktisch eine Verlängerung der Altersphase Jugend verbunden war. Ergo mußten Gruppenstruktur, - zusammenhalt
und -inhalte so beschaffen sein, daß alters- und ent-
wicklungstypische Erfahrungen, Orientierungen und Bedürfnisse erlebt und befriedigt werden konnten und mit
Blick auf zukünftige gesellschaftliche Rollenübernah-
men angemessen zu verarbeiten waren. "Schülerverbindungen" und "Jugendclubs", das waren die beiden signifikanten soziokulturellen Organisationstypen, an denen
in diesem Kapitel gezeigt werden soll, welche Rolle sie
in ihrem historischen Zeitrahmen zur Erfüllung jugendspezifischer Kommunikations- und Gruppierungsbedürfnis-
se spielten konnten. In einem zweiten Schritt wird ihrem
Vorbildcharakter in den konkreten Ausprägungen von Fußballvereinen nachgegangen und versucht aufzuzeigen, wel-

che Modifikationen und innovatorischen Impulse aus
ihnen folgten.[1]

---

1) Zunächst eine methodische, dann eine definitorische
Anmerkung. Die Überschrift zu diesem Kapitel kündigt
die Behandlung von "Schüler"-Fußballvereinen an.
Einschränkend muß nun hinzugefügt werden, daß das
Kriterium "Alter" nur in Bezug auf das Gründungsda-
tum der hier betrachteten Vereine relevant ist. Es
kamen also alle die Vereine in die Auswahl, die
als Schülervereine - und außerhalb schulisch-behörd-
licher Kontrolle - ihren Anfang nahmen, gleichgül-
tig auch, ob sie den Eintritt ins 20. Jht. erlebten,
Mitglied in einem (DFB-)Verband wurden oder nicht.
          Zur Definition von "Jugend schließe
ich mich NIPPERDEY (1974) an, der "objektiv" drei
Kategorien gebildet hatte: die "Unter-18-Jährigen",
die "Bis-21-Jährigen" (Volljährigkeit) sowie die
"Unter-25-Jährigen", dem Wahlalter zur Jahrhundertwende; als "subjektives" Kriterium galt ihm die im
Rahmen der Jugendbewegung übliche "Selbstdefinition"
und "Selbstbewertung" als Jugendlicher, was eine
Überschreitung der oben gezogenen Altersgrenzen beinhalten mochte. "Im parteipolitischen Raum umfaßte
Jugend (um 1900) das Alter von 21 bis 35 Jahren"
(NIPPERDEY 1974, 105). Das per 1908 reformierte Ver-
einsgesetz bestimmte in Paragraph 17 die Altersgrenze des Beitritts Jugendlicher auf 18 Jahre; vgl. dazu GIESECKE 1981, 45.

1. Schülerverbindungen: Schillerndes Erbteil der Fußballvereinsbewegung

In Zusammenhang mit den allgemeinen Ausführungen über
Schülerspielvereinigungen wurde bereits angedeutet (vgl.
hier: S. 111), daß in den drei Jahrzehnten vor der Jahrhundertwende Schülerverbindungen ein verbreitetes Phänomen waren,[1] und zwar hauptsächlich an humanistischen Gymnasien, seltener an Realgymnasien.[2] In des Wortes (Phänomen) eigentlicher Bedeutung traten sie allerdings nicht
"in Erscheinung", sondern zu den konstitutiven Merkmalen
von Schülerverbindungen zählte gerade das Gegenteil, nämlich das Operieren im Geheimen.

Vor allem aus den mit allerlei Ritualen wie "Schwur",
"Ehrenwort" oder "Blutunterschrift" (PILGER 1880, 11) ver-
sehenen konspirativen Praktiken, die ihrerseits mysti-
fizierende Züge trugen, wuchs ihnen allmählich ein zwei-
facher Mythos zu. Zum Teil setzten sich ihre Mitglieder
durch den "Nimbus des Geheimnisvollen"[3] von (jüngeren)
Mitschülern ab. Dies erhöhte ihre Attraktivität und
reizte zur Nachahmung ebenso wie die Tatsache, daß sie
noch zusätzlich von einer besonderen Aura umgeben waren.
Denn die behördlichen Verbote waren mit empfindlichen
Strafen verbunden, mindestens Karzer, oft Relegation. Doch
auch dadurch steigerte sich mancherorts ihre angesehe-
ne Stellung unter Schülern, bei denen sie nun vermutlich
auch als Synonym für eine Form des Widerstands gegen die
omnipräsente Bevormundung durch Erwachsene galten.

---

1) PILGER (1880) untersuchte nur preußische Provinzen,
   wobei er Westfalen, Hessen, Rheinland, Thüringen,
   Ostpreußen, Pommern, Schlesien, Sachsen und Hannover
   als die Hauptverbreitungsgebiete nennt. STUDIER
   (1965, 193) behauptet, Schülerverbindungen haben "besonders in Süddeutschland großen Zulauf" gehabt;
   v. d. EMSCHER (1904) bestätigt ihn insofern, als er
   ausschließlich von süddeutschen bzw. bayerischen
   Gruppierungen berichtete.

2) PILGER 1880, 4.

3) v. d. EMSCHER 1904, 20.

Andererseits machte sie die "Geheimbündlerei" (PILGER)
bei Eltern und Pädagogen nur noch verdächtiger. Es
überrascht daher nicht, daß sich viele Gerüchte um sie
bildeten, deren einziger Zweck zu sein schien, sie in
ein möglichst schiefes Licht zu rücken. Als besonders
verwerflich wurde den Schülerverbindungen vorgehalten,
sie würden systematisch und ostentativ die Nichtachtung
der bürgerlichen wie der Schulgesetze betreiben und
obendrein "Vertrauen, Pietät, Liebe zu Lehrern und Eltern" in Respekt- und Pietätlosigkeit, ja, "Haß" ver-
kehren.[1] Bei näherer Betrachtung der Vorwürfe, die in
bisweilen wütende und schroffe Ablehnung mündeten, darf
man vermuten, daß sie vor allem den Umstand reflektieren, daß sich Schülerverbindungen mit Erfolg einer Kontrolle durch Erwachsene zu entziehen vermochten und
sich dadurch einen autonomen Gestaltungsraum sicherten,
so banal und geistlos sie ihn gelegentlich auch aus-
füllten.[2] Zu dieser Schlußfolgerung gelangt man hauptsächlich dann, wenn man einmal die Standardschrift wider
das Schülerverbindungswesen von PILGER, die viele Auto-

---

1) PILGER 1880, 24.

2) Ebd., 21, wo PILGER das Minutenprotokoll eines
   "Schmurgel-Konvents" ("Sich gemeinschaftlich an
   einer Pfeife Tabak erlaben" wie das im O-Ton hieß)
   dokumentiert:
   "8 Uhr 15 Nichts Neues.
   8 Uhr 20 E.'s Pfeife kriegte keinen neuen Stuhlgang.
   8 Uhr 25 G. zündete sich eine neue Zigarette an.
   8 Uhr 30 C. hing seine Pfeife an die Wand und fing
            an von K... zu reden, wahrscheinlich weil
            ihm selber k... zu Mute wurde.
   (...)
   8 Uhr 50 Der Stoff kam an, und es wurde pro fisco
            getrunken.
   8 Uhr 55 Das Trinken setzte sich fort.
   9 Uhr   Alles beim Alten.
   (...)
   10 Uhr   - A. las das Protokoll vor. -"

ren[1] auch als einzige Quelle zur Begründung ihrer durchweg ablehnenden Haltung zitierten, gegen ihre vorrangig
denunziatorischen Absichten liest.

Schon RACQUET,[2] der kurz nach Erscheinen der PILGERschen
Ausführungen eine Schrift zur Einführung von "Modernen
Englischen Spielen" an deutschen Schulen veröffentlichte, wunderte sich über die Fehlinterpretation von Schülerverbindungen: "Mißversteht man die denselben zu
Grunde liegenden Tendenzen so sehr, daß man nicht sieht,
daß sie nichts sind als der Ausfluß einer vergeblich
nach frischer Luft und Freiheit lechzenden Jugendkraft?"[3]
Mit dieser Einschätzung stand RACQUET zwar über den zu
repressiven Lösungen neigenden Beurteilungen seiner
Zeitgenossen und späterer Autoren,[4] dennoch tendierte

---

1) Vgl. WICKENHAGEN, der in JfJuV 1892, 78 vom "unseli-
gen Verbindungswesen" sprach, dem der "Boden geraubt"
werden müsse; MARX 1894, 22ff. verwischte gelegentlich die begriffliche Grenze zwischen Schülerverbindungen und Schüler(fußball)vereinen, gegenüber beiden er "schwere pädagogische Bedenken" geltend
machte; das "energische Eintreten gegen das Unwesen
geheimer Schülerverbindungen" war eine Intention der
"Süddeutschen Fußballunion", die als zweiter Unter-
punkt in deren Satzung festgehalten war, vgl.
KOPPEHEL 1954, 70.

2) Vgl. RACQUET 1882; RACQUET verband im übrigen eine
ausdrücklich anglophile Grundhaltung mit einem extrem
bildungskritischen Ansatz, der zu oberflächlicher Po-
lemik der folgenden Art neigte: "Was ist wesentli-
cher, ein halbdutzend Oden mehr zu wissen,bebrillte
Augen zu haben und verstohlen am Bierkruge zu naschen,
oder ein gesundes Gemüt im gesunden Körper (...)?
Oben steht das körperliche Wohlergehen unserer Jugend, in zweiter Linie die - Vielwisserei, wenn sie
einmal sein muß"; ebd., 5.

3) Ebd., 3.

4) PILGER (1880, 64) plädierte dafür, auf die Mitgliedschaft in einer Schülerverbindung die Relegation als
obligatorische Strafe und den Karzer nur ausnahms-
weise festzusetzen; seither war es umgekehrt.

auch er zu einer eher instrumentellen Betrachtung der
Schülerverbindungen, nämlich als Vehikel zur Hebung
der allgemeinen Volks- und damit der Wehrkraft.[1] Auch
HOPF, ein sozialwissenschaftlicher Autor der Gegenwart,
verfehlt den dominanten Charakter der Schülerverbindungen, wenn er sie bloß formal sowie in der negativen Diktion der zitierten Literatur zur Kenntnis nimmt bzw.
zur Illustration seines Paradigmas "Feudalisierung des
Bürgertums" benutzt.[2] Um ihre eigentlichen sozialen
Funktionen wahrnehmen zu können, muß man sich von den
klischeehaften Vorstellungen freimachen, die oft auch
heute noch mit dem Begriff "Verbindung" verknüpft sind.

---

1) "Ist eine freie, d. h. eine zu gleicher Zeit auf
   größte Selbständigkeit wie bedingungslose Disziplin
   beruhende körperliche Ausbildung nicht eine solda-
   tische Vorschule, wie sie besser nicht gedacht werden kann?"; RACQUET 1882, 5.

2) HOPF (1979, 63ff) führt die Zunahme der Schülerverbindungen im letzten Drittel des 19. Jhts. auf den
   "Aufschwung der studentischen Verbindungen" zurück,
   was ihm als ein Indikator dafür gilt, daß sich das
   Bürgertum durch Nepotismus und Korporatismus "feu-
   dalisierte". Sieht man einmal von einer starken Bin-
   nendifferenzierung der Korps, Burschenschaften und
   Landsmannschaften ab, die bei HOPF pauschal unter
   einem einzigen Begriff gefaßt werden, so läßt sich
   der von ihm unterstellte "Aufschwung" in Zahlen nicht
   belegen. Im Gegenteil, bezogen auf die Entwicklung
   der Gesamt-Studentenzahl zwischen 1872 und 1904/05
   von 16.000 auf rund 62.000 nahmen die studentischen
   Verbindungstypen an Bedeutung ab, da ihre Mitgliederzahl stagnierte; vgl. dazu SCHULZE/SSYMANK 1932,
   428 und 405; FABRICIUS (1926, 454) nennt für das
   Jahr 1925/26 die Zahl von "2.000 Aktiven" und "über
   2.700 inaktiven" Corpstudenten, eine eher beschei-
   den zu nennende Anzahl. Auch STUDIER (1965, 49)
   stellte fest: "Von der ständigen Vergrößerung der
   Studentenzahlen hatten die Corps also unzweifelhaft
   keinen numerischen Vorteil".

Allgemein und wertneutral definierte v. d. EMSCHER Schülerverbindungen folgendermaßen: "Unter einer Schülerverbindung versteht man eine von Schülern höherer Lehranstalten gebildete Vereinigung, die nach dem Muster studentischer Korporationen organisiert ist und ihre Existenz vor der Öffentlichkeit zu verbergen sucht".[1] Nach
Beitrittsmotiven unterscheidet er zwei Haupttypen, wobei nun eine apologetische Absicht bei ihm unverkennbar
ist. Denn deutlich positiv setzt v. d. EMSCHER die
"streng ehrenhafte Schülerverbindung", die "auf Zucht
und Ordnung" (25) hält und nach "Geselligkeit und Freundschaft" (17) stebt, ab von den "sogenannten (Herv. i.
Orig., R. B.) Pennälerverbindungen, die den Komment miß-
achte(te)n" (24); sie wurden auch "Froschverbindungen"
genannt, weil ihre wesentlichen Organisationsmotive
"Großmannssucht, Langeweile und Nachahmungssucht" gewesen seien (17). Sieht man jedoch von diesen subjektiv gefärbten Wertungen v. d. EMSCHERs ab, dann erscheint es
angebracht, die Schülerverbindungen in ihrer wesentlich
sozialen Funktion zu begreifen, und diese ist zutreffend
mit dem Begriff "Freundschaftsbund"[2] erfaßt. Immerhin
läßt v. d. EMSCHER diese Charakterisierung für jene Schülerverbindungen gelten, die seine Ansprüche erfüllen;
PILGER dagegen geht an den zahlreichen Indikatoren vor-
über, die er selber zwar aufzählt, aber ohne Begründung
unbehandelt läßt. Vor allem übersieht er, wie auch andere, einen zur Erklärung des Phänomens Schülerverbindung
mitentscheidenden Sachverhalt, wenngleich er ihn - bei-
läufig - erwähnt; darauf wird im folgenden kurz eingegangen.

---

1) v. d. EMSCHER 1904, 17; die folgenden Zitate beziehen
   sich auf dieselbe Quelle, in Klammern sind die zugehörigen Seitenzahlen genannt.
2) So lautete die Selbstcharakterisierung einer Schülerverbindung, die PILGER (1880, 5f.) zitiert.

Für viele Gymnasiasten jener Zeit vor der Jahrhundertwende hatte der Schulbesuch de facto Internatscharakter,
allerdings mit dem Unterschied, daß sie statt in schul-
eigenen Gemeinschaftshäusern in "städtischen Pensionen"
wohnten.[1] Da diese Schüler also vom 10. Lebensjahr an
ihr Leben außerhalb des Elternhauses in einer fremden
Umgebung zubringen mußten, war die Bildung von Freund-
schaftsgruppen nur natürlich. Daß diese in einigen Fällen gerade die Form von Schülerverbindungen annahmen,
dürfte nicht zuletzt auf den Umstand zurückzuführen sein,
daß Verbindungsstudenten ebenfalls oft in Privatpensionen wohnten,[2] da längst nicht alle Landsmannschaften
und Korporationen über eigene Unterkunftshäuser verfügten bzw. von "Alten Herren" finanziell unterstützt werden konnten. Aufgrund dieser räumlichen Nähe hat sich
einerseits wohl das Bild vom ungebundenen, von Erwachse-
nenzwängen freien Verbindungsstudenten bei Gymnasiasten
zuerst festgesetzt. In die Organisations- und Kommunikationsstrukturen studentischer Verbindungen, überhaupt
in das jeweilige studentische Milieu wurden sie zum anderen deshalb schon frühzeitig integriert, zumindest damit vertraut gemacht, weil Gymnasiasten das bevorzugte
Objekt[3] der sogenannten "Fuchsenkeile" waren, wie das
Anwerben des Verbindungsnachwuchses genannt wurde.

Dem von einzelnen, hauptsächlich corpsstudentischen Verbindungen ausgehenden Reiz verfielen, PILGERs Beobachtungen zufolge,[4] vor allem diejenigen Schüler, die nur

---

1) Vgl. PILGER 1880, 77.

2) SCHULZE/SSYMANK (1932, 438ff.) weisen darauf hin, daß
   vor 1900 nur ein kleiner Teil der Studenten in Ver-
   bindungshäusern bzw. in Studentenheimen Unterkunft
   fand. STUDIER (1965, 96) in Bezug auf Corps: "Akti-
   venwohnungen in den Corpshäusern waren selten (...)
   Häufiger waren Fremdenzimmer", also Privatpensionen.

3) PILGER 1880, 48; vgl. auch STUDIER 1965, 194.

4) Die folgenden Zitate entstammen PILGER 1880, Seitenzahlen in Klammern.

bis zum "Einjährigen" ein Gymnasium besuchten. "Den
süßen Kern des Burschentums schon auf der Pennale zu
kosten (...)"(9), mag für Gründung bzw. Beitritt durch
"Einjährige" ein Grund gewesen sein. Zusätzliche Motivation dürfte aus der Überlegung gekommen sein, daß
man diese Exotik zumindest vorweg sozusagen "auskosten"
mußte, da ein authentisches Erleben im Rahmen eines
Universitätsstudiums ausgeschlossen war. Daß aber in
Wirklichkeit die Schülerverbindungen gerade für die
"Einjährigen" weit mehr waren als die bloße "Vorweg-
nahme studentischer Genüsse",[1] das geht aus einer anderen Feststellung von PILGER hervor. Danach "klammer-
ten" sich viele von ihnen auch nach ihrer Schulzeit -
"in ihrem frühen 'Philisterium' als Gerichtsschreiber,
Handlungslehrlinge, Ökonomen" - an ihre frühere Schülerverbindung, und zwar mit "größter Zähigkeit" (9).
Mit diesem von sozialer Geringschätzung geprägten Kommentar hat PILGER wohl kaum die sozialen Aspekte berücksichtigt, die man in diesem Vorgang erkennen kann.
Der Handlungsweise der Einjährigen wird man eher gerecht,
wenn man sie als Versuche interpretiert, die in langen Jahren gemeinsamer Schulzeit aufgebauten Freundschaftsbeziehungen weiterhin aufrecht erhalten zu
wollen.

Da Schülerverbindungen auch den Zeitraum der Pubertät
einschlossen, ist nicht weiter verwunderlich, daß die
für dieses Reifestadium allgemein üblichen Handlungs-
und Verhaltensweisen ebenfalls Gegenstand heftiger Er-
wachsenenkritik war. Beispielsweise rügte PILGER, daß das
"Unsittliche und Gemeine in Wort und Gedanken", die
ungebärdige "Lust am unzüchtigen Worte" (31) ein be-
herrschendes Element der Verbindungszusammenkünfte gewesen sei. PILGER fühlte sich davon "aufs tiefste an-

---

1) Vgl. MARX 1894, 24.

gewidert" (31), sodaß er auf Einzelheiten, gar wört-
liche Beispiele, die er in den aufgestöberten Protokollen zahlreich vorfand, erst recht nicht eingehen
mochte. Weniger Hemmungen, "in puncto puncti" (v. d.
EMSCHER) deutliche Anmerkungen und Erläuterungen zu
machen, hatte einige Jahre später v. d. EMSCHER. Ohne
Umschweife nannte er "sexuelle Ausschweifungen" beim
Namen und berichtete nicht nur vom häufigen Gebrauch
unflätiger "Zoten" während der Kneipen, sondern auch
davon, daß in manchen Städten regelmäßig "auf dem
Altar der Venus geopfert"[1] worden sei, eine höchst
bildhafte Umschreibung von Bordellbesuchen. Nicht zuletzt dieses Beispiel zeigt, wie wichtig Schülerverbindungen sowohl für die (post)pubertierenden Schüler
und Jugendlichen waren als auch, welche gesamtgesellschaftliche Bedeutung ihnen als Sozialisationsinstanz
im Grunde zukam.

Schließlich war der Umgang mit Alkohol, vorzugsweise
Bier, ein weiterer zentraler Inhalt der Mitgliedertref-
fen von Schülerverbindungen, und ebenfalls einer, der
entschiedene Ablehnung bei den meisten Pädagogen her-
vorrief. Sowohl PILGER als auch v. d. EMSCHER bestätigen, daß man sich bei den mitunter exzessiven alkoholischen Sitzungen an die Gepflogenheiten von Kartell-
verbindungen anlehnte und sogar deren spezifische Begrifflichkeit übernahm. Den extremen Konsum verurteilen beide Autoren, ansonsten gingen ihre Meinungen
über die grundsätzliche Erlaubnis des Alkoholgenusses
in Schülerverbindungen weit auseinander. Obwohl zwischen

1) Vgl. v. d. EMSCHER 1904, 48f.: "Obgleich dem Verfasser die obersten Klassen höherer Lehranstalten in
   mehreren Städten genauer bekannt sind, in denen die
   Sittlichkeit im allgemeinen auf einer recht tiefen
   Stufe steht, und wo die Bordellwirtschaft Blüten
   treibt, muß nach seinen Erfahrungen gesagt werden,
   daß unter den Abiturienten im Durchschnitt höchstens
   25 Prozent wirklich auf dem Altar der Venus geopfert
   haben, und zwar spielt dabei die Zugehörigkeit zu
   einer Schülerverbindung absolut keine Rolle".

dem Erscheinungsdatum beider Bücher eine Zeitspanne
von 24 Jahren lag, kann man die wesentlichen Aspekte
und Argumente dieser Auseinandersetzung in einer Art
von Dialog darstellen, zumal Thematik wie Begriffe sowohl 1880 als 1904 noch unverändert gültig waren.

"Ein junger Mann von guter Erziehung muß gelernt haben, nach ein paar Glas Bier (nicht) die Herrschaft
über seine Zunge und seine Handlungen zu verlieren; er
muß auch dann für seine Reden und Taten einstehen können".[1] Den Erwerb einer gewissen Standfestigkeit, einer "Bierkapazität", war für v. d. EMSCHER beinahe ein
Muß gymnasialer Erziehung, zumindest Erfahrung. Deshalb
war in seinen Augen eher peinlich mitanzuschauen, wenn
ein Schüler erst beim Abiturienten-Kommers seine "Bier-
unschuld" demonstrierte, also schon "nach dem zweiten
Glas bekneipt vom Stuhle (sank)".[2] Demgegenüber ver-
dammte PILGER den Alkoholkonsum in Schülerverbindungen
generell als letztlich rein "renommistisches Gehabe",
das im übrigen nur darauf ausgerichtet gewesen sei, be-
freundeten studentischen Verbindungen einen imponie-
renden "Bierzettel", der die Aufstellung der vertilgten
Quantitäten enthielt, mit Stolz präsentieren zu können,[3]
wohl auch, um sich auf diese Art zur späteren Aufnahme
zu empfehlen.

Ein weiterer Punkt unterschiedlicher Auffassungen waren
die sogenannten "Biermensuren". Da v. d. EMSCHER zum
Alkoholkonsum, wie erwähnt, auch bei Gymnasiasten nicht
ablehnend eingestellt war, galten ihm Biermensuren lediglich als eine Art Initiationsritus. Konkret bedeute-

---

1) v. d. EMSCHER 1904, 46.
2) Ebd., 45.
3) PILGER 1880, 30.

ten sie, daß ein Schüler die "Würde" seiner Verbin-
dungszugehörigkeit dadurch unter Beweis zu stellen
hatte, daß er innerhalb einer kurzen Zeit eine bestimmte Menge - "nicht über sechs Viertel"[1] - Bier
ohne gravierende physische Folgen trinken konnte. Dagegen zitierte PILGER aus aufgefundenen Mensur-Pro-
tokollen mit glaubhafter Erschütterung, welch "monströsen" Umfang, gelegentlich sogar Duellcharakter
die Biermensuren annehmen konnten, etwa wenn "8 Seidel in 4 Minuten" oder in einem Fall 11 Seidel im
Wettlauf mit dem 12-Uhr-Schlagen einer Kirchturmuhr
zu leeren waren.[2] Obwohl v. d. EMSCHER den gelegentlichen exzessiven Konsum bestätigte und strikt ablehnte, hätte er vermutlich vor einer Pauschalisie-
rung gewarnt und im übrigen darauf hingewiesen, daß in
vielen Statuten die Möglichkeit der "Bierimpotenz" ver-
bürgt war. Diese räumte den Schülern, den Abiturienten
zumal, einen großen Ermessensspielraum ein, unter Hinweis auf dringende "Hausaufgaben" eine (freilich tem-
porär begrenzte) Alkohol-Abstinenz für sich zu reklamieren.[3] Außerdem seien die sogenannten "Bierhühner"
kein ausschließliches Phänomen von Schülerverbindungen gewesen, sondern dem stillen Suff verfallene Schüler waren auch außerhalb vorgekommen. Eine solche Ansicht hätte dann PILGER wohl als generelle Verharmlo-
sung der Trinksitten unter Schülern verurteilt. Für

---

1) v. d. EMSCHER 1904, 44.

2) Pilger 1880, 18. STUDIER (1965, 68f.) gibt auch Erläuterungen zum "Trinkzwang", wie er in sog. "Bier-
   commenten" festgelegt war. Etwa: "Das Zutrinken erfolgt mit den Worten: 'N.N. ich komme Dir'. Der
   Angeprostete (häufig galt der "Zutrunk" den "Füchsen", R. B.) muß das Quantum annehmen, indem der
   'Prost' sagt". Man kann sich vorstellen, worauf
   dies hinausging, wenn sich eine Anzahl Corpsburschen
   vornahm, einen "Fuchs hochzuheben": Er sollte systematisch "abgefüllt" werden, wobei man sich nicht davor scheute, dies auch noch als "Erziehungsmittel"
   zu betrachten, denn "der Fuchs hatte bei alledem -
   koste es, was es wolle - "Haltung" zu bewahren"
   (vgl. STUDIER 1965, 69).

3) v.d. EMSCHER 1904, 45.

ihn hatte bereits der Abiturienten-Kommers eher den
Charakter eines "Abiturienten-Durchsoffs",[1] der in
seinen Augen nur die Spitze eines Eisbergs war, unter dessen Oberfläche er eine große Anzahl "stiller
Säufer" ein kümmerliches Schuldasein fristen sah;
wenn schon nicht vom Gymnasium relegiert, wofür PIL-
GER in erster Linie plädierte, würden sie spätestens
an der Universität bzw. in einer der einschlägigen
Verbindungen vollends dem Suff anheimfallen.[2]

Die Darstellung der Bedeutungsaspekte des Alkoholkonsums in Schülerverbindungen soll beendet werden mit
einem Hinweis v. d. EMSCHERs auf die geselligen und
psycho-sozialen Funktionen der Kommerse und Stiftungs-
feste. Gerade in den humoristisch-satirischen Beiträgen in den sogenannten "Bier-Zeitungen"[3] sah er eine
Gelegenheit für die Schüler, sich gegenüber den Ar-
beitsbelastungen des Schulalltags, aber auch von Be-
vormundungen, teils Schikanierungen durch einzelne Lehrer zu distanzieren und sich symbolisch zu entlasten;
dagegen erkannte PILGER in dieser Argumentationsweise
lediglich eine Legitimierung unsittlicher Verhaltens-
normen.

Wie man nun aus der Gegenüberstellung der beiden, teils
extremen Auffassungen schließen kann, war weder die
Dramatisierung noch die Beschönigung der mit dem jugendlichen Alkoholkonsum verbundenen Vorkommnisse und
der möglichen Folgen pädagogisch angemessen. Anderer-

---

1) PILGER 1880, 14.
2) Ebd. 15.
3) PILGER 1880, 31.

seits muß man zur Kenntnis nehmen, daß reale Maßnahmen,
und seien sie auch noch so sehr von Absichten getragen
gewesen, eine Hilfestellung zum Erlernen eines verant-
wortungsbewußten Umgangs mit alkoholischen Getränken
geben zu wollen, nicht zuletzt an den konspirativen
Verhaltensvereinbarungen der Mitglieder einer Schülerverbindung zu scheitern drohten.[1]

Will man nun eine abschließende Charakterisierung der
Schülerverbindungen vornehmen, dann wird man zunächst
die Uneinheitlichkeit ihrer Erscheinungsweisen hervorheben müssen, ähnlich dem studentischen Verbindungswesen, dessen Vorbildhaftigkeit dennoch ein allgemein-
gültiges Merkmal war. Dies nicht nur, insofern man
einzelne Binnen- und Kommunikationsstrukturen, niedergelegt in "Statuten" und "Kommenten", von ihnen übernahm. Die Affinität zu bestimmten studentischen Verbindungstypen reichte bei manchen Schülerverbindungen
bis zur analogen Rollen- und Statusverteilung nach
"Füchsen, Burschen, Inaktiven, Alte Herren, Chargen";[2]
in der Sicht von STUDIER war das ein "Abklatsch der
Corps", wertfrei betrachtet institutionalisierte dieses hierarchisch aufgebaute Organisationsschema jedoch die, wesentlich im Lebensalter begründeten,
Handlungskompetenzen und Privilegien der Mitglieder in
Rollen-Gruppen. Weitere Elemente und Symbolhandlungen,
die Schülerverbindungen von studentischen Übernahmen,
war der Gebrauch von Verbindungsnamen, von "Alemannia"
bis "Teutonia", manchmal eine "brüderliche" Beziehung
zu einer ganz bestimmten studentischen Verbindung sig-
nalisierend, oft jedoch einfach als Mittel der Selbst-

---

1) Vgl. hier: S. 281ff, wo diese Problematik unter dem
   Stichwort "Alkohol und Fußball" erneut aufgegriffen
   wird.

2) Vgl. STUDIER 1965, 117ff. über die"Grundzüge und
   Auswirkungen des corpsstudentischen Selbstver-
   ständnisses".

stilisierung; auch in Bezug auf Kleidung (Farbige Bän-
der, Schläger, Mützen) sowie in der Nachahmung von bestimmten corpsstudentischen Umgangs- und Verhaltensri-
tualen (Konvente, Kommente, Kneipen) waren die einschlägigen Vorbilder unverwechselbar. Soziologisch gesprochen dienten diese Handlungen auch zur Vorbereitung
auf die Übernahme spezifischer Studentenrollen, bzw.
nahmen die Einjährigen diese Rollen imaginativ vorweg.
Die Praktiken im Bereich der sinnlichen Genüsse (Sexua-
lität und Alkohol) vermittelten schließlich Erfahrungen, die zur Übernahme von Erwachsenenrollen wichtig
wurden.

Die vielfältig kodifizierten Konspirationsgepflogen-
heiten und die darauf bezogenen Sanktionsdrohungen bzw.
-maßnahmen der Schule haben sich am Ende wohl gegen-
seitig gestützt. Denn zum einen verstärkten sie die
Attraktivität des Verbotenen, zum anderen fungierten
sie als internes Druckmittel zur Erhöhung des Gruppen-
zusammenhalts. Berücksichtigt man nun noch, daß die
weiter oben beschriebene, historisch und strukturell
begründete gesellschaftliche Anspruchsdiskrepanz gegenüber Schülern und Jugendlichen der Wilhelminischen
Epoche einen "sozial offenen Raum" präsentierte, der
aber zugleich von erwachsenen Restriktionen bedroht
war, dann kann man den Rückzug in die Anonymität einer geheimen Schülerverbindung gerade als Ausdruck des
Bedürfnisses nach öffentlicher Anerkennung als jugendliche Gruppe mit eigenständigen Ansprüchen und Gestal-
tungswünschen interpretieren. Vor diesem Hintergrund
kann man erneut ermessen, wie bedeutsam die Initiativen
der Spielbewegung als öffentliche Legitimierung jugendlicher Handlungskompetenzen und -rechte war, auch wenn
diese zunächst nur über das Medium "Schülerspielverein"
anerkannt wurden. Zwar reflektierte v. d. EMSCHER eben-

falls die Berechtigung jugendlicher Eigenansprüche,
doch geschah dies eher intuitiv, als er davon sprach,
man müsse den geheimen Verbindungen "durch erlaubte
das Wasser abziehen", eine Vorstellung, die schon MARX
zehn Jahre zuvor gehabt hatte.[1] Tatsächlich handelten einige Vereine bereits in diesem Sinne, wie eine
Feststellung von MARX belegt; danach nahm ein nicht
genannter Karlsruher Schülerfußballverein keine Mitglieder auf, die auch einer Schülerverbindung angehörten.[2]

Wir wollen diesen Vorgang als Beispiel für die These
nehmen, daß Schülerfußballvereine in gewissem Umfang
die organisatorische Nachfolge von Schülerverbindungen
angetreten hatten. Denn aufgrund der allgemeinen Akzeptanz ihres Gruppierungsverhaltens im Rahmen des sportlichen Spiels hatten sie ihr (unausgesprochenes) Ziel,
sich unbehelligt von Erwachsenen als Jugendliche kontinuierlich zu treffen, erreicht, und folglich konnten sie
auch ihr bislang typischstes Merkmal, die Konspiration,
aufgeben. In den nun folgenden Unterabschnitten werden
wir dann im einzelnen sehen, welche konkreten Erbstücke
aus dem Kulturmuster (Schüler-)Verbindungswesen in die
gymnasialen (Schüler-)Fußballvereine integriert und in
welchen Modifikationen sie tradiert wurden.

a) Von der Schülerverbindung zum Fußballverein: Am
   Beispiel Vereinsnamen

Im Jahr 1953 fusionierten zwei traditionsreiche Karlsruher Fußballvereine zum bald darauf auch überregional

---

1) v. d. EMSCHER 1904, 93. Die Analogie zu MARX (1894,
   26) ist unübersehbar: "Das beste Mittel gegen un-
   erlaubte Schülervereine sind erlaubte".
2) MARX 1894, 26.

bekannten und - insgesamt nur in den fünfziger Jahren
- erfolgreichen[1] Karlsruher Sport-Club ("KSC"). Beim
einen Fusionsverein handelte es sich um den FC
"Phönix", der damit als einer der ältesten (gegründet
1894) und erfolgreichsten (Deutscher Fußballmeister
1909)[2] Karlsruher Fußballvereine seine Selbständigkeit verlor;[3] doch dies sei nur der Vollständigkeit
halber hier erwähnt. In unserem aktuellen Themenkon-
text von größerem Interesse ist der zweite Fusionsverein, der VfB Mühlburg. Im Zuge der nationalsozialisti-
schen Gleichschaltung auch der Sportverbände noch im
Jahr 1933 war dieser Verein seinerseits durch eine
(Zwangs-)Fusion[4] aus dem VfB Karlsruhe und dem FC
Mühlburg hervorgegangen. Dessen organisatorische Ursprünge - und damit auch die des KSC - kann man über
die Stationen "FC" Mühlburg, gegründet 1905, und dessen Vorläufer "1. FV Sport" Mühlburg,[5] gegründet
1895, bis auf eine "Schüler- und Jugendverbindung" zu-
rückverfolgen, die im Jahr 1890 entstanden

---

1) Der KSC wurde 1955, also bereits zwei Jahre nach der
   Fusion, Deutscher Pokalsieger; diesen zweithöchsten
   Erfolg im Bereich des DFB wiederholte der KSC im Jahr
   1956, ein sportlich sehr ereignisreiches Jahr für diesen jungen Klub, denn man stand auch noch im Endspiel
   um die Deutsche Fußballmeisterschaft, das jedoch
   mit 2 : 4 gegen Borussia Dortmund verlorenging.

2) Durch einen 4 : 2-Sieg über Viktoria Berlin.

3) Die Fusion war notwendig geworden, da Phönix seine
   finanziellen Verpflichtungen aus dem Bau des Wild-
   parkstadions auf andere Weise nicht mehr nachkommen
   konnte; vgl. WEGELE 1956, 50.

4) Vgl. WEGELE 1956, 70, wo der Schriftwechsel zwischen
   den Vereinen, dem Amtsgericht und dem Liquidator abgedruckt ist.

5) MAAG (1956, 148) schildert den Gründungshergang folgendermaßen: "Im Jahre 1905 ging es im August bei der
   Generalversammlung der FV Sport stürmisch zu (...)
   Die Jüngeren (17-Jährigen) standen zu den Älteren
   (21-Jährigen) im Gegensatz, verließen die Versammlung
   und gründeten im gegenüber liegenden alten Saalbau
   (des 'Gasthauses zum Storchen', heute, 1956, 'zum
   Bürgerhof') unter Führung von Alban Weißbecher einen
   neuen Verein, den FC Mühlburg 1905".

Abb.10: Aktive und Passive des FC "Phönix" Karlsruhe
(um 1894/95)

Quelle: WEGELE 1956, 28.

war.[1] Leider liegen zu diesem ältesten Teil der Karlsruher Fußballgeschichte keine weiteren Informationen
mehr vor. Lediglich mit dem Namen E. Dietz, einem
Gründungsmitglied des "1. FV Sport" und vermutlich
auch zur Schülerverbindung bereits gehörend, läßt sich
noch ein weiteres Stück Karlsruher, sogar süddeutscher
Fußballverbandsgeschichte verknüpfen. Denn Dietz war
nicht nur der Initiator des FC "Fidelitas" Karlsruhe,
sondern als dessen Vorsitzender auch einer der acht
Gründungsmitglieder des "Süddeutschen Fußballverbandes",
der im Jahr 1897 entstand[2] und bis heute Regional- bzw.
Landesverband im DFB ist.[3]

Obwohl der FC "Fidelitas"[4] nur indirekt aus einer
Schülerverbindung hervorging, symbolisierte dieser Verein den Verbindungshintergrund auf die damals typische
Art und Weise: durch seinen Namen. Daß sich im Gegensatz dazu die oben erwähnte Mühlburger Schüler- und
Jugendverbindung einen Namen aus der Sportbewegung gab,
"1. FV", als man einen juristischen Verein gründete, dürfte
damit zu erklären sein, daß man sich auf möglichst deutliche Weise von seinem Vorgänger absetzen wollte.

---

1) In WEGELE 1956, 55ff. sind die teils sehr verschach-
   telten (Neu-)Gründungen und Fusionen mehrerer Vereine in ihren einzelnen Stadien teils von Augenzeu-
   gen bzw. Gründungsmitgliedern dargestellt, unter
   anderem die Geschichte des VfB Mühlburg und seiner
   Vorgänger.
2) Vgl. FLIERL 1957: "Geschichte des Süddeutschen Fußballverbands".
3) Vor 1914 war der Süddeutsche Fußballverband auch der
   größte Landesverband des DFB; vgl. KOPPEHEL 1954,
   105ff.
4) "Fidelitas" nannte man den geselligen Teil einer
   offiziellen, festlich-feierlich begonnenen Zusam-
   menkunft, vgl. hier: S. 182ff. ("Trinksitten").

Quellen wie etwa das DFB-Jahrbuch 1904/05, wo Kurz-
chroniken aller DFB-Mitgliedsvereine, Stand 1903, abgedruckt sind, oder auch KOPPEHEL, der seinerseits
großzügig aus frühen Vereinsprotokollen zitiert, belegen nun nicht nur den weitgehend jugendlichen Ursprung der Fußballvereine im 19. Jahrhundert, sondern
sie dokumentierten auch die spezifische Namensgebungs-
praxis, die sich am Brauch von studentischen Verbindungen orientierte. Einen großen Anteil haben Namen,
die ursprünglich - lt. FABRICIUS seit 1810[1] - die
landsmannschaftliche Herkunft ihrer Mitglieder signalisierten. Wie STUDIER für die Corps aufzeigt, "verlor sich der Charakter (der reinen Landescorps) im Laufe des 19. Jahrhunderts immer mehr";[2] nach 1880 haben
Namen wie "Bavaria" für ausschließlich bayerische,
"Borussia" für rein preußische oder "Rhenania" für
rheinländische Studenten praktisch nicht mehr gegolten,
von wenigen Ausnahmen abgesehen. Viel stärker sei
stattdessen die "soziale Herkunft" für die Mitgliedschaft in bestimmten Corps entscheidend gewesen.

Betrachtet man daraufhin einige der Vereine, die
GEPPERT[3] für Karlsruhe in den neunziger Jahren nennt,
dann kann man die Auflösung der ursprünglichen Namens-
bedeutungen auch am Beispiel einiger Schülerfußballvereine nachvollziehen. Nicht weiter bemerkenswert
wäre, wenn in der badischen Hauptstadt Karlsruhe sich
ein Schülerfußballverein FC "Badenia" nennt und ausschließlich aus dem Badischen stammende Mitglieder hatte. Auch für den damals bestehenden FC "Alemannia" dürf-

---

1) FABRICIUS 1926, 347.
2) STUDIER 1965, 39.
3) GEPPERT 1953, 35.

te es nicht schwer gewesen sein, falls die Absicht
bestand, nur Alemannen aufzunehmen. Dagegen kann man
es für ausgeschlossen halten, daß ein Verein wie der
FC "Markomannia" nur Abkömmlinge des "germanischen Stam-
mes am Oberrhein",[1] der FC "Frankonia" nur Franken
und der FC "Suevia" nur Schüler zuließ, die ihre landsmannschaftliche Herkunft auf die "Sueven bzw. Schwa-
ben"[2] zurückführen konnten. Viel eher ist anzunehmen,
daß sie diese Namen aufgriffen, weil sie bedeutungs-
schwer klangen und die Schüler sich damit von anderen
abheben konnten; ähnliches gilt für den Verein FC
"Teutonia" oder den vaterländischen Anklang im FC
"Germania", ebenfalls zwei Schülerfußballvereine in den
neunziger Jahren in Karlsruhe.

Eine weitere Erklärung für diese Namenspraxis in Karlsruhe könnte sein, daß man sich an der Tradition bestehender oder früherer studentischer Corps orientierte.
Wie FABRICIUS belegt,[3] gab es in Karlsruhe seit dem
frühen 19. Jahrhundert, mit Unterbrechungen, sowohl ein
Corps "Frankonia", ein Corps "Suevia" als auch ein
Corps "Alemannia". So wäre zum einen denkbar, daß Corps-
brüder Gründungsmitglieder des jeweiligen Fußballvereins waren, zum anderen könnten Vereinsmitglieder mit
dieser Namensgebung ihre Verbundenheit mit dem jeweiligen Corps zum Ausdruck gebracht haben.[4] Allgemeiner
könnte man diese Orientierung an studentischen Corps
als Versuche der Schüler interpretieren, einerseits
symbolisch an die Akzeptanz der organisierten Studenten-

1) WAHRIG 1968, 1977, 2437.
2) Ebd., 3615.
3) FABRICIUS 1926, 436f.
4) Im Falle von "Frankonia" eher unwahrscheinlich, denn
   laut GEPPERT (1953, 45) war dies ein "reiner Arbei-
   terverein".

schaft als respektierte gesellschaftliche Gruppe anzuknüpfen, an deren gesicherten Handlungsspielraum man
andererseits ebenfalls partizipieren konnte, etwa wenn
man sich unter der Bezeichnung "Frankonia", "Suevia" usw.
um eine Wirtschaft als Vereinslokal bemühte, erst
recht, wenn noch Minderjährige dazugehörten.

Mit Bezug auf Namen wie "Eintracht" oder "Concordia",
man könnte noch "Amicitia" hinzufügen, interpretierte
HEINEMANN diese Namensgebungen als Dokumente der Inte-
grationsfunktion, die er den Sportvereinen in ihrer
Entstehungszeit primär attestiert.[1] Der Verein als sta-
bile Gruppe inmitten "rapide(n) soziale(n) Wandel(s)"
und angesichts "hohe(r) räumliche(r) und soziale(r)
Mobilität" signalisierte, so HEINEMANN,[2] die "Hoffnung"
auf Ausgleich schon in solchen Namen. Eine insgesamt
schlüssige Interpretation, der es lediglich an konkreten Belegen in Einzelfällen mangelt. Daher kann auch
die folgende Vermutung eine hohe Plausibilität beanspruchen, wonach es sich, zumindest symbolisch, um das Anknüpfen an die Tradition der studentischen Orden vor
1800 handelte. So unterschiedlich sich die "Concordi-
sten", "Harmonisten", "Amicisten", "Constantisten" und
andere ausprägten und entwickelten,[3] ihr gemeinsames
Ziel der "unverbrüchlichen Freundschaft der Mitglieder
auf Lebenszeit" könnte durchaus auch zum Wahlspruch
derjenigen Gründungsmitglieder geworden sein, die unter
den Namen "Concordia" und "Amicitia" und vermutlich in
studentisch-akademischer sozialer Umgebung einen Fußballverein gegründet haben. Obwohl es auch diesen Über-

---

1) Vgl. HEINEMANN 1983, 120.
2) Ebd.
3) Diesen Themenbereich hat FABRICIUS (1981) in einem
   eigenen Buch bearbeitet; vgl. auch ders., 1926,
   56ff.

legungen an einzelnen Beweisen mangelt, bedeuteten sie
indirekt eine Bestätigung der HEINEMANNschen Integra-
tionsthese, die sich im Vereinsnamen spiegeln sollte.[1]

b) Orientierung an formalen Strukturen

Die Verwendung eines Namens aus dem Umfeld studentischer Verbindungen war jedoch nicht der einzige Indikator, der die Relevanz dieses, im Wilhelminischen
Reich öffentlichkeitswirksamen Organisationsmusters[2]
als Modell für (Schüler-)Fußballvereine belegt. Beispielsweise richteten sich einige Vereine nach den
"Statuten", gelegentlich auch "Konstitution" oder einfach "Satzung" genannt, die ihnen aus Verbindungskrei-
sen zur Verfügung gestellt wurden. Oft reichte man diese (übernommenen) Statuten dann an befreundete Schülervereine, auch in anderen Städten, weiter, oder ehemali-
ge Mitglieder trugen zur Verbreitung bei, wenn sie im
Rahmen eines Studiums einen Verein an ihrem Studienort
gründeten. Ein besonders markantes Beispiel für diese
Form der Verbreitung der Fußballvereinsidee und ent-

---

1) Ähnlich wie LINDNER (1984, 364) für die von ihm
   untersuchten Jugendbanden und Cliquen eine "kulturelle Differenz auf der semantischen Ebene" feststellte, und zwar nach dem Muster der harmlosen,
   zahmen Klubs, die sich "Pfeil oder Bärenhorde"
   nannte und den wilden, aufsässigen Cliquen, deren
   Namen wie "Bund der Rächer" oder "Todesverächter"
   Verwegenheit und Mut signalisieren sollten, kann
   man auch bei den "wilden Fußballklubs" unter Arbeiterjugendlichen eine dezidiert abweichende Namens-
   gebungspraxis identifizieren. Man kann davon ausgehen, daß Namen wie "Isabella, Venus, Olivia" eine
   aus pubertärer Haltung gezeugte, gezielte Provoka-
   tion gegen pathetisch seriöse Namen wie "Teutonia,
   Hohenzollern, Germania" sein sollten, die KOCH
   (JfJuV 1899, 284) um die eher skurrilen Vorschläge
   "Wotan, Siegfried, Hagen, Hermann" bereicherte. In
   "Der Fußball" (II. 1895, 86) fand sich tatsächlich eine
   Leserbriefreaktion auf die kuriosen Bezeichnungen
   "Madeiro", "Hertha" oder gar "Erdbeere": "Wie diese
   (Namen) mit unserem Fußballsport in Verbindung zu
   bringen sind, ist (mir nicht ganz klar)",äußerte
   ein Leser etwas indigniert.

2) Sehr ausführlich zu diesem Thema: SCHULZE/SSYMANK 1932;
   HEER 1927; FABRICIUS 1926; STUDIER 1965.

sprechender Statuten stellt Walther Bensemann, der
Gründungsherausgeber der Fußball-Zeitschrift "Kicker"
(seit 1920), dar, weshalb der Verlauf seiner schulischen und universitären Bildung, dessen einzelne Ab-
schnitte sich zugleich als Stationen von Fußballvereinsgründungen lesen lassen, kurz geschildert werden
soll.[1]

Als Sohn einer wohlhabenden Straßburger Arztfamilie
erhielt er zunächst eine Erziehung am Englischen Insti-
tut in Montreux/Schweiz; dort gründete er zusammen mit
Klassenkameraden im Jahr 1887, also mit 14 Jahren, den
FC Montreux. In Karlsruhe, wo er am humanistischen
(bzw. "Großherzoglichen") Gymnasium sich auf das Abitur vorbereitete, gründete er bald nach Schulbeginn
im Jahr 1889 den "Football-Club" Karlsruhe, einen Gymna-
siastenverein, aus dem 1891 infolge von Statuten-Aus-
einandersetzungen der Karlsruher "Fußball-Verein" hervorging.[2] In Straßburg, der ersten Universitätsstation

---

1) Die Informationen entstammen "Kicker" Nr. 2, 1923,
29; vgl. auch GEPPERT 1953, 37.

2) Lt. "Badische Neueste Nachrichten" vom 5.8.66
(Stadtbibliothek Karlsruhe, Stichwort "Karlsruher
Fußballvereine") kam es zur Spaltung des "Football-
Club", weil man sich nicht darauf einigen konnte,
den englischen Mitspielern ebenfalls ein Stimmrecht
im Verein zu geben. Man könnte meinen, die daraus
resultierende Spannung zwischen den Gründern des
Karlsruher "Fußballvereins", die das Stimmrecht ab-
lehnten, und Bensemann sei bis in die Gegenwart erhalten geblieben. Denn in der Festschrift zum 90-
jährigen Jubiläum des "Fußballvereins" werden die
Verdienste von Bensemann um den Karlsruher und süddeutschen Fußball nur mit größter Zurückhaltung, in
nur wenigen Worten gewürdigt, ganz im Gegensatz zu
vielen Karlsruher und (süd-)deutschen Vereinen;
vgl. die Laudationes in "Kicker" Nr. 2, 1923 und
1933.

Abb.11: Karlsruher "Kickers", Aufnahme vermutlich 1895.

1 J. Schricker
2 E. Schricker
3 W. Bensemann
4 Hall
5 F. Langer
6 F. König
7 E. Langer
8 Grenier
9 Roth
10 Strube
11 F. W. Moormänn

Quelle: GEPPERT (1953, 35)

Abb.12: Gründungsteam des FV St.Georgen/Schw. (1911/12)

Quelle: ST.GEORGEN 1962, 17.

im Rahmen seines (Neu-)Philologie-Studiums, gründete
er mit früheren Karlsruher Klassenkameraden im Jahr
1892 den Straßburger "Fußballverein", während ein Klas-
sen- und Vereinskamerad des "Football-Club Karlsruhe",
F. W. Moormann, den FC "Celeritas" Straßburg ins Legen
rief.[1] Zwischen 1894 und 1895 organisierte Bensemann
eine eher lose Vereinigung von Karlsruher, Straßburger und Baden-Badener Spielern zu den Karlsruher
"Kickers".[2] In München war er schließlich an der Gründung der Fußballabteilung im Männerturnverein (MTV)
München v. 1879 beteiligt. Die Statuten des "Football-
Clubs" bildeten die Grundlage sowohl bei den "Old
Boys"[3] Basel als auch beim FC Gießen. So kam es also,
daß eine Vielzahl von Vereinssatzungen und Statuten
auf eine oder wenige Urfassungen zurückgingen, die
obendrein ursprünglich die spezifischen Organisations-
bedürfnisse studentischer Verbindungen abbildeten.

Dort dienten sie bekanntlich dazu, das jeweils eigene
organisatorisch-funktionale Gerüst von Korps, Landsmannschaften oder Burschenschaften in ihren politisch-
ideologischen und konfessionellen Ausprägungen einerseits schriftlich zu fixieren; andererseits bestimmten
die Statuten den internen wie externen Kommunikations-

---

1) Zu MOORMANN vgl. hier: S. 117, Anmerkung 1.

2) Vgl. die Photographie dieser Mannschaft (hier: S. 177),
   vermutlich eine Postkarte. Der Untertitel "Meister-
   schaftsklub des Kontinents 1895" erklärt sich wohl
   aus der Tatsache, daß der Klub im Jahr 1895 von 28
   Spielen 27 gewonnen hatte; vgl. GEPPERT 1953, 35.

3) "Old Boys" nannten sich die Absolventen einer Public
   School, sofern sie sich danach noch zu einem (Fuß-
   ball-)Club zusammenfanden; in gewisser Weise bilden
   sie damit das Pendant zu den "Alten Herren" in deutschen Studentenverbindungen; vgl. MASON 1980, 21f.

fluß, zum Teil in nahezu allen Einzelheiten, etwa bei
offiziellen Zusammenkünften. Die Statuten wurden ein
wichtiger Struktur- und Organisationsbestandteil eines
(Schüler-)Fußballvereins, erst recht, wenn keine
Organisationserfahrungen, auch nicht im Rahmen einer
Schülerverbindung, vorlagen. Offenkundig am Vorbild studentischer Verbindungen orientiert war die Einteilung
der Mitgliedschaft, wie das Beispiel des FC "Viktoria
1896" Magdeburg zeigt. Dieser Verein, er wurde von
Schülern höherer Lehranstalten gegründet,[1] gab im DFB-
JAHRBUCH 1904/05 folgendermaßen seinen "Mitgliederbe-
stand" an: "85 Mitglieder, davon 3 Ehrenmitglieder,
20 alte Herren und 62 aktive Mitglieder, aus denen sich
4 Mannschaften zusammensetzen."[2] "Aktive" Mitglieder
waren also diejenigen, die den Primärzweck des Vereins,
das Fußballspiel, erfüllten, sie wurden aus diesem
Grund - analog den Corps - mit dem Sammelbegriff "Aktivitas" oder "Aktivität"[3] angesprochen. Die "Altenher-
ren" brauchten in diesem Sinne nicht mehr "aktiv" zu
sein, in den Fußballvereinen mit studentischem Hintergrund hatten sie - wie auch in den Corps - einen "inaktiven" Status inne, nahmen sie eine väterlich-beraten-
de Respektsposition ein.

Aber auch zur Formulierung des Vereinszwecks und der Ver-
einsprinzipien einerseits und bei der Festlegung von
Mitgliedschaftsbedingungen andererseits waren für die

---

1) Der Verein wurde auch "Schüler-Victoria" genannt,
   vgl. DFB-Jahrbuch 1904/05, 116 sowie 179.

2) Ebd.

3) Noch 1931 sprach der FC Mühlburg (er ging aus einer
   Schülerverbindung hervor, vgl. hier: S. 169f.) von
   der "Aktivitas" und der "Aktivität", seine Wettkampf-
   spieler betreffend, vgl. WEGELE 1956,
   65 und 68.

Schüler-Fußballvereine Orientierungen hilfreich. Analog den Schülerverbindungen war das Beitrittsalter in
den meisten (Schüler-)Fußballvereinen 14 Jahre, aus-
nahmsweise konnte es auch auf das 10. Lebensjahr ge-
senkt sein.[1] Eine andere Aufnahmebedingung, die entscheidend die soziale Zusammensetzung eines Vereins
berührte, konnte die vorgeschriebene Bildungsqualifika-
tion - "mindestens das Einjährige" - sein.[2] Der
Aufbau der Vereinsorgane (Vorstandschaft) sowie die
Festsetzung ihrer personellen Zusammenstellung durch
Wahl dürfte von sonstigen Idealvereinen, d. h. aus
dem Bürgerlichen Gesetzbuch übernommen worden sein.
Dagegen scheint die Institutionalisierung regelmäßiger Zusammenkünfte aus organisatorischen Gründen, sofern nicht gesetzlich vorgeschrieben wie die Generalversammlung, wiederum dem corpsstudentischen Vorbild
zu entsprechen (Monats-, eventuell "Semesterhaupt"-[3]

---

1) Generell war die unterste Altersgrenze 14 Jahre;
   eine Ausnahme bildete der FC "Celeritas" Straßburg,
   bei dem "10 Jahre" galten; vgl. KOPPEHEL 1954, 16.
2) GEPPERT (1953, 57) erwähnt einen Antrag im "Mannheimer Verband der Fußballspieler", "als Amateure
   nur Gehaltsempfänger oder Leute mit dem Einjährigen-
   Zeugnis" (entspricht der "mittleren Reife") zuzu-
   lassen; er wurde abgelehnt.

3) Exemplarisch die "Tagesordnung" vom 28.3.1895
   (Der Fußball 1895, 90) des "Neuen Dresdener Fuss-
   ball-Clubs":

   "1.) Wahl des Gesammtvorstandes für I. Semester
        April bis Oktober 1895.
    2.) Entgegennahme des Sports- und Verwaltungsbe-
        richtes des ausscheidenden Vorstandes.
    3.) Bewilligung der regelmäßigen und ordentli-
        chen laufenden Ausgaben für die Dauer des
        Verwaltungssemesters.
    4.) Statutenergänzung.
    5.) Internes.
    6.) Diverses.

   Indem wir höflichst bitten hiervon Kenntnis nehmen
   zu wollen, zeichnet mit sportlichem 'Gut Ball'"
   (manche unterzeichneten auch mit "Gut Tritt" (ebd.,
   392), folgt Unterschrift des Schriftführers.

Versammlungen); dasselbe gilt für die Einrichtung von
regelmäßig stattfindenden geselligen Treffen wie "Vereinsabend"[1] oder "Sonnabendkneipe".[2] Sieht man einmal davon ab, daß in einigen Vereinen auch die studentische Anredeform "Herr" (plus Nachnamen) kultiviert
worden ist, konnten keine weiteren Belege dafür gefunden werden, daß der "Formelschwulst" (STUDIER)[3] und
die penetranten, feststehenden Sprachregelungen anläßlich von Kneipen und Kommersen, wie sie in den Corps
praktiziert wurden, auch in Fußballvereinen tradiert
worden sind.

---

1) Im Jahresbericht des "Fußball-Vereins" Stuttgart
   (in: Der Fußball 1895, 147) wird diese Einrichtung
   folgendermaßen begründet: "Um das persönliche Nähertreten der einzelnen Mitglieder und die Pflege der
   Kameradschaftlichkeit zu fördern, findet allwöchentlich Sonntag abend nach dem Uebungsspiel ein Vereinsabend im Lokal statt, zu welchem auch unsere
   verehrlichen passiven Mitglieder freundlichst eingeladen sind"; vgl. auch hier: S. 267ff., insbesondere
   wo die regelmäßigen Zusammenkünfte unter dem Aspekt
   "Ausdehnung der sozialen Beziehungen" näher betrachtet werden.

2) Aus dem Innenleben einer Akademischen Turnerverbindung berichtet HELLPACH 1948, 154: neben den beiden
   Turnabenden und dem Fechtboden war auch die Teilnahme an der "Sonnabendkneipe" ohne Ausnahme "ver-
   pflichtend".

3) "Der Fußball" II. 1895, 140; an gleicher Stelle ist
   in Zusammenhang mit einem Bericht über eine leichtathletische Veranstaltung auch von "Herrenläufern"
   die Rede, die in einer Erläuterung als "Amateure"
   bezeichnet werden. In dieser Konnotation, die den
   Verzicht auf materielle Entlohnung (aufgrund eigener, finanzieller Unabhängigkeit) bei einer Sport-
   teilnahme meint, war auch der Begriff "Herrenclub"
   gebräuchlich. Ich beziehe mich in diesem Punkt auf
   ein Gespräch mit Rudi Poth, einem Fußball- und Ver-
   bands-"Veteranen" (Jahrgang 1904) der Freiburger
   Fußballszene; er erinnerte sich daran, daß der Freiburger FC, vor allem in den zwanziger Jahren als
   "Herrenclub" bezeichnet wurde. Tatsächlich entstammt
   sein größter Lokalrivale (in der heutigen Zeit), der
   SC Freiburg, der 1912 aus der Fusion von "Sportverein 04" und "Union" entstanden war, eher klein-
   bürgerlichen und Arbeiterkreisen; vgl. BÜCHELE
   1927, 10ff.

Insgesamt kann man aus den hier angeführten Belegen
den Schluß ziehen, daß ein Teil der frühen (Schüler-)
Fußballvereine seine in Statuten festgehaltenen Orga-
nisations- und Funktionsprinzipien am Beispiel von
(Schüler-)Verbindungen ausgerichtet hat. Der weitgehende Verzicht auf die dort üblichen Ritualisierun-
gen offizieller Zusammenkünfte, das heißt die Rück-
führung "offizieller Kneipen" auf ihre originäre, also
gesellige Funktion des zwanglosen Zusammenseins der
Mitglieder,[1] kann man durchaus als kreative Umbildung
bzw. Weiterentwicklung des organisatorisch-kommunika-
tiven Vorbilds bezeichnen.

c) Zeremonielle Analogien: - Trinksitten

SCHULZE/SSYMANK, die in angenehm distanzierter Diktion
und dennoch kenntnis-, detail- und umfangreich "Das
deutsche Studententum von den ältesten Zeiten bis zur
Gegenwart 1931" beschrieben haben, beginnen in ihrem
15. Kapitel, das sich mit der "studentischen Kultur
von 1850 bis zum Weltkrieg"[2] befaßt, einen Abschnitt
über die Gewohnheiten und Formen des Alkoholkonsums von
Studenten mit folgenden Worten: "Eine wichtige Rolle im
Studentenleben spielte das Trinken, dem vielfach bis zum

---

1) Vgl. FABRICIUS 1926, 451, der die historische Entwicklung und Veränderung der "Kneipen" kurz skizziert.
2) SCHULZE/SSYMANK 1932, 428ff.

Uebermaß gehuldigt ward (...)".[1] Ohne in Beweisnot zu
geraten, kann man Gleiches auch von manchen Fußballvereinen vor der Jahrhundertwende (und danach) behaupten, vor allem, wenn sie freundschaftliche oder
vereinshistorische Beziehungen zum verbindungsstudentischen Milieu hatten.

In einer gewiß extremen Ausprägung belegen diese Behauptung einige Berliner Fußballspieler, die im Jahr
1895 eine "Tournee" nach Süddeutschland unternommen
hatten. Am Ende blieben sie "Zechen" in der bemerkenswerten Höhe von "457 Mark (schuldig)".[2] Auch wenn sich
die Konstanzer Schülerverbindung "Sportverein",[3] ein
Zusammenschluß von Schülern des Gymnasiums und der Oberrealschule, anschickte, eine "regelrechte Studentenkneipe (zu arrangieren)", waren "mutwillige Excesse"
nicht ausgeschlossen. In einem Fall, der Ende Oktober
1900 vorgekommen war, zog dies ein Spielverbot durch

1) SCHULZE/SSYMANK 1932, 441; ein ähnliches Problem
   scheint es auch bei Turnern gegeben zu haben, so
   könnte man jedenfalls die Tatsache interpretieren,
   daß die "Monatsschrift für das Turnwesen" (Jg.
   1899, 371) über die Hauptversammlung des "Vereins
   gegen den Mißbrauch geistiger Getränke" (28.9.1899
   in Stettin) berichtete. Der Referent (Prof. Bern-
   heim, Rektor der Universität Greifswald) hob dabei
   hervor, wie sehr das Turnen zur "Bekämpfung des Alkoholismus" geeignet sei; dennoch schien es auch bei
   den Fußballspielabteilungen von Turnvereinen üblich
   gewesen zu sein, Wettspiele mit "fröhliche(n) Tur-
   nerkneipe(n)" abzuschließen (ebd., 224).

2) Darüber berichtete "Der Fußball", 1895, 53. Diese
   Summe entsprach ungefähr zwei Dritteln des durchschnittlichen Jahres(!)verdienstes eines Arbeiters
   in Industrie/Handel/Verkehr, der im Jahr 1895 bei
   665 Mark lag; vgl. HOHORST/KOCKA/RITTER 1975, 107.

3) Konstanzer Gewerbeschüler hatten im Jahr 1900 bereits den FC "Constantia", einige Handelsschüler
   den FC "Germania" gegründet, wohl deshalb suchten
   sich die Gymnasiasten/Oberrealschüler durch einen
   "sportlichen" Namen zu unterscheiden und abzusetzen;
   vgl. KONSTANZ 1975, 125ff. (eigene Zählung, R. B.).

den Oberrealschuldirektor nach sich. In Freiburg war
es angeblich sogar zur Relegation eines Studenten und
mehrerer Schüler gekommen, und zwar wegen "Kneipe-
reien und Unsittlichkeiten".[1] Ansonsten sind jedoch
Berichte, die größere Trink-Gelage, gar Besäufnisse
zum Gegenstand hatten, die Ausnahme.

Der Trink-"Alltag", wenn man so will, war nach unseren
Recherchen viel eher bestimmt von "Kneipen", wie sie in
studentischen Kreisen vor der Jahrhundertwende üblich
wurden. Deren "Biercommente", wie man die streng re-
gulierten Trink-Ordnungen nannte, gingen immer mehr
zurück und wurden abgelöst von kommersähnlichen Veranstaltungen. Man könnte sie als gesellige Zusammenkünfte bezeichnen, die eine weitgehend festgelegte Reihenfolge von Trinksprüchen kombinierten mit Lob- und Fest-
reden, hin und wieder unterbrochen von gemeinsamen Ge-
sängen, und es scheint, daß sich Fußballvereine dieser
Praxis angeschlossen haben.

So berichtet KOPPEHEL, daß Wettspiele "meistens mit
einem zünftigen Kommers abgeschlossen" wurden bzw.
daß man noch zu einer "gemütlichen Fidelitas" zusam-
mensaß.[3] Eine "Fidelitas"[4] ließ man auch bei einer

---

1) So will es jedenfalls ein Leserbrief in "Der Fußball" II. 1895, 221; den Vorfall konnte ich jedoch
   in den einschlägigen Akten, die in der Stadtbibliothek Freiburg einsehbar waren, nicht verifizieren.

2) Lt. SCHULZE/SSYMANK 1932, 411 begann bei den Corps
   die Praxis des Biercomments "gegen Ende des Jahrhunderts" einzuschlafen.

3) Vgl. KOPPEHEL 1954, 18 und 31.

4) "Fidelitas" bedeutet "heitere Geselligkeit"; ein
   Karlsruher Fußballverein der neunziger Jahre trug
   diesen Namen, ob er wohl Programm war?

Weihnachtsfeier "in ihr Recht treten" - freilich erst
"nach Absingen des Liedes 'O Tannenbaum'".[1] Möglicherweise hat sich zusammen mit der Praxis von Kommersen
auch ein ganz bestimmter Liedkanon etabliert, sodaß
für Fußballvereine im Jahr 1895 eigens ein "Ballspieler-Commersbuch"[2] herausgegeben werden konnte. Neben
dieser "Sammlung von Fußball- und Cricket-, sowie Trink-
und Volksliedern", wie der Untertitel lautete, gehörten
auch reine Studentenlieder wie "Gaudeamus igitur" zum
Repertoire; weitere Gesangsstücke wurden aufgenommen,
indem man auf bekannte Melodien neue Texte mit Bezug
zum Fußballspiel dichtete.[3]

1) "Der Fußball", II. 1895, 1.

2) Die Annonce zum "Ballspieler-Commersbuch" findet
sich in "Der Fußball" 1895, 205. Die Tübinger Uni-
versitäts-Bibliothek konnte in keiner bundesdeutschen Bibliothek ein Exemplar ausfindig machen;
erschienen ist es seinerzeit beim Verlag Zühlcke
+ Paritschke, Berlin, S. W. 68, der Preis betrug
50 Pf. Im Jahr 1913 wurde (in 2. Auflage) von Oskar
Matthias ein "Deutsches Fußball-Liederbuch"(ver-
legt bei Grethlein & Co., Leipzig) veröffentlicht,
das gleichfalls in keiner bundesdeutschen Bibliothek
nachweisbar war.

3) Zwei besonders eindrückliche Exemplare sollen nach-
folgend zur Illustration der Liedgattung "Fußball-
Lieder" aufgeführt werden:

"Hoch dem 'Fussball' - Dem Ludwigsb. Fussballclub
gew. von Girr. Melodie: Deutschland - Deutschland
über alles

1. Freudig lasst den Ruf erklingen
Pflanzt ihn fort von Ort zu Ort
Fröhlich lasst uns jetzt besingen
Unsern edlen Fussballsport
Den wir alle eifrig pflegen
Und in Ehren halten hoch,

2. Bei des Herbstes rauhen Tagen/
Bei dem Frühlingssonnenschein,
Niemals dürfen wir verzagen
Aengstlich oder mutlos sein
Geistesgegenwärtig noch,

3. Kommt es dann zum Wettspielstreite
Steht ein jeder Mann für Mann
Unser schwarz und gelbes Zeichen
Leuchtet freudig uns voran;

Vor allem die patriotisch gesinnten unter den Fußballvereinen beendeten einen Kommers nicht bloß mit einem
"dreifachen Hipp, Hipp, Hurra auf S. M.",[1] sondern es
wurde ein "Salamander auf Se. Majestät (gerieben)".[2]
Gelegentlich suchte man sich an Patriotismus auch zu
übertreffen, etwa als der Allgemeine Deutsche Sport-
Bund, ein Berliner Fußballverband mit vorwiegend studentisch-akademischer Mitgliedschaft, zu Ehren des
achtzigsten Geburtstags von Bismarck (am 1. April 1895)
einen speziellen Kommers einrichtete.[3] Selbstverständlich wurde bei diesem Anlaß "in längerer Rede
der herrlichen Verdienste des Einzigen" gedacht und

Ob wir siegen oder fallen,
Töne stets es frei und froh":
Es folgt jeweils der Refrain: "Hipp, Hipp, Hurra,
hoch der Fußball /Hipp, Hipp, Hurra, dreimal
hoch".

An gleicher Stelle (Der Fußball 1895, 143) ist ein
"Fußballlied" abgedruckt, das auf die "Melodie:
Der Mai ist gekommen" gesungen wurde, eine Strophe
soll genügen:

"Was giebt's schönres auf Erden/Als Fussballspieler
zu sein/Nur da allein kannst kräftig werden/Drum
will ich auch ein solcher sein/Wie die Sorgen da
schwinden/Wie stolz hebt sich die Brust/Nur dir
allein will ich dienen/Von ganzer Herzenslust".

Im übrigen wurde in mehreren Heften von "Der Fußball"
(1895, in den Nummern 11 bis 13 sowie 18 bis 22)
Neudichtungen ähnlichen lyrischen "Kalibers" veröffentlicht. Die allgemeine Tradition des "Sport-
liedes" wurde auch in den zwanziger Jahren fortge-
setzt wie aus einer Annonce in "Fußball und Leichtathletik" (Nr. 35, 7.9.1921, S. 1110) hervorgeht.
Dort wurde ein "Sportliederbuch" angekündigt, das
folgende Abteilungen beinhalten sollte: "1. Heimat-,
Vaterlands- und Festlieder; 2. Spiel- und Sportlie-
der; 3. Turnier-, Wander- und Abschiedslieder;
4. Trinklieder; 5. Humoristische Lieder; 6. Volks-
und Liebeslieder; 7. Lieder zum Lobe der Frauen;
8. Verschiedene".

1) "Der Fußball" II. 1895, 180.

2) KOPPEHEL 1954, 35.

3) KOPPEHEL 1954, 42f; die folgenden Zitate entstammen
   derselben Quelle, einschließlich der Seiten.

"durch einen urkräftigen Salamander" gewürdigt. Doch
nicht genug damit, schickten die Versammlungsteilneh-
mer noch während des Kommerses ein "Huldigungs-Tele-
gramm an "Deutschlands Einiger", das man in seiner Un-
terwürfigkeit heute wohl eher als peinlich empfindet.[1]

Abschließend soll zur Demonstration von Ablauf und
Stimmung eines vermutlich typischen "Fußball-(Fest-)
Kommerses" aus einem Bericht[2] zitiert werden, der zur
Feier des zehnjährigen[3] Bestehens des Berliner Fußballsports in der Fachzeitischrift "Der Fußball" veröffentlicht worden ist. Der Reporter bemerkte vorab etwas
verärgert, daß der Kommers, er fand am 4. 5. 1895 statt,

---

1) Wortlaut des "Huldigungs-Telegramms" an Bismarck,
   Friedrichsruh.
   "Die zur Feier des 80. Geburtstages Eurer Durchlaucht
   beim Festcommers versammelten Mitglieder des Allgemeinen Deutschen Sport-Bundes gestatten sich ehrer-
   bietigst ihrer glühenden Verehrung und treuen Anhäng-
   lichkeit an den großen Staatsmann und größten Deutschen Ausdruck zu verleihen. Gott erhalte Euere
   Durchlaucht noch lange zum Heil des deutschen Volkes
   und des durch Ihre unvergleichlichen Verdienste ge-
   einten Vaterlandes. i. A.: B. Grenzebach",
   KOPPEHEL 1954, 43.

2) In: Der Fußball, 1895, 148f.; alle folgenden Zitate
   entstammen dieser Quelle.

3) Lt. KOPPEHEL (1954, 58) hatte sich der erste Berliner Associationsfußballverein unter den "Schülern
   der Unterprima bis Obertertia (des Askanischen
   Gymnasiums)" gebildet und nannte sich FC "Ascania".
   Diese Szene erhielt 1885 neue Impulse, als die
   drei Frankfurter (Rugby-)Fußballspieler Grenzebach,
   Schneider und Leux studienhalber nach Berlin kamen
   und den Berliner Fußball-Club (B.F.C.) "Frankfurt"
   gründeten; weitere Einzelheiten zur Geschichte
   des Berliner Fußballsports in: Der Fußball 1895,
   140; sowie: HEINEKEN, Das Fußballspiel in Berlin
   seit seiner Einführung daselbst, in: DFB-Jahrbuch
   1904/05, 89 - 94; vgl. auch hier: S. 248ff.

von "nur etwa 100 Sportsleuten" besucht worden ist,
obwohl er einen Bestand von "1.000 Berliner Fußballspielern" schätzte. Vermutlich stand diese geringe
Resonanz in engem Zusammenhang mit der sozialen Zusammensetzung der Initiatoren des Festkommerses, er war
nämlich studentisch-akademisch; deren ausgeprägte Neigung zu nationalchauvinistischen Jubelfeiern dürfte,
vom Sozialgefälle abgesehen, viele von der Teilnahme
abgehalten haben. Diese Überlegung umgeht der Reporter
mit der Behauptung, daß eben nur die "echten Sports-
leute" gekommen seien. Den rhetorischen Teil des Abends
faßt er damit zusammen, daß "schneidige Reden vom Stapel
gelassen worden" seien, "welche durchgängig echt sports-
männisch empfunden waren und daher zündend wirkten".
Dann fuhr er fort:

> "Mit einem Toaste auf das Fußballspiel eröffnete
> der erste Präside, Herr Apotheker Dr. Wienecke,
> den Commers und ertheilte sodann dem vor 10 Jahren
> bei der Einführung unseres edlen Spiels schon mit-
> betheiligt gewesenen und noch heute wie vor
> 10 Jahren seinen Mann auf dem Felde stellenden
> Pionier des Sportes Herrn Ferd. Schneider zur Weihe-
> rede das Wort. Es folgten hierauf abwechselnd mit
> allgemeinen Liedern verschiedene Reden, aus welchen
> wir noch besonders hervorheben den mit einem Sala-
> mander auf Se. Majestät den Kaiser endenden speech"[1] -
> das englische Wort für Rede - "des Herrn Waaser, den
> Toast des Vorsitzenden vom B.F.C. 'Romania', Herrn
> Wedekind, auf die noch heute treu zur Fußballfahne
> schwörenden Gründer des Sports in Berlin, die Her-
> ren Georg Leux,[2] Ferd. Schneider ung Bruno Grenze-
> bach, sowie die Herren Thomas aus Dresden, welcher

---

1) Den Sprachpuristen unter den national gesinnten Mitgliedern und Anhängern der Fußballbewegung dürfte
dieses Wort schrill in den Ohren geklungen haben.

2) Im "Personenregister verdienter Pioniere (des deutschen Fußballs)" beschreibt KOPPEHEL (1954, 320)
Leux als "Maler, Bildhauer und Opernsänger", außerdem
war er noch Captain der Tauzieh-Mannschaft des BFC
"Frankfurt", vgl. "Der Fußball", II. 1895, 307,
wo er im Kreise der Kameraden abgebildet ist.

den B.F.C. 'Frankfurt' feierte, sowie des Herrn
Richter, früheres langjähriges Mitglied von
'Frankfurt', welcher in kerniger aber dabei rein
objectiver Weise den Baumeistern und Gehilfen am
Baue unseres herrlichen Sports in Berlin ein 'Hoch'
widmete. Fidelitas und Urfidelitas schlossen sich
an, und als um etwa 4 Uhr zum Aufbruch geblasen wurde, da war es vielen Herren doch noch 'zu früh',
sie vereinigten sich zu einer grossartigen Drosch-
kenfahrt nach dem 'Thiergarten' und --- sassen
Morgens um 8 Uhr noch im 'Café Bauer'".

d) Zeremonielle Analogien: - Fußballwettspiele
   ersetzen Duelle

STUDIER weist in seiner Darstellung des "Corpsstudenten in der Wilhelminischen 'Ära'", so der Titel dieser
Arbeit,[1] unter anderem darauf hin, daß die "Mensur"
zwar "eines der wesentlichsten Kriterien der Corps"
(65) gewesen sei, dennoch will er sie streng von der
Praxis und Bedeutung des "Duells" unterschieden wissen.
Bei identischem historischen Ursprung hätten sich beide
auseinanderentwickelt und im Lauf des 19. Jahrhunderts
völlig verschiedene Begründungen und Rechtfertigungen
ihrer Tradierung erhalten.

Gegen Ende des 19. Jahrhunderts sei in studentischen Kreisen die Forderung zum Duell als "ultima ratio" nur noch
in den Fällen akzeptiert worden, da ein Corpsstudent sei-

---

1) Es handelt sich um eine (philosophische) Dissertation
   mit dem Untertitel "Untersuchungen zum Zeitgeist
   1888 bis 1914". Im übrigen war STUDIER selbst ein
   "Corpsier"; stellenweise gewinnt man den Eindruck,
   der Autor glaubt, einige in der Öffentlichkeit nega-
   tiv aufgenommene corpsstudentische Praktiken wie
   das Duellwesen und auch den exzessiven Alkoholgenuß
   in etwas günstigerem Licht ausführen zu sollen; deshalb konnte er gelegentlich apologetische Darstel-
   lungen nicht vermeiden; alle folgenden Zitate entstammen STUDIER 1965.

ne "Ehre" verletzt glaubte; STUDIER vermeidet jedoch
die Angabe konkreter Zahlen, die belegen könnten, wie
oft Duelle unter Studenten tatsächlich vorgekommen
sind.Eine sogenannte "Ehrverletzung" konnte dadurch geschehen, daß ein Corpsier sein "äußeres Ansehen" entweder durch eine Beleidigung oder durch eine falsche An-
schuldigung für beschädigt erachtete. Die darin vermutete "Verkleinerung" seiner gesellschaftlichen Stellung
konnte nur durch zwei Formen der Wiedergutmachung be-
hoben werden. Entweder bot der Kontrahent "Revocation",
das heißt, er nahm seine Anwürfe zurück, was jedoch
aufgrund des ebenfalls kultivierten "Wahrhaftigkeits-
prinzips"[1] nahezu ausgeschlossen war; oder er gab
"Satisfaktion", und das bedeutete Genugtuung durch körperliche Auseinandersetzung, die andauerte, bis die
Sekundanten einen Sieger feststellten.

Sieht man einmal davon ab, daß "Satisfaktionsfähigkeit"
standesorientiert definiert war, also gegenüber den gesellschaftlich als tiefer eingestuften Sozialschichten
keine Gültigkeit besaß,[2] sie insofern eine soziale Dis-

---

1) "Wo die Lüge beginnt, da hört die Ehre auf", zitiert
   STUDIER eine anonyme Quelle (1965, 160); die "innere
   Wahrhaftigkeit" verbot alles zu tun, was zur Lüge
   führte, denn diese war eine "Beeinträchtigung der
   (eigenen) Ehre und leitete hin zur Schande" (ebd.).

2) Standesdünkel und soziale Verachtung treffen in
   einem Zitat zusammen, das STUDIER (163) als Antwort
   auf Bebels Charakterisierung des Duells als "Mord-
   patriotismus" mit kritischem Kommentar ("geringschätzig") versehen nachdruckt: "Wer könnte mit
   größerem Verständnis über das Ehrgefühl soldatischer
   und academischer Kreise sprechen, als ein Drechsler-
   meister? (...) Es fällt uns natürlich nicht ein,
   uns mit Herrn Bebel über die Berechtigung oder Nicht-
   berechtigung des Zweikampfes auseinanderzusetzen,
   da wir der Ansicht sind, daß dies bei dem Bildungs-
   gange und der sozialpolitischen Stellung Bebels doch
   zwecklos sein würde" (163).

kriminierung implizierte, so stellte die Duellpraxis
und ihre Begründung die Pervertierung einer ethischen
Grundhaltung der Corps dar, die ansonsten die Verantwortung des Einzelnen gegenüber der Gesellschaft und
seine politische und religiöse Freiheit besonders beton-
ten.[1] Denn in Wirklichkeit meinte die Forderung zum
Duell, das nicht selten auf Leben und Tod geführt wurde, eine Verabsolutierung der eigenen Person und ihrer
willkürlich definierten "äußeren Unversehrtheit"
bei gleichzeitiger Anmaßung, über die Existenzberechtigung einer anderen Person (endgültig) entscheiden zu
können, falls diese nicht in gleicher Weise die Vorstellungen einer "äußeren Ehre" teilte; und nur um diese
ging es. Die "innere Ehre", das Selbstwertgefühl, war
laut STUDIER überhaupt nicht antastbar.[2] Groteskerwei-
se nennt STUDIER das Duell allen Ernstes einen "Ehren-
kampf". Aufgrund der ihn begründenden Voraussetzungen
kann man ihn jedoch bestenfalls als pubertäre Ehren-
"händel" bezeichnen oder mit August Bebel als "Mord-
patriotismus".[3]

Demgegenüber hatte sich in STUDIERs Definition im 19.
Jahrhundert die Mensur zum "ritterlichen Kampfspiel"
entwickelt. Sie setzte keine Beleidigung (mehr) voraus,

---

1) Im Kösener Korps, das STUDIER als Untersuchungsgegen-
   stand diente,galt "statuarisch das Toleranzprinzip:
   Duldung aller politischen,religiösen und wissenschaftlichen Überzeugungen seiner Mitglieder" (166).

2) In Bezug auf das einem Corpsier "innewohnende Ehrgefühl, welches aus dem Bewußtsein eines nach den
   Principien der Ehre geführten Lebens entspringt,
   kann niemand verletzen (...)". Deshalb bedurfte es
   "in diesem Zusammenhang auch keines Duells" (160).

3) Zitiert nach STUDIER 1965, 162; vgl. hier: S.190,
   Anmerkung 2.

sondern wurde von einer besonderen Institution der
Corps, den "Consenioren", eigens inszenziert. Da diese
zugleich den für alle Corpsiers obligatorischen "Paukboden",[1] die wöchentlichen Übungen im Mensurfechten,
leiteten, kann man sie in heutiger Terminologie als
"Trainer" bezeichnen; als solche "bestimmten" sie
auch, zusammen mit den Consenioren anderer Corps, wer
gegen wen anzutreten hatte, wenn ein "Bestimmtag"[2] an-
gesetzt war. Sie hatten vor allem darauf zu achten, daß
möglichst gleichstarke Fechter einander gegenüberstanden, damit beim Kampf keine größeren Verletzungen als
der (erhoffte) "Schmiß" vorkamen.

Zwar hatte laut STUDIER die Mensurbestimmung bzw. der
Paukboden hauptsächlich den Zweck, die Corpsstudenten
zu "Mut und Selbstbeherrschung" zu erziehen; zugleich
sollte aber auch dokumentiert werden, daß man sich den
im Leben vorkommenden "unangenehmen Situationen" zu
stellen bereit war. Daher wies der Schmiß jemanden
nicht bloß als Mitglied einer ("schlagenden") Verbindung aus, sondern die "narbige Visitenkarte" (H. U.
Wehler) symbolisierte letztlich auch eine besondere
Verhaltenseinstellung, nämlich die innere Bereitschaft
und die erprobte Fähigkeit eines Corpsiers "zurückzu-
schlagen". Die Beibehaltung der Duellforderung, trotz

---

1) Der "Paukboden" bzw. "Paukbetrieb" bedeutete etymologisch "Fechtstunde, Fechtboden" (DUDEN Bd. 7 Etymo-
   logie, 1963, 497f.; "pauken" etymologisch "unter-
   richten": "weil es dabey ohne Schläge nicht abgeht",
   Kind, Studentenlexikon Halle 1781, zitiert nach
   ELLENBERGER 1910 (neu 1981), 7.

2) STUDIER (66) zitiert aus einem Bericht, der einen
   "Bestimmtag" idyllisierend als Ausflugsfahrt ins
   Grüne beschreibt, ehe es dann in der vorgeschrie-
   benen Formelsprache hieß: "Silentium für eine Mensur!
   dieselbe geht Rhenania contra Hansea, ohne Mützen
   mit Sekundanten, zehn Minuten auf Grund einfacher Bestimmung" (67).

gesetzlicher Verbote, verrät schließlich eine verächt-
liche Haltung[1] zu rechtsstaatlichen Grundbedingungen,
bedenklich umso mehr, als "der weitaus größte Teil der
Corpsstudenten aus Juristen (bestand)".[2]

In seiner "Geschichte des deutschen Fußballs" dokumentiert KOPPEHEL einige Beispiele von Spielangeboten an
andere Fußballmannschaften, die in der Diktion bis zur
Duellforderung in corpsstudentischer Ethik reichen.
Zunächst die zivilisierteste Form einer (Erwiderung
auf die) Aufforderung zu einem Fußballspiel:

> "Dem Sportclub 'Italia' zur gefl. Kenntnisnahme,
> daß wir das Gesellschaftsspiel zum 22. März cr.
> mit dem besten Dank annehmen. Es würde uns aber
> sehr angenehm sein, wenn das Spiel schon um
> 2 Uhr anfangen könnte, da wir nachher noch ein
> Spiel haben und es sonst zu dunkel wird. Wir wer-
> den diesmal mit vollständiger Mannschaft spielen.
> BFC Sevilla, E. Gebauer, 1. Schriftführer". 3)

Den friedlichen Charakter der bevorstehenden Spielbegegnung dieser beiden Clubs kann man schon daran erkennen, daß in dieser freundlichen Aufforderung jeder Hin-

---

1) "Völlig undenkbar wäre gewesen, daß ein Corpsstudent wegen einer Beleidigung durch einen gesellschaftlich Gleichgestellten die Gerichte angerufen
   hätte" wie STUDIER (163) anmerkt.

2) STUDIER (59) läßt zur Begründung dieses Überhangs
   offen, "ob dies daran lag, daß das Studium der
   Rechtswissenschaft im Gegensatz zu dem der Theologie, Medizin und Naturwissenschaft die größte Unabhängigkeit von Studienverpflichtungen bot oder daran, daß gerade der Jurist hinsichtlich seiner Be-
   rufsaussichten die Corpszugehörigkeit für besonders
   nützlich hielt". Vermutlich ergänzten sich beide
   Begründungen.

3) KOPPEHEL 1954, 29.

weis auf eine kämpferische Auseinandersetzung mit Sie-
gern und Besiegten fehlt. Bezeichnenderweise ist auch
nicht von einem "Wettkampf" die Rede, sondern vermutlich ist "Gesellschaftsspiel" der Schlüsselbegriff für
ein nicht-aggressives Spielverständnis.

Schon eher auf einem Kampfprinzip beruhend dürfte die
Auseinandersetzung zweier "Ortsrivalen" gewesen sein.
KOPPEHEL erwähnt ein "Preiswettspiel" aus dem Jahr 1896,
als "Viktoria" Braunschweig "100 Mark" einsetzte, und
zwar als Motivation zur Gegenwette, in der man sich mit
"25 Mark" begnügte, falls der Gegner, "Eintracht" Braunschweig, das Spiel verlieren sollte. Vielleicht war die
Preissumme auch nur vordergründig ein Spielanreiz, möglicherweise ging es dem "fordernden" Verein nur darum,
die lokale Vorherrschaft im Fußballspiel in Braunschweig
bestätigen und auch öffentlich reklamieren zu können.
Dies könnte auch - in regionaler Dimension - der Anlaß
für die "stets fordernden Schweizer Clubs" jenseits des
Bodensees und der Rheingrenze gewesen sein, von der
die Chronik des FC Konstanz 1900/VfR berichtet.[1]

Der nun folgende öffentliche Aufruf in einer (Berliner)
Sportzeitung illustriert eine weitere Steigerung der
Forderungssemantik, obwohl auch hier der Begriff "Ge-
sellschaftsspiel" verwendet wird:

> "Der 'BFC Nordstern' wurde zum Sonntag, den
> 21. Mai, vom 'BFC Vineta' zu einem Gesell-
> schaftsspiel in Moabit aufgefordert. Als nun
> der genannte Club sich zur bestimmten Zeit mit
> Schiedsrichter eingefunden hatte, war Vineta
> dagegen noch nicht zu sehen. Einige Herren
> sagten, sie wären nach Grunewald. Ob nun die

---

1) FC KONSTANZ 1975, 125 (eigene Zählung, R. B.).

Herren gedacht hatten, wir kommen gar nicht?
es ist doch recht häßlich von dem betreffenden
Club, daß er uns von seiner Grunewald-Partie
nicht hat zu wissen gegeben. Wir fordern nun
den Club Vineta auf, mit uns ein Gesellschaftsspiel auf dem Tempelhofer Feld zu spielen!
BFC Nordstern." 1)

Der unverkennbar gereizte Tonfall ist verständlich.
Im übrigen begründen die hier genannten Umstände die
Praxis der Fußballverbände, die um Mitgliedschaft
bittenden Vereine zuvor darauf zu überprüfen, ob sie
die Gewähr für die Einhaltung von Spielvereinbarungen
boten. Mitunter waren solche "Zuverlässigkeitsprüfun-
gen", wie man das Vorgehen etwa des Süddeutschen Fußballverbandes nennen könnte, eher dazu geeignet, lästige Vereinskonkurrenten auszuschalten bzw. deren beste
Spieler abzuwerben.[2]

Am deutlichsten offenbart schließlich das folgende Beispiel einen dem Duell verwandten Charakter, den einzelne Spielaufforderungen unter den vorwiegend aus studentisch-akademischer Mitgliedschaft zusammengesetzten
Fußballvereinen annahmen. Per Zeitungsanzeige forderte
ein "FC Abazia" einen "Weißenseer FC Alexandria" zum
letzten Male zu einem Gesellschaftsspiel auf. Sollte genannter Club nicht erscheinen, so erklären wir denselben für besiegt".[3]

---

1) KOPPEHEL 1954, 29.

2) BÜCHELE (1927, 17) bemerkt dazu: "Der (Süddeutsche
   Fußball-)Verband, welcher (bei Vereinen, die eine
   Mitgliedschaft beantragten) die Bedürftigkeitsfrage
   durch die übrigen in Freiburg schon existierenden
   Verbandsvereine entscheiden ließ, lehnte die Aufnahme meistens mit dem Anheimstellen ab, sich einem
   der bestehenden Verbandsvereine anzuschließen".

3) KOPPEHEL 1954, 29; zumindest Weißensee, ein Vorort
   von Berlin, vermutlich aber auch der zweite Club
   war ein Berliner Verein.

Eine "Besiegt"-Erklärung ist jedoch ohne den hier
nicht anzunehmenden Fall, daß es sich um ein Spiel in
einer Meisterschaftsrunde handelte, sinnlos, es sei
denn, daß man im Unterbewußtsein eben doch eine modifizierte Duell-Vorstellung auf den Wettkampf zweier Fußballmannschaften übertrug. Wenn nämlich eine "Club-
Ehre" imaginiert wurde, die bei einer Forderung buchstäblich "auf dem Spiel stand", dann konnte die Durchführung eines Wett- bzw. Gesellschaftsspiels eine corps-
studentisch-analoge Genugtuung herbeiführen; im Falle
des Nicht-Antretens eines Gegners wäre dies in corpsstudentischer Semantik als "Revocation" zu interpretieren; in derselben Logik weitergedacht, käme dies
dann der Wiederherstellung der "Ehre" gleich.

Berücksichtigt man nun bei diesen Beispielen die reale
historische Abfolge bis zur Gegenwart, dann wäre ihre
Präsentation auch in umgekehrter Reihenfolge denkbar
und korrekt gewesen, zumal dadurch die veränderte Einstellung unter Fußballspielern zum früheren Wettkampf-
prinzip ebenfalls hätte hervorgehoben werden können.
Denn die bisher genannten Beispiele kann man durchaus
auch in dem Sinne interpretieren, daß Relikte corpsstudentischen Duellwesens, das immer auch individual-
psychologisch mit Symbolen und Normen überfrachtet war,[1]
im Gedankengut der Fußballvereine am Schwinden waren.
Daraus kann man wohl schließen, daß sich vor allem
jene Umformungen des Duell- bzw. Ehrbewußtseins durch-

---

1) "Ganze Männer, die 'auf ihre Ehre hielten', heranzu-
   ziehen, Männer, die nicht wegen jeder Kleinigkeit
   jammernd zum Gericht liefen, die Selbstbeobachtung,
   Selbstverantwortlichkeit und Selbstbeherrschung
   übten, das war der Zweck des Corpsstudententums",
   STUDIER, 164.

gesetzt und bis heute behauptet haben, denen eben nicht
ein ritterlich-archaischer Ehrbegriff zugrunde lag.
Stattdessen wurde das Persönlichkeitsverständnis durch
den englischen Begriff "Fairness" ersetzt, der in seinem Verlangen nach unbedingter Rücksichtnahme auf den
Spielgegner dessen vitale Existenzberechtigung - le-
bensphilosophisch gewendet - zur selbstverständlichen
Voraussetzung der eigenen erklärt.

Mit dem allmählichen Wandel von der sporadisch vereinbarten Spielbegegnung zweier Teams hin zur Organisation
von Meisterschaftswettbewerben[1] wurde den Spielen
mit duellähnlichem (Heraus-)Forderungscharakter der
Stachel des pseudo-existenziellen "Alles-oder-Nichts"-
Prinzips genommen. Denn in Bezug auf das Gesamt-Ziel
"Meistertitel" bzw. bestmögliche Plazierung sind zwar
alle einzelnen Spiele wichtig, gelegentliche Niederlagen, auch Siege, aber nur relativ bedeutend. Zum einen
weil auch andere Mannschaften nicht immer gewinnen
(können), und zum anderen weil sich im Laufe mehrerer
Wettbewerbe genügend Erfahrung ansammelt, die beim aktiven Vereinsmitglied, trotz aller inneren Angespannt-
heit vor jedem Spiel, einen gewissen Gleichmut gegenüber
dem Spielergebnis aufkommen läßt. Mit dem über eine
Saison lang Spannung aufbauenden Meisterschaftswettbewerb wurde also eine Transformation der bestehenden,
dem mittelalterlichen Duell nahen Wettkampfideologie
eingeleitet, was man nicht zuletzt als einen entscheidenden Beitrag zur "Zivilisierung"[2] des Fußballsports
selbst interpretieren kann.

1) Vgl. den Abschnitt über "Fußballverbände", hier:
   S. 248ff.

2) In der Debatte über die Zivilisierung des Sports, die
   hauptsächlich und am kompetentesten von ELIAS/
   DUNNING (1971, 1979) geführt wurde (vgl. dazu auch
   EICHBERG 1973; PILZ 1982), hat man den Gewalt dämpfenden
   Effekt bisher vernachlässigt, der in der Durchsetzung
   langfristiger Meisterschaftswettbewerbe enthalten ist.

e) Werbung um Mitgliedernachwuchs

"Junge, gebildete Herren, die geneigt sind,
unserem schon viele Jahre bestehenden Verein
beizutreten, werden höflichst gebeten, sich
schriftlich zu wenden an ... Probeweise Teilnahme an Übungsspielen gestattet". 1)

Wir kennen den Erfolg leider nicht, den diese, aus heutiger Sicht doch recht ungewöhnliche Anzeige in einer
Sportzeitung vor der Jahrhundertwende gehabt hat. Immerhin können wir den wenigen Worten entnehmen, daß sich
der annoncierende Fußballverein an ein bestimmtes ge-
sellschaftliches Publikum wandte, eben an "gebildete"
Schichten; daraus kann man wiederum auf das soziale Umfeld dieses Vereins selbst Rückschlüsse ziehen. Da
KOPPEHEL den Namen nicht preisgibt, kann man nur Vermu-
tungen anstellen. Durchaus denkbar ist, daß es sich
hier um eine Akademische Turnerverbindung handelte,
von denen es bis zum ersten Weltkrieg eine große Anzahl
gab, einige sogar als reine Fußballvereine; viele von
ihnen waren Mitglieder im "Akademischen Sportbund", dem
auch nicht-reinstudentische Sportvereine angehören
konnten.[2]

Insbesondere diese Akademischen Fußballvereine litten
unter Nachwuchsmangel, den sie sich unter anderem mit
der Fluktuation im studentischen Leben erklärten, also
dem öfteren Universitäts- und Studienortswechsel. Diesen Umstand machte man nicht zuletzt dafür verantwortlich, daß im Rahmen eines Studiums nur schwer ein kon-
tinuierlicher, aus qualifizierten Spielern bestehender

---

1) KOPPEHEL 1954, 30.
2) SCHULZE/SSYMANK 1932, 411.

Fußballspielbetrieb aufzubauen war: "Besser wird's
erst, wenn mehr bessere Spieler von den Schulen kommen
und die sogenannten Alten Herren einen festen Stamm von
Spielern bilden", argumentierte man beim ATV Leipzig.[1]
Einstweilen mußte man sich jedoch mit Maßnahmen wie
der Zeitungsannonce behelfen, wobei die Frage unge-
stellt blieb, ob Zeitungsanzeigen für diesen Zweck überhaupt geeignet waren und wenn ja, ob die hier ange-
schlagene Tonart stimmte.

Vergleicht man nun Methode und Stil dieses Vorgehens,
das für Fußballvereine mit akademisch dominierter Mit-
gliedschaftsstruktur und verbindungsähnlichem Binnenauf-
bau als exemplarisch gelten kann, mit den Praktiken,
die unter dem Begriff "Fuchsenkeile" vor allem bei
corpsstudentischen Verbindungen zur selben Zeit üblich,
ja berüchtigt waren, dann fallen fundamentale Unterschiede sofort auf. Nicht zuletzt die fortschreitende
Ausdifferenzierung des gesamten studentischen Verbin-
dungswesens in immer neue Gründungen von Corps, Burschenschaften und Landsmannschaften, zu denen im Deutschen Kaiserreich noch neue Organisationsformen wie
Akademische Turnerschaften und Sängerschaften sowie konfessionell orientierte Verbindungen hinzukamen,[2] ließen
zum Teil absonderliche Bräuche entstehen, um sich personellen Nachwuchs zu sichern, was selbst STUDIER zur
Charakterisierung: "unwürdig" veranlaßte.[3]

---

1) Vgl. JfJuV 1895, 191 - 195.
2) Vgl. dazu das dreizehnte Kapitel von SCHULZE/SSYMANK
   1932: "Das Verbindungsleben bis zum Weltkrieg",
   404 - 421.
3) STUDIER 1965, 50.

Typischerweise wurden die potentiellen "Füchse", wie
man die Jungmitglieder in der Sprache der Verbindungen
nannte, bereits am Bahnhof abgefangen. Die meistens
(groß-)stadtunerfahrenen Abiturienten wurden dann,
kaum waren sie dem Zug entstiegen, schon auf dem Bahn-
steig von speziell beauftragten Verbindungsmitgliedern
"empfangen". Mit ausgesuchter Höflichkeit, die Hilfs-
bereitschaft in Person, sprachen diese ihre "Opfer" an
und machten ihnen das nicht unwillkommene Angebot, bei
der räumlichen Unterbringung behilflich zu sein. Hatte
man den Angesprochenen dann erst einmal in seiner eigenen Bude untergebracht, kam der eigentliche Abschnitt
der Werbemaßnahme, die obligatorische Teilnahme an
einer ("authentischen") Studentenkneipe. Die "Mulis"[1]
wurden zwar auch den übrigen "Herren Studenten" vorgestellt, großzügig Integration vorspiegelnd, doch der
einzige Zweck einer Willkommenskneipe war, daß man von
einer Seite "besoffen geredet" und von der anderen Seite mit Bier "besoffen gemacht" wurde (HELLPACH) - bis
man schließlich einen Schwur tat, ein Ehrenwort ablegte
te oder die Mitgliedschaftsformulare unterschrieb und
somit in die Verbindung eintrat. Nicht alle hatten am
anderen Tag den Mut, diese Überrumpelungstaktik beim
Namen zu nennen und wieder auszutreten; bei vielen wirk-
te die Drohung, daß ein Austritt einer großen Blamage
gleichkäme, der man sich zu Beginn eines Studiums bes-

---

1) Lt. SCHULZE/SSYMANK (1932, 435) war ein "Mulus"
   (Maulesel) die "Zwischenform zwischen Esel (Schüler) und Pferd (Student) und bezeichnet(e) den
   jungen Mann, der die Schule verlassen hat und zur
   Hochschule geht".

ser nicht aussetzte,[1] sodaß man letztlich doch Mitglied blieb. Vergegenwärtigt man sich noch einmal die eingangs erwähnte Vorgehensweise, dann könnte der Unterschied zwischen beiden kaum größer sein: Im letzten Beispiel die als unmündig erachteten Abiturienten, deren Unerfahrenheit und Unsicherheit man kühl berechnend ausnützte, und die man dann in der Statushierarchie der Corps zu "Füchsen" degradierte. Auf der anderen Seite das Werben um "anständige junge Leute", die zum Beispiel beim Ludwigsburger "Fußball-Club" und dem Fußball-Club "Lipsia", Leipzig "jederzeit herzlich willkommen"[2] waren. Es kontrastierten "Lauf-Burschen" mit - trotz aller semantischen Gestelztheit - "jungen Herren".

---

1) Auch HELLPACH wurde auf diese Weise überredet, in eine (schlagende) Verbindung einzutreten; er fand jedoch die Courage und trat wenige Tage später wieder aus. Stattdessen entschied er sich für den Akademischen Turnverein an der Universität Greifswald, wo H. sein Medizin-Studium begann; er begründete die im Akad. Turnverein "freiwillig gesuchte (Bindung)" (161) folgendermaßen: "Was mich lockte, war die Pflege von Spiel und Sport, die der Verein betrieb ... er pflegte in den sommerabendlichen Turnstunden die deutschen Lauf- und Ballspiele, die wir schon als Primaner den Kunststücken an Reck, Barren und Lederpferd bei weitem vorgezogen hatten; das Recht auf Wanderungen mußten (153) wir uns freilich einfach nehmen". Als er nach vielen Jahren diese Turnverbindung wieder verließ, äußerte er sich: "Ich hatte diese Kneiperei, Fechterei und Geistsimpelei (...) gründlich satt, ich sehnte mich jetzt fort aus der Bindung (...), sie gab mir nichts mehr und nahm mir nur noch" (161); HELLPACH 1948, Bd. I.

2) "Der Fußball", 1895, 18; jede Ausgabe der Zeitschrift veröffentlichte auf den ersten Seiten die aktuellsten Mitteilungen, Jahresberichte, Veränderungen in der Vorstandschaft, von geselligen Veranstaltungen u. ä. aus jenen Vereinen, für die "Der Fußball" die offizielle Vereinszeitung war, d. h. deren Mitglieder sie abonniert hatten; in einem Informationsblock, der zur Selbstdarstellung diente, waren tabellarisch Namen und Anschrift der Vorstandsmitglieder, Ort des Spielplatzes und des Vereinslokals, Tage des Vereinsabends und der Übungsabende und eben auch die im Text erwähnten Beitrittsaufforderungen abgedruckt.

Die Zivilisierung der corpsstudentischen Anwerbeprakti-
ken durch (studentisch-akademisch dominierte) Sportvereine bedeutete aber nicht den Verlust an Zielgerich-
tetheit in ihrem Vorgehen. Zum Beispiel ging der Berliner FC "Germania 1888"[1] auf Vorschläge von Pädagogen unter ihren Mitgliedern ein, und im Jahr 1899 wurde die Gründung einer eigenen "Abteilung für jugendliche Mitglieder" beschlossen, historisch wohl die erste
Jugendabteilung im deutschen Fußball. Zu diesem Zweck
veröffentlichte man einen Aufruf, dessen Adressat
"Schüler höherer Lehranstalten" waren, auf diese Weise
eine schichtenspezifische Eingrenzung vornehmend. In
der Annonce hieß es, daß "ältere Herren" des Clubs bereit waren, den Schülern das Fußballspiel "unentgelt-
lich" zu vermitteln, wobei man ihnen noch zusicherte,
daß aus der Teilnahme "keine Verpflichtungen gegenüber
dem Verein" entstünden, offenkundig eine vorbeugende Maß-
nahme, um den Verdacht von Übertölpelungen nach corps-
studentischem Vorbild nicht aufkommen zu lassen. Diese
Vorgehensweise des FC "Germania 88", in der die "jungen Leute" als individuelle Persönlichkeiten ernstge-
nommen wurden, war sehr erfolgreich, denn binnen drei
Jahren hatte man drei komplette Jugendmannschaften mit
insgesamt 50 Mitgliedern aufgebaut.[2] In der corpsstudentischen Terminologie waren sie also die "Füchse";
behandelte man sie im Fußballverein aber ähnlich wie
meistens in den Corps, nämlich geringschätzig und um-
standslos ans unterste Ende der Vereinshierarchie ver-
bannt, dann mußte man jedoch mit einer Abspaltung der
"Füchse" zu einem neuen Verein rechnen.[3]

---

1) KOPPEHEL 1954, 85; daraus entstammen auch die nach-
   folgenden Zitate.

2) DFB-Jahrbuch 1904/05, 156.

3) Vermutlich verdankt der Berliner Verein "Reinicken-
   dorfer Füchse", die bundesweit vor allem als Bundes-
   liga-Handballer bekannt sind, einer ähnlichen Entwicklung Existenz und Name.

Keine Frage, daß die in diesem ersten Abschnitt in
ihren verschiedenen Aspekten beschriebenen Fußballvereine, deren Mitgliedschaft überwiegend aus gehobenen
Sozialschichten stammte und mit akademischem Bildungs-
und Standesbewußtsein ausgestattet war, sowohl in
ihrem Statusdenken als auch in ihrer Verhaltensorien-
tierung an bürgerlichen Regeln und Normen ausgerichtet
waren. Im Umgang mit Jugendlichen und Schülern meinte
das, daß man als Erwachsene von diesen die Anpassung
an normative Vorgaben und Unterordnung unter die Er-
wachsenenautorität erwartete. Wie zuletzt am Beispiel
des Werbens um (jugendlichen) Vereinsnachwuchs gezeigt
werden konnte, hat sich das insgesamt im Deutschen
Reich selbstbewußtere Auftreten von Jugendlichen im
Rahmen des Fußballsports insofern niedergeschlagen,
daß man ihnen mit mehr Respekt begegnete, sie als Persönlichkeiten ernster nahm als vergleichsweise die studentischen Corps ihre "Füchse". In den hier vorgestell-
ten Formen der Werbung um Mitglieder unter Jugendlichen drückt sich folglich, wenn auch indirekt, die Anerkennung von generationsspezifischen Eigenansprüchen
aus: Schließlich gab es genügend Beispiele, wo Jugendliche demonstrierten, daß sie ihr neu gewonnenes soziales Gruppenbewußtsein auch selbständig verwirklichen
konnten, nämlich in eigenen Vereinsstrukturen, unabhängig von Erwachsenen.

2. Der Fußballclub als Jugendclub

Der im vorangegangenen Abschnitt skizzierte Fußballver-
einstypus, den Schüler und Jugendliche, mit in der Regel gymnasialer Bildung und aus gehobenen sozialen
Schichten stammend, entwickelt haben, war gekennzeichnet durch die Übernahme bzw. Überformung von verschiedenen stilbildenden Elementen des corpsstudentischen Or-
ganisations- und Kommunikationswesens. Dieses Ver-
einskulturmuster war zwar vor der Jahrhundertwende weit
verbreitet, hauptsächlich in größeren (Universitäts-)
Städten, in seiner Grundstruktur blieb es auch nicht auf
akademische Kreise beschränkt, dennoch stellte es nicht
die einzige Vereinsform unter den aus autonomen Schülervereinen hervorgegangenen Fußballclubs innerhalb der
gesamten Fußballvereinsbewegung jener Zeit dar. Schon
seit Beginn der neunziger Jahre gingen, ebenfalls aus
primär jugendlichen Initiativen, noch eine große Anzahl
weiterer Fußballvereine hervor, deren spezifisch ju-
gendkulturelle Erscheinungsform in der bisher zum Thema
erschienenen Literatur nur ungenügend berücksichtigt
worden ist.[1]

---

1) Das AUTORENKOLLEKTIV (1978), GEHRMANN (1978) sowie
   LINDNER/BREUER (1979) erwähnen zwar das jugendliche Alter der Vereinsgründer im 19. Jahrhundert,
   sie behaupten jedoch - bei LINDNER (1984, 373) mit
   Bezug auf BOURDIEU (1982) oder CLARKE et al. (1979)
   - den Vorrang von klassenspezifisch vor altersspe-
   zifisch geprägten Kulturmustern. Doch selbst Untersuchungen wie die von SCHÖNBERGER (1986), die sich
   explizit mit Arbeitersportvereinen (in württembergischen Landgemeinden 1905 - 1933) befassen, bestätigen diesen klassenanalytischen Ansatz nicht;
   auch bei SCHÖNBERGER (ebd., 84) verlaufen die Front-
   linien in Auseinandersetzungen um den Beitritt zum
   örtlichen Fußballverein zwischen den Generationen
   Vater und Sohn.

Das nun folgende längere Zitat scheint geeignet zu sein,
das Charakteristische einer "Klub"-Existenz sowie die
Beweggründe für den Beitritt eines Jugendlichen zu ver-
anschaulichen; auch der hier genannte Grund für seine
Auflösung scheint typisch gewesen zu sein, zumindest
führen ihn derselbe Autor und andere mit ähnlichen Erfahrungen immer wieder an. Von hoher Signifikanz für
diesen zweiten Typus eines aus Schülerinitiativen hervorgegangenen Fußballvereins ist ebenso der sozialstrukturelle Hintergrund, den das Zitat exemplarisch be-
nennt. Der Vollständigkeit halber ist noch zu erwähnen,
daß es sich bei den hier erwähnten Personen um fiktive
Figuren handelt, die der Autor aus dem Fundus seiner
umfangreichen persönlichen Kontakte mit dem angedeu-
teten Sozialbereich und der dort dominanten Akteure erfunden hat, und zwar in primär pädagogischer Absicht
Dennoch kann man davon ausgehen, daß in der Schilderung
der Vorgänge die Alltagswirklichkeit ziemlich nahe getroffen ist, eben weil der Autor in sozialreformeri-
scher Intention bereits seit den neunziger Jahren des
vorigen Jahrhunderts in dieser sozialen Umgebung engagiert war.

"Robert war eines Lokomotivführers Sohn. Obgleich
er noch ein zarter, feiner Knabe war, wollte er
mit jugendlicher Treue seines Vaters Beruf folgen
und trat in eine Schlosserlehre. Groß war die
Freude, als er zum ersten Male in dem blauen
Kittel über die Straße lief. Jeder Tag brachte
Neues und Interessantes, und wie wichtig kam der
kleine Mann sich vor! Langweilig war erst der
erste Sonntag. Man konnte zu Hause in wenigen
alten Büchern blättern. Man konnte auch den Früh-
lingstag auf der Straße stehen; dort Zigaretten
rauchen und bummeln hatte für Robert wenig Reiz.
Da er wieder einmal im Konfirmandenanzug schüchtern am Ufer des Kanals stand, kamen Schulfreunde.
Sie hatten einen Sportklub und baten ihn mitzu-
kommen. 1) Sie gingen auf eine grüne Wiese, die

---

1) Meine Hervorhebung, R. B.

schon ziemlich zertreten war, der Ball rollte,
die Parteien jauchzten, die Frühlingssonne
schien lachend hernieder, das junge Blut wurde
heiß.

So ging es nun manchen Sonntag. Auch Robert ge-
wöhnte sich, in einer rot und gelb senkrecht ge-
teilten Bluse und himmelblauen Sporthosen ein-
herzuhüpfen. Man las auch Sportzeitungen und bemühte sich, in einen größeren Bund von Sportvereinen aufgenommen zu werden. Es sollte nur
viel Geld kosten. Manches kam Robert ziemlich
dumm vor.

Aber man schien sich doch so nett wichtig, wenn
man mit allerlei Fremdwörtern sachverständig um
sich werfen konnte (...) Aber einmal gab es einen
fürchterlichen Krach, (...), einige Mitglieder
saßen im 'Lokal', tranken Bier, rauchten Zigar-
ren und schimpften: 'Da wäre was nicht richtig
mit der Kasse, und sie ließen sich das nicht
gefallen.'

Die Schar auf dem Spielfeld schmolz zusammen
(...) Da kam eines Nachmittags, als er in seinem
schon regenverwaschenen papageibunten Anzug auf
dem Spielfelde stand, zu ihm eines der alten Mitglieder und sagte: 'Du Wir haben jetzt einen anderen Verein. Da ist es viel besser, komm mal hin'.
Am nächsten Sonntag zog sich Robert, sehr zu Mut-
ters Freude, wieder sein gutes Zeug an, wickelte
eine Turnhose, die er noch von Schulzeiten
her besaß auf seines Freundes Rat in eine große
Zeitung und ging mit (...) Robert wurde zu einem
großen freundlichen Jungen gebracht, der mit einem
Notizbuch wichtig herumging. Und Robert sagte:
"Ich bin 'Herr' Robert Hansen und will hier bei-
treten" (...). 1)

In der Fortsetzung dieser fiktiven Anekdote erfüllen
sich schließlich die sozialpädagogischen Intentionen
seines Autors, und zwar in dessen angestammten Hand-

---

1) CLASSEN, Zucht, 131f.

lungsbereich als Pastor. Robert Hansen trat nämlich einem konfessionell geleiteten Jugendclub bei, zu dessen
Konzeption auch sportliche Spiele gehörten; damit haben
wir zugleich auf ein wesentliches Element fortschritt-
licher kirchlicher Jugendarbeit zur Zeit der Jahrhundertwende hingewiesen. Für uns ist dieser Organisations-
und Kommunikationsrahmen deshalb relevant, weil sich am
Beispiel des Zugriffsversuchs sozialreformerisch motivierter Kirchenverantwortlicher auf die selbstorgani-
sierten, am Sport orientierten Jugendclubs, wie sie
vielfach unter Arbeiterjugendlichen verbreitet waren,
die sozialpolitische und gesamtgesellschaftliche Bedeutung dieser Sportklubs aufzeigen läßt. Dazu ist vorab
etwas ausführlicher auf die jugendpflegerischen Aktivitäten der in diesem Zusammenhang entscheidenden Persönlichkeiten einzugehen.

Aus ihrer Sicht mit großer Sorge, beobachteten Kirchen-
männer wie Walther CLASSEN und Clemens Schultz,[1] zwei
Hamburger Pastoren, zu denen später als Exponent der
konfessionell gebundenen Berliner Jugendpflege[2] noch
Pastor Günther DEHN hinzukam, die Entwicklung der traditionellen evangelischen Jugendarbeit. Zwar empfanden
sich die schon seit den zwanziger Jahren des 19. Jahrhunderts bestehenden sogenannten Jünglingsvereine nach
wie vor als jugendliche "Zufluchtsstätten, wo man in den

---

1) Vgl. LINDNER (1984, 356ff), der die Inititiven von
   C. Schultz im Rahmen der Hamburger Volksheim-Bewe-
   gung beschrieben und analysiert hat.

2) Vgl. auch WARTMANN (1912, 426), der auf die Erfolge
   der Berliner (kirchlichen) "Jugendpflegerschule"
   hinweist; sie hat zwischen 1908 und 1912 bereits
   33 Brüder von evangelischen Diakonieanstalten ausgebildet, wovon etwa die Hälfte ausschließlich mit Arbeiterjugendlichen betraut wurden.

Freistunden zum gesellschaftlichen Leben zusammenkommen"[1] konnte, doch schienen die zugrunde liegenden
Inhalte und Organisationsstrukturen an der Schwelle
zum zwanzigsten Jahrhundert immer weniger in der Lage,
jugendlichen Nachwuchs zu gewinnen. Damit war nicht nur
die längerfristige kirchliche Gemeindearbeit in Gefahr,
sondern auch das neuformulierte Ziel einer "Volkskirche", die den im Wilhelminismus schroff artikulierten
und strukturell verfestigten "Klassenhaß" überwinden
wollte,[2] schien dadurch an Anziehungs- und Überzeu-
gungskraft zu verlieren.

"Der 14- bis 18jährige Bursche läuft weg, wenn gebe-
tet wird",[3] mit dieser Feststellung war die innerkirch-
liche Kritik an der auf Bibelarbeit konzentrierten seit-
herigen Jugendarbeit unverblümt auf einen Nenner gebracht, gleichwohl in ähnlicher Diktion bereits beim
11. Evangelisch-sozialen Kongreß 1900 offen artikuliert.[4] In den Augen dieser Kritiker konnte die Alternative nur in einer primären Anknüpfung an die weltlichen Bedürfnisse der Jugendlichen der Gegenwart liegen. Dazu zählte man eine stärkere Berücksichtigung
ihrer inzwischen erreichten Selbständigkeit, die sich
in der Bildung fest strukturierter "Klubs" und nachbar-
schaftlicher "Banden"[5] äußerte. Den Reformbefürwortern

---

1) GIESECKE 1981, 60.
2) DEHN, Gedanken, 1912, 147; vgl. auch LINDNER 1984,
   374.
3) DEHN, Gedanken, 1912, 147.
4) GIESECKE 1981, 60.
5) Vgl. LINDNER (1983), der die pädagogischen, ideologischen und soziokulturellen Konnotationen der Be-
   griffstrias "Straße - Straßenjunge - Straßenbande"
   analysiert hat; ebenso ZINNECKER 1979, der stärker
   die pädagogischen Aspekte von "Straßenjungen" und
   "Straßenbanden" berücksichtigte.

schien daher eine Orientierung der kirchlichen Jugendpflege an solchen Organisationsmustern angebracht, in
denen maximal 12 bis 15 Mitglieder vereint waren, möglichst auf altershomogener Basis, eventuell mit einem
älteren Jugendlichen, im Zitat der "große freundliche
Junge", als Leiter. Des weiteren kam man überein, den
Klubmitgliedern Räumlichkeiten zur Verfügung zu stellen, damit sie ihre bisherigen Treffpunkte von der
Straße weg verlegen konnten. Schließlich gestand man
ihnen eine weitgehende Selbstbestimmung in Planung und
Durchführung ihrer Aktivitäten während der Klubstunden
zu, was die Tolerierung sowohl von sportlichen Spielen
als auch solchen mit Abenteuercharakter (Kriegs-,
Wehr-, Räuberspiele) einschloß.

In der Begründung für diesen Wechsel von den früheren,
eher religiös dominierten Formen und Inhalten kirchlicher Jugendarbeit, hin zu einer Art "offene Jugendarbeit"[1] mischten sich Vorstellungen von Jugendwohlfahrt
mit ausdrücklich gesellschaftspolitischen Argumenten,
die in der Summe "wichtige Impulse für die freie Jugendarbeit, bis in die Gegenwart hinein"[2] ausprägten. So
galt zum einen, den christlichen Grundmotiven folgend,
das Hauptaugenmerk zunächst den "Kindern des 5. Standes" und damit jenen subproletarischen Schichten, die
im Gefolge der Industrialisierung und der Verstädterung
am untersten Ende vor allem der großstädtischen Sozialstruktur eine beklagenswerte Existenz führten. Diesen
Kindern, die nicht nur körperlich, sondern auch seelisch

---

1) GIESECKE 1981, 60.
2) Das war die Schlußfolgerung von LINDNER (1984,
   367).

"verprügelt, zerarbeitet und verhungert"[1] waren, aus
ihrer unmittelbaren Not zu helfen, war ein wichtiges
Anliegen der "Lehrlingsvereine", wie die neue Einrichtung z.B. in Hamburg genannt wurde. Die ärmsten unter den Mitgliedern konnten während der Klubsitzungen
auf eine kostenlose Verpflegung rechnen, womit eine der
karitativen Maßnahmen genannt ist; Unterrichtsstunden
in Lesen und Handfertigkeit waren sozialpolitisch begründete Angebote, die sich die Fortbildung bzw. Verbesserung des Bildungsstandes gerade der Jugendlichen
aus unterprivilegierten Schichten zum Ziel setzten. Lie-
der- und Tanzabende waren die üblichen geselligen Ver-
anstaltungsformen, die sich ebenfalls an alterstypischen
Bedürfnissen orientierten.

Diese sozialkaritativen Handlungen und Maßnahmen aktiver, im kirchlichen Raum zentrierter Sozialpolitik waren geleitet von einem pädagogischen Jugendbild, das
vor allem darauf abzielte, die "sittliche Verwahrlo-
sung" zu beheben, die man als Folge der sozialen und
materiellen Benachteiligung bei den Jugendlichen des
"5. Standes" konstatierte. Das teils ungepflegte Äußere, die vulgäre Sprache, der oft rüde Umgangston und
nicht zuletzt das respektlose Verhalten, das viele der
als potentielle Klubmitglieder ins Auge gefaßten Jugendlichen gegenüber Erwachsenen an den Tag legten,
waren nicht allein in sich schon provokante Verhaltensweisen, sondern im Rahmen der übergreifenden, auf Har-
monie der gesellschaftlichen Schichten bedachten Vorstellungen einer Volkskirche forderten sie umso mehr
zu zivilisierenden Eingriffen heraus. Diesem Zweck
diente zunächst eine schichtenspezifische Binnendiffe-
renzierung innerhalb der Arbeiterjugendlichen.

---

1) CLASSEN, Großstadtheimat, 1915, 9.

Neben denen, die aus einer "gesunden Arbeiterfamilie"[1]
stammten und einer regulären Lehre nachgingen, die Fi-
gur des Robert Hansen war dafür das Musterbeispiel,
gab es noch das "Heer der Handlanger".[2] Unter diesen
Begriff faßte DEHN die große Zahl der ungelernten Jugendlichen, die von ihren Eltern schon während der
Schulzeit zum Mitverdienen angehalten wurden und nach
der Schulentlassung ebenso zum "schnellen Verdienst"
tendierten, wie DEHN notierte; seiner Ansicht nach war
es einerseits die materielle Not, aber auch intellektuel-
les Unvermögen von Eltern (und Kindern), daß sich nicht
alle Angehörigen dieser unteren Schichten dafür einsetz-
ten, daß ihre Kinder mithilfe einer Berufsausbildung
die Chance zum Ausbruch aus den bedrückenden Verhältnissen ergriffen haben. In dieser Perspektive unterschied DEHN in der "Masse der Ungelernten" einzelne Typen und Gruppen, und zwar je nach ihrem Aufstiegsstre-
ben.

Beispielsweise reihte DEHN die "Schreiber" und "Büro-
burschen" unter diejenigen ein, die es durchaus einmal
zum "Vorsteher" eines Rechtsanwaltsbüros oder zum "Ver-
walter" von kleineren Abteilungen (Lager, Kantine) in
Großbetrieben bringen konnten. Nach DEHNs Einschätzung
standen diese ungelernten Jugendlichen, denen ein Bemühen um Verbesserung ihrer sozialen Situation eigen
war, den gelernten Jugendlichen sehr nahe. Von den Auf-
stiegswilligen setzte DEHN jedoch ganz pauschal die
"Straßenjungen" als eigene Gruppe ab. Als "Laufbursche",

---

1) CLASSEN, Großstadtheimat, 1915, 12.
2) Die folgenden Zitate stammen aus: DEHN, Großstadtjugend, 1919, 59ff.: "Typen der Volksjugend",
   insbes. 72ff.

"Kutscher-, Kohle- oder Milchjunge" schrieb er ihnen
eine durchweg zweifelhafte Reputation zu. Ihre Neigung,
"manchen Zentner Wolle, manche Fuhre Kohle (zu verschie-
ben)" oder ständig Einnahmen zu unterschlagen, indem
sie Milchgeld als in Abflußschächte gefallen deklarier-
ten, brachte sie in die Nähe zum "Halbstarkentum",
ein Synonym für jugendliche kriminelle Energie, für
den Idealtypus des Unsozialisierbaren, für moralische
Verkommenheit.

Der sozial stigmatisierende und etymologisch mit pejo-
rativer Konnotation versehene Begriff des "Straßenjungen" wird also in den gesellschaftlichen Kreisen um
DEHN primär in Bezug auf Jugendliche aus dem sub- bzw.
"lumpenproletarischen" Milieu verwendet; ähnlich ging
auch der sozialistische Pädagogie RÜHLE[1] vor. Dagegen
tendieren LINDNER und ZINNECKER[2] zu der Schlußfolgerung, die "bürgerliche Pädagogik" habe alle Arbeiterjugendlichen, die parteipolitisch wie auch die autonom
organisierten, unter das Negativ-Image des "Straßenjungen" gefaßt. Von dieser pauschalen Diskreditierung kann
nachweisbar nicht die Rede sein. Auch wenn DEHN wiederholt vor den "kleinen, wilden Klubs[3] und (Sport-)Ver-

---

1) Vgl. RÜHLE, O.: Das proletarische Kind, 1911; ders.,
   Die Seele des proletarischen Kindes, 1925.

2) LINDNER (1983, 207) erwähnt trotz des Bezugs auf
   DEHN lediglich zwei "Extremtypen aus dem Arbeiter-
   milieu, (den) 'Musterjungen' und den 'Straßenjungen'",
   nicht jedoch DEHNs zusätzliche Differenzierungen
   nach Aufstiegsaspirationen; ZINNECKER (1979, 733f)
   unterscheidet in kryptomarxistischer Diktion pauschal nach "Arbeiterkindern (-jugendlichen)" und
   "bürgerlichen Kindern".

3) Schon 1892 warnte WICKENHAGEN (JfJuV 1892, 77):
   "Wohin soll es führen, wenn man Fußballklubs usw.
   das Wort reden wollte". Obwohl er primär die (sportliche) "Einseitigkeit" für "bedenklich" hielt,
   schwingt doch auch die Befürchtung vor den Bestrebungen nach jugendlicher Unabhängigkeit mit.

einen" warnte, diesen "üppig wuchernden Giftpflanzen",
dann meinte er nicht die in Arbeitervereinen organisierten Arbeiter-Jugendlichen, die ohnehin in weit
größerer Anzahl in den bürgerlichen Sportvereinen und
-verbänden aktiv waren.[1] DEHNs zweifellos diskrimi-
nierender Begriff des "wilden Klubs" richtete sich gegen jene jugendlichen Gruppierungen, die - analog den
"Schülerverbindungen" an Gymnasien[2] - sich weder für
volkspädagogische noch für parteipolitische Zwecke ver-
einnahmen bzw. instrumentalisieren ließen. Dadurch
symbolisierten diese "Klubs" nach Ansicht offiziöser
Pädagogen und staatlicher Jugendpfleger erst recht
eine die Gesellschaft gefährdende Renitenz und Eigen-
mächtigkeit; eine im Grunde völlig verfehlte Analyse,
die die sozialen Intentionen der "Klubs" kraß ver-
kannte.

In diesem Punkt wird nun die Gemeinsamkeit deutlich, die
es zwischen der staatlichen Jugendpflege, die im Jahr
1911 in Gestalt eines speziellen Erlasses ihren Ausgang
nahm, und der konfessionellen Jugendarbeit nach dem zuvor beschriebenen sozialpädagogischen Muster gab: Beide
versuchten mehr oder weniger massiv, ihre (volks- bzw.
konfessions)pädagogischen Einflußsphären auf Jugendliche in deren eigenständigen Organisations- und Aktivi-
tätsformen auszudehnen. GIESECKE[3] hat im Jugendpflege-
Erlaß außerdem die Intention des Wilhelminischen Staates

---

1) Erst beim 9. ATB (Arbeiter-Turner-Bund)-Bundestag
   im Juni 1909 wurde der Fußballsport offiziell in den
   parteipolitisch organisierten Sport aufgenommen, sofern sie die Statuten des ATB anerkannten. Das
   AUTORENKOLLEKTIV (1978, 34) feiert dieses Datum als
   die "Geburtsstunde des deutschen Arbeiterfußball-
   sports".

2) Vgl. weiter oben: S. 151ff.

3) GIESECKE 1981, 63.

bloßgelegt, in Verbindung mit dem Reichsvereinsgesetz
von 1908,[1] das die Zerschlagung der parteipolitisch
orientierten Arbeiterjugendorganisationen zum Ziel hatte, "die jungen Arbeiter in die bürgerlichen und patriotischen Organisationen zu leiten".[2] Soweit gingen DEHN
und seine Mitstreiter jedoch nicht. Nicht nur, daß sie
die Arbeiterjugendorganisationen ausdrücklich tolerier-
ten,[3] man konnte sich eine gewisse Bewunderung für die
"Elektrizität" und den "Unternehmungsgeist" auch der
ungelernten Jugendlichen nicht versagen; und selbst in
ihrer "Frechheit und Autoritätslosigkeit" vermochte man
"verkappte Tugenden"[4] zu erkennen, die als Vehikel zur

---

1) Relevant war vor allem Paragraph 17 des Reichsver-
   einsgesetzes vom 15. Mai 1908, er lautete: "Personen, die das 18. Lebensjahr noch nicht vollendet
   haben, dürfen nicht Mitglieder von politischen Vereinen sein und weder in den Versammlungen solcher
   Vereine, sofern es sich nicht um Veranstaltungen
   zu geselligen Zwecken handelt, noch in öffentlichen
   politischen Versammlungen anwesend sein"; zit. nach
   GIESECKE 1981, 45; vgl. auch HERRE 1980, 199ff. sowie UEBERHORST 1973, 30f.

2) GIESECKE 1981, 63; vgl. zu den Intentionen des Jugendpflege-Erlaß auch SAEDLER 1913; SAUL 1971;
   TIMMERMANN 1969; zu den patriotischen Organisationen
   zählte der "Jungdeutschlandbund", dem auch der DFB
   beigetreten war – mit "gemischten Gefühlen", wie
   KOPPEHEL (1954, 128) die sich in den Verbänden des
   DFB regenden Widerstände gegen den Beitritt umschreibt.

3) "Arbeiterjugend soll sein. – Wir haben sie scharf
   kritisiert, aber wir denken nicht daran, ihr das
   Recht der Existenz abzusprechen", DEHN 1919, Großstadtjugend, 26.

4) DEHN, Berliner Jungen, 1912, 104.

Erlangung individueller Selbständigkeit und Unabhängigkeit als durchaus gesamtgesellschaftlich nützlich angesehen wurden.

DEHNs Stöhnen über "Jugendarbeit und kein Ende!"[1]
drückte daher nicht Desinteresse, sondern Unmut darüber
aus, daß nach Verabschiedung des Jugendpflege-Erlasses
das Thema Jugendarbeit zum modischen Gesprächsstoff zu
verkommen drohte, das, sobald nur die Stichworte "Sozialer Ausgleich- Damm gegen die rote Flut - Erhaltung
der Wehrfähigkeit des deutschen Volkes"[2] fielen, vielfach beifälliges Kopfnicken und folgenlose Sprechblasen
erzeugte. An den realen Problemen von Jugendlichen, mit
denen DEHN alltäglich konfrontiert war[3] und wofür das
nun folgende Beispiel exemplarisch stehen kann,[4] gingen jedoch ideologisch inspirierte Parolen, gleich welcher politischen Couleur, weit vorbei.

Es geht um Walter, 16jähriger Lehrling und Sohn klein-
bürgerlicher Eltern in Berlin. Seit dessen Mitgliedschaft im Sportklub[5] "Borussia" sei er immer "unver-

---

1) DEHN, Gedanken, 1912, 141.

2) Ebd.,

3) DEHNs Pfarrei lag im äußersten Nordwesten Berlins,
   umfaßte zwar nur drei Straßen, die jedoch
   über 12.000 Einwohner ausmachten, und zwar zu "97 %
   Arbeiter", DEHN, Berliner Jungen, 1912, 97. Nach
   FASSBINDER (1975, Anhang, Abb. 26) lagen im Berliner Nordwesten Fabrikationsstätten von Borsig und
   AEG, dort die größten Arbeitgeber.

4) DEHN 1912, 102f. (meine Hervorhebung, R. B.).

5) Im Zitat ist die Rede von einem "Rollschuhklub",
   aber die ebenfalls genannten Stichworte "Match"
   und "Training" lassen zumindest darauf schließen,
   daß auch ein Ballspiel, vielleicht Fußball, gespielt wurde; dies würde die Objektivierung des
   Originalbegriffs zu "Sportklub" rechtfertigen.

schämter" und in der Lehre immer "nachlässiger" geworden, außerdem habe er schon mehrfach Geld aus der
elterlichen Ladenkasse gestohlen. Da Walter eine
"kirchliche Vergangenheit" hatte, also vom 6. bis
14. Lebensjahr in DEHNs Sonntagsschule gegangen war,
baten die Eltern den Pastor, DEHN, seine ganze Autorität geltend zu machen, um Walter vom Klubleben ab-
zubringen. Um in diesem Sinne mit ihm ein Gespräch
zu führen, lud DEHN ihn zu sich ein, wo er eines Tages "im weißen Sweater, 'Pudel' (d. h. Sportmütze)
auf dem Kopf" erschien. Im folgenden resümiert DEHN
die Bedeutung des Klubs für Walter, aus der zugleich
die Vergeblichkeit seiner Abwerbemühungen nachvollzieh-
bar wird.

"Borussia hat jeden Montagabend in der Brücken-
straße in einer Destille 'geschäftliche' Sitzung.
Selbstverständlich wird wacker getrunken, Kommers-
lieder erhöhen die Feier und fleißig geht ein
"Stiefel" 1) umher, manchmal auch mehrere. Die

---

1) Ein "Stiefel" ist ein Trinkgefäß aus Glas, gewöhnlich 2 bis 3 Liter Fassungsvermögen, einem Beklei-
   dungsstiefel nachgeformt. Mit einem "Stiefel" (oder
   auch "Humpen") sind mehrere Trinkbräuche verbunden,
   die auch heute noch gepflegt werden. In der Regel
   mit Bier gefüllt, oft von einem Gönner gespendet,
   und zwar meist nach einem Sieg, wandert der Stiefel von einem Tischnachbarn zum nächsten, wobei der
   Ritus der Stiefelübernahme (z. B. nur mit der linken Hand, bestimmte Abfolge von vorherigem Anklop-
   fen und Abklopfen, nichts verschütten usw.) meist
   dazu dient, den nächsten Stiefelspender zu ermitteln. Im übrigen scheint dieses Bierspiel auf eine
   mittelalterliche Trinksitte, genannt "Kurlemurle-
   buff" oder "Carl-Murl-Puff", zurückzugehen. Moryson
   (Itinerary, London 1617), ein reisender englischer
   Kaufmann, beschrieb es folgendermaßen: "Es besteht
   in der Berührung des Glases, des Bartes, des Tisches, Pfiffen und Schnippen mit den Fingern nach
   bestimmten Regeln in einer so raschen, seltsamen
   Aufeinanderfolge, daß es eine Herkulesarbeit ist,
   den Bewegungen zu folgen. Wer den geringsten Feh-
   ler macht, muß zur Strafe einen vollen Humpen spenden", der dann nach demselben Modus reihum ging;
   zit. nach FRAUENSTÄDT 1909, 263f.

übrigen Abende der Woche dienen dem 'Training'.
Am Sonntag ist Match. Cimbria oder Germania gegen Borussia. Lustgarten und Königsplatz sind
die Orte, wo der Match ausgefochten wird (...)
Drei Stunden kämpfte ich mit Walter, aber
Borussia ist stärker. Kein Locken und Ziehen,
kein Hinweis darauf, daß er im Begriff steht,
sich sein ganzes Leben zu ruinieren, kein Appell
an sein Ehrgefühl, kein Spott und Hohn - nichts
fruchtet. Die glühende Schilderung der Vorzüge
unseres Jünglingsvereins 1) entlockt ihm nur ein
mitleidiges Lächeln. "In so 'nem Jünglings-
verein, da is ja nischt los" - Sein beständig
wiederkehrendes Argument ist - "Wenn ick aus der
Borussia raus muß, wat hab' ick denn noch vom
Leben? Denn schieß' ick mir lieber tot" (...)

Mit diesem zweiten Quellenzitat können wir nun die kurze Betrachtung abschließen und zusammenfassend bewer-
ten, in der es um die Darlegung des gesellschaftlichen
Stellenwerts jugendlicher Sportgruppierungen im Wilhelminischen Kaiserreich ging, aufgezeigt in der Perspektive konfessionspädagogischer Zugriffsversuche.
Symbolisierte das erste Zitat von CLASSEN gerade durch
seine Dramaturgie, nämlich indem der Autor seinen Pro-
tagonisten Robert Hansen aus dem "wilden Sportklub" aus-
und in den kirchlichen Jugendverein eintreten ließ, ein
Wunschbild, auch die Hoffnung und den Optimismus reform-
orientierter, kirchlicher Jugendarbeiter, die Jugend
aus Arbeiterschichten könnte in den Schoß der Kirche zurückgeführt werden, wenn man nur ihre weltlichen Bedürfnisse genügend berücksichtigte, so steht die Wiedergabe
von DEHNs Erziehungsgespräch mit dem Sportklub-Mit-

---

1) Ein sprachlicher Lapsus, denn an anderer Stelle (1912,
147) betonte DEHN, daß die kirchlichen Alternativen
zu den wilden Sportklubs "natürlich nie Jünglingsvereine heißen" durften.

glied Walter synonym dafür, daß der reale Sozialzusammenhang, den Jugendliche mit ihren Sportklubs geschaffen hatten und in den sie sich auch emotional sehr
stark eingebunden fühlten, von noch größerer Anziehungskraft war. DEHN mußte dies im Laufe seines Ge-
sprächs mit Walter einsehen, die daraus resultierende
Erkenntnis brachte er lakonisch auf den Nenner: "Borussia ist stärker". Darin drückt sich aber nicht nur
das Scheitern konfessioneller Bemühungen aus, sondern
als Metapher gewinnt diese Feststellung eine gesamtgesellschaftliche Reichweite. Denn auf den Zeitraum bis
zum ersten Weltkrieg gesehen waren weder die staatlichen noch die parteipolitischen Initiativen sonderlich
erfolgreich, die schulentlassene Jugend massenhaft in
ihren Organisationen zu binden; dazu noch einige Ausführungen.

In Bezug auf die staatlich geförderte Jugendpflege
führte GIESECKE dieses Scheitern darauf zurück, daß deren Jugendbild die veränderten Sozialisationsbedingun-
gen und -probleme der im Lehr- bzw. Arbeitsprozeß stehenden Jugendlichen[1] "nicht zu würdigen verstand, son-

1) Die relativ hohe Mitgliederzahl des "Jungdeutschland-
   bunds" von rund 750.000 im Jahre 1914 (GIESECKE 1981,
   61) täuscht über seine reale Bedeutung hinweg. Denn
   als Dachverband, dem Verbände wie der DFB, Deutsche
   Turnerschaft, ZA, Wandervogel e. V., Deutscher Pfad-
   finderbund nominell beigetreten waren, dem aber lediglich rund 68.000 Jugendliche in eigenen Jung-
   deutschlandbundvereinen direkt unterstanden (vgl.
   SIEMERING 1918, 48), hatte er eher eine ideelle Funktion, indem er hauptsächlich Wehrertüchtigung (ohne
   Waffen) und vaterländische Erziehung mehr propagierte als breitenwirksam durchführte. Im übrigen gab
   es im Jahre 1904 rund 4 Millionen männliche Jugendliche zwischen 14 und 18 Jahren, wovon rund 800.000
   Fabrikarbeiter waren (GIESECKE 1981, 38f.); für das
   Jahr 1914 gibt SIEMERING (1918, 48) rund 3,5 Millionen zwischen 14 und 20 Jahren an. Dieser Rückgang
   stimmt mit den Ausführungen von TENFELDE (1982, 186)
   in der Tendenz überein; vgl. hier: S.45ff.

dern auf veränderte Bedingungen mit dem Angebot über-
lieferter Erziehungsleitbilder reagierte. Weder politisch noch pädagogisch bot dies eine aussichtsreiche
Perspektive".[1] Diese Erklärung von GIESECKE enthält
den Hinweis auf eine den jugendpflegerischen Initiativen immanente Tendenz, nämlich die originären, alterstypischen Lebens- und Handlungsbedürfnisse bloß zu instrumentalisieren, eine Vorgehensweise, die DEHN selbst
bereits kritisiert hatte.

In einem Aufsatz aus dem Jahre 1912[2] stellte DEHN, und
zwar um noch einmal die Notwendigkeit einer Richtungs-
änderung traditioneller kirchlicher Jugendarbeit zu un-
terstreichen, mit markanten Worten fest, daß die "pieti-
stisch-methodistischen Betrachtungen", mit denen kirchliche Jugendpfleger im allgemeinen jungen Menschen nahe-
zukommen versuchten, allenfalls dazu geeignet gewesen
seien, "ein frommes Gemüt zu erbauen". DEHN ging sogar
so weit, diese Form der Jugendansprache mit der Praxis
sozialistischer Gruppierungen gleichzusetzen. SPD und
Gewerkschaften würden ihren eingeschriebenen und potentiellen Nachwuchs bei Vorträgen und vor allem in Jugend-
zeitschriften wie zum Beispiel die "Arbeiterjugend"[3]
mit "naturwissenschaftlichen und wirtschaftlichen Abhandlungen" quasi überschwemmen; "zum Glück", konstatierte DEHN,gingen diese aber "meist alle über die Köpfe

---

1) GIESECKE 1981, 80.

2) Die folgenden Zitate entstammen, wenn nicht anders
   vermerkt: DEHN, Gedanken, 1912, 141ff; Seitenzahl
   in Klammer.

3) Die "Arbeiterjugend" hatte vor 1914 eine Auflage
   von 100.000 erreicht, vgl. GIESECKE 1981, 49.

der Leser hinweg".[1] In ihrem analogen Vorgehen offenbaren jedoch beide Jugendpflegetypen ein rein instrumentelles Verhältnis zu den Primärbedürfnissen ihrer
Mitglieder, und daher könne eine dauerhafte Rückbezie-
hung zur Organisation nicht entstehen, sie bliebe
letztlich "einflußlos". Diesen Vorbehalt der Zweckent-
fremdung muß man jedoch auch auf DEHNs reformbemühte
Jugendarbeit beziehen. Denn in seinem Posutilat, daß,
"wenn die Kirche erzieht (...) ihr letzter Zweck der
sein (muß), Menschenseelen für das Reich Gottes zu gewinnen", wird,wertfrei betrachtet, eine nicht minder
instrumentelle Haltung zu authentischen Jugendbedürf-
nissen deutlich, sie ist lediglich metaphysisch legitimiert bzw. eschatologisch fundiert.

DEHN hat die Vergeblichkeit konfessioneller Bemühungen
im "Kampf um die schulentlassene Jugend"[2] für seinen
Pfarrbezirk auch in Zahlen ausgedrückt. Von den 350 Jugendlichen, die er alljährlich "einsegnete", schlossen
sich nur "8 bis 10 %" (148) seinem Jugendverein an. Auch
in anderen Berliner Bezirken war dies in etwa der Anteil
der Beitrittswilligen, zu wenig, um die Stagnation zu
überwinden, die nach DEHN in einer seit Jahren unverän-
derten Mitgliederzahl von "rund 10.000" (148) bestand.
Auch LINDNER[3] kommt in seinen Recherchen zum Ergebnis,
daß das Ansteigen der Mitgliederzahlen generell in ei-

---

1) Die Erziehung zum "sozialistischen Menschen" (vgl.
   SCHMIDTCHEN 1978; SCHNEIDER 1952; SAUL 1971;
   SAEDLER 1913) war die Alternative der SPD zum Leit-
   bild des "christlichen Menschen" der beiden Kirchen.
   Alle Zitate bei DEHN 1912, 146.

2) So der Titel von SAEDLER 1913; Ausführungen zu den
   katholischen Aktivitäten vgl. BAUMANN 1982 sowie
   SCHWANK 1979.

3) LINDNER 1984, 366.

nem "bescheidenen" Rahmen blieb. Konkret auf die "Soziale Arbeitsgemeinschaft" bezogen, eine weitere
kirchliche Wohlfahrtseinrichtung, die sich insbesondere den Jugendlichen aus benachteiligten Schichten
widmete, führte er aus, daß deren Jugendarbeit zwar
"recht intensiv, aber kaum expandierend"[1] war. Vor dem
Hintergrund dieser auch quantifizierten (Miß-)Erfolgs-
einschätzungen können wir unsere Schlußbetrachtungen
auf einem allgemeineren Niveau fortsetzen und werden
versuchen, an unsere früheren jugendsoziologischen Einsichten anzuknüpfen, wie sie in der Einleitung und im
Kontext der Spielbewegung bereits vorgestellt wurden.

Der "durchgängig autoritäre Charakter"[2] des Wilhelminischen Staates ist ein beinahe stereotyp verwendeter
Gemeinplatz gesellschaftskritischer Analyse, um den
historischen Aufbruch der Jugendbewegung zu erklären.
Mit anderen Worten stellt sich Jugendbewegung in dieser Konnotation als Ausbruch aus beengenden ("repressiven") gesellschaftlichen Verhältnissen dar, in denen Jugendliche "in nahezu allen Lebensbereichen autoritären Verhaltensweisen, Reglementierungen und Zwang
begegneten".[3] Vielleicht sollte man, weniger apodiktisch, eher von fortdauernden, festen Absichten und an-
haltenden Bemühungen sprechen, in denen die etablierten
Institutionen ihre Normen der Gesellung, ihre Ideale
sinnvoller Freizeitbeschäftigung oder traditionelle Inhalte körperlichen Bewegungsverhaltens durchzusetzen
versuchten, wie dies zum Beispiel in der Konfrontation

---

1) LINDNER 1984, 366.
2) VONDUNG 1985, 526.
3) Ebd.; vgl. zur gesellschaftskritischen, struktur-
   analytischen Einschätzung des Deutschen Kaiserreichs NIPPERDEYs (1976, 360ff) Rezension von WEHLER
   1975, 2. Aufl.

Turnen versus Sport geschah. Insofern dabei Schüler
und Jugendliche erreicht werden sollten, kann man in
diesem Zusammenhang von einer "negativen Pädagogik"
sprechen, denn deren Intention war primär das "Bewahren" der Jugendlichen vor Eigenerfahrungen, anstatt
der Eigentätigkeit den Vorrang zu geben und ihnen damit aktive Gestaltungsmöglichkeiten des (jugendlichen)
Lebens zu eröffnen.

Wie am Beispiel der gymnasialen Schülerspielvereine
gezeigt werden konnte, schlugen die gesellschaftlichen
Umarmungsversuche schon auf der Ebene höherer Bildungsinstitutionen weitgehend fehl. Obwohl das institutio-
nell abgesicherte Gehorsamsschema anderes hätte erwarten lassen: über 90 % der von Schülern gegründeten (Fuß-
ball-)Vereine entfalteten ihre Aktivitäten außerhalb
behördlicher, das heißt, außerhalb der erwachsenen Kontrolle. Eine ähnliche Einschätzung läßt sich aus den
zuletzt dargelegten Ausführungen treffen. Denn weder
die kirchlichen noch die staatlichen Bemühungen hatten
wesentliche Erfolge zu verzeichnen, was ihre Zielsetzung betraf, die große Mehrheit von Jugendlichen mit
Volksschulbildung unter ihren unmittelbaren Einfluß zu
bringen, was gleichbedeutend war mit dem Bestreben,
sie von den politischen Arbeiterjugendorganisationen
fernzuhalten. Es liegt deshalb nahe, der weiter oben
geprägten Metapher eine allgemeinere Gültigkeit zuzu-
erkennen: "Borussia (war) stärker". Selbst in den Fällen, wo Schüler und Jugendliche auf die Angebote eta-
blierter Institutionen eingegangen sind, kann man mit
LINDNER eher von jugendlichem Pragmatismus (Benutzung

---

1) GIESECKE 1981, 76.

von Räumlichkeiten, Beteiligung an Fortbildungsunter-
richt, kostenlose Verpflegung) als von "gewonnenen See-
len" (DEHN) sprechen.[1] Insgesamt kann als Ergebnis der
staatlichen, konfessionellen oder parteipolitischen[2]
Einflußversuche, so massiv sie auch materiell unterstützt wurden,[3] festgehalten werden, daß sie in gewissem Umfang zur öffentlichen Legitimierung jugendlicher
Zusammenschlüsse beitrugen, zugleich aber eher das Bedürfnis der betroffenen Jugendlichen verstärkte, ihre
Handlungs- und Kommunikationsansprüche selbständig zu
gestalten.

Konkreter Erfahrungshintergrund und Motivation zur Aufrechterhaltung der persönlichen Beziehungen waren gerade in Großstädten die Gruppen der Altersgleichen, denen
vor allem EISENSTADT eine dominante Funktion im Soziali-
sationsprozeß in industriellen Gesellschaften zugeschrie-

---

1) LINDNER 1984, 369f.; vgl. auch DEHNs (1919, 114ff.)
   Schilderung "Der Vereinsabend Bennos und seiner Genossen", wo eine Clique von "Straßenjungen" alle Ansätze zum "gesitteten" Unterhaltungsspiel und "an-
   ständigen" Benehmens, wie sie in kirchlichen Jüng-
   lingsvereinen als pädagogische Leitsätze üblich waren, auf die ihnen gemäße Art (Juxmachen, Überdre-
   hen) unterliefen.

2) MOMMSEN (1985, 53) bemerkt zum Reichsvereinsgesetz
   von 1908, daß es auch den Funktionären von SPD und
   Gewerkschaften dazu gedient habe, die aufbegehrende
   Jugend in ihren eigenen Reihen zu "domestizieren",
   d. h., Forderungen der Arbeiterjugendbewegung nach
   politischem Mitspracherecht zu unterdrücken; auch
   GIESECKE (1981, 50) kommt zur Auffassung, daß "zumindest die Gewerkschaften fest entschlossen waren,
   selbständige proletarische Jugendverbände zu zer-
   schlagen."

3) Der Jugendpflege-Erlaß von 1911 war mit einem Fonds
   von 1 Million Mark ausgestattet, eine für damalige
   Verhältnisse beachtlich hohe Summe; vgl. GIESECKE
   1981, 63.

ben hat.[1] Als latente Möglichkeit ergaben sie sich
aber nicht allein an höheren Schulen, wie im vorigen
Kapitel dargelegt wurde, sondern aufgrund der altersgegliederten Unterrichtsorganisation konnten ebenso
die allgemeinbildenden Schulen der Ausgangspunkt von
Gruppenstrukturen sein. Zumal in jenen Städten wie
etwa Berlin, wo ganze Viertel schichtenspezifisch homo-
gen zusammengesetzt waren und einen überschaubaren,am
nachbarschaftlichen Zusammenhang orientierten Sozialraum bildeten, waren außerfamiliale und nachschulische
Kontakte so häufig wie selbstverständlich. In einem
solchen Umfeld wurden die persönlichen Beziehungen unter
den altersgleichen Schülern, wie sie der gemeinsame
Schulbesuch, das übereinstimmende Bildungsniveau und
die Nähe des Wohnraums bereits geschaffen hatten, in
einem Jugendklub nur noch erweitert und verdichtet.
Nicht von ungefähr ließ CLASSEN seinen Robert Hansen in
den Sportklub seiner "Schulkameraden" eintreten, und auch
bei Walters "Borussia" kann eine Alters- und Sozialhomo-
genität angenommen werden.

Der hohe Grad möglicher Identifikation mit einem Sportklub, ja ihr geradezu lebenssinnstiftender Charakter
für Heranwachsende geht aus Walters Drohung hervor, er
würde sich eher "erschießen" als freiwillig seine "Borussia" zu verlassen. Selbst wenn man Walters Alternative
als rein rhetorische betrachtet, in ihrer drastischen Zuspitzung und Ausschließlichkeit signalisiert sie, daß
er mit seiner ganzen Identität sich in den Sportklub
integriert wußte, der in einem schwierigen Abschnitt
seiner Persönlichkeitsentwicklung als soziale Gruppe einen entscheidenden Halt bot. DEHN wie auch CLASSEN iro-

---

1) Vgl. hier: S. 39f.

nisieren das Zusammenspiel von individueller und Grup-
penidentität ("kamen sich ungemein wichtig vor"),[1] und
sie dämonisieren die Sportklubs als "Moloch" und "Gift-
pflanze".[2] Das waren weit überzogene Beurteilungen,
vermutlich aus dem Eingeständnis resultierend, daß Sportklubs wie die "Borussia" sich bei der großen Mehrheit
der Jugendlichen einer zunehmenden Beliebtheit erfreu-
ten. Diesen wird man auch analytisch gerechter, wenn
man sie als autonome Versuche betrachtet, Kommunika-
tionsstile und Gemeinschaftsstrukturen nach eigenen Vorstellungen zu entwickeln. Im folgenden werden wir sie
nun unter diesem allgemeinen Gesichtspunkt eingehender
beleuchten und danach fragen, mit welchen kulturellen
Mitteln, Formen und Symbolen sie ihr Eigenhandeln mani-
festierten, welche Maßnahmen sie im einzelnen ergriffen,
um die Zusammengehörigkeit zu sichern, um die Kontinuität als Gemeinschaft zu festigen; und schließlich ist
auch zu untersuchen, welche Implikationen mit der Etablierung fester Verbandsstrukturen und ihrer sozialräum-
lichen Zuordnung verbunden waren.

a) Symbole formaler und emotionaler Zugehörigkeit:
   - Sportkleidung

Eine eigene Sportbekleidung, bestehend aus Hemd, Hose
und Strümpfen in einheitlicher Farbmusterung bzw. Gestaltung, ist heute ein selbstverständliches Zubehör jeder
Fußballmannschaft. Doch das war nicht immer so, zumin-

---

1) DEHN, Berliner Jungen, 1912, 104.
2) DEHN, Großstadtjugend, 1919, 19.

dest in Deutschland kam eine spezifische Fußballkleidung nicht zugleich mit der Einführung des Spiels in Gebrauch. Dies verwundert etwas, denn wie insbesondere
aus unseren früheren Ausführungen zu Konrad KOCH hervorgeht, kamen die entscheidenden Anregungen zur Übernahme des Spiels und seiner Regeln auch an deutschen
Gymnasien aus England; dort war jedoch die verschieden-
farbige Spielkleidung der einzelnen Mannschaften schon
seit seiner regelmäßigen Ausübung an den Public Schools
üblich. In der Variante für erwachsene bzw. schulentlassene Spieler wurden zum Beispiel Wollpullover mit
Ringmuster getragen, dazu lange Hosen, die man in lange,
farbige Strümpfe stopfte, sodaß das für damalige Klei-
dungsvorstellungen zwar etwas absonderliche, aber auch
einheitliche Bild einer spezifischen Sportkleidung
entstand.[1] Vor allem nach der Erfindung einer leistungs-
fähigeren Strickmaschine zur Verarbeitung von Baumwolle[2]
in den sechziger Jahren des 19. Jahrhunderts konnten
trage- und pflegeleichtere Trikots in großen Stückzah-
len hergestellt werden. Dies traf zusammen mit der Verbreitung des Spiels auch in Arbeiterschichten einerseits,
die nach der Gründung eines nationalen Dachverbands im
Jahre 1863 stetig zunahm, und andererseits mit der sport-

----

1) Vgl. dazu die Photographie bei MORRIS (1981, 206),
   die eine Fußballmannschaft in einem Sportdress zeigt,
   wie er bereits 1865 üblich war (vgl. Abb.13, S. 228).
   Im übrigen diskutiert MORRIS, ein sozio-biolo-
   gisch orientierter, englischer Verhaltenspsychologe
   (er ist zugleich Präsident des Fußballklubs Oxford United) die Veränderung der Fußballkleidung ausschließlich als Ergebnis des Widerstreits zwischen
   "Schutz gegen das Wetter und gegen Verletzungen
   einerseits und dem Streben nach Bewegungsfreiheit
   andererseits" (ebd., 193). Im Unterschied zu seiner
   Analyse sonstiger fußballsportlicher Phänomene ver-
   mißt man hier sein Einbeziehen soziokultureller Be-
   deutungsmöglichkeiten.
2) KÖNIG 1971, 216.

lichen Weiterentwicklung des Fußballspiels selbst. Denn
je schneller und beweglicher das Spiel wurde, umso unbe-
quemer und unvorteilhafter wurden nicht nur die langen
Hosen, die man bald immer mehr bis schließlich über das
Knie kürzte, sondern lästig und unangebracht waren endlich auch dicke Pullover. Als gegen Ende des Jahrhunderts dann künstliche Faserstoffe erfunden und in Triko-
tagen verarbeitet werden konnten, setzte schließlich eine Kolorierung der Fußballhemden in bis dahin nicht ge-
kannter Buntheit ein. Gerade und schräge Längsstreifen,
waagrechte Ringe wie auch mehrfarbige Felderungen waren
bald die Dessins , die neben Unifarben bereits vor der
Jahrhundertwende in England am meisten verbreitet und
beliebt waren.[1]

Dagegen sucht man in den ersten Fußball(Vereins-)Regeln
von KOCH aus dem Jahre 1875 einen Hinweis selbst auf
eine spezielle Spielkleidung noch vergebens. Unter dem
Stichwort "Gesundheitsvorschriften" ist lediglich festgehalten, daß die Schüler während des Spiels (immerhin)
ihren "Rock" ablegen durften; dies allerdings auch nur,
wenn sie ein "wollenes Hemd" trugen, von dem man sich
einen wirkungsvollen Erkältungsschutz versprach.[2] Dabei rechtfertigte sich gerade aus hygienischen Gründen
eine eigene Sportkleidung, wie sie auch Deutschlands Tur-

---

1) MORRIS 1981, 206.
2) HOFFMEISTER 1978, 50f.

Abb.13: Englisches Fußball-Team
im Jahr 1865.

Quelle: MORRIS 1981, 206.

Abb.14: Fußballkleidung um 1901

Quelle: MORRIS 1981, 193.

ner schon seit Jahn[1] kannten. Doch vorerst beschränkte
man sich darauf, die Mannschaften durch farbige Arm-
binden zu unterscheiden, jedenfalls im Rahmen des Schul-

---

1) Bei LÜHR (1960/61) finden sich Angaben zur Turnerkleidung aus der Zeit vor Jahn, also bei Salzmann,
   Basedow, Guths Muths (24f.) sowie zur Frauenturn-
   kleidung nach 1900 (38ff.). Besonders zu letzterem
   ist ein Hinweis von BOEHN (1918, 127f) von Bedeutung, der in der Einführung des obligatorischen Mäd-
   chenturnunterrichts einen wichtigen Beitrag zur Abschaffung des aus medizinischen und ästhetischen
   Gründen im Rahmen der Lebensreformbewegungen in Kritik geratenen Stützkorsetts sah: Es wurde beim Turnen verboten zu tragen, sodaß die "befreiende" Erfahrung allmählich auch auf die alltäglichen Klei-
   dungsgewohnheiten ausstrahlen konnte. Schließlich
   gibt die Zeitschrift "Der Jugendturner" (2. Jg.,
   1913, 59f.) ein Beispiel dafür, wie die Jugendturn-
   kleidungsvorschriften als Normierungs- und Diszi-
   plinierungsmittel fungierten, indem den Trägern der
   "beliebten" aber vorschriftswidrigen "ganz kurze(n)
   oder keine(n) Strümpfe(n) und besonders kurze(n)
   Hose(n)" (Herv. i. Orig., r. B.) die Teilnahme an
   einem Turnfest untersagt wurde. Zwei Photographien
   auf derselben Textseite sollten ins Gedächtnis rufen,
   wie der ordentliche Jugend- und der Schülerturner
   gekleidet zu sein hatte: "Jugendturner: weißes Trikot mit halblangen Ärmeln, schwarze kurze Hose bis
   zum Knie, lange schwarze Strümpfe und schwarze Turnschuhe. Schülerturner: weißes Hemd mit langen Ärmeln
   (nicht Turntrikot), lange weiße Hose (Knie) und rote
   Hosenträger, weißer Gürtel mit schwarzen Rändern,
   lange schwarze Strümpfe und schwarze Turnschuhe"
   (ebd.). Umgekehrt ist dem Untersuchungsbericht E. T. A.
   HOFFMANNs über F. L. Jahn aus dem Jahr 1819 zu entnehmen, daß auch die Turnerkleidung zum politischen
   Bewußtsein der Turner beigetragen hatte und folglich
   ein emanzipatorisches Moment aufzuweisen hatte:
   "Jahn versammelte eine neu geschaffene Generation aufkeimender Kraftmenschen um sich her, die sowohl Kleidung als Betragen auszeichneten und mit denen er,
   eine wandernde Propaganda des Turnens, Züge unternahm
   auf denen sie überall allgemeine Aufmerksamkeit er-
   regten. Wenn sie laute Gesänge anstimmend durch die
   Straßen zogen, sich auf Märkten in den Städten lager-
   ten, überall von der Menge angafft, so mußten sie
   sich in der That bald für ein auserlesenes Völklein
   achten, das höheres in sich tragend an gewöhnliche
   Sitte und Ordnung nicht gebunden seyn konnte...";
   zitiert nach KUNZE 1982, 42.

fußballs, ansonsten wurde zu "leichter" Bekleidung geraten.[1] Noch zu Beginn der neunziger Jahre wurde geradezu als ein Kuriosum notiert, daß "manche Spieler sich vor
dem Spiel vollkommen (umkleideten)",[2] ein Hinweis darauf, daß die Ausbildung und gesellschaftliche Durchsetzung bzw. Anerkennung einer spezifischen, soziologischen
Sport-Rolle, die als solche über eine eigene Sport-Klei-
dung identifizierbar gewesen wäre, noch nicht vollzogen
war. Welchen konkreten Anteil man Konrad KOCH an dieser
Entwicklung zuschreiben kann, läßt sich wohl nicht mehr
genau entscheiden. Vermutlich war jedoch seine ablehnende Haltung gegen eine optische Hervorhebung der Sport-
akteure ein typischer Ausdruck dessen, was René KÖNIG
die "modische Entsagung der puritanischen Industriegesellschaft"[3] genannt hat, worauf im folgenden kurz eingegangen werden soll.

Bereits in einem Artikel des Jahres 1882 hat KOCH zu
erkennen gegeben, daß Zurückhaltung und Bescheidenheit
die Tugenden sein sollten, welche die Fußballspieler und
die Atmosphäre des Spiels charakterisierten. "Besondere
Anzüge" lehnte er strikt ab, vermutlich weil sie dem Spiel
selbst ein zu großes Eigengewicht, eine Eigendynamik
verliehen hätten, die seinen volkspädagogischen Intentionen zuwiderliefen. Überdies hätten spezielle Kleidervor-
schriften zu einer Verteuerung des Sports geführt, und
dies wäre nicht nur zu Lasten von dessen Attraktivität gegangen, sondern hätte erst recht seine weitere
Verbreitung in Deutschland behindert. Aber diese Vermutung erklärt nur zum Teil seine ablehnende Haltung; erst
wenn man spätere Äußerungen noch hinzunimmt, entsteht
ein vollständigeres Bild von KOCHs dezidierter Weigerung,
der aufkommenden Sportkleidung seine Zustimmung zu geben.

---

1) KOPPEHEL 1954, 13.
2) Ebd., 28.
3) KÖNIG 1971, 227.

In einer Sitzung des ZA-Herausgeberkollegiums im Jahr
1895 bestanden er und der Altonaer Oberlehrer Schnell
darauf, eine "Bestimmung inbetreff einer besonderen
Spielkleidung" in die ZA-Statuten aufzunehmen. Zwar
rieten andere ZA-Mitglieder davon ab, doch KOCH und
Schnell diktierten ins Protokoll, daß sie "sich gegen
die bunte Sportkleidung (erklärten)".[2] In einem eigenen Artikel im selben Jahrbuch fand KOCH eine lapidare
Begründung, weshalb "buntfarbige Trachten" abzulehnen
seien: Sie "sind unserem Geschmacke", d.h. dem deutschen, "völlig zuwider".[3] Aus heutiger Sicht objekti-
vierte und verallgemeinerte KOCH hier, in frappierender
Selbstverständlichkeit und mit unüberhörbarem normativen Anspruch, ein allein subjektiv entscheidbares Empfin-
den, den Kleidungsgeschmack. Allerdings wußte er sich
in diesen Äußerungen verankert in der Tradition eines
von calvinistischer Nüchternheit und Askese geprägten
Verständnisses von bürgerlicher Männermode, die ursprünglich eher anti-modischen Motiven entsprang, indem sie
sich scharf vom höfischen Prunk absetzen wollte. "Dem
weltfeindlichen Pathos der Protestanten und dem sachlichen Sinn der Bürger waren die bunten Farben (...)
ein gottloser Greuel", so hat Richard Alewyn[4] den historischen Hintergrund für ein konservatives Modebe-
wußtsein beschrieben, das vor allem in protestantischen

---

1) In: Monatsblatt für öffentliche Gesundheitspflege
   1882, Nr. 1: Englische Schulspiele auf deutschen
   Spielplätzen; zitiert nach HOFFMEISTER 1978, 44.

2) JfJuV 1895, 315; meine Hervorhebung, R. B.

3) Ebd., 92.

4) Richard Alewyn, Formen des Barock, in: Corona,
   Bd. X/6, zitiert nach KÖNIG, 1971, 169.

Gegenden - zum Unterschied von katholischen bzw. me-
diterran beeinflußten- die Farbenskala männlicher Kleidung über Jahrhunderte hinweg bis in die Zeit des Wilhelminischen Preußen kaum über gedämpfte, dunkle Tönun-
gen hinausgehen ließ. Bezeichnenderweise blieb der
"Bunte Rock" allein dem Militär vorbehalten, das, worauf
BOEHN aufmerksam machte, "im Unterschied von Farben,
Stoffen und Besatz noch alle Vorurteile des (bürgerlichen, kleidungs- und farben-restriktiven; R. B.) Mit-
telalters lebendig"[1] erhielt. In den "Galons und Tres-
sen, Knöpfen und Stickereien, Litzen und Bändern,
Schnüren und Quasten", welche "Ansehen und Bedeutung
nach Zentimetern"[2] zu messen suchten, sah BOEHN ein
Stück Vergangenheit, das in der Gegenwart des Wilhelminismus beim Militär weiterlebte.

Keine Frage, daß gegen den phantasielos grauen Anzug,[3]
der das Erscheinungsbild der Männer bestimmte, die "pa-
pageienbunte" Sportkleidung, wie DEHN eher nachsichtig
und milde rügte, einen deutlichen Kontrast abgab. Mehr

---

1) Max von BOEHN, einer der profiliertesten, kultur-
   historisch fundierten Modeforscher seiner Zeit
   (1918, 70),lag in seiner Einschätzung nahe der von
   Alewyn, vgl. hier: S. 231, Anmerkung 4.

2) BOEHN 1918, 70.

3) So konstatierte BOEHN (1918, 87), daß "heutzutage
   die Mode so gut wie aufgehört (hat), sich mit dem
   Mann zu beschäftigen. Seit zwei Menschenaltern ist
   sein Gewand zur Zwecktracht erstarrt, die in Schnitt,
   Stoff und Farbe Änderungen nur noch in einem sehr
   bescheidenen Ausmaß gestattet". Daher konnte auch
   nicht verwundern, daß in Berlin im Jahr 1911 eine
   "Gesellschaft für Reform der Männerkleidung" gegründet worden ist, deren Wirken jedoch durch den
   ersten Weltkrieg "paralysiert" worden sei, wie BOEHN
   (1918, 94) notiert.

noch, die Trikots der Sportklubs mit ihren rot-gelben
Streifen oder grün-weißen Feldern oder sonstigen, durchweg kräftigen Farbkombinationen mußten geradezu provo-
zieren und stellten so einen Protest dar gegen das (in
Preußen) übliche, non-modische Einerlei männlicher
Kleidung.[1] Insofern ist René KÖNIG recht zu geben, der
von einer "Revolution der Jugend in der Mode"[2] sprach,
dabei jedoch eher den Ersatz des "Gilets durch den
Pullover des Fußballers",[3] den Sweater,meinte. Die Beispiele in unserem Kontext legen jedoch eine weiterge-
hende Interpretation nahe, wobei eine Berücksichtigung
der schon mehrfach erwähnten jugendsoziologischen Sach-
verhalte und ihrer Bedeutung im Wilhelminischen Kaiserreich unverzichtbar ist.

In dieser Perspektive war der bunte Sportdress über seinen modischen Aspekt hinaus durchaus eine offene "Re-
bellion"[4] Jugendlicher gegen die Anmaßung einer Normie-

---

1) Im Rückblick des Chronisten beim 30. Jubiläum des
   Freiburger FC im Jahre 1927 hieß es dazu: "Wer ein
   Rad hatte, radelte im Fußballkostüm hinaus (zum
   Exerzierplatz der Engländer, dem ersten Freiburger
   Fußballplatz) und half mit, die verwunderten Freiburger an den neuen Sport und die Sportkleidung zu
   gewöhnen" (FREIBURGER FC 1927, 88).
2) KÖNIG 1971, 233.
3) Ebd., 36; vgl. hier: S. 235, Anmerkung 1.
4) WEGELE 1956, 22; weiter hieß es bei ihm: "Man rümpfte
   vor so viel Nacktheit die Nase". Damit ist vom Autor nur andeutungsweise auf die Thematik "Erotisie-
   rung der Sportkleidung" Bezug genommen; auch wir
   werden es diesem kursorischen Hinweis belassen,
   da dem Gegenstand eine Bearbeitung zusteht, die in
   unserem Zusammenhang nicht geleistet werden kann;
   Analysen zum allgemeinen Thema "Erotik und Kleidung"
   vgl. KÖNIG 1985, 119ff. und 285ff.

rung ihres Erscheinungsbildes durch Erwachsene. Wie
das Beispiel von Walter aus dem weiter oben erwähnten
Zusammenhang demonstriert, der im "weißen Sweater"[1]
bei Pastor DEHN zum Gespräch erschien, war die Errungenschaft eines eigenen, eines jugendlichen Kleidungs-
stils eng verknüpft mit der spezifischen Gruppenzuge-
hörigkeit. Auf der Ebene der einzelnen Sportklubs stif-
tete daher, so kann man annehmen, die Anschaffung eines
individuellen Sportdresses auf ähnliche Weise ein Gefühl der Gruppengemeinschaft und Zusammengehörigkeit,
wie andererseits die Übernahme von Kleidungsstilelemen-
ten aus der Welt des Sports in die alltägliche Kleidungs-

---

1) HÄVERNICK (1959, 36) hat BACHs Feststellung (in:
   Deutsche Volkskunde 1937, 301), wonach die "Großstadtjugend eine eigene Kleidung" habe, aufgegriffen und bei Schulklassen Hamburger höherer Schulen
   empirische Belege gesammelt. In diesem Zusammenhang
   bezeichnet H. den Sweater als "abgesunken aus der
   feinen Sportwelt vor 1914" und zwar auf die Ebene
   der Volksschüler. Obwohl es seiner Themenstellung
   entsprochen hätte, ist ihm keine weitere Überlegung wert, ob der Sweater bei den Volksschülern
   eine, wie wir meinen, "gruppengeistige" Funktion
   gehabt hat, um es mit H.s antiquierter Begrifflichkeit zu sagen. Stattdessen (und ohne H.s analyti-
   sches Vorgehen weiter zu reflektieren) legt seine
   Darstellung die Vermutung nahe, das Kulturgut Sweater sei, nun unter der Bezeichnung "Pulli", von
   den Volksschülern aus quasi aufgestiegen, denn er
   ist "in der höheren Schule (aufgegriffen)" worden,
   und zwar nach 1918/19. Vielleicht kann man dieses
   Vorgehen von Jugendlichen aus gehobenen Schichten
   als einen Protest gegen die eigene soziale Herkunft
   bzw. gegen die "Väter" werten, polemisch ausgedrückt,
   ein Kokettieren mit den veränderten politischen Verhältnissen durch Anpassung an die (proletarische)
   Kleidung der Volksschüler.

kultur der Jugend[1] Symbol ihres stilbildenden Gestal-
tungs- und kollektiven Durchsetzungsvermögens war. Während also der Vorgang des Kleidergestaltens zum einen
die Handlungskompetenz autonomer Jugend-(Sport-)Klubs
demonstriert, spiegelt das Ergebnis, die Sportkleidung
bzw. die aus ihr abgeleitete Alltagskleidung, auch noch
ein konkretes Erkennungsmerkmal wider, in dem sich Jugend als eigene soziale Gruppe erfahren konnte. Diese
doppelte Identifikationsfunktion, die der Sportkleidung
insgesamt als gruppen- wie altersspezifisches Symbol
der inneren Verbundenheit zukam, läßt sich auch noch an
einem jugendtypischen Kleidungsaccessoire illustrieren,
das vor 1914 sowohl im Fußballsport selbst als auch im
(jugendlichen) Alltag verbreitet war, heute jedoch
längst nicht mehr in Gebrauch bzw. allgemein außer Mode
gekommen ist: Das Tragen einer Mütze.

---

1) Bei HÄVERNICKs Untersuchungen tauchte als eine Alternative zum Matrosenanzug das "Sporthemd" auf. Obwohl
H. keine Beschreibung mitliefert, kann man anhand
der Photographien feststellen, daß es sich um ein
konfektioniertes Kleidungsstück handelte, dessen
offener, tiefer Kragen und die kurzen Ärmel eine
stilistische Anlehnung an reale Sporthemden, Sport-
Trikots, bedeuteten. Ohne nähere Begründung attestiert
H. seinen Trägern in einigen Fällen das "Streben,
den empfundenen Mangel an 'Größe' (d. h. echte Sport-
lichkeit, R. B.) (...) zu kompensieren"; für andere
Träger sei das Sporthemd "Zeichen qualitätsvoller
Individualisten" (I/48) gewesen, während er einer
weiteren Gruppe unterstellt, für sie sei das Sporthemd ein "Abzeichen (von Ehrgeiz und Wohlsituiert-
heit)" gewesen. Über die empirischen Feststellungen
hinaus, kommen H.s psychologischen Interpretationen
dagegen keine verläßliche Bedeutung zu, da sie, ohne
theoretische Rückbindungen, zu sehr dem Intuitiven
und Zufälligen verhaftet sind.

- Zur Bedeutung der Sport-/Klubmützen

"Jeder englische Knabe", so behauptete RACQUET in kühner Übertreibung, "hat seinen Fußballanzug, bestehend aus weißem[1] Flanellbeinkleid, einem in den Farben seines 'Klubs' gewebten Leibchen nebst Kappe in denselben Farben (...)"[2] MORRIS beschrieb die Formen der ersten Fußballerkappen als "anliegende Kopfbedeckungen im Stil der Fischermützen oder Kappen mit kurzem Schirm".[3] Schon die Angaben dieser beiden Autoren, erst recht Bilder bzw. Zeichnungen aus jener Zeit las-

---

1) Es ist bemerkenswert, daß eine weiße Hose gefordert wurde, die am schnellsten Schmutzspuren aufweist und, wie man denken könnte, dadurch ein "schlechter Eindruck" bei Erwachsenen provoziert wird. Bei HUGHES (1857/1967, 87) finden wir eine Antwort auf diese Frage, die Tom Brown in modifizierter Form einem Klassenkameraden stellte, nämlich,warum die Mannschaft des Ostflügels ("East") im November weiße Hosen trage. Dieser gab ihm zurück: "To show them we don't care for hacks", was soviel bedeutet, wie daß die Spieler ihren Gegnern zu erkennen geben wollten, daß sie sich nicht vor ihren Tritten fürchteten, d.h. es ihnen nichts ausmachte, in den Dreck zu fallen. Mit MORRIS (1981, 204) könnte man (im nachhinein) die weiße Sporthose (plus weißem Hemd) als eine Variante psychologischer Kampfführung interpretieren.

2) RACQUET 1882, 50 (meine Hervorhebungen, R.B.); es schloß sich noch eine Empfehlung zum Schuhwerk an: "... mit Gutta-percha (lt. WAHRIG 1968, 1658: "Der eingetrocknete, kautschukähnliche braune Milchsaft von südostasiatischen Bäumen", Gummisohlen) oder weichen Ledersohlen, ohne Nägel, da letztere im Kampfgewühl leicht Unheil verursachen könnten". In dieser Ausstattung vorgeschrieben, wäre die Fußballkleidung in der Tat eine sehr teure Anschaffung geworden und hätte wohl abschreckende Wirkung gehabt; darauf beruht auch unsere Vermutung, weshalb sich KOCH gegen "besondere Anzüge" (unter anderem) ausgesprochen hat; vgl. hier: S. 231 und 228.

3) MORRIS 1981, 193.

sen ihre ursprüngliche Doppelfunktion als Spiel- und
Klubmütze erahnen, wobei der Fußballinteressierte der
Gegenwart verwundert nach dem heutigen Verbleib der
Spielmütze fragt. Sie wurde allmählich das Opfer desselben spieltechnischen und -taktischen Wandels des
Fußballspiels, der bereits die erwähnte Modifikation
der gesamten Spielkleidung mitverursacht hatte. Vor
allem nach der Professionalisierung des Wettspielbetriebs, die in England schon in den achtziger Jahren
vordrang[1] und in deren Gefolge auch das Kopfballspiel
eine zunehmend verbreitete spieltechnische Variante
wurde, erwiesen sich Mützen bald nur noch hinderlich
und unpraktisch, bis sie schließlich ganz vom Spielfeld verschwanden. Allein als Klubmützen vermochten
sie sich länger zu halten, da sie gerade im Zuge der
Expansion des Fußballvereinswesens eine akzeptable
und doch originelle Form darstellten, innere Verbundenheit und formale Zugehörigkeit zu einem bestimmten
Klub öffentlich zu zeigen.

Die Tatsache, daß noch heute ein englischer National-
spieler für jeden Einsatz in der Nationalelf eine besondere Schirmmütze als Andenken erhält,[2] ist ein Kuriosum, das außerhalb der britischen Inseln weithin
unbekannt wie unverständlich ist. "In dieser Auszeichnung", wie MORRIS diesen Brauch des englischen Fußballverbandes kommentiert, "hat sich der erstarrte Rest

---

1) MASON (1980, 69ff) weist ihre Anfänge, d. h. die
   Bezahlung von Spielern, bereits seit 1876 nach; vgl.
   auch S. 253, Anmerkung 2 und 271.

2) MORRIS 1981, 193; vgl. auch den Brauch der "Freien
   Berliner Fußballvereinigung", die Meistermannschaf-
   ten am Ende einer Saison mit "Ehrenmützen" auszu-
   zeichnen, siehe DFB-Jahrbuch 1904/05, 122; vgl.
   die Abbildungen 15 und 16, S. 239 und 240.

der ältesten Fußballausrüstung erhalten". Bezieht man
den sozio-kulturellen Hintergrund der Mützentradition
in England mit ein, dann erlaubt das eine noch weiter-
gehende Interpretation. Denn im Vorgang der Auszeichnung
gerade mit Mützen wird auch die Erinnerung an ein typisches Merkmal der frühen Fußball-Uniform aufrecht erhalten, die ihren eigentlichen Ursprung in der Tradition der Schuluniformen der Public Schools hatte. Von
HUGHES wissen wir darüber hinaus, daß Trikots und Mützen in den Farben der Schuluniformen sowohl von den die
jeweilige Schule repräsentierenden Teams getragen wurden, als auch jene Mannschaften eine eigene einheitliche Sportkleidung[1] hatten, die sich im Rahmen der
"intramural competitions"[2] auf der Basis von Altersstufen,
Unterkunftsgebäuden oder Gebäudeflügeln[3] bildeten.
Mützen verstärkten dabei, so darf man vermuten, gerade
durch ihre exponierte Position das Gefühl der Zugehörigkeit zur Sportgruppe; sie lenkten außerdem die Aufmerksamkeit bei Träger und Betrachter auf die damit
verbundene Handlungsrolle im Fußballsport und ihre
Leistungs- wie Normanforderungen (z.B. "Fairness"). Nicht
zuletzt konnte man mit Mütze noch eindeutiger als Mitglied eines ganz bestimmten Klubs identifiziert werden.

Wenn wir nun die ersten deutschen Fußballvereine betrachten, die außerhalb der Schulen entstanden sind, so können wir vor allem KOPPEHELS Informationen entnehmen, daß
auch zu ihrer Spielkleidung eine Mütze gehörte. Zum
Beispiel trug der Berliner FC "Germania", gegründet im
Jahre 1888, zu seinen rotweiß-gestreiften Hemden und

---

1) HUGHES (1857/1967, 92): "Each house has its own
   uniform of cap and jersey, of some lively colour"
   (Hervorhebung im Original. R.B.).

2) Übersetzt: "Schulinterne Wettbewerbe".

3) Vgl. oben, Anmerkung 1)

Abb.15: Englands Nationalelf-Kapitän Bobby Moore feiert
die Übergabe seiner 100. Mütze. Seine ersten 99
Mützen führen junge Fans einer Schule in West
Ham vor.

Quelle: MORRIS 1981, 193.

Abb.16: FC "Weststadt" Karlsruhe (1902).

Quelle: WEGELE 1956, 74.

blauen Hosen eine "weiße Mütze mit rotem Stern".[1] Die
Spieler des ebenfalls im Jahr 1888 von 12- bis 16-jäh-
rigen Schülern des Wilhelms-Gymnasiums gegründeten Hamburger FC entschieden sich dafür, zu den dunkelblauen
Pullovern und dunklen Hosen "blaue Mützen mit weißem
Deckel"[2] anzuschaffen. Obwohl in den neunziger Jahren,
vor allem in Berlin, das Spielniveau durch die immer
mehr Mannschaften umfassenden Meisterschaftswettbewerbe
deutlich anstieg, scheint das Mützentragen im Spiel
erst nach der Jahrhundertwende vollends aufgehört zu
haben. Zwar hat der Kasseler Fußballverein "1895" noch
im Jahr 1904 ausdrücklich eine "(blaue) Spielmütze" und
eine "(blau-sammet- und silberverbrämte) Repräsentativ-
Mütze"[3] unterschieden; beschloß zum Beispiel der im
Jahr 1900 gegründete FC Konstanz noch im selben Jahr,
außer "Blousen" auch "Mützen" anzuschaffen;[4] zeigt
eine Photographie aus dem Jahr 1902 die (jugendlichen)
Spieler des FC "Weststadt" Karlsruhe mit Mützen, wenn
auch nicht in einheitlicher Fasson;[5] und schließlich
erwähnten die organisatorischen Vorläufer des 1909 gegründeten FC Wollmatingen (Bodensee) "kleine, leichte
Tuchmützen in Weiß oder auch mit schwarzem Stern" als
Teil ihres Sportdresses.[6] Insgesamt jedoch gaben von
127 im DFB-Jahrbuch 1904/05 aufgeführten Verbandsver-

---

1) KOPPEHEL 1954, 62.
2) Ebd., 63; zur Geschichte des Hamburger FC (1888)
   finden sich noch weitere, umfangreiche Informationen
   in: DFB-Jahrbuch 1904/05, 170f.
3) DFB-Jahrbuch 1904/05, 174f.
4) KONSTANZ 1975, 129 (eigene Zählung, R. B.).
5) WEGELE 1956, 74; vgl. hier: S. 240.
6) WOLLMATINGEN 1984, 51.

einen nur noch 12[1] an, daß sie eine Mütze als festen
Bestandteil der "Spielkleidung" erachteten. Doch aufgrund der spieltechnischen Entwicklung ist selbst in
diesen Fällen eher anzunehmen, daß die Mützen den Charakter von Klubmützen hatten, die vorwiegend Teil der
Klub-Kleidungen waren und zu allen offiziellen Anlässen, an denen der Klub an die Öffentlichkeit trat, getragen wurden.

Nun sind auch Klubmitglieder-Konstellationen denkbar,
wo eine Spielmütze überhaupt nicht in Betracht gezogen
wurde, aber dennoch auf ihre dekorative Identifikationsfunktion nicht verzichtet werden sollte. Über die
gymnasialen Spielvereine und ihre Affinität für corps-
studentisches Brauchtum könnte man eine Linie der Mützentradition und ihre Ursprünge im frühen deutschen Fußballverein erklären. So betonte zum Beispiel STUDIER mit
Blick auf die gesamte Kleiderordnung der Corps: "Das
wichtigste von allem waren aber die Mützen, mit denen
großer Aufwand getrieben wurde".[2] Zwar konnten keine
Stellen gefunden werden, die analoge Bestrebungen der
Mützen-Etikette belegen, wie sie in den Corps vor allem
zum Grüßen[3] üblich waren. Dies schließt jedoch nicht
aus, daß der verbindungsstudentische Mützen-Habitus auch

---

1) Im einzelnen waren das (in Klammer: Gründungsjahr
   und Quellenangabe, also die Seitenzahl in DFB-Jahrbuch 1904/05): Fc "Germania" Bonn (1901, 161); Sportklub "Allemannia" Cottbus (1896, 164); FC "Victoria" Frankfurt (1899, 168); Kasseler Fußballverein
   (1895, 174f); FC "Kilia" Kiel (1902, 175); SC Kiel
   von (1899, 176); FC Königsberg (1900, 178); Landauer
   Fußballgesellschaft (1902, 178); FC "Fresena" Norden
   (1902, 185); FC Offenbach (1899, 186); FC "Germania"
   Offenbach (1900, 186); FC Siegen (1902, 190).

2) STUDIER 1965, 77.

3) STUDIER (ebd.) zitiert und beschreibt Handhabungen
   der studentischen Mützen; er deutet damit die zere-
   moniellen Funktions- und Handlungsmöglichkeiten dieses Kleidungsstücks an, die ihrerseits eine zusätzliche gruppenspezifische Symbolik des Wiedererkennens
   und Dazugehörens eröffneten.

unter bürgerlichen Fußballvereinen zum Vorbild einer
eigenen Variante geworden ist, wobei modische An-
leihen vorgekommen sein mochten. Beispielsweise wurden
in Vereinschroniken, neben einfarbigen Mützen, vor
allem solche häufig erwähnt, die einen "(roten, schwarzen oder weißen) Stern" trugen. Möglicherweise handelte es sich in diesen Fällen um eine Modifikation der
sogenannten "Sternmütze",[1] die als corpsstudentische
Kopfbedeckung ("mit gesticktem Flammenstern auf dem
Deckel") im 19. Jahrhundert weit verbreitet war.[2]

In den bisher angeführten Beispielen kamen die Mützen-
träger weitgehend aus bürgerlichen Schichten, eine un-
vermeidbare Eingrenzung angesichts der Quellenlage.
Unser konkreter Ausgangspunkt und Betrachtungsgegen-
stand waren jedoch die jugendlichen Mitglieder von
Sportklubs, für die stellvertretend immer wieder die
Personen aus DEHNs Arbeitermilieuschilderungen standen.
Auch im aktuellen Kontext dient der nun schon mehrfach
bemühte 16-jährige Lehrling Walter als Prototyp des arbeiterjugendlichen Mützenträgers, denn, wie erinnerlich,
trug er bei seinem Gespräch mit DEHN außer dem charakteristischen weißen Sweater, einem Symbol der kleidungs-
spezifischen Umnutzungsstrategie Jugendlicher im Wilhelminismus, auch noch eine,"Pudel" genannte ,Sportmütze.
Ohne die genaue Form dieser Mütze zu kennen, darf man
dennoch vermuten, daß es sich um eine Variation der da-

---

1) FABRICIUS 1926, 452; aufschlußreich sind auch die
   Zeichnungen in: JfjUV 1893, Anzeigenteil, sowie:
   Der Fußball, 1895, 334; vgl. hier: S. 249.

2) Die studentischen Mützen führt FABRICIUS (1926, 348)
   auf einen "französischen Ursprung" zurück. Sie kam
   bei den deutschen Studenten im ersten Jahrzehnt
   des 19. Jhts. auf, und zwar als Nachahmung der "Pa-
   riser republikanischen Moden", wie FBARICIUS den
   Vorgang zweideutig kommentiert, denn er läßt offen,
   ob er die Kleidermoden meint, oder ob er - abfällig
   - die politischen Ideen(ebenfalls) erfaßen will.

mals gängigen Fußballmützen gehandelt hat, wie sie seinerzeit von Gymnasiasten und Studenten getragen wurden.

Möglicherweise vereinigten die von Volksschülern und
Lehrlingen getragenen Mützen nicht nur die Symboleigen-
schaften der oben beschriebenen spezifischen Sport-/
Klubmützen, sondern waren zugleich eine Antwort auf den
Brauch der Klassenmütze, der unter Schülern höherer
Schulen verbreitet war. HÄVERNICK schrieb der Klassenmütze sogar die Funktion der sozialen Abgrenzung zu:
sie sei "Abzeichen des Standes" gewesen, das "vor allem
gegen die Volksschüler" gerichtet war und angeblich
"von beiden Seiten als solches empfunden"[1] wurde. Sie
hat, nach HÄVERNICKs Recherchen, bei den Schülern individuell das "Selbstbewußtsein (gestärkt)" und emotional ein Zusammengehörigkeitsgefühl der Klassenmit-
glieder gefördert. HÄVERNICKs auf gehobene Sozialschichten verengter Blickwinkel hinderte ihn jedoch daran,
eine analoge Betrachtung des Mützenbrauchs auch der
Volksschüler vorzunehmen. Erfindung und Gebrauch Gemeinschaft stiftender Insignien wie die Klassenmütze reser-
vierte er so gewissermaßen für höhere Schüler allein,
ohne auch nur die Überlegung anzudeuten, daß ähnliche
psychologische Motive auch bei Volksschülern und Lehrlingen zur Kreation neuer oder Variation bereits vor-
handender Kleidungsstücke geführt haben könnten.[2] Die
Sportmütze der Arbeiterjugendlichen, zumal in der Va-

---

1) HÄVERNICK 1959, 55.
2) Vgl. dazu auch GERNDT (1974, 81 - 92), Kleidung als
   Indikator kultureller Prozesse.

riante der sogenannten "Schlägermütze",[1] könnte also
in einer Hinsicht das gruppenfunktionale Äquivalent
zur gymnasialen Klassenmütze gebildet haben. Neben die-

---

1) KIENER (1956, 182) sieht die 'Schlägermütze' als
   typisches "Kennzeichen der Kämpfer bei den Sparta-
   kistenaufständen" anno 1918/19; LINDNER (1983b,
   193, Anm. 6) identifiziert sie ebenfalls als ein
   klassenspezifisches Kleidungsstück; dessen etymolo-
   gische Ursprünge müssen jedoch noch als ungesichert
   gelten. Mit KÜPPER (1967, 234) zitiert LINDNER zwar
   eine Vermutung, wonach der Begriff vor 1850 in Berlin aufgetaucht sei; sehr vage heißt es jedoch, daß
   ein "Zusammenhang mit Auseinandersetzungen zwischen
   politischen Gegnern" der Begriffsbildung zugrundelag.
   Man kann diese Überlegungen noch um folgende ergänzen. Da in den politischen Kämpfen vor und um
   1848 auch Studenten sehr stark engagiert waren, bei
   denen der Gebrauch einer Fechtwaffe des Typs "(Korb-)
   Schläger" (gerade Klinge) gängig war (vgl. FABRICIUS
   1926,143), könnte sich ein Teil der Wortbedeutung durchaus auf diese Waffe beziehen. Dazu paßte dann auch
   die Wortverbindung Mütze, denn seit 1826 wurde zuerst
   im Heidelberger Komment für den Paukbetrieb eine
   spezielle "Paukmütze" (wattiert mit rundem Schild)
   vorgeschrieben (vgl. FABRICIUS 1926, 346), um die
   Gefahr der Kopfverletzungen bei Mensuren zu vermin-
   dern. Denkbar ist also, daß die in den politisch-mi-
   litärischen Auseinandersetzungen um die erste deutsche Republik kampfaktiven Studenten der eigentlichen Paukmütze in Verbindung mit der speziellen
   Fechtwaffe nun unter der Bezeichnung "Schlägermütze"
   Eingang in den allgemeinen Sprachgebrauch verschafft
   haben. Vgl. auch die Konnotation von "Schläger", die
   das Deutsche Wörterbuch von Jakob und Wilhelm GRIMM
   (9. Bd., Leipzig 1899, 414) "besonders von Studenten" notiert: diejenigen, die sich "gewohnheits-
   mäßig" geschlagen und duelliert haben ("raufer,
   raufbold"), und TRÜBNERS Deutsches Wörterbuch
   (6. Bd., Berlin 1955, 95) vermerkt, daß im studentischen Jargon des 19. Jahrhunderts der Begriff "Schläger" für einen Studenten stand, "der gern paukt, der
   gut (mit der Waffe, R.B.) schlägt".

ser Erkennungsfunktion mochte sie auch dazu gedient
haben, die klassenspezifische Zugehörigkeit zu signalisieren, womit sie dem Bekenntnischarakter mancher
historischen Hutform nicht unähnlich war.[1] Abschließend
wollen wir nun die in diesem Abschnitt vorgelegten Beobachtungen und historischen Recherchen in einem allgemeineren Zusammenhang interpretieren.

"Die gleiche Kleidung ist (...) das stärkste Bindemit-
tel, das den Menschen an den Menschen knüpft", so zitiert BOEHN den Freiburger Sozialphilosophen Peter BECK,
der sich mit Bekleidungsverhalten in psychologischer
Perspektive befaßt hat.[2] BOEHN selbst nennt die (mi-
litärische) Uniform das "beredteste Beispiel" dafür,
wie (sehr) eine bestimmte gleichförmige Kleidung ein
"Gefühl der Gemeinschaft"[3] hervorzurufen imstande ist.
Über den Begriff der "Nachahmung", wie ihn SIMMEL in
Bezug auf Mode versteht, läßt sich eine plausible Beziehung zwischen dem Uniform-Verständnis von BOEHN,
der sozialpsychologischen Bekleidungsinterpretation bei
BECK und unserem Kontext herstellen. Allgemein "(gibt)
Nachahmung dem Individuum die Sicherheit, bei seinem
Handeln nicht allein zu stehen, sondern erhebt sich
über den bisherigen Ausübungen derselben Tätigkeit wie
auf einem festen Unterbau, der die jetzige von der
Schwierigkeit, sich selbst zu tragen, entlastet (...).

---

1) Lt. KIENER 1956, 179ff. waren zum Beispiel die breit-
   krempig bis ausladenden, schwarzen Schlapphüte
   mit der Bezeichnung "Carbonari", "Turner-"und "De-
   mokraten-Hut" politische Bekenntnisse zur 1848er
   Demokratie (180) bzw. galten als "Symbole der Freiheit" (182); Baron v. EELKING (1960, 63), Chronist
   bzw. Lexikalist der "Herrenmode", erwähnt die historischen politischen Auseinandersetzungen im Kampf
   "Bowler vs. Demokratenhut"; weitere Jahresdaten und
   Abbildungen von Hutformen in der Chronologie ihres
   Erscheinens, vgl. ebd., 209.

2) Vgl. Peter BECK, Kosmologie und Psychologie, Freiburg i. B. 1911, zitiert nach BOEHN 1918, 66.

3) BOEHN 1918, 66.

Mode ist demnach "Nachahmung eines gegebenen Musters
und genügt damit dem Bedürfnis nach sozialer Anlehnung,
sie führt den einzelnen auf die Bahn, die alle gehen
(...)".[1] In dieser Definition wird das individuelle
Verhalten zur Mode nicht vorschnell als unschöpferi-
sche Nachbildung warenästhetisch (ohnehin) manipulier-
ter Vorlagen abgetan,[2] sondern SIMMEL betont hier den
Handlungsaspekt sozialer Partizipation: indem man seine
Kleidung oder hervorgehobene Teile davon bewußt in Übereinstimmung mit einer vorherrschenden Fasson und/oder
ihrer Farbenskala bringt, signalisiert man (zumindest
den Wunsch nach) Zugehörigkeit. Auf der Grundlage dieses Modebegriffs wäre dann die jugendliche Kleidungs-
kultur, die weiter oben als Entnahme von Stilelementen
aus dem sportlichen Zusammenhang und Integration in
die Alltagskleidung beschrieben wurde und charakteri-
stisch vor allem für Mitglieder der "wilden Sportklubs"
war, primär der Ausdruck einer jugendlichen Teilkultur
innerhalb der gesamten wilhelminischen Jugendkulturbe-
wegung; durch Nachahmung bestimmter Kulturmuster trug
man folglich nicht nur zu ihrer Verbreitung bei, sondern man nahm zugleich an einem, wie wir heute wissen: historischen Prozeß teil, der Jugend als eigene soziale Gruppe äußerlich identifizierbar und in ihrer auch quantitativen gesellschaftlichen Relevanz (vgl. TENFELDE,
hier S. 45f.) unübersehbar machte.

Die Spielkleidung selbst, die an Hemd, Hose und (Knie-)
Strümpfen eine klubspezifische Farben- und Dessinkombi-
nation festlegte, schien ihre damit verbundenen sozialen und emotionalen Funktionen als Signal der Zusammengehörigkeit zwar nur zeitlich begrenzt, nämlich für die
Dauer eines Fußballspiels erfüllen zu können. Doch zum

---

1) SIMMEL, Georg, Philosophie der Mode, zitiert nach
   KÖNIG 1971, 120.
2) Wie etwa HAUG, Warenästhetik, 1971.

einen übernahm die zur Klubmütze gewandelte Spielmütze diese Funktion. Zum andern gewann der Sportdress ein Eigengewicht, indem er ein Symbol der Dauer
darstellte, das im Wechsel der Mitgliedergenerationen
ein Stück der Geschichte des Vereins und seiner Ursprünge sichtbar machte. Zwar konnten die Musterungen
etwa des Sporthemdes ebenso wie sein Schnitt sich mit der
später aufkommenden Sportmode verändern, aber vor allem
in der Beibehaltung einer charakteristischen Farbkombi-
nation (die "Grün-Weißen", die "Blau-Schwarzen", die
"Rothosen", die "Blauhemden")[1] kam auch die strukturelle Kontinuität des Vereins zum Ausdruck, für seine
Mitglieder wie auch für seine sportlichen Konkurrenten.

b) Fußballverbände: Intensivierung des Spielbetriebs

Die Beteiligung der Vereine an Meisterschaftsserien mit
einer größeren Anzahl an Konkurrenten, wie sie zu Beginn der neunziger Jahre in Berlin zum erstenmal gestartet wurden, modifizierte das bisherige Wettkampfver-
ständnis der Fußballspieler grundlegend. Weiter oben
(vgl. S. 189f) wurde belegt, daß manche, vor allem akademische Vereine in Wettspielen ein Duell sahen, das zwei
Teams analog einem corpsstudentischen Waffengang austrugen. Das hierbei offenbarte Kampfethos und Ehrbewußt-
sein, das seine Wurzeln im mittelalterlich-höfischen

---

1) Auch in der Verwendung von "Klubfarben" lassen sich
theoretische und historische Beziehungen zum verbindungsstudentischen Brauch herstellen, wo das Farbentragen (Abzeichen an Hut und Mantel) ein Symbol
des öffentlichen Bekenntnisses zu einer landsmann-
schaftlichen Gemeinschaft schon seit etwa Mitte des
17. Jhts. gepflegt wurde; vgl. FABRICIUS 1926,
35ff.

Abb.17: Anzeigenteil in JfJuV 1893

Quelle: JfJuV 1893, Anhang (o.S.)

Zweikampf hatte[1] und rhetorisch oft mit pseudo-exi-
stenzieller Bedeutung aufgeladen wurde, ließ sich jedoch nicht lange aufrechterhalten, geschweige denn
allgemein verbreiten. Die in einer Wettspielserie
zwangsläufig auftretende schnelle Abfolge von Siegen
und Niederlagen beinhaltete die psychische Erfahrung
der Gewöhnung an die Unbeständigkeit der eigenen Leistungsfähigkeit; außerdem wird dadurch das Erleben von
extremen Gefühlen wie Triumph und Niedergeschlagenheit
relativiert, was ebenfalls dazu beiträgt,ein Stück Ge--
lassenheit gegenüber jedem denkbaren Spielausgang zu
erwerben. Diese Grundhaltung bedeutet dennoch nicht,
daß deshalb die innere Anspannung des einzelnen Spielers vor einem Spiel etwa nachläßt, und auch der spezifische Reiz, der im Leistungsvergleich zweier, möglichst
gleich starken Mannschaften um Punkte (statt allein um
den Sieg) liegt, wird durch den fixierten Terminplan
einer kompletten Spielsaison nicht gemindert; zusammenfassend könnte man sagen, daß gerade hier ein Sepp Her-
berger zugeschriebener Spruch gilt: "Nach dem Spiel ist
vor dem Spiel".[2]

---

1) Vgl. dazu: JORDAN (1908), Das Fränkische Gottesgericht.

2) Dagegen bleibt es dem in sogenannten "Boulevard-
blättern" gepflegten, auf Sensationen und Emotio-
nen reduzierten Sportjournalismus vorbehalten, einzelne nationale, vor allem internationale Sport-
ereignisse mit martialischer Wortbombastik aufzu-
laden und fehlzudramatisieren ("Länderkämpfe" als
Kriegsersatzhandlunger). Vgl. dazu HARIG/KÜHN 1974,
besonders 103ff. (Hanno Beth, Wenn des Geschickes
Mächte dräuen. Fußballberichterstattung in der
deutschen Sportpublizistik - eine Stichprobe).
Andererseits weist vor allem GEBAUER 1983 auf die
"Mythen" hin, die in den selbst noch so aufgebausch-
ten Sportberichten verborgen sein können. Dagegen
können sich die Reportagen und Leitartikel ("Glos-
sen") von Walther Bensemann, dem Gründungsherausgeber des "Kicker" und dessen Chefredakteur bis kurz
nach der NS-Machtübernahme, aufgrund ihrer gelungenen Mischung aus Sachverstand und brillanter
Rhetorik noch heute sehen und mit Vergnügen lesen
lassen.

Der hier nur angedeutete Prozeß der "Versportlichung"
des Fußballspiels, der hauptsächlich mit Wettspiel-
serien eingeleitet wurde, war eine sportzivilisato-
rische Errungenschaft, die in der Bildung von Verbänden ihre entscheidende Voraussetzung hatte. Denn mit
den Fußballverbänden wurden die institutionellen Strukturen geschaffen, die einerseits die organisatorische
Bewältigung eines über mehrere Monate dauernden Wettbewerbs einer bestimmten Anzahl von konkurrierenden
Vereinen erlaubte. Andererseits konnte man einer solchen Institution auch normative Kompetenzen einräumen.
Beispielsweise war die vielfach noch mit Rugby-Elemen-
ten vermischte Spielweise oft ein Hindernis einer rei-
bungslosen sportlichen Begegnung zweier Vereine, und
auch die technischen Regeln wie Platzmaße oder Ball-
größe bedurften einer einheitlichen Regelung, die zu
schaffen und zu kontrollieren (durch Regelhefte und
Schiedsrichter-Schulung) man einem Verband und seinen
entsprechenden Ausschüssen übertragen konnte. Daneben
entwickelte sich in den Verbänden aber auch das Bedürfnis, einem spezifischen Zusammengehörigkeitsbewußtsein
Ausdruck zu verleihen. Da sie sich primär als Zweckver-
bände verstanden, konnte man sich mit der Symbolik
einer in speziellen Farbmustern gestalteten Verbands-
fahne begnügen. Eine innere Verbundenheit als Gemeinschaft gleichgesinnter Vereine[1] konnten die jeweils
zugehörigen Individuen vor allem dann konkret erleben,
wenn eine aus Spielern der einzelnen Verbandsvereine
gebildete "Auswahlmannschaft" gegen ein anderes Ver-
bandsteam antrat, eine Entwicklung, aus der später die

---

1) "Als Hauptzweck (des Verbands Leipziger Ballspiel-
   Vereine) waren die Verbandsspiele zu betrachten,
   wodurch ein engerer Zusammenschluß aller Gleichge-
   sinnten, eine gegenseitige Ausbildung im Spiel geschaffen wurde" (DFB-Jahrbuch 1904/05, 113).

Länderspiele hervorgingen. "Die Farben des Verbands
vertreten", nannten dies Funktionäre wie Spieler, ein
deutlicher Hinweis auf den Symbolcharakter der Fahne
als Sinnbild einer Sozialgemeinschaft. Ehe wir nun auf
die weiteren Implikationen eingehen wollen, die die
Verbände in Bezug auf die einzelnen Spieler hatten,
soll zunächst eine Rekonstruktion des Fußballverbands-
wesens bis zur DFB-Gründung versucht werden, um zumindest in Umrissen[1] den für die weitere Entwicklung wesentlichen organisatorischen Rahmen abstecken zu können.

Berlin, seit langem das Zentrum der politischen Macht
und seit Übernahme der Krone durch Wilhelm II. auch
Mittelpunkt (sozio-)kultureller Initiativen, wurde in
den neunziger Jahren schließlich zur "heimlichen Hauptstadt" des deutschen Fußballs. Abspaltungen von den
beiden ältesten Vereinen, dem 1885 gegründeten BFC
"Frankfurt" und der "Germania" (1888), dazu weitere
Neugründungen, meist mit gymnasialem Ursprung, erhöhten
die Zahl der 1890 registrierten Vereine auf elf. Im
November desselben Jahres kamen Vertreter dieser Vereine zusammen, um die Intensivierung des gegenseitigen
Spielbetriebs zu beschließen. Doch noch ehe es zu einer ersten Verbandsgründung zu diesem Zweck kam, gab
es bereits die erste (Verbands-)Spaltung. Den Ausschlag
gab eine wohl primär ideologisch motivierte Forderung
eines Teils der Vereine,[2] die sich weigerten, "aus-
ländischen Spielern" repräsentative Funktionen im neuen
Verband zuzugestehen. Da die Gegensätze nicht zu über-

---

1) Außer der nicht sehr übersichtlich angeordneten An-
   häufung von Einzelinformationen bei KOPPEHEL (1954)
   diente in der Hauptsache das DFB-Jahrbuch 1904/05 und
   darin der Aufsatz von HEINEKEN als Quelle, aus der -
   Seitenzahlen in Klammer - zitiert wird; außerdem
   FLIERL (1957), der die süddeutsche Entwicklung nach-
   gezeichnet hat. Insgesamt ist die Quellenlage in Hinsicht der Verbandsgründungen nicht sehr umfangreich.

2) Im einzelnen waren das: "Germania", "Hellas", "Aska-
   nia", "Vorwärts" und "Teutonia"; vgl. HEINEKEN,
   1904/05, 90.

brücken waren, bildeten die ablehnend eingestellten
Vereine einen eigenen Verband, den sie, konsequenterweise, "Bund Deutscher Fußballspieler" (BDF) nannten,
wobei dessen Akzent auf "deutsch" lag, wie man vermuten darf.

Wenige Tage später schlossen sich die verbliebenen Vereine[1] zum "Deutschen Fußball- und Cricket-Bund" (DFuCB)
zusammen, der nicht nur den Spielern des "English FC"
das infrage stehende binnendemokratische Mitspracherecht zusicherte, sondern seine Wettspielserie, im Gegensatz zu den sporadischen Spielvereinbarungen im BDF,
"nach dem Muster der englischen Football League" (90)
organisierte, das heißt ein Punktesystem zur Ermittlung des Saisonbesten einführte.[2] Der DFuCB, in den

---

1) Dabei handelte es sich um: "Frankfurt", "English
   FC", "Stern"; "Concordia", "Columbia" und "Tasma-
   nia"; ebd.; dazu kamen noch der "Deutsche Fußballverein v. 1878 Hannover", Hanau 93 und der FC
   "Lipsia" Leipzig.

2) Während die 1863 gegründete "Football Association"
   (F. A.) sich zum Dachverband aller englischen
   Vereine entwickelte und, außer für den F. A.-Cup,
   mit dem mittlerweile "klassischen" englischen Po-
   kal-Finale, für die Einhaltung der Regeln (Schiedsrichter) zuständig war und disziplinarische Gewalt
   bei Verstößen hatte, bildete sich 1888 die "Football League" heraus. Sie organisierte zum erstenmal Wettbewerbsserien mit Heim- und Auswärtsspielen nach einem Punktsystem (2 für Sieg, 1 Punkt
   für Unentschieden), das"vermutlich"(MASON 1980, 17)
   vom American Baseball übernommen wurde, um einen
   Champion zu ermitteln. Grundlegende Idee war,
   gleichwertige Mannschaften gegeneinander antreten
   zu lassen, um die Atraktivität der Spiele für ein
   zahlendes Publikum zu erhöhen; die Spieler waren
   zum Teil Voll-, meist Halbprofis. Die "Football-
   League" repräsentierte durch seine kommerziellen
   Intentionen eine entscheidende Ausweitung der Professionalisierung des englischen Fußballs, das in
   Rudimenten auch von dem Berliner Verband "Deutscher
   Fußball- und Cricket-Bund" übernommen wurde; vgl.
   MASON 1980, 16f und 96ff.

die BDF-Vereine nach seiner schon 1892 erfolgten Auflösung zurückkehrten, wurde in den neunziger Jahren
dominierend im Berliner Fußballgeschehen und entwickelte in dieser Zeit auch nationale wie internationale Ambitionen, wenngleich ohne Erfolg.[1] Auch seine
Berliner Vorherrschaft blieb nicht unumstritten, wie
wir aus dem Ausschluß und Austritt von Vereinen sowie
der parallelen Gründung neuer Verbände schließen können; dennoch läßt sich seine respektable Leistung daran ablesen, daß er in der Zeit seines 12-jährigen Bestehens 45 Mitgliedervereine zählte und in der Saison
1896 - 97 eine Meisterschaftsserie mit 16 Vereinen in
zwei Klassen als einmaligen Höhepunkt hatte.

Unter der Führung des BFC "Frankfurt", der aus unbekannten Gründen aus dem DFuCB ausgeschlossen worden war,

---

1) Bei FLIERL (1957, 26) ist nachzulesen, daß Bemühungen süddeutscher Vereine zur Gründung eines nationalen Verbandes vor 1900 hauptsächlich am Anspruch
   Berliner Vereine gescheitert seien, in Gestalt des
   DFuCB die nationale Führung zu übernehmen. Als der
   DFuCB sich in Zusammenhang mit der Beteiligung an
   der ersten Olympiade der Neuzeit 1896 in Athen eine
   national-repräsentative Kompetenz anmaßte, wurde er
   vom "Allgemeinen Deutschen Sport-Bund" abgemahnt.
   Eine finanzielle Unterstützung des DFuCB lehnte dieser, sich als Dachverband für alle Sportarten verstehende Verband, mit der Begründung ab, es sei
   "mit der Ehre eines deutschen Mannes unverträglich"
   in Athen teilzunehmen, da kein deutscher Verein zum
   Vorbereitungskongreß nach Paris im Jahr 1894 eingeladen worden war. Aus dieser gewiß chauvinistischen
   Begründung ersieht man die politischen Einflüsse,
   die zu den Olympischen Spielen schon seit ihrer
   Wiedereinführung gehören. Bemerkenswert, daß das
   AUTORENKOLLEKTIV (1978, 21) nur den Ausschnitt mit
   der "Ehrverletzung" zitiert und als Beleg für 'bürgerliches Herrenmenschentum' herausstellt, die fehlende Einladung zum Vorbereitungskongreß jedoch un-
   terschlägt; vgl. KOPPEHEL 1954, 43.

entstand im Jahr 1894 ein weiterer Fußballverband, der sich als "Fußballabteilung" dem "Allgemeinen Deutschen Sportbund" anschloß und bis 1898 jährlich einen Meisterschaftswettbewerb für Berliner Vereine durchführte;[1] als die teilnehmenden Vereine nach und nach zu existieren aufhörten, wurde auch der Verband selber aufgelöst. Beim "Thor- und Fußball-Bund Berlin" handelte es sich vermutlich um einen Zusammenschluß jugendlicher Vereine; HEINEKEN spricht etwas ungenau von "jungen Vereinen",[2] was in diesem Zusammenhang mit "jugendlichen Vereinen" gleichzusetzen ist. Ihr Versuch, sich neben dem DFuCB zu behaupten, war nicht von dauerhaftem Erfolg, man schaffte noch nicht einmal, die im Gründungsjahr 1894 begonnene Spielserie zu Ende zu spielen; bereits im Frühjahr 1895 lösten sich die meisten Vereine auf, und mit ihnen der Verband.

Ganz anders dagegen der "Verband Deutscher Ballspiel-Vereine", der im Jahr 1897 gegründet und ab 1902 unter dem Namen "Verband Berliner Ballspiel-Vereine" (VBB) fortgeführt wurde und bis heute existent ist. Da die Mitglieder der Gründungsvereine[3] meist Schüler höherer Lehranstalten waren, ist dieser Zusammenschluß nicht nur ein Ausdruck jugendlicher Handlungsautonomie und somit eine Illustration der in diesem Kapitel vertretenen Selbständigkeitsthese; sondern zugleich darf man diese Gründung als Akt der schichtenspezifischen, also sozialen Abgrenzung zum DFuCB verstehen. Denn dessen

---

1) KOPPEHEL 1954, 67.

2) Es handelte sich um die Vereine: "Sport-Club" von 1893, Th. u. FC "Amicitia", "Borussia", "Altona", "Arcona" und "Hubertus"; vgl. ebd.

3) Gründungsvereine des VBB waren: "Argo", "Brandenburg", "Fortuna", Friedenauer Sp. C. "Excelsior", Lichtenfelder Sp. C. "Hohenzollern", Preussen, vgl. HEINEKEN 82.

Mitgliedschaftszusammensetzung erfuhr im Laufe der
neunziger Jahre offenkundig einen Wandel, der in einem kleinbürgerlich-proletarischen Übergewicht resultierte. Ablesbar ist diese soziale Umschichtung zum
einen daran, daß die im Jahr 1902 verbliebenen DFuCB-
Vereine dem "Märkischen Fußball-Bund" beitraten. Dieser wiederum war eine Abspaltung vom VBB und verfolgte
organisatorische und sportethische Prinzipien, wie
sie vorwiegend in der Arbeitersportbewegung vertreten
wurden.[1]

Angeführt vom BFC "Rapide" lösten sich zunächst mehrere "kleine Vereine" (117) vom VBB und arrangierten
unter dem Namen "Freie Berliner Fußball-Vereinigung"[2]
einen eigenen Spielbetrieb. Die proletarische Orientierung bzw. die betont soziale Motivation dieses Verbandes wird neben dem für Arbeitervereine charakteristischen Gebrauch des Adjektivs "frei" im Verbandsnamen[3]
noch an anderen Indizien sichtbar. Zum Beispiel waren
die Wettspielprinzipien vom Maßstab bestimmt, die Mitglieder von "unnötigen Belastungen" freizuhalten, womit man wohl ihren angespannten materiellen Verhältnissen Rechnung trug.[4] Anstelle von teuren Meisterschafts-

---

1) Ein weiteres Indiz für die proletarische Herkunft
   vieler DFuCB-Klubmitglieder liefert KOPPEHELs Erläuterung zur Ablehnung der Unterstützung des Olympia-
   de-Teams durch den "Allgemeinen Deutschen Sport-
   Bund": Angeblich hatten sie nur "mangelhafte Sprach-
   kenntnis", und außerdem würde den Spielern "repräsentative Zivilkleidung" fehlen; KOPPEHEL 1954, 76.

2) Einzelheiten dazu finden sich bei HEINEKEN 117ff.

3) Trotz ihrer Herkunft aus Arbeiterschichten waren
   die Spieler der "freien" Vereine nicht notwendiger-
   weise auch Mitglieder im parteipolitischen, der
   Sozialdemokratie zuneigenden ATB und seiner Unter-
   verbände.

4) Beispielsweise durfte der damals übliche "Spiel-Ein-
   satz", eine Art Wetteinsatz, "nur 5 Mark" betragen,
   vgl. HEINEKEN 119; unbekannt ist, wie hoch er bei
   anderen Spielen war.

pokalen wurden schlichte "Diplome" vergeben, und besonders gute Leistungen einzelner Spieler oder den
Turniersieg einer Mannschaft honorierte man nicht mit
kostbaren Silbermedaillen, wie bei bürgerlichen Vereinen
üblich,[1] sondern man verlieh "Ehrenmützen", die dennoch einen "großen Anklang" (118) fanden. Schließlich
erfolgte auch die Organisation des Wettspielverkehrs
nach sozialen Prinzipien, indem man sowohl leistungs-
schwache Vereine als auch weiter entfernte Klubs durch
besondere Maßnahmen zu integrieren suchte.[2]

Außerhalb von Berlin kam es ebenfalls zur Gründung von
lokalen Fußball-Verbänden, wenn auch erst einige Jahre
später. Seit 1894 organisierte der "Hamburg-Altonaer
Fußball-Bund"[3] eine Stadtmeisterschaft, in der bis zu
12 Vereine in mehreren Klassen ihre Spiele um einen
Wanderpreis austrugen. In Magdeburg[4] formierten sich
seit 1896 in wiederholten Anläufen mehrere Vereine zu
einem Stadtverband, dasselbe geschah in Leipzig[5] seit

---

1) Vgl. KOPPEHEL 1954, 36.

2) Damit Spiele gegen die sportlich schwache Mannschaft
   von Victoria Nauen sowie im rund 100 km entfernt
   liegenden Cottbus überhaupt zustandekamen, wurde eine besondere Punktewertung eingeführt: ein Sieg in
   Nauen brachte 4 Punkte, einer in Cottbus sogar
   8 Punkte, was zur Folge hatte, daß beide Vereine
   "fleißig besucht" wurden; vgl. HEINEKEN 119.

3) Gründungsvereine waren: Altonaer FC v. 1893, Hamburger FC v. 1888, FC "Association" und Borgfelder FC;
   vgl. HEINEKEN 103f.

4) 1896 formierten sich MFC 95, "Gut-Stoss", "Regatta" und
   Schönebecker "Victoria" zur "Fußball- und Cricket-
   Vereinigung für den Regierungsbezirk Magdeburg";
   im Jahr 1897 bildeten sieben vorwiegend gymnasiale
   Vereine den "Ring Magdeburger Fußballvereine"; beide waren jedoch nicht länger als ein Jahr existent;
   vgl. HEINEKEN 115f.

5) Vgl. ebd., 113f.

1897; in Karlsruhe und Mannheim[1] sowie in Bremen[2] erfolgte die Gründung 1899. Auch nachdem der DFB ins Leben gerufen war, vereinigten sich Vereine auf lokaler
Ebene, in manchen Städten wie Freiburg, Hannover, Kiel
und München, sogar ein rivalisierender zweiter Verband,
was erneut die schichtenspezifische Differenzierung der
Vereine im Wilhelminischen Reich belegt.[3] Daraus sollte jedoch nicht der voreilige Schluß gezogen werden,
daß sich diese Vereine generell in parteipolitisch
motivierter Polarisierung gegenüberstanden, wie die
insgesamt geringen, weit hinter der DFB-Entwicklung zu-
rückbleibenden Mitgliedschaftszahlen von Arbeiter-
Turner-Bund und - nach 1919 - Arbeiterfußballsport belegen.[4]

---

1) Vgl. GEPPERT 42 und 54ff.

2) Vgl. dazu KOPPEHEL 1954, 85 sowie HEINEKEN 94 - 98.

3) Besonders deutlich ist die soziale Differenzierung
der lokalen Fußballbünde in Freiburg zu beobachten.
Eine Reihe von Vorstadtvereinen, deren Mitglieder
mit größter Wahrscheinlichkeit aus der (jugendlichen) Arbeiterschaft kamen, gründeten den "Stadtverband der Freiburger Fußballvereine", nachdem
ihnen "die Aufnahme in den Süddeutschen Fußballverband verweigert" worden war. Das war nicht unbedingt eine diskriminierend gemeinte Haltung der
etablierten Vereine, vor allem des Freiburger FC,
die als "Paten" das entscheidende Wort bei Neuauf-
nahmen hatten. Denn die Spielvereinbarungen dieses
überregionalen Verbandes bedingten einen größeren
finanziellen Aufwand, den nicht aufzubringen eine
Störung und folglich Unwägbarkeit des gesamten Spielverkehrs hätte nach sich ziehen können; vgl. BÜCHELE
1927, 17. In Kiel wurde der zweite Stadtverband, der
"Kieler Fußball-Bund", von vier Vereinen gegründet,
die zuvor vom "Verband Kieler Ballspiel-Vereine"
wegen "Beitragsrückstände" ausgeschlossen worden
waren; vgl. KOPPEHEL 1954, 92;

4) Vgl. TEICHLER 1984 und LINDNER 1983a; zwei Vergleiche
von Mitgliederzahlen liegen vor, leider nicht für
frühere Zeiträume:

1920	756.000 DFB-Mitglieder (HOPF 1979, 74)
	48.000 Fußballer im ATB (LINDNER 1983a, 31)
1930	900.000 DFB (LINDNER 1983a, 31)
	140.000 ATB (ebd.)

Vernachlässigt man einmal die Ansätze zum überregionalen Spielverkehr, die im DFuCB in Gestalt der Vereine
Hanau, Hannover und Leipzig vorübergehend gegeben waren und die auch die vorwiegend aus Rugby-Vereinen Süd-
westdeutschlands und der Schweiz bestehende "Süddeutshe
Fußball-Union"[1] charakterisierten, dann kann man den
1897 von acht süddeutschen Vereinen gegründeten "Verband süddeutscher Fußball-Vereine",später (und bis
heute) "Süddeutscher Fußball-Verband" (SFV)[2] genannt,
als ersten deutschen überlokalen Fußballverband bezeichnen. Ihm folgte im Jahr 1898 der "Rheinische Spielverband", ein Zusammenschluß von Spielabteilungen Kölner, Bonner, Duisburger, Düsseldorfer Turnvereine, die
nach und nach selbständige (Fußball-)Spielvereine wurden; im Jahr 1900 ließ die Umbenennung in "Rheinisch-
Westphälischer Spielverband"[3] die geographische Erweiterung ihres ursprünglichen Mitgliedschaftsgebiets
erkennen. Beide Verbände ermittelten ihren jeweiligen
regionalen Meister, doch einen gesamtdeutschen gab es
noch nicht.

Nachdem ein zu kurzfristig angesetzter Gründungsversuch
im September 1899 gescheitert war, trafen sich schließlich im Januar 1900[4] die Vertreter von insgesamt 88
Fußballvereinen, um analog den Ruderern (1883), den

---

1) Ihrem Verbandsorgan, "Der Fußball" (1985, 283) ist
   zu entnehmen, daß es in einigen Posten der Vorstandschaft eine Personalunion zwischen der SDFU und
   dem Baden-Badener Fußball-Club gab; weitere Informationen, die über ihren "Kampf gegen das geheime
   Schülerverbindungswesen" (vgl. KOPPEHEL 1954, 70)
   hinausgehen, fehlen.

2) Die Gründungsvereine waren: Frankfurter FC "Germania", FC Hanau 93, Mannheimer FG 1896, FG Heilbronn,
   FC Pforzheim, Karlsruher FV, Karlsruher FC "Phönix"
   und Karlsruher FC "Fidelitas"; vgl. HEINEKEN 137ff.
   sowie FLIERL 1957, 14.

3) Vgl. dazu DFB-Jahrbuch 1904/05, 129ff.

4) Von den 88 Gründungsvereinen waren 56 in 11 Verbänden organisiert und 32 waren einzeln vertreten, Details dazu bei KOPPEHEL 1954, 88.

Radfahrern (1884) oder etwa den Schwimmern (1886) endlich auch einen nationalen Spitzenverband für Fußball
zu etablieren. Eingeladen hatten Berliner und Leipziger
Vereinsmitglieder, die in der für den 28. Januar vereinbarten Tagung der "Deutschen Sportbehörde für
Athletik", zu der ohnehin auch viele Fußballvereine gekommen wären, einen geeigneten Anlaß für einen nationalen Fußballertreff sahen. Mit großer Mehrheit wurde
die Gründung des "Deutschen Fußball-Bundes" (DFB) beschlossen, was zunächst jedoch eher eine Willenskund-
gebung war, denn weder Satzungs- noch Organisations-
details waren zur Abstimmung gestellt. Eine eigens dafür eingerichtete Kommission, die in den Jahren bis
1903 mehrere "Allgemeine deutsche Fußballtage" abhielt,
hatte schließlich eine allgemein akzeptierte Bundes-
satzung ausgearbeitet, sodaß im Jahr 1903 endlich die
erste nationale Fußballmeisterschaft stattfinden konnte; Sieger wurde der VfB Leipzig mit 7 : 2 Toren über
den Deutschen Fußball-Club Prag.

Dem DFB war nun, neben der Ausrichtung nationaler Meisterschaften und der Pflege internationaler Kontakte
(Beitritt zum 1904 gegründeten Welt-Fußballverband
FIFA), vor allem die Aufgabe übertragen, für die Ein-
heitlichkeit der Spielregeln in allen deutschen Verbänden zu sorgen; erst auf der Grundlage gleicher normati-
ver und auch technischer Voraussetzungen (Platzabmes-
sungen und -aufteilungen des Spielfelds, Tor- und Ball-
größe usw.) war schließlich ein reibungsloser, inner-
staatlicher Fußballsportverkehr möglich. Darauf basier-
te dann nicht nur eine weitere Verbreitung des Spiels,
mithin eine stetige Zunahme an Fußballvereinen, die
sich mittels Stadt- bzw. Landesverbänden dem DFB an-
schlossen, sondern dadurch wurde auch der Spielverkehr
unter den Vereinen stark belebt. Mit den konkreten Aus-

wirkungen des intensivierten Spielbetriebs auf die Integration der Spieler in den sozialen Zusammenhang einer Mannschaft wollen wir uns nun etwas näher befassen, denn es gibt gute Gründe, in der Versportlichung
des Fußballspiels durch fortlaufende Wettbewerbsserien
um lokale, regionale und nationale Meisterschaftstitel
einen entscheidenden Schlüssel für die emotionale Anbindung des aktiven Mitglieds in den Verein zu sehen.

Wie bereits angedeutet, hatten die in den neunziger Jahren aufkommenden Wettbewerbsserien, auch Meisterschafts-
oder Diplomserien genannt, zunächst einmal eine rein
quantitative Ausweitung des Spielverkehrs zur Folge.
Diesem größeren Umfang an Spielbegegnungen, die innerhalb eines festgelegten Zeitraums zu absolvieren waren,
entsprach eine Ausdifferenzierung der Vereine nach
sportlichen Leistungskriterien; gleichstarke Mannschaften wurden daraufhin in Gruppen bzw. "Klassen" zusammengefaßt, zusätzlich geordnet nach geographischer Zusammengehörigkeit. Da sich das Spielorganisations- und
Punktwertungssystem der englischen "Football League"
durchgesetzt hatte[1], wurden sogenannte "Hin- und Rück-
spiele" durchgeführt, das heißt, jeder Verein mußte
gegen denselben Gegner sowohl auf dem eigenen Spielplatz als auch auf dem des Kontrahenten antreten. Auf
diese Weise ließen sich die Intentionen sportlicher
Chancengleichheit, jede Spielpaarung mindestens einmal in je vertrauter Umgebung und vor einheimischen
Publikum ausspielen zu können, mit den kommerziellen
Interessen der Vereine kombinieren: Jeder konnte abwechselnd Kasse machen. Die Meisterschaftsserien wurden, ebenfalls dem englischen Vorbild folgend, grundsätzlich nur in den Herbst-, Winter- und Frühjahrs-

---

1) Vgl. hier: S. 254, Anmerkung 2.

monaten, meist von September bis April, ausgetragen.
Je nach Anzahl der pro Spielklasse oder Gau beteiligten
Vereine bedeutete dies, daß durchschnittlich alle
2 Wochen ein Spiel stattfand.[1] Dazu kamen oft noch Po-
kalturniere, die in den frühen Sommermonaten stattfanden und schon vor 1900 wurde gelegentlich um spezielle Preise gespielt, die, wie der Preis der Zeitschrift "Neue Sportwoche",[2] von einschlägig interessierten Sponsoren gestiftet wurden; auch hat man zusätzliche "Sommerrunden" ausgespielt, wie das Beispiel
des von Arbeitern dominierten Fußballverbandes "Freie
Berliner Fußball-Vereinigung"[3] zeigt.

Man kann davon ausgehen, daß die Beteiligung eines Vereins an einer Meisterschaftsserie das Engagement des
einzelnen Spielers erhöhte, da damit sein sportlicher
Ehrgeiz und die Motivation zur regelmäßigen Spielteil-
nahme stimuliert wurde. Allerdings wurden nun auch höhere Anforderungen an seine Leistungsbereitschaft gestellt. Vor allem erhielt das Training, mit dem man
sich zwischen den geplanten Spielen auf den nächsten
Wettkampf vorbereitete, einen größeren, auch ernst-
hafteren Stellenwert, als ihn die eher zwanglosen
"Übungsspiele" früher haben konnten. Einerseits wurde
im Training die aktuelle körperliche Verfassung eines
Spielers, seine "Form" überprüft, und in dieser Sicht
hatte das Training schon damals eine gewisse selekti-
ve Funktion in Bezug auf die Auswahl der besten Spieler. Andererseits diente es zur Verbesserung der indi-

---

1) Vgl. DFB-Jahrbuch 1904/05, 84; dort ist der Verlauf
   der Saison 1902/03 jener 7 Vereine festgehalten, die
   die 1. Klasse des VBB bildeten.

2) Ebd., 93; auch um einen "Gewerbe-Ausstellungspokal"
   wurde ein Turnier veranstaltet.

3) Ebd.

viduellen und kollektiven Leistungsfähigkeit, sodaß
es gerechtfertigt schien, den regelmäßigen Trainingsbesuch zur Pflicht zu machen. Damit errang der Trai-
ningsabend auch eine disziplinierende Qualität, insofern man das Nicht-Erscheinen als Verstoß gegen den
Gruppenkonsens (auf den nächsten Spielgegner bestmög-
lich vorbereitet zu sein) werten konnte. Die Sanktio-
nen reichten von Geldstrafen[1] bis zur totalen sozialen Ausgrenzung, dem Vereinsausschluß.[2]

Der normative Rang, den der Trainingsbesuch allmählich
gewann, hatte aufs Ganze gesehen jedoch auch zur Folge, daß er die Anzahl der sozialen Kontakte unter den
Spielern positiv beeinflußte, indem er sie zunächst,
gegenüber den eher sporadischen Wettkampfvereinbarun-
gen von früher, vermehrte und langfristig auf einem bestimmten quantitativen Niveau stabilisierte. Mit dem
Eintritt in einen sportlichen Wettbewerb nach der Art
von Meisterschaftsrunden wurde also indirekt, nämlich
über die Normierung der Vorbereitungsteilnahme, eine
Erweiterung und Verdichtung der Gruppenbeziehungen er-

---

1) Der FC Konstanz (1975, 129, eigene Zählung, R. B.)
   erhöhte in einer Vorstandssitzung vom 14. 11. 1901
   die Strafe für "unentschuldigtes Wegbleiben vom
   Spiel von 10 auf 20 Pfg."; der Betrag wurde 1905
   auf "50 Pfg." erhöht, ebd., 132; als Mitglieds-
   beitrag kassierte man (1901) "30 Pfg. pro Monat",
   ebd., 127.

2) In den Protokollen desselben Vereins findet sich
   unter dem Datum 2. Februar 1904 ein weiterer Ein-
   trag mit einer Disziplinierungsmaßnahme: "Allgemeine Missbilligung fand das Verhalten des Mit-
   gliedes Fischer beim letzten Wettspiel. In die erste
   Mannschaft eingereiht, fand er es nicht für nötig,
   bei etwas regnerischer Witterung, mitzuspielen.
   Jedoch während des Spiels erscheinen und verletzen-
   de Bemerkungen fallen zu lassen, hielt er für ange-
   brachter. Der Gesamtvorstand beschloß denn auch ein-
   stimmig, diese grobe Pflichtverletzung energisch zu
   bestrafen und Fischer für 2 Monate aus dem Club zu
   disqualifizieren"; ebd., 131.

zielt. Denn ohne Frage verbessert ein sportliches Training nicht nur das sportspezifische Spielverständnis,
das bei Mannschaftssportarten so wichtig ist, sondern
die Kommunikationsmöglichkeiten vor und nach der reinen
Trainingszeit werden auch genutzt, um die persönlichen
Beziehungen der beteiligten Spieler zu ergänzen, gegebenenfalls zu vertiefen, insgesamt aufrecht zu erhalten.

Die Wettbewerbsspiele selbst stellten, gleichfalls mit
der Etablierung von Meisterschaften vor der Jahrhundertwende, ein eigenes normatives Bedingungsgefüge für die
aktiven Mitglieder dar. Nur vordergründig erscheinen sie
auf ein einziges Ziel, das Erringen eines Meistertitels
ausgerichtet, denn bei einer größeren Anzahl konkurrie-
render Vereine kommen dafür immer nur ganz wenige Vereine wirklich in Frage. Alle anderen schätzen ihre Chancen
ab und stecken sich als Saisonziel das Erreichen eines
bestimmten, zumindest bestmöglichen Tabellenplatzes. In
dieser Perspektive wird jedes einzelne Wettbewerbsspiel
ein Teilziel im Rahmen des Ganzen, das umso mehr die zuverlässige Teilnahmebereitschaft jedes einzelnen Spielers wichtig macht.

Angesichts einer um 1900 üblichen Wochenarbeitszeit von
60 Stunden[1] läßt sich jedoch ermessen, daß diese Bereitschaft so selbstverständlich, wie uns das heute scheint,
nicht war. Für den einzelnen Fußballaktiven bedeutete
seine Spielzusage konkret, daß er seine spärliche Freizeit weitgehend mit dem Terminplan der Wettbewerbsspiele
abstimmen mußte. Außenstehende mochten (und mögen) dies

---

1) Vgl. JÜTTING, Freie Zeit - zum Zeitkonzept und Zeithaushalt in der Industriegesellschaft, in: FRANKE
   (Hrsg.), Sport und Freizeit 1983, 27 - 40.

als Zwang und Einschränkung des individuellen Entschei-
dungs- und Freiheitsraums identifizieren. Die Tatsache
jedoch, daß sich immer mehr Personen bereitfanden, die
das Fußballspiel unter diesen Voraussetzungen in zunehmend mehr Vereinen ausüben wollten, legt eine andere Interpretation nahe. Denn nicht als restriktiv dürften die Fußballaktiven diese Regelungen empfunden haben, sondern vermutlich primär als willkommene Strukturierung ihrer frei verfügbaren Zeit. Als konkrete Ge-
genleistung konnten sie eine langfristig konstante
Einbindung in einen geregelten, abwechslungsreichen
(Spielreisen) und verläßlichen Ablauf sozialer Ereignisse erwarten, zu denen sie einen hohen Anteil durch
eigene Aktivität beisteuern konnten. Folglich gewannen
die lokalen und regionalen Fußballverbände ihre soziale Bedeutung dadurch, daß sie in Form von Meisterschaftsserien den Spielverkehr unter den Vereinen sowohl
reguliert als auch verstärkt haben, was gleichzusetzen
ist mit einer Intensivierung der Verbundenheit unter den
Spielern.

c) Kulturale Aspekte des Vereinslokals in der Entstehungszeit der deutschen Fußballvereine

In LINDNERs sozialgeschichtlicher Analyse, "wie der Fußballsport zu den Arbeitern gekommen" sein konnte,[1]
spielt, neben besonderen Einrichtungen der örtlichen
Pfarrgemeinden sowie Vereinsinitiativen am Arbeitsplatz, das Wirtshaus eine konstitutive Rolle. Anknüpfend
an MASONs Forschungen über die Entstehungshintergründe
des englischen Vereinsfußballs,[2] nimmt LINDNER auch für

---

1) LINDNER, Von sportsmen und einfachen Leuten, 1983a, 28.
2) Vgl. MASON 1980.

Deutschland an, daß Kneipen und Gastwirtschaften gerade in Arbeiterwohnvierteln zum Ursprungsort von Vereinsgründungen werden konnten, weil sie als "soziale Treffpunkte" fungierten, von denen die meisten gesellschaftlichen Aktivitäten ausgingen. Ihre institutionelle Bedeutung als Vereinslokal bezogen Kneipen aber auch noch aus rein praktischen Erwägungen. Denn zum einen boten sie genügend Räumlichkeit, damit sich 22 Fußballspieler umkleiden konnten, zum anderen waren sie zur Abhaltung von organisatorisch-administrativen Zusammenkünften wie den turnusmäßigen Vorstandssitzungen und Vereinsversammlungen geeignet. Schließlich kamen für die Durchführung von geselligen Veranstaltungen allein Gastwirtschaften einer bestimmten Größenordnung in Frage; nicht zuletzt unter solchen Gesichtspunkten wurden Vereinslokale ausgewählt oder gegebenenfalls gewechselt.

Diese allgemeinen sozialen und instrumentellen Funktionen, auf die LINDNERs Argumentation im wesentlichen abhebt, erweisen sich jedoch für unsere Erklärungszusammenhänge als unzureichend, denn sie werden der strukturellen Bedeutung nicht gerecht, die der altersspezifischen Verteilung der Vereinsgründergeneration innewohnt. In Anbetracht der wiederholt festgestellten und als allgemeines Faktum belegten Jugendlichkeit der Fußballvereinsgründer in den neunziger Jahren erscheinen daher zwei Schlußfolgerungen als sehr naheliegend. Zum einen ermöglichte die Mitgliedschaft in einem Fußballverein den männlichen Jugendlichen im manchmal gerade überschrittenen Pubertätsalter den Zutritt zu einem Reservat der männlichen Erwachsenenwelt, und als solche sollte man Gastwirtschaften in diesem Fall betrachten. Zum anderen kann man davon ausgehen, daß das allmähliche Anerkannt- und Akzeptiertwerden in dieser er-

wachsenen Umgebung wichtige kognitive und emotionale Erfahrungsmomente der jugendlichen Persönlichkeitsentwicklung waren, zur Zeit des von einem
ausgeprägten Paternalismus gekennzeichneten Wilhelminischen Kaiserreichs vielleicht noch mehr als heute. Deshalb werden die folgenden Ausführungen nicht
nur die "sozio-petalen" Aspekte berücksichtigen, wie
man im Anschluß an OSMOND[1] die kommunikationsorien-
tierte Einrichtung und das gesprächsoffene Verständi-
gungsklima von Vereinslokalen nennen könnte. Sondern
im Kontext der historischen Fußballvereine sollen auch
einige geschlechts- und altersspezifische Sozialisationsfunktionen aufgezeigt werden, die hier auftreten
konnten.

- Räumliche und zeitliche Ausdehnung der Vereins-
  inhalte und der sozialen Beziehungen

In einem früheren Abschnitt dieser Arbeit (vgl. S.100ff.)
wurde auf einen besonderen sozialen Bedeutungsaspekt des
Spielplatzes hingewiesen, den wir hier wieder aufgrei-
fen und in seinem Wandel verfolgen können. Solange ge-
setzliche Bestimmungen dafür sorgten, daß Jugendliche
bis zu einer bestimmten Altersgrenze in öffentlichen
Gaststätten keinen Zutritt hatten, war für sie der
Sportplatz ein elementarer Ort, an dem sie ihre aus
dem gemeinsamen Spiel stammenden Freundschaften pflegen und aufrecht erhalten konnten. Hatten sie sich gar
schon ein formales Gerüst gegeben, also durch Gründung

---

1) OSMOND, H., Function as the basis of psychiatric
   ward design, in: Mental Hospitals, 1957, 8, 23 - 29;
   zitiert nach: KRUSE/GRAUMANN 1978, 209.

eines Vereins oder Klubs repräsentative und funktionale Rollen (Kapitän, Präsident, Kassen- und Ball- bzw.
Zeugwart, Schriftführer) verteilt und mit entsprechenden Verhaltenserwartungen, Rechten und Pflichten, Regeln und Normen verknüpft,[1] dann bestand auch die Notwendigkeit, Vorkommnisse zu besprechen und Entscheidungen zu treffen; diese konnten zum Beispiel in Zusammenhang mit einem vereinbarten Spiel und einer damit verbundenen Reise stehen, oder die Beitragsfestsetzungen
und Anschaffungen für den Spielbetrieb betreffen (Trikots, Ball). War man jedoch noch nicht zugangsberech-
tigt zu geschlossenen Räumen, in denen man sich frei
bewegen und unbeaufsichtigt kommunizieren konnte, dann
blieb als Ausweg nur, eben diese "Vereinsangelegenheiten ihre Erledigung auf dem Spielfeld finden"[2] zu las-,
sen, wie dies in den Anfängen des FC "Phönix" Karlsruhe geschah. Dieser Verein, der im Jahre 1894 von
"jungen Leuten um 16 (Jahre)" gegründet worden ist,
und zwar sowohl außerhalb ihrer bisherigen Organisa-
tionszugehörigkeit[3] als auch fern von den Verständi-
gungsvorteilen einer Kneipe, kann als ein typisches Bei-

---

1) Aus systemtheoretischer Sicht (LUHMANN 1972) analysierte DUNCKELMANN 1975, 84ff. die "Bedeutung der
   formalen Ordnung für die Bestandssicherung des Vereins", wobei er in der Ausbildung von fest umrissenen Mitgliedschaftsrollen einen wesentlichen Beitrag
   zur "Verhaltensstützung" des individuellen Mitglieds
   sieht. Dieser Punkt ist gerade in unserem Zusammenhang relevant, wo Jugendliche in entwicklungspsycho-
   logischer bzw. soziologischer Sicht nach Verhaltens-
   sicherheit suchen, die sie aus eigenen psychischen
   Kräften noch nicht haben können.

2) WEGELE 1956, 23.

3) Es handelte sich um "Zöglinge der Karlsruher Turn-
   gemeinde", denen der Wunsch nach Angliederung einer
   Fußballabteilung versagt wurde; vgl. WEGELE 1956,
   23.

spiel dafür stehen, wie man sich vorläufig mit diesen
ungünstigen Umständen arrangieren konnte, ohne daß der
Vereinskonsens zerbrach, wie in vielen anderen Fällen.[1]
Auch die Volksschüler der 6. Klasse an der Karlsruher
Leopoldschule, die seit dem Jahr 1900 als mehr oder weniger feste Schülergruppe regelmäßig Fußball gespielt
hatten, bedienten sich zunächst provisorischer Vereinsstrukturen und organisierten ihre Zusammenkünfte lange
Zeit nur "im Freien".[2] Dennoch konnten sie den Zusammenhalt der Gruppe aufrecht erhalten,und fünf Jahre
später, 1905, wurde die offizielle Gründung des FC
"Union" vorgenommen. Sicher nicht ganz zufällig wählte
man für den Gründungsakt eine Wirtschaft, denn dadurch
konnte die Gründungshandlung selbst durch einen weiteren autonomen Schritt, nämlich den Eintritt in den
Kreis der Erwachsenen, sichtbar dokumentiert werden.
Vermutlich war man sich aber der positiven Aufnahme bei
den Erwachsenen des vertrauten Umfelds nicht ganz sicher, so jedenfalls könnte man die Tatsache interpretieren, daß das erste Vereinslokal noch außerhalb des eigenen Wohnviertels lag; erst später verlegte man es in
die Straße, wo "die meisten Spieler des FC 'Union' wohnten",[3] also in die Nachbarschaft.

---

1) Vgl. GEPPERT, der die Gründungswelle in den neunziger Jahren in Karlsruhe als Schüler hautnah miter-
   lebte und das Scheitern manches Vereins resümierend
   auf den Nenner brachte: "Viele Vereine (...) kamen
   und gingen wie die Pilze im Herbst" (1953, 35).

2) WEGELE 1956, 78.

3) Zum FC "Union" Karlsruhe, einem aus Mitgliedern von
   Arbeiterschichten bestehenden Verein, vgl. WEGELE
   1956, 77ff.

Abb.18: Werbung um Kundschaft unter Fußballsportlern: Hotel "Rebstock", Waldshut (1926).

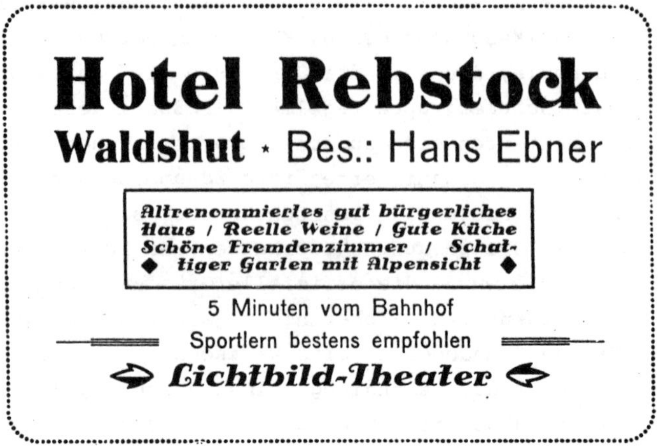

Hotel Rebstock
Waldshut • Bes.: Hans Ebner
Altrenommiertes gut bürgerliches
Haus / Reelle Weine / Gute Küche
Schöne Fremdenzimmer / Schat-
tiger Garten mit Alpensicht
5 Minuten vom Bahnhof
Sportlern bestens empfohlen
Lichtbild-Theater

Quelle: Vereinszeitung des VfB Waldshut, 1.Jg. 1926, Nr. 3, S.12.

Abb.19: Werbung um Kundschaft unter Fußballsportlern: "Waldschloß"-Restaurant, Waldshut (1926).

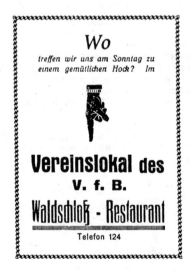

Wo
treffen wir uns am Sonntag zu
einem gemütlichen Hock? Im
Vereinslokal des
V. f. B.
Waldschloß - Restaurant
Telefon 124

Quelle: Vereinszeitung des VfB Waldshut, 1.Jg. 1926, Nr. 3, S. 5.

Nach diesen beiden Beispielen, die stellvertretend für
die aus Schülergruppen hervorgegangenen Fußballvereine
stehen, deren entscheidende Vereinsstrukturen bereits
vor der Wahl des Vereinslokals aufgebaut waren, soll
mit dem FC "Weststadt" Karlsruhe ein Verein erwähnt
werden, der vermutlich den von LINDNER favorisierten
und in England häufig praktizierten Gründungsvorgang
illustriert, wonach Vereine aus "Kneipen- und Theken-
mannschaften" hervorgegangen sind.[1] Obwohl auch in diesem Fall nicht ganz ausgeschlossen werden kann, daß die
Gruppenbasis der "15 jungen Leute", die im Jahr 1902 im
Gasthaus "Deutscher Kaiser" den FC "Weststadt"[2] gründeten, eventuell ebenfalls aus der gemeinsam ver-
brachten Schulzeit stammte, muß in diesem Zusammenhang
ohnehin vor einer allzu engen Anbindung der englischen
Kneipen-These an die Analyse der deutschen Gründungs-
umstände gewarnt werden. Denn MASONs ausführlichen Recherchen[3] zufolge waren die englischen Fußballverhält-
nisse bereits in den achtziger Jahren des vorigen Jahrhunderts von Brauereien, Getränkehandel und einzelnen
Gastwirten beherrscht, die in Form von Aktienbesitz an
Fußballvereinen bzw. als Vereinsvorsitzende einen grossen Einfluß auf die frühzeitige Professionalisierung
des Vereinsfußballs und auf die Kommerzialisierung der
Wettbewerbsbedingungen nahmen. Vergleichbares läßt sich
auch nicht im entferntesten für die deutsche Gründungs-
periode feststellen. Bezeichnenderweise war es zwar ein

---

1) MASON (1980, 28) spricht von einer beträchtlichen
   Minderheit ("sizeable minority"), die entweder aus
   Kneipen hervorgingen oder denen sie als soziale An-
   laufstelle dienten bzw. auch vom weiteren Kreis der
   Vereinsanhänger/Zuschauer frequentiert wurden.

2) Vgl. die Photographie der Gründungsmannschaft, hier:
   S. 240.

3) MASON (1980, 175ff.) geht darauf im 6. Kapitel ("Drink,
   Gambling and the Sporting Press") ein.

Getränkegroßfabrikant,[1] der im vergangenen Jahrzehnt,
etwa seit Beginn der 1970er Jahre, das Markenzeichen
seines Massenkonsumartikels zum ersten Mal als gleichrangiges Abzeichen mit dem Vereinssymbol auf dem Trikot eines Fußballvereins durchsetzte und damit zum
Schrittmacher für die Nutzung des professionellen Fußballsports als kommerzieller Werbeträger wurde. Doch
wie bereits der Berufsfußball in der Bundesrepublik
erst 1963 eingeführt wurde, begann auch die Entwicklung
des privatwirtschaftlichen Sponsorentums mit einer Ver-
zögerung von rund 100 Jahren gegenüber England.

Nun kann nicht bestritten werden, daß es Kneipenwirte
gab,   die in Deutschland schon vor der Jahrhundertwende Fußballvereinsgründungen kräftig gefördert haben,
weil sie sich eine Umsatzsteigerung versprachen.[2] Aus
diesem Grund waren sie vermutlich auch zu der Konzes-
sion bereit, entgegen gesetzlichen Jugendschutzbestimmungen auch jüngeren Mitgliedern, sprich: Kunden, sowohl den Kneipenaufenthalt wie auch den Alkoholkonsum
zu erlauben. Aber ähnliche Vorgehensweisen gab es zur
Wilhelminischen Zeit auch in anderen Organisationszu-
sammenhängen, und aus ähnlichen Motiven. Zum Beispiel
suchten sich Wirte die Dauerkundschaft von politischen

---

1) Es handelt sich um den "Jägermeister"-Produzenten,
   G. Mast; dessen Markenzeichen, ein Hirschkopf in
   Frontansicht, zwischen dessen Geweihgabeln auf leuch-
   tend orange-farbigem Hintergrund ein Kreuz strahlt,
   war jahrelang das Symbol der Kommerzialisierung des
   deutschen Fußballs. Mittlerweile haben auch viele
   andere Bundesliga-Fußballvereine einen Alkohol-Pro-
   duzenten,meist eine Brauerei, als Hauptsponsoren
   bzw. sind deren Werbeträger.

2) Andererseits traten anno 1912 bei Gründung des FC
   "Fidelius" Aach, eine konspirativ vorbereitete Abspaltung des örtlichen Turnvereins (man, das waren
   jugendliche Mitglieder, wartete den Jahresausflug
   ab und in Abwesenheit der TV-Führung versammelte
   man sich in einer Kneipe) gleich zwei verschiedene
   Wirte dem jungen Fußballverein bei; vgl. AACH 1980,
   35.

und kulturellen Ortsgruppen der Arbeiterschaft oftmals
dadurch zu sichern, daß sie formale Mitglieder des jeweiligen Vereins wurden; dies wurde offenbar so häufig
praktiziert, daß es darüber eine kritische Diskussion
unter dem Stichwort "Geschäftssozialismus" gab.[1] Für
unsere Analyse scheint jedoch fruchtbarer zu sein, wenn
wir unsere Aufmerksamkeit dem Sachverhalt zuwenden,
daß Chroniken häufig davon berichten, mit der Einigung
auf ein Vereinslokal habe "der eigentliche Aufschwung
des Vereins"[2] begonnen. Kein Wunder, möchte man sagen,
denn je nach Größe und räumlicher Ausstattung eines Vereinslokals konnten die Vereine nun ausgedehnte Feste nach
eigenem Terminkalender und Bedürfnis feiern. Verfügte
das Lokal auch über einen Saal, eventuell mit Bühne und
Klavier, dann entfalteten sich auch noch weitere kulturelle Initiativen wie zum Beispiel Laienspielgruppen,
instrumentale[3] und Gesangsgruppen,[4] auch wurden Ver-
einsbibliotheken[5] eingerichtet, sodaß Fußballvereine
in zunehmendem Maße ihren Charakter vom Einzweckverbund
zur multikulturellen Kommunikationsinstitution wandel-
ten, deren Zentrum das Vereinslokal war.

Parallel zu dieser Entwicklung, deren analoges Auftreten
im "Nest"bau der Wandervogelgruppen von SCHÄFERS mit

---

1) Vgl. ROBERTS 1980, 239, Anm. 78; dazu auch JEGGLE
   1978.

2) So beim FC "Südstern", dem Nachfolgeklub des FC
   "Südstadt" Karlsruhe (GEPPERT 1953, 45); SÜDSTERN
   Karlsruhe 1981, 54.

3) Vgl. Der Fußball, 1895, 19 (FV Stuttgart).

4) Vgl. SÜDSTERN Karlsruhe 1981, 54.

5) Der Fußball, 1895, 115 (Deutscher Fußballverein
   Hannover 1878).

dem Begriff "Verräumlichung sozialer Prozesse" erfaßt
wurde, war das Vereinslokal auch der entscheidende Untergrund, auf dem sich zugleich noch eine "Verzeitli-
chung" der sozialen Kontakte von Fußballvereinsmitglie-
dern vollziehen konnte.[1] Konkret ist mit diesem, ebenfalls von SCHÄFERS im vorigen Kontext geprägten Begriff
gemeint, daß die Vereine jeweils ganz bestimmte Wochen-
tage als sogenannte "Klubtage" oder "Vereinsabende"[2]
einrichteten, an denen das Erscheinen aller (aktiven)
Mitglieder, vermutlich in Verbindung mit Trainingsein-
heiten, obligatorisch war. Beim FV Karlsruhe waren das
zum Beispiel der Freitag- und der Sonntagabend; "Phönix"
hatte sogar drei Abende (Donnerstag, Samstag und Sonntag) festgesetzt; extrem weit auseinander lagen die
Treffpunkte beim FC "Kilia" Kiel, der sich mit einem
14-tägigen Rhythmus begnügte; ganz im Gegensatz dazu war
beim FV Stuttgart "jeden Abend" Vereinstreffen im Klub-
lokal, ergänzt von offiziellen Vereinssitzungen, die
"jeden Samstagabend"[3] stattfanden; auch beim FC "Union"
Karlsruhe "(trafen sich) allabendlich die Mitglieder,
um über das Wohl und Wehe der Union zu beraten."[4]

---

1) Beide, sprachlich wenig eleganten Begriffe hat
   SCHÄFERS mit Blick auf den Bau fester Unterkünfte
   ("Nest" genannt) der frühen Wandervogelgruppen geprägt, in denen "Heimabende" abgehalten wurden, die
   wesentlich zur "Kontinuität" der sozialen Strukturen und Prozesse der Wandervögel beigetragen hat;
   vgl. SCHÄFERS 1983, 117f.

2) In den Selbstauskünften der DFB-Mitgliedsvereine,
   die im DFB-Jahrbuch 1904/05, 144ff. abgedruckt sind,
   finden sich jeweils auch Angaben zu deren "jours
   fixes".

3) Vgl. Der Fußball 1895, 18.

4) WEGELE 1956, 78.

Abb.20: Theaterabteilung des FC Furtwangen (1923/24).

Theater-Abteilung des FC Furtwangen, etwa 1923/24
(Aus dem Stück „Lebendig begraben")
Von links: Thoma Oskar †, Öhler Erna (geb. Hettich), Weisser Willi †, Öhler
Heinrich †, Dorer Lina (geb. Weisser), Siedle Egon †, Gehr Edwin, Dorer
Karl † und vorn sitzend: Hettich Karl †.

Quelle: FURTWANGEN 1982, 29

Abb.21: Theatergruppe des FV St. Georgen (1931).

Quelle: ST.GEORGEN 1962, 26

Bis auf diesen letzten, allerdings nicht sehr aussage-
kräftigen Hinweis verzeichnen die Quellen aber nur selten, welches die konkreten Inhalte waren, die die Klubtage im einzelnen bestimmten. Man kann jedoch vermuten,
daß sie - die offiziellen Vereinssitzungen ausgenommen -
im Grunde eine Art "Stammtaisch" waren, daß für manches
Mitglied sogar das Vereinslokal zum "Stammlokal"[1] wurde.
Mit anderen Worten boten diese obligatorischen Treffen
zusätzliche Kontaktmöglichkeiten unter Vereinsmitgliedern, deren Gesprächsthemen auch über den sportlichen
Horizont hinausführten. Auf diese Weise kristallisier-
te sich allmählich, wie man annehmen darf, ein vereins-
spezifisches Selbstverständnis heraus, wie man gesprächs-
weise miteinander umgeht, was bestimmte Sprachregelungen ebenso einschloß wie die Ausbildung eines bestimmten
Themenkanons, nicht unbedingt eines allgemeinen Konsen-
ses in den Inhalten. Dennoch kann man vermuten, daß das
vertraute Kommunikationsklima positiv auf den Zusammenhalt der aktiven Vereinsmitglieder untereinander aus-
strahlte und von dieser Seite her zum weiteren Kennenlernen und Akzeptieren als individuelle Persönlichkeiten beitrug. Man kann vielleicht sagen, daß die Wechsel-

---

1) POTTHOFF/KOSSENHASCHEN definieren den Stammtisch als
   eine "Stätte gemeinsamer Erholung abseits und jenseits des alltäglichen Trotts", der einen "neutralen
   Boden für geistige Tourniere (bietet), wenn nur die
   Kämpen mit geistigen Waffen umzugehen wissen" (1932,
   341). In diesem (bildungsbürgerlichen) Sinne berichtete auch HELLPACH (1948) immer wieder von meist
   politisch-literarischen Stammtischen, an denen er
   an seinen jeweiligen Aufenthaltsorten im Laufe seines Studiums und danach teilnahm. Diese Konnotation
   liegt dem Begriff "Stammlokal" zugrunde, das
   man auch eine besondere Form männerspezifischer
   Öffentlichkeit nennen könnte. (Historisch waren
   Zunftversammlungen die "primäre Form" des Stamm-
   tisches; später kamen Differenzierungen wie "Künstler-
   Literaten-Stammstische" hinzu, sowie rein landsmannschaftliche: "Badischer, Bayerischer usw."; vgl.
   POTTHOFF/KOSSENHASCHEN 1932, 341.)

beziehung, die sich zwischen der Institution der verbindlichen Klubtage und dem Vereinslokal als festen
sozialen Treffpunkt im Sinne eines Stammlokals ent-
spann, zugleich ein unmerkliches Steuerungselement
des gesamten Vereinslebens war. Denn indem daraus ein
mehr oder weniger straff geknüpftes Netz regelmäßiger
Kontakte entstand, füllte es den Zeitraum zwischen den
rein sportlichen Ereignissen aus und trug auf diesem
Weg zur Integration[1] seiner Mitglieder bei, nicht zu
vergessen, daß sich mancher Verein dabei auch ein eigenes Image schuf.[2]

Abb.22: Werbeanzeige des Berliner Restaurants "Moritz
Uhle" (1895).

Quelle: Der Fußball, II.1895,334

---

1) "Um das persönliche Nähertreten der einzelnen Mitglieder
   und die Pflege der Kameradschaftlichkeit
   zu fördern, finden allwöchentlich Sonntag abend nach
   dem Uebungsspiel ein Vereinsabend im Lokal statt,
   zu welchem auch unsere verehrlichen passiven Mitglieder freundlichst eingeladen sind"; diese Mitteilung
   war Teil des Jahresberichts des FV Stuttgart, in:
   Der Fußball, II.1895, 147.
2) So charakterisiert GEPPERT den Karlsruher FC "Alemannia" als "Ligaklasse besten Formats und bekannt
   ob ihrer Spielstärke sowie beliebt wegen ihrer
   Gastlichkeit" (GEPPERT 1953, 35).

- Soziale Normen und gesellschaftliche Orientierungen
  im Medium Vereinsöffentlichkeit

Die zuletzt beschriebenen Interaktionsstrukturen, die
jeder Verein vornehmlich auf der Basis seines Vereinslokals entwickelte, kann man auch noch in der Perspektive "Vereinsöffentlichkeit" analysieren; damit geraten
aber nicht nur einige Aspekte der sozialen Normierung,
sondern auch der sozialen Kontrolle ins Blickfeld. Dazu wurde ein Punkt bereits oben erwähnt, und zwar die
Anwesenheitspflicht bei den Klubtagen. Es handelte sich
hier im Grunde um eine Verhaltensnorm, die der Verein
als soziale Kleingruppe - ursprünglich bestand der Verein nur aus den aktiven Fußballspielern - seinen Mitgliedern auferlegte, um den Sportbetrieb aufrecht erhalten zu können, was jedoch zugleich die Kontinuität des
sozialen Zusammenhangs gewährleisten sollte, auch wenn
das nicht immer so deutlich artikuliert wurde. Verständlich, daß Verstöße gegen diese Norm mit negativen Sank-
tionen geahndet wurden, von denen wir weiter oben bereits einige kennengelernt haben (vgl. S. 263, Anm. 1)
und 2). Aber selbst wenn ein Mitglied diese und auch
andere Normen akzeptierte, so geriet es auch dann in
einen Rechtfertigungszwang, wenn es gute Gründe für eine Abweichung vorbringen konnte. Im Erklärungsdruck des
"Sich-Entschuldigen-Müssens" lag vermutlich der eigentliche Kern der sozialen Kontrolle, insofern man individuelle Handlungsmotive jederzeit (vereins)öffentlich
machen mußte, wenn Gruppeninteressen, denen immer Vorrang einzuräumen war, berührt wurden. Bei näherer Betrachtung erhielt das einzelne Mitglied auf diese Weise aber auch die Chance, zusätzliche Facetten seiner
Persönlichkeit offenlegen zu können, sodaß es von seinen Mitspielern vollständiger wahrgenommen werden konnte. Mit anderen Worten sind soziale Normen auf dieser
gesellschaftlichen Ebene nicht ausschließlich Formie-

rungs- und Disziplinierungsinstrumente, sondern sie
weisen auch sozial befruchtende Implikationen auf.

Ein weiterer Aspekt von Vereinsöffentlichkeit, der die
Ambivalenz der damit verbundenen Normen und Wertorien-
tierungen deutlich werden läßt, kann am Beispiel der
damals allgemein beliebten Tanzveranstaltungen aufgezeigt werden. Daß etwa der FC "Südstern" Karlsruhe sogar eigene "Tanzstunden"[1] im Verein organisierte,
unterstreicht zunächst die These, daß Fußballvereine
schon bzw. gerade in der Entstehungsphase des Fußballvereinswesens Sozialisationsfunktionen wahrnahmen, die
über das altersspezifische Bedürfnis der Gruppenbildung hinausgingen. Denn vor allem mit dem Gesell-
schaftstanz war, es wurde an anderer Stelle bereits
darauf hingewiesen (vgl. S. 101f.), die Vermittlung von
geschlechtsspezifischen Verhaltensmustern und Rollen-
auffassungen eng verbunden. Wie sehr diese von den damals üblichen, eher traditionellen Vorstellungen geprägt waren, zeigt eine Bemerkung im Bericht über das
dritte Stiftungsfest des Ersten Casseler Fußball-Clubs
aus dem Jahre 1895. Es hieß dort, daß der "solenne
Ball", der sich an das offizielle Festbankett anschloß,
durch einen "reizenden Damenflor verschönt"[2] wurde,
was den Schluß auf ein eher instrumentelles Verhältnis
zum weiblichen Geschlecht nahelegt. Aber auch wenn die
Erwartung formuliert wurde, die Spieler sollten zu geselligen Vereinsveranstaltungen "ihre Bräute (mitbringen)",[3] war ein paternalistisches, männer-zentriertes

---

1) SÜDSTERN 1981, 50.

2) Vgl. Der Fußball, 1895, 90; in etwas ambitioniert
   poetischer Sprache berichtete man vom Stiftungsfest des Berliner FC "Stern": "(...) Die freie Zeit
   wurde mit Tanz und Vortrag prächtig verkürzt, und
   als des Morgens Grauen, durch die hohen, bunten
   Fenster des grossen und schönen Saales guckte, da
   fand man drinnen noch immer eine muntere, launige
   Schar, deren Neckrufe wie die Pfeile des Liebesgotts
   'Amor' umherschwirrten".

3) WEGELE 1956, 86.

Weltbild kaum verhüllt, ein Aspekt, auf den in dieser
Arbeit jedoch nicht weiter eingegangen werden kann.
Im übrigen darf bei der Diskussion dieses Gesichts-
punkts nicht übersehen werden, daß mit der Organisation von Tanzveranstaltungen die Vereine nicht nur
die altersspezifischen Bedürfnisse ihrer Mitglieder berücksichtigten, sondern damit leistete man auch einen
Beitrag zum Abbau des seinerzeit noch vielfach bestehenden Tabus der öffentlichen, erotisch reizvollen
Begegnung beider Geschlechter.[1]

---

1) Vgl. hier: S. 102, Anmerkung 1.

- Alkohol und Fußball

Zum Abschluß soll noch etwas ausführlicher auf eine
weitere Sozialisationsleistung eingegangen werden,
die von Anfang an Bestandteil des Vereinslebens aller
Fußballvereine war, ausgenommen der unter direkter
pädagogischer Aufsicht stehenden:[1] Die Hinführung zum
Konsum von alkoholischen Getränken. Weiter oben (vgl.
S. 182f.) wurde darauf zwar schon einmal eingegangen, jedoch ausschließlich unter dem Blickwinkel, welche
Trinksitten in Vereinen mit verbindungsstudentischen
Traditionen gepflegt und fortgeführt wurden. Hier soll
das Trinkverhalten stärker in den gesamtgesellschaftlichen Zusammenhang gestellt werden, in dem sich Fußballvereine um die Jahrhundertwende befunden haben.

MASON hat recherchiert, daß in England schon lange vor
der Jahrhundertwende kontrovers die Frage diskutiert
wurde, ob der Fußballsport einen eher mäßigenden Einfluß auf den Alkoholkonsum nicht nur der Vereinsmitglieder, der aktiven Spieler, sondern auch auf die Zuschauer gehabt hat bzw. haben konnte. Dazu zitiert er
Quellen, in denen einerseits ein "Rückgang der Trunken-
heit" registriert wurde, die man auf den zunehmenden
Besuch von Fußballspielen anstelle eines "pubs" zu-
rückführte;[2] dem wurde von Anhängern der englischen

---

1) Auffallend ist, daß diese Vereine auch kein Klub-
   bzw. Vereinslokal angaben; vgl. Der Fußball, 1895,
   18 (und passim).

2) MASON zitiert den Liverpooler Polizeichef, der
   1898 der Royal Commission on the Liquor Licensing
   Laws zu Protokoll gab, "(...) A great number of
   working men (...) are off to see football, and I
   think that has led to a great decrease in
   drunkenness" (MASON 1980, 176); zur gleichen Zeit
   kämpften Temperenzler dagegen, daß auf einigen
   Plätzen Alkohol zum Verkauf angeboten wurde
   (ebd., 177).

Antialkoholbewegung heftig widersprochen. Ähnliche Kon-
stellationen gab es auch in Deutschland, allerdings in
weit geringerer öffentlichen Wirksamkeit und ohne daß
der Fußball dabei eine besondere Rolle spielte.[1] Zwar
wies Immanuel GONSER, als Gefängnispfarrer und aktives
Mitglied des "Deutschen Vereins gegen den Missbrauch
geistiger Getränke" mit den Ursachen und Folgen verfehl-
ten Alkoholgenusses gut vertraut, in einem Aufsatz auf
die Vermittlerrolle des Vereinslebens hin, doch nahm er
die Turn- und Sportvereine davon aufgrund ihrer Zielsetzungen tendenziell aus. Grundsätzlich aber stünden
alle Vereine in der "Gefahr, mehr Trinkvereine zu werden",[2] und zwar allein aufgrund der strukturellen Notwendigkeit, die in den Raumbedürfnissen begründet lag:
Vereinsleben bedeutete zugleich "Wirtshausleben". Nach
GONSER war es auch diesem Umstand zuzuschreiben, daß
in den Vereinen aller Couleur der "offenkundigste, aus-
gedehnteste, folgenschwerste Mißbrauch geistiger Getränke" vorkam. Konsequenterweise lautete einer seiner Lö-
sungsvorschläge auf Reduzierung der Schankkonzessionen,[3]

---

1) Man kann dies daraus schließen, daß FOREL, ein Schwei-
zer Psychiater, radikaler Abstinenzler und Beobachter
der europäischen 'Alkoholszene', erst 1930 äußern konn-
te, daß "langsam aber sicher (sich) die öffentliche
Meinung zu Ungunsten des Alkoholkonsums (ändert)
(...) Vor allem den Jungen und in erster Linie den
Sportsleuten (fangen an die Augen aufzugehen)"; vgl.
FOREL 1930, 24 (im Nachwort zur Wiederauflage der
Erstausgabe von 1888).

2) GONSER 1903, 6f.; (Hervorhebung im Original, R. B.).

3) HIRSCHFELD nahm einen europäischen Städtevergleich
vor, um das Verhältnis von Kneipen und Bevölkerung
in Berlin (1 : 156 E.) in einem größeren Maßstab
zu verdeutlichen: Wien - 1 : 1244; Rom - 1 : 588;
Paris - 1 : 65; Brüssel - 1 : 43; vgl. HIRSCHFELD
1906, 14. ROBERTS (1980, 238) zeichnete dagegen
vor dem Hintergrund der sich ändernden staatlichen
Konzessionspolitik die Veränderung der Gesamtzahlen
an Schank- und Gastwirtschaften nach. Seinen Recherchen zufolge "stieg (diese Zahl) im Verhältnis
zur Bevölkerung von etwa 1850 bis 1879"; danach
habe sie sich stabilisiert und betrug 1911 "4,3
Schankstellen pro 1000 Einwohner".

um den Vereinen den leichten Zugang zu alkoholischen
Getränken zu erschweren, zumal in Kneipen allgemein
auch "Trinkzwang" herrschte, wie man die Konsumerwar-
tung in Gaststätten nannte, in denen es um die Jahrhundertwende nichtalkoholische Getränke auch nur selten gab.[1]

Angesichts der monströsen Quantitäten an Branntwein,
Schnaps, Bier und Wein, die im Kaiserreich jährlich
vertilgt wurden,[2] kann man das ohnehin nur auf
Mäßigung und nicht Totalverbot gerichtete Engagement
der deutschen Temperenzler durchaus verstehen, wenngleich aus manchen Äußerungen auch ein unangebrachter
Standesdünkel hervordrang.[3] Ihr Hauptaugenmerk lag
außerdem auf der Durchsetzung von Jugendschutzbestimmungen,[4] denn in einer Gesellschaft, in der Alkoholkonsum in allen Schichten akzeptiert und bei allen
öffentlichen und privaten Anlässen üblich war, blieben
auch Jugendliche nicht davon unberührt. Dazu nun einige Beispiele aus unserem Kontext, die belegen, wie

---

1) GONSER pries "Volkskaffees" und "Kaffeeschänken"
   als Alternative; vgl. GONSER 1903, 14.

2) Lt. HIRSCHFELD wurde im Deutschen Reich pro Jahr eine
   halbe Milliarde Liter Bier, 20 Millionen Liter
   Wein und rund 24 Millionen Liter Branntwein getrunken. Dennoch sind die Zahlen, die ROBERTS an reinem
   Alkohol pro Kopf ermittelte mit 9,1 Liter im Jahr
   1900 deutlich unter den fast 15 Liter, die pro Kopf
   im Jahr 1978 in der Bundesrepublik konsumiert wurden; vgl. HIRSCHFELD 1906, 17; ROBERTS 1980, 228;
   AKTUELL 1984, 26.

3) "Wer soll die unteren Klassen zu feineren und mäßi-
   geren Genüssen erziehen und anleiten, wenn nicht
   die Gebildeten"; GONSER 1903, 16; GONSER äußerte
   sich daher bestürzt über das miserable Vorbild, das
   die akademischen Verbindungen abgaben.

4) Vgl. GONSER 1903; auch LACHNITT 1928.

sorglos man auch unter Fußballspielern den Alkoholkonsum betrachtete und sich über die möglichen Folgen
noch lustig machte. Etwa wenn die Mitglieder des FC
Freiburg, Pennäler zumeist, die gelegentlichen Rausch-
zustände einiger Mitglieder spaßeshalber als "akute
gelbe Leberatrophie" diagnostizierten,[1] oder wenn
dieselben sich im Rückblick auf die Vereinsanfänge geradezu rühmten, daß man damals "noch nicht ohne Alkohol trainiert" habe; oder wenn immer wieder auch in
Versform ein exzessiver Alkoholgenuß im Vereinszusam-
menhang verharmlost wurde. Auch KOPPEHEL glaubte in
seinem geschichtlichen Teil, unübersehbar augenzwin-
kernd, feststellen zu müssen, daß "die Fußballer
schon damals (vor der Jahrhundertwende, R. B.) einen
nicht zu knappen Durst" hatten.[2] WEGELE schließlich
sah die "Geselligkeit und Kameradschaft" der Mühlburger Fußballspieler in direktem Zusammenhang mit den
vielen kleinen Lokalbrauereien, was er auf den Gesamt-
nenner brachte: "Die Mühlburger (Fußballer) waren schon
immer Lebenskünstler".[3] Andere Stimmen widersetzten
sich solchen Verniedlichungen des Alkoholkonsums.
CLASSEN zum Beispiel mahnte besorgt, daß die "Trink-
gelage als Beschluß der körperlichen Übungen aufhören
(sollten)",[4] eine Warnung, die offenkundig von empirischen Beobachtungen untermauert war, von denen es um
die Jahrhundertwende zum Problem des Jugendalkoholkon-
sums wesentlich mehr gab   als seit Bestehen der Bundesrepublik, wie eine Studie von 1980 herausgefunden
hat.[5]

---

1) Leberatrophie ist eine "mit Benommenheit, Gelbsucht
   und hohem Fieber einhergehender plötzlich einsetzen-
   der entzündlicher Zerfall des Lebergewebes, eine
   lebensbedrohende Erkrankung"; rororo lexikon, Du-
   den-Lexikon Taschenbuchausgabe, Bd. 4, Reinbek
   1973, 1210· Die Zitate finden sich in FFC 1927, 88f.
2) KOPPEHEL 1954, 72.
3) WEGELE 1956, 86.
4) CLASSEN 1914, 152
5) Vgl. BERGER, LEGNARO u. a. 1980, 40, Anm. 13.

Vergleicht man allerdings das Trinkverhalten der Deutschen am Maßstab größerer historischer Zyklen, dann
relativieren sich nicht nur die in absoluten Zahlen
konstatierten Mengen, sondern auch die daraus gezogenen Schlußfolgerungen, welche denn wohl die Ursachen
waren. Ohne nun selbst jeglichen Alkoholkonsum ver-
harmlosen zu wollen, darf man dennoch behaupten, daß
bestimmte Stadien des gesamtgesellschaftlichen Trink-
verhaltens in der Vergangenheit nicht auf die Gegenwart, etwa seit Beginn des 20. Jahrhunderts, übertrag-
bar sind. Beispielsweise schloß LÖFFLER aus seinen historischen Studien, daß "das 16. Jahrhundert die klas-
sische Zeit des Trinkens"[1] war. Weniger zurückhaltend
in der Wortwahl sprach STEINHAUSEN davon, daß sich im
16. Jahrhundert die "gesteigerte Lust am Trinken" ganz
allmählich zum "widerlichen Sport des Vollsaufens"[2]
entwickelt habe, sodaß man in Nürnberg eigens einen
Wagen anschaffte, um die "Betrunkenen, die man des
Morgens auf der Gasse liegend fand (heimzubringen)".[3]
SCHIVELBUSCH und JEGGLE,[4] die beide das Trinken im
Zusammenhang mit der Industrialisierung beurteilen,
stützen sich vornehmlich auf die statistischen Angaben und Wertungen, die die relevanten Werke von ENGELS
und KAUTSKY[5] kennzeichnen. Es muß jedoch bezweifelt
werden, daß deren, von JEGGLE und SCHIVELBUSCH aufge-

---

1) LÖFFLER 1908, 75.
2) STEINHAUSEN, Geschichte der deutschen Kultur,
   393f., zitiert nach KRÜCKE 1909, 13f.
3) Ebd.
4) SCHIVELBUSCH 1983; JEGGLE 1978.
5) Friedrich ENGELS, Preussischer Schnaps, in: MEW,
   Bd. 19, 37 - 41; KAUTSKY, Karl, Der Alkoholismus
   und seine Bekämpfung, 1891.

griffene,ökonomistische Begründung des Alkoholmiß-
brauchs unter Arbeitern entscheidende Aufklärung leistet. Ihrer Auffassung nach war ein Komplott von Alko-
holgesetzgebung und Alkoholproduktion, eine weitere
Variante des Ideologems vom Zusammenspiel "Staat und
Kapital", hauptverantwortlich für die, unbezweifelbar
negativen, sozialen und medizinischen Folgen unkon-
trollierten Alkoholkonsums. Andererseits bedeutet die
sozialpsychologische Argumentation, die im Alkohol einen "eskapistischen Sorgenbrecher"[1] sah, eher eine Re-
lativierung denn eine Bestätigung der Gesamteinschätzung vom Alkoholmißbrauch unter Arbeitern als "soziale Katastrophe von ungeheurem Ausmaß".[2]

Im Gegensatz zu diesen Arbeiten legte ROBERTS 1980
eine theoretisch differenzierende und empirisch-histo-
risch umfangreiche Studie vor. In ihr kommt der Autor
zum Schluß, daß nach 1850 der Alkoholkonsum (Branntwein und Bier) trotz sinkender Reallohnentwicklung
stark zunahm, diese Entwicklung sich jedoch in den
achtziger Jahren dauerhaft umkehrte, und zwar bei stei-
genden Reallöhnen.[3] Die Wende vom Branntwein- und
Schnapskonsum in den unteren Schichten hin zum Bier,
die ROBERTS für die Zeit nach 1900 konstatierte, interpretierte er als einen Wandel vom "instrumentalen" zum
"sozialen Trinken", wofür er als Kronzeugen auch den
sozialistischen Arzt und Sozialhygieniker Alfred GROT-
JAHN in Anspruch nehmen konnte. Nach dessen Ansicht war
der Trend weg vom Branntwein und Schnaps, die beide
aufgrund ihres Nährwerts auch instrumental, d. h. als
Nahrungsersatz konsumiert wurden, hin zum Bier, das

---

1) SCHIVELBUSCH 1983, 161.

2) Ebd., 168.

3) Ein Schaubild bei ROBERTS (1980, 224) verdeutlicht
   die beiden Entwicklungen.

wegen seines geringen Alkoholgehalts in zeitlich ausge-
dehnter geselliger Runde genossen werden konnte, "ein
Zeichen dafür, daß die Ernährung in der Arbeiterschaft
besser und abwechslungsreicher" geworden war.[1]

Mit Blick auf das damalige Vereinsleben stellte ROBERTS
dessen "prägenden" Einfluß auf das Trinkverhalten fest:
"Durch die Organisation gewann Freizeit neue Inhalte
und wurde durch feste Termine und Treffpunkte strukturiert. Das Trinken wurde dadurch fester in das gesellige Alltagsleben integriert, aber nun als Begleiter der
Geselligkeit statt als deren Inhalt und Endzweck".[2]
Für die Fußballvereine, die unserer Untersuchung zugänglich waren, trifft diese Einschätzung ebenfalls zu.
Dennoch dürfen die selbst dem "sozial integrierten Trinken",[3] wie es generell auch heute in Fußballvereinen
üblich ist, immanenten Gefahren der Alkohol-Abhängig-
keit und der Risiken gesundheitlicher Folgeschäden, die
in ROBERTS' Argumentation zu kurz kommen, nicht unter-
schätzt werden. Nicht zuletzt aus diesem Grund lastet,
damals wie heute, auf den Fußballvereinen eine große
Verantwortung, denn sie stellen eine wichtige Institution dar, in der gerade Heranwachsende den vernünftigen
Umgang mit Alkohol sollten erlernen können.

---

1) GROTJAHN 1898, 273, zit. nach ROBERTS 1980, 234.
   Einzelbeispiele zu den Formen des Alkohols als
   Nahrungszusatz (Schnaps als regelmäßiger Begleiter
   des Frühstücks, der Suppe, Brotstücke mit Branntwein versetzt usw.) bei HOPPE 1912, 661ff.
2) ROBERTS 1980, 239.
3) FAHRENKRUG 1980.

3. Die sozialisatorische Konnotation des historischen
   Fußballvereins

Die in der zweiten Hälfte des 19. Jahrhunderts vehement
einsetzende Industrialisierung brachte in den Ländern
des (späteren) Deutschen Reiches ein vielschichtiges
Wachstum gesellschaftlicher Strukturen in Gang, das die
Komplexität der Gesamtgesellschaft, und damit die des
sozialen Lebens, deutlich vergrößerte. Es bildete sich,
in heutiger Begrifflichkeit, die "moderne" respektive
"industrialisierte" oder "arbeitsteilige" Gesellschaft
heraus, die man sich als ein stetes Ineinandergreifen
von großen Organisationen, Apparaten und Institutionen
der Wirtschaft, Verwaltung, Politik, des Handels und
der Gesetze mit all ihren (Ver-)Ordnungen und Vorschriften vorstellen kann; außerdem begann nun der überlokale
Informationsfluß aus allen Lebensbereichen zuzunehmen;
auch eine Kultur- und eine Vergnügungsindustrie starte-
te ihre ersten Produktionen. Alle diese Teilstrukturen
der sich so herauskristallisierenden Industriegesellschaft unterlagen systemeigenen Gesetzmäßigkeiten, die
zu durchschauen und zu beherrschen man je eigene Fertigkeiten, Einstellungen, Kenntnisse, Normen und Verhaltensweisen erwerben mußte, um sich schließlich als Individuum eine materielle und geistige Existenzmöglichkeit
sichern zu können.

An diesem Bündel von vielfältigen qualitativen und quantitativen Anforderungen an den Einzelnen entzündeten
sich eine große Anzahl von Problemen vor allem für die
heranwachsenden Gesellschaftsmitglieder. Denn da die überlebensnotwendigen beruflichen und sozialen Kompetenzen
nicht mehr innerhalb des primären Lebenskreises, in dem
sie als Kinder aufwuchsen, konkret erfahrbar und praktisch erlernbar waren, schoben sich andere Lebensorien-

tierungen zwischen die Heranwachsenden und ihre bisherigen primären Bezugspersonen. Dies kam einer schrittwei-
sen Entmachtung der herkömmlichen Sozialisationsträger
Elternhaus, Nachbarschaft und lokale Gruppen gleich, die
bereits mit dem Eintritt in die Schule begann. Dem entsprach umgekehrt zwar ein stufenweiser Zugewinn an individuellen Verhaltensmöglichkeiten auf Seiten der Kinder und Jugendlichen, allerdings war das kein glatter
Vorgang, der reibungslos von der Welt des unbeschwerten
kindlichen Daseins in die der Erwachsenen führte. Vielmehr bedeuteten schon die körperlich-biologischen Reife-
prozesse, die allgemein um das 14./15. Lebensjahr ein-
setzen, für den Einzelnen einen gravierenden Bruch mit
seinem noch kindlichen Selbstverständnis, was immer in
eine unterschiedlich lang andauernde Phase vorübergehend
schwerwiegender Verhaltensunsicherheiten mündet.

Die daraus folgende problemgeladene Labilität Heranwachsender konnte in der Blütezeit der Industrialisierung
noch dadurch verstärkt werden, daß deren Eltern auf der
Suche nach Arbeit entweder an der Binnenwanderung im
Deutschen Reich teilnehmen mußten oder doch regional von
ländlichen in städtische Lebensverhältnisse umsiedelten;
häufig waren die Jugendlichen selbst in einen landstädti-
schen Pendelverkehr eingebunden, um einen eigenen Lebens-
unterhalt zu bestreiten oder um zu dem der elterlichen
Familie beitragen zu können. Mit anderen Worten wurden
die damaligen Heranwachsenden auf allen Ebenen der sozialen Wirklichkeit mit ungewohnten, teils unbekannten, oft
unbequemen und auch körperlich belastenden Rollenanforderungen der Gesamtgesellschaft konfrontiert, auf die sie
mangels genügender Kompetenzen mit zusätzlicher psychi-
scher Befangenheit und Hilflosigkeit reagierten; dies
galt kaum geringer für diejenigen Jugendlichen, die aus
Gründen der schulischen Weiterbildung ebenfalls in die

Stadt pendelten oder in städtische Internate und Privatpensionen übersiedelten.

Das historisch Neue in Bezug auf die Heranwachsenden war,
daß im Rahmen der industriellen Umgestaltung der Gesellschaft im zweiten Abschnitt des 19. Jahrhunderts nun eine eigene Übergangsphase "Jugend" institutionalisiert
wurde, die über die bisherigen gesellschaftlich organisierten Kontakte dieser Altersgruppe in Schule, Hochschule und beim Militär inhaltlich und strukturell weit
hinausgingen. Das bedeutendste Merkmal dieser Entwicklung war, daß neben einer Vermehrung und Differenzierung
der gesellschaftlichen Verhaltens- und Leistungszumutun-
gen, wie sie etwa in der städtischen Arbeitswelt, in den
Fabriken[1] an Jugendliche herangetragen wurden, die entscheidenden überlebensnotwendigen Kompetenzen außerhalb
des vertrauten Lebenskreises erworben werden mußten, die
Jugendlichen also in die Offenheit, aber auch Anonymität der Gesellschaft traten. Erschwerend kam hinzu, daß
die für diese dritte Sozialisationsphase benötigten
Orientierungshilfen damals weder von Erwachsenen noch
von Einrichtungen der Gesellschaft in ausreichendem Maße
zur Verfügung gestellt wurden. Positiv gewendet bot sich
den Jugendlichen dieses Defizit als weitgehend offener
Handlungsraum dar, den zu nutzen es vor allem in den
Städten reichlich Gelegenheit gab.

Spätestens mit Beginn des letzten Viertels des 19. Jahrhunderts, am intensivsten seit den neunziger Jahren, als
das kulturelle Leben des Wilhelminischen Kaiserreichs
von einer großen Erneuerungsbewegung erfaßt wurde, die

---

1) Erst mit der Gewerbeordnungsnovelle von 1891 wurde
   die tägliche Arbeitszeit der 14- bis 16-Jährigen auf
   maximal 10 Stunden festgesetzt; vgl. KAUP 1911, 19 f.

nach und nach zu wesentlichen Reformen der individuellen
Lebensgestaltung, aber auch der Pädagogik führte,[1] griffen sowohl die im weiterführenden Schulwesen integrierten als auch die erwerbstätigen Jugendlichen entschlossen zur Selbsthilfe und schufen sich eigene, von der Erwachsenenwelt vorläufig abgetrennte, relativ autarke
Handlungsfelder. Als soziale Basis ihrer Aktivitäten
dienten ihnen die durch das Bildungswesen bereits institutionalisierten Gleichaltrigengruppen, da diese am
besten geeignet waren, verlorengegangene oder bedrohte
Verhaltens- und Statussicherheit im geschützten Raum der
Gleichbetroffenen wiederzugewinnen. Neben den traditionellen Formen sozialisationsrelevanter jugendlicher
Altersgruppen wie etwa den Kolpingschen Gesellenverei-
nen, die um die Mitte des 19. Jahrhunderts von der Kirche eingerichtet wurden und latent in ähnlicher Weise
funktional waren wie freie Jugendgruppen,[2] schienen
insbesondere die zu jener Zeit aufkommenden Sportdisziplinen, davon wiederum hauptsächlich die auf Kooperation
beruhenden wie Fußball, dazu prädestiniert zu sein, einerseits die psycho-sozialen Bedürfnisse nach (altershomogener) Gemeinschaft und solidarischem Handeln zu erfüllen; andererseits kam gerade der Sport dem alters-
und entwicklungstypischen Verlangen Heranwachsender nach
körperlicher Aktivität, nach Körpererfahrung und daraus
resultierender Selbst-Bestätigung entgegen.

---

1) Als Stichworte sollen hier genügen: die Anti-Alkohol-
   bzw. Mässigkeitsvereine (vgl. hier: S. 281ff), Arbeits-
   schule, Landerziehungsheim, Kunsterziehungsbewegung,
   Gymnastikbewegung, Spielbewegung (vgl. hier: S.44ff);
   Schulreform (ebd); Details bei DEGENHARDT 1983 und
   BECKERS/RICHTER 1979.

2) Vgl. insbesondere SCHWANK (1979, 19ff.) für die
   katholischen Gesellenvereine und den Stellenwert
   des Turnens und Sports schon vor 1900; allgemein
   zum Sport im Rahmen der konfessionellen Jugendpflege: vgl. BACH 1974, 119ff.

Unter allen diesen genannten gesellschaftlich-struktu-
rellen wie historisch-sozialen Voraussetzungen wurde
schließlich das Fußballspiel zum Ausgangspunkt einer
sozialen Bewegung, deren Ursprünge und entscheidende
inhaltliche und organisatorische Ausprägungen im Fußballvereinswesen des Zeitraums bis kurz nach der Jahrhundertwende identisch waren mit der Ausbildung und
Etablierung einer jugendlichen Teilkultur der Wilhelminischen Gesellschaft. Die herausragenden Indikatoren
dieses sozio-kulturellen Prozesses wurden im zurücklie-
genden Kapitel ausführlich dargestellt und im Kontext
ihrer kulturhistorischern wie auch soziologischen Implikationen erläutert. Nun geht es noch darum, diejenigen
Handlungs- und Strukturelemente herauszuheben, die aufgrund dieser historischen Entwicklung als konstitutiv
für Fußballvereine im Sinne des Arbeitsthemas angesehen
werden können, und die deshalb die theoretische Basis
für die Konzipierung einer empirischen Untersuchung ge-
genwärtiger Fußballvereine abgeben konnten.

Angefangen bei dem von KOCH in den siebziger Jahren des
vorigen Jahrhunderts geprägten Begriff der "Gespiel-
schaft", tradiert, erweitert und im Schlüsselbegriff
"Jugendgemeinwesen" von der gesellschaftlich einfluß-
reichen Spielbewegung legitimiert, bis hin zu den For-
mationen von Vereinstypen, die im Gefolge von "Schülerverbindungen" den corpsstudentischen Sozial- und Kommu-
nikationszusammenhang aufgegriffen haben, und, nicht
zu vergessen, den vorwiegend aus erwerbstätigen Jugendlichen bestehenden "(wilden) Jugendclubs": allen diesen
konkreten Erscheinungen der sozialen Wirklichkeit des
Deutschen Reichs lagen Organisationsprinzipien bzw.
jugendspezifische Bedürfnisse der Bildung von primären
und altersgleichen Gruppen zugrunde. Daherkann man in
soziologischer Terminologie von "Jugendgruppen" sprechen

und diese als das eigentliche Substrat des historischen Fußballvereins bezeichnen. Ihre funktionale Bedeutung für die sich darin zusammenschließenden Individuen wie auch für die sie umgebende Gesellschaft gewannen sie als Bezugsgruppen; im soziologischen Sinne waren sie also psycho-soziale Gebilde, in denen sich jeder an anderen wiedererkennen, die im Übergang zum Erwachsenen entstehende Isolierung überwinden, in der Gemeinsamkeit von Inhalten und Identifikation mit anderen sein Dasein stabilisieren konnte.

Gleichrangiges Gewicht neben dem ursprünglich primären Gruppenhandlungszweck, dem Fußballspiel, erhielten daher alle die Aktivitäten, die zwar nur mittelbar auf das Hauptgeschehen Fußballspiel bezogen waren, aber deshalb Bedeutung erlangten, weil sie den Zusammenhalt der Gruppe emotional verstärkten. Die verschiedentlichen Anknüpfungen an traditionelle Gruppierungsformen und Gemeinschaftssymbole (studentische Verbindung, Farbentragen, Kleidungsstile), die teils innovatorischen Umbildungen kommunikativer Vorbilder (Kommerse und Gesänge) sowie die Neueinführung perspektivisch verbindlicher Handlungsstrukturen (Meisterschaftswettbewerbe, Verbände) übernahmen de facto die Funktion des Ausgleichs gesellschaftlicher Sozialisationsdefizite, die sich strukturnotwendig aus der zunehmenden Komplexität arbeitsteiliger Gesellschaften ergaben. Mehr noch. Insbesondere die sozialen Praktiken und Aktionen, die an sinnlicherotischen Bedürfnissen ausgerichtet waren (Tanzkurse, Tanzveranstaltungen) oder die Erfüllung geschlechtsspezifischer Verhaltensstandards zum Ziel hatten (sportliche Tüchtigkeit als Männlichkeitsbeweis, ebenso die Kompetenz im Alkoholkonsum) verweisen auf eine weitere fundamentale Funktion dieser Sportgruppen. Denn im Anschluß an TENBRUCKs grundsätzliche Ausführungen zur Ju-

gendsoziologie, die der historischen Herausbildung des
Phänomens "Jugend als soziale Gruppe" einen breiten Raum
widmen,[1] kann man den in diesem Kapitel beschriebenen
soziokulturellen Handlungsweisen den Charakter einer
"Selbst-Sozialisierung" bescheinigen. Mit anderen Worten haben Jugendliche im Rahmen ihres Fußballvereins
den Eintritt in die Welt der Erwachsenen "in eigener
Regie"[2] gestaltet. Die wesentliche Schlußfolgerung aus
der Aufbereitung des historischen Quellenmaterials lautet daher, daß die Entstehung des deutschen Fußballvereinswesens in entscheidenden Punkten gleichzusetzen ist
mit der Etablierung einer jugendlichen Teilkultur in
der sozial komplexen, modernen Gesellschaft. Zu weiten
Teilen verkörperten Fußballklubs die Institutionalisierung
einer eigenen Lebensweise, mit der sich die jugendlichen
Mitglieder identifizieren konnten. Der Handlungs- und
Beziehungszusammenhang der Klubs konnte so zu einer verläßlichen Konstanten im Lebensalltag der Jugendlichen
werden und zugleich Ausgangs- wie Schnittpunkt von biographischen Koordinaten, die den strukturellen Rahmen
Verein ebenso überschritten, wie sie nicht auf das Al-
tersmerkmal Jugend beschränkt blieben, sondern die
Grundlage bildeten für die Intensivierung der sozialen
Beziehungen mit denselben Personen im Sichtkreis der allgemeinen Lebenswelt.

---

1) Vgl. TENBRUCK 1962, 47ff.
2) Ebd., 92.

IV. Fußballsportvereine heute, in gruppenspezifischer
    und lebensweltlicher Perspektive

Mit den am Schluß des letzten Kapitels dargelegten
Erkenntnissen haben wir die ursprüngliche Interpreta-
tionsabsicht der kultur- und sozialgeschichtlichen
Fakten, nämlich wie Fußballvereine entstanden sind und
sich zur im wesentlichen bis heute gültigen Handlungs-
und Organisationsstruktur entwickeln konnten, im Grunde bereits überschritten. Auf den historisch begrenzten
Zeitrahmen bezogen, enthalten die dortigen Einsichten
erste Antworten auf die Frage nach der Alltagsbedeutung
von Fußballvereinen. Da sie zugleich in die Untersu-
chungsabsichten des folgenden Kapitels überleiten, sollen sie einleitend im - grob gefaßten - historischen Zusammenhang noch einmal kurz aufgegriffen werden, um auf
diese Weise die erkenntnisleitenden Fragestellungen zu
skizzieren, die uns als nächstes beschäftigen werden.

Um die Jahrhundertwende mußten zunehmend mehr Vereine
damit beginnen, systematisch einen Nachwuchs an Fußballspielern zu rekrutieren, da andernfalls der Gründer-
stamm der Vereine aus Alters- bzw. körperlichen Lei-
stungsgründen mit jüngeren Spielern nicht mehr kon-
kurrenzfähig gewesen wäre. Man besann sich, so scheint
es heute, auf das an der eigenen Person als erfolgreich
erfahrene Prinzip der Bildung von altershomogenen Jugendgruppen. Im einzelnen richteten die Vereine eigenständige "Jugendabteilungen" ein, unterstützt von "Ju-
gendausschüssen" in den Verbänden, denen bald die Organisation eines speziellen Wettspielbetriebs für Jugendmannschaften folgte; damit hatte man, ebenfalls analog
der historischen Entwicklung der Schüler-Fußballvereine,
den strukturellen Nährboden für die soziale Integration

von Jugendlichen untereinander und in den Verein geschaffen. Vereinsintern bedeutete dies eine erste Strukturerweiterung, die um den jugendlichen Sport- bzw. Vereinsnachwuchs zentriert war. Ihr entsprach ein zweiter
Ausbau des Vereinsgefüges, indem die "Alteherren" ebenfalls eine eigene Abteilung des Vereins bildeten; begrifflich wie inhaltlich lehnten sie sich an das verbindungsstudentische Organisationsvorbild an. Das heißt,
sie symbolisierten ein Bedürfnis der Mitglieder, die persönlichen Beziehungen, die sie im gemeinsam über viele
Jahre ausgeübten Fußballsport gewonnen hatten, auch nach
Beendigung des aktiven Wettkampfsports kontinuierlich
weiterzupflegen.

Für den historischen (Schüler-)Fußballverein konnte
bisher also herausgearbeitet werden, daß Gruppenbeziehungen unter Altersgleichen eine grundlegende Voraussetzung für die Formierung zum Verein und seine strukturelle Konsolidierung war. Der daraus hervorgehende Zusammenhalt unter den Mitgliedern einer Mannschaft - sie
war früher mit dem Verein meistens identisch - wird
folglich auch im Zentrum der Untersuchungen des ersten
Unterkapitels stehen. Getrennt nach Jugend- und Seniorenmannschaften wird hier unter anderem danach gefragt,
welche Kriterien formaler Art und welche Einflüsse von
außerhalb des Vereins einen spezifischen Gruppenzusammen-
hang bei Fußballmannschaften bewirken können, sodaß diese für ihre Mitglieder einen sozial (ver)bindenden Charakter annehmen können. Um den individuellen Stellenwert
dieser Gruppengebilde, den Mannschaften, im Alltagsleben
der Mitglieder einschätzen zu können, wurden in der empirischen Überprüfung (vgl. hier: S. 336f) zum einen die relevanten anderen Lebens- und Sozialbereiche zum Vergleich
herangezogen. Andererseits wurde versucht, über die Ermittlung der sportimammenten, vereinsintern-ges.elligen

und der vereinsübergreifenden Kontakte und Handlungs-
gemeinsamkeiten ein Bild davon zu gewinnen, in welchem
quantitativen und qualitativen Umfang aktive Fußballspieler miteinander in Beziehung stehen.

Unter dem Gesichtspunkt der sozial-räumlichen Etablierung der historischen Fußballvereine ergaben unsere Recherchen, daß zunächst der Fußball-/Spielplatz, dann
das Vereinslokal eine zentrale Bedeutung im Vereinsleben gewonnen hatten. Dies insofern sie in geselliger
Hinsicht die Erweiterung des Handlungs- und Kommunika-
tionskontextes von aktiven Vereinsmitgliedern über den
sportspezifischen Aspekt hinaus ermöglicht haben. Mittl-
lerweile haben sehr viele Fußballsportvereine mit dem
Bau eines "Vereinsheims" eine neue Möglichkeit der ver-
einsinternen Zusammenkünfte geschaffen. Fraglich ist,
und damit beschäftigt sich das zweite Unterkapitel, ob
sich daraus eine Veränderung in Bezug auf die alltäglichen Verständigungschancen für Sportaktive und Vereinsmitglieder allgemein entwickelt hat, ob das Vereinsheim
die früher vom Vereinslokal ausgefüllte Stellung eines
integrativ wirkenden vereinsspezifischen wie alltagsrelevanten Kommunikationszentrums eingenommen hat.

Der Ausbau des Spielbetriebs von anfänglich sporadischen
Begegnungen einzelner Vereine zu kontinuierlichen Wettspielen innerhalb eines Meisterschaftswettbewerbs ist
bereits ausführlich beschrieben worden. Im dritten Unterkapitel wird es insbesondere um den Stellenwert gehen, den gerade für die jugendlichen Fußballspieler die
regelmäßigen Reisen zu den sogenannten "Auswärtsspielen"
haben. Hierbei wie auch im Blick auf die Jahresausflüge
von Gesamtverein und Sportabteilung sowie auf die Tur-
nierbesuche im Ausland, die vornehmlich für jugendliche
Mannschaften organisiert werden, soll analysiert werden.

welche Rückwirkungen die Reisetätigkeiten auf den individuellen Handlungs- und Verhaltensspielraum erwarten
lassen. Gerade dieser Untersuchungsaspekt leitet auf
naheliegende Weise in das Schlußkapitel über. Dort werden die insgesamt gewonnenen Erkenntnisse zusammengefaßt und unter der Leitfrage betrachtet, inwiefern -
mittels der hier behandelten Untersuchungspunkte - Ama-
teur-Fußballvereine tatsächlich das individuelle Dasein,
den lebensweltlichen Rahmen ihrer aktiven Mitglieder
zu strukturieren in der Lage sind.

Abschließend noch einige Erläuterungen zur empirisch-
methodischen Vorgehensweise. HEINEMANN hat in seiner
"Einführung in die Soziologie des Sports"[1] unter anderem festgestellt, daß der geringe empirisch gesicherte
Erkenntnisumfang dieser Disziplin für manche Publika-
tionen zum Alibi dafür geriet, "unbeschwert von unbequemen Fakten spekulieren" zu können. Ähnliches trifft
auf den Forschungs- und Veröffentlichungsstand zum Fuß-
ballsport(verein) zu, von den erwähnten Ausnahmen abgesehen (vgl. hier: S. 149f). Gerade was die Ausleuchtung
der Entstehungs- und Formierungsbedingungen des deutschen
Fußballvereins(wesens) in seinen soziokulturellen und
phänomenologischen Aspekten anbetrifft, ist der Analyse-
stand sowohl quantitativ als auch qualitativ als unbefriedigend angetroffen worden. Nicht zuletzt aus diesem
Umstand heraus haben wir uns hier so ausführlich mit den
sozial-strukturellen, demographischen, bildungs- und jugendsoziologischen sowie kulturgeschichtlichen Fakten und
Einflüssen beschäftigt, um ein möglichst umfassendes Bild
von den Hintergründen vermitteln zu können, die um die
Jahrhundertwende zur Ausprägung der Fußballvereine als
soziale Bewegung geführt haben.

---

1) Vgl. HEINEMANN 1983³, 24ff und 234f.

Aus diesem Interpretationsverfahren gingen schließlich
alle die Untersuchungsschwerpunkte hervor, die im folgenden Kapitel bearbeitet werden. Sie in ihrer Relevanz
für die gegenwärtigen Fußballvereine empirisch überprüfen, hieß ganz konkret, daß zunächst nach repräsentativen Merkmalen wie Vereins- und Ortsgröße[1] eine Auswahl von 18 Vereinen aus dem Gebiet des Südbadischen
Fußballverbands - eine vom Autor biographisch motivierte Präferenz - getroffen wurde. Nach Absprache mit dem
Vorsitzenden jedes Vereins erhielten diese eine Anzahl
von 30 Fragebogen, für deren Verteilung und Rücksendung
sich dieselben Personen freundlicherweise ebenfalls be-
reiterklärten.[2] Obwohl von zwei Vereinen danach überhaupt keine Resonanz mehr zu erhalten war, konnte dennoch eine Rücklaufquote von etwa 61 % erzielt werden,
also rund 20 Fragebogen pro Verein. Dies bedeutete im
einzelnen, daß sich an der Spielerstichprobe insgesamt
215 Senioren- und Alteherrenspieler beteiligten (59,7 %),
während die Funktionärsstichprobe am Ende 114 Teilnehmer umfaßte (63,3 %). Die weitere Bearbeitung der Daten
konnte entgegenkommenderweise an der Computeranlage des
Soziologischen Seminars der Universität Tübingen vorgenommen werden.[3]

---

1) Vgl. DSB (Hrsg.) 1982, Der Verein heute, Bd. I - III.

2) Zusätzlich zum Vorwort sei sowohl den Vereinsvor-
   sitzenden als auch den Teilnehmern an der Umfrage
   nochmals herzlich für ihre Mitarbeit gedankt;
   vgl. die Auflistung der beteiligten Vereine im
   Anhang, S. 448f.

3) Stellvertretend bedanke ich mich an dieser Stelle
   nochmals bei Dr. Bert Hardin, der mir bei der Bearbeitung der Rohdaten sehr behilflich war.

1. Zu den Bezugsgruppen im Sportverein und dem Spektrum ihrer sozialen Handlungen und Bindungen

a) Einige Einflußfaktoren auf das erste Interesse am
   aktiven Sporttreiben

Zunächst geht es darum herauszufinden, in welchen sozialen Zusammenhängen die Mitglieder von Sportvereinen
ihre ersten allgemein-sportlichen Erfahrungen wie zum
Beispiel Wettrennen, Weitwerfen oder Weit- und Hoch-
springen gemacht haben. Zu diesem Zweck wurden einige
plausible Personenkreise ausgewählt und den Teilnehmern
unserer Untersuchungsgruppe eingangs zur Beantwortung
vorgelegt.[1]

Übersicht 3: Erste sportliche Erfahrungen

	Familie (Eltern/Geschw.) %	Turnun- terricht %	Freunde/ Freizeit %
1. Spieler (Aktive/AH)	26,0	30,2	38,2
2. Funktionäre	17,5	42,1	38,6

Quelle: 1. Spielerstichprobe N=215; 2. Funktionärs-
        stichprobe N=114

Als Ergebnis stellt sich nun heraus, daß insbesondere
drei soziale Gruppen in diesem Fall relevant sind. Davon konnte die Familie ("Eltern und/oder Geschwister")
mit 26,0 % den geringsten Anteil aller Nennungen auf

---

1) Vgl. Übersicht 3.

sich vereinigen, danach rangierte an zweiter Stelle mit
30,2 % der "Turnunterricht in der Schule". Mit 38,2 %
weitaus am häufigsten wurden jedoch die "Schulfreunde"
als die ersten Partner genannt, mit denen zusammen
man erste sportbezogene Eindrücke sammelte und Aktivitäten teilte.

Diese Angaben stehen in auffallendem Kontrast zu den
Ergebnissen des ICSS-Projektes "Socialization into
Sport Involvement", das, nachdem es 1967 gestartet wurde und über mehrere Jahre lang in 14 Ländern unter-
schiedlichster Staats- und Gesellschaftsverfassungen
lief,[1] auch in der Bundesrepublik Deutschland entsprechende Datenerhebungen durchführte. Eine Auswertung ergab, daß für 53 % der männlichen (und 63 % der weiblichen) Teilnehmer die "Schule" der Ort ihres ersten
Interesses am aktiven Sporttreiben war, an zweiter
Stelle folgte mit großem Abstand die "Familie", auf
die lediglich 20 % der Nennungen entfielen.[2] Ein
zwangsläufig oberflächlicher Vergleich unserer Ergebnisse mit denen des Projekts zeigt also, daß die ICSS-
Konzeption zu unspezifisch nur nach den traditionellen
Sozialisationsinstitutionen fragte, einen Erkenntnis-

---

1) Beim Projekt des ICSS ("International Committee of
   Sociology of Sport") handelte es sich um eine international vergleichende Erforschung der Sport-
   bzw. Freizeitrollen-Sozialisation. Teilnehmerlän-
   der waren außer der BRD noch Indien, Australien,
   Rumänien, Kanada, Ungarn, Japan, um die Heteroge-
   nität der Zusammensetzung zu demonstrieren; vgl.
   zu einigen Ergebnissen des Projekts: KLEIN 1982a;
   weitere Informationen zu den ICSS-Forschungszielen
   bei KLEIN 1982b.

2) KLEIN 1982a, 54, Tab. 2.; andere Nennungen entfielen auf "Sportverein" (13 %) sowie auf "Nachbarschaft" (10 %). Der Vergleich der eigenen Zahlen
   mit denen des ICSS-Projekts ist, zugegeben, nur
   mit Einschränkung möglich, da in unserer Untersu-
   chungskonzeption von vornherein den jugendlichen
   Altersgruppen eine entscheidende Rolle zuerkannt
   wurde, auf die in der ICSS-Konzeption, aus welchen
   Gründen auch immer, verzichtet worden ist.

fortschritt kann aber erst erzielen, wer zumindest eine Differenzierung nach den handelnden Personengruppen
innerhalb dieser Institutionen vornimmt. Unserer Untersuchung zufolge ist also nicht die Schule schlechthin relevant für erste sportspezifische Erfahrungen von
Kindern, sondern es sind offensichtlich die durch diese Einrichtung konstituierten Altersgruppen, die Schulfreunde, mithin eine erste Bestätigung unserer aus der
historischen Analyse gewonnenen Hypothese.

In einer weiteren Fragestellung zu den sportlichen Pri-
märkontakten ging es speziell um die ersten Berührungspunkte mit dem Fußballspiel.[1] Auch hier bestätigten
sich nicht die Ergebnisse des ICSS-Projektes, sondern
die bereits genannten Zahlen unserer eigenen Untersuchung erhielten eine signifikante Präzisierung.

Übersicht 4: Erste Fußballerfahrungen ("Kicken")

	Familie (Eltern,Geschw.) %	Turnun- terricht %	Freunde/ Freizeit %
1.Spieler (Aktive/AH)	22,3	13,5	58,6
2.Funktionäre	17,5	20,2	56,1

Quelle: 1.Spielerstichprobe N=215; 2.Funktionärsstich-
probe N=114

---

1) Vgl. Übersicht 4.

Denn nun waren es sogar 58,6 % der Befragten, die den
Kreis der Schulfreunde als diejenige Gruppe nannten,
mit denen zusammen man zuerst Fußball spielte. Im übrigen rangierte unter diesem Gesichtspunkt die Familie
mit 22,3 % noch vor dem Turnunterricht in der Schule,
der für 13,5 % den ersten Kontakt mit dem aktiven Fußballspiel bedeutete. Gerade dieses letzte Ergebnis unterstreicht die seit langem verstärkten Bemühungen des
DFB und seiner Landes- und Regionalverbände, mithilfe
von alljährlichen Schulfußball-Turnieren und der Spen-
de von geeignetem Sportgerät die (fußball-)sportlichen
Motivationen junger Menschen zu wecken und eine nahtlo-
se Fortsetzung als Aktive in den Wettbewerbsmannschaften der Sportvereine zu begünstigen.[1]

1) Insbesondere der "Sepp-Herberger-Tag" ist hier zu
   nennen, an dem einmal pro Schuljahr in enger Kooperation mit dem zuständigen Regionalverband des DFB
   ein Fußballturnier für Mädchen und Jungen der Schulklassen drei bis neun aller Schultypen durchgeführt
   wird. Die Gesamtteilnehmerzahlen - es werden auch
   Übungen wie Tauziehen, Sackhüpfen, Klettern, Völ-
   kerball, Stelzenlauf u. ä. abgehalten - sind nicht
   konstant und schwankten in den vergangenen beiden
   Jahren im Bereich des Südbadischen Fußballverbandes
   (SBFV) um eine Zahl von 100 Klassenmannschaften bzw.
   rund 2000 Teilnehmer; vgl. "Amtliche Mitteilungen"
   Nr. 1/1985 des SBFV bzw. Nr. 15/1986. Ein weiteres
   Beispiel der organisatorischen Abstimmung zwischen
   Schule und Fußballsport sind die im Rahmen des bun-
   desweiten Wettbewerbs "Jugend trainiert für Olympia"
   durchgeführten Schulfußball-Rundenspiele. Unter der
   Führung des DFB-Schulfußballausschusses, der in Zusammenarbeit mit den Ausschüssen der Landes- und
   Regionalverbände die Wettspielgruppen organisiert,
   finden jährlich Endspiele in Berlin statt, wo dann
   die regionalen Sieger den Schulfußballmeister der
   einzelnen (vier) Wettkampfklassen ermitteln. Insgesamt nehmen Jahr für Jahr rund 10.000 Schulfußball-
   mannschaften an diesem Wettbewerb teil. Vgl. dazu
   DFB-Jahresbericht 1981 - 83, 47ff.

Von großem Vorteil ist dabei, wenn Lehrer in Personalunion auch selbst aktive Vereinsmitglieder sind, sei
es als Spieler, Trainer oder, was besonders häufig zu
beobachten ist, im Rahmen der Jugendarbeit. Denn auf
diesem Wege lassen sich die Intentionen einer intensi-
veren Kooperation von Schule und Sport noch besser
verwirklichen, wie sie unter anderem bereits in den
institutionalisierten Kontakten zwischen den Vertretern der Sportverbände (DFB) und der "Kommission
'Sport'" der Kultusminister-Konferenz (KMK) zum Ausdruck kommen.[1] Diese engere Koppelung von Schule und
Sportverein, die sich längerfristig zum Ziel gesetzt
hat, Schüler und Jugendliche zum "lebenslangen Sporttreiben zu motivieren",[2] könnte eine praktische Schlußfolgerung aus dem erwähnten ICSS-Projekt gewesen sein.
Denn nach KLEIN hat sich gezeigt, "daß diejenigen, die
die Schule als Ort des ersten Sportinteresses angeben,
später nur in geringem Maße sportlich aktiv sind",[3]
ganz im Unterschied zu jenen, die in der Familie oder
im Sportverein zuerst mit Sport in Berührung kamen.
KLEIN schließt aus diesem Ergebnis, daß die Schule noch
immer diejenige Sozialisationsinstanz ist, "die am we-
nigsten zu einer stabilen und zeitüberdauernden Sport-
sozialisation beiträgt".[4]

---

1) Vgl. BSB-Info 1/April 1986.
2) Ebd. Einen ganz neuen Weg, der die Sozialisation
   zum Sport bereits im Kindesalter beginnen läßt,
   schlägt der TuS Stuttgart ein; er unterhält einen
   sog. "Sportkindergarten", in dem mehrere hauptamt-
   liche Kindererzieherinnen den Schwerpunkt ihrer
   pädagogischen Konzeption auf den spielerischen Umgang mit Sportdisziplinen und Geräten legen (u. a.
   Schwimmen, Eislaufen, rhythmische Bewegungsübungen).
   Teilnehmer sind ausschließlich Kinder von Vereinsmitgliedern, die diesen Kindergarten auch privat
   finanzieren.
3) KLEIN 1982a, 54.
4) Ebd.

Wie derselbe Autor aufgrund der Auswertung weiterer Daten des ICSS-Projekts betont, kommt auch den sozial-
räumlichen Gegebenheiten der kindlichen Lebenswelt
"eine nicht unbeträchtliche Bedeutung für die Sozialisation zum Sport" zu.[1] Zu diesem Themenbereich hat
KLEIN eigene Untersuchungen vorgenommen und in einem
Vergleich festgestellt, daß es hochsignifikante Korre-
lationen gibt zwischen der Häufigkeit der Sportvereins-
mitgliedschaft von Kindern und Jugendlichen, bezogen
auf die infrastrukturell offerierten Möglichkeiten
spezifischer Sportbetätigung. Zum Beispiel war der prozentuale Anteil der in einem Fußballverein aktiven Kinder sehr gering in jenen Stadtteilen, die nur wenige
Freiflächen und ungedeckte Sportanlagen aufzuweisen
hatten, wie man das in der Regel in den Innenstadtbe-
zirken von Großstädten antrifft. Doch genau umgekehrt
verhielt es sich in Stadtgebieten, die über ausgesprochen günstige Sportanlagen verfügten.

Aus KLEINS Überlegungen kann man auch schließen, daß
die Entfernung einer Sportanlage von den potentiellen
Benutzern ebenfalls die Chancen der Primärerfahrungen
mit dem Fußballspiel bzw. dem Sport allgemein beeinflußt. Einen exakten Aufschluß dazu bieten die entsprechenden Zahlen[2] unserer Untersuchung leider nicht,
sie lassen sogar eine eher gegenteilige Vermutung zu.

---

1) KLEIN 1982a, 56ff.
2) Vgl. Übersicht 5, S. 306.

Übersicht 5: Entfernung zum Sport-/Spielplatz in der
Kindheit/Jugend

	Wohnbereich %	Nachbarsch. %	bis 1km %	1-5 km %
Spieler (Aktive/AH)	4,7	30,7	35,3	22,0

Quelle: Spielerstichprobe N=215

Denn insgesamt 70,7 % der Teilnehmer gaben an, daß sie
das Fußballspiel zuerst entweder im direkten Wohnbe-
reich (4,7 %),in der unmittelbaren Nachbarschaft
(30,7 %) oder im näheren Wohnumfeld bis zu einem Umkreis von einem Kilometer (35,3 %) kennengelernt haben.
Da jedoch nicht anzunehmen ist, daß über zwei Drittel
der Befragten ausgerechnet in so günstiger Nähe zu einer offiziellen Sportanlage gewohnt haben, muß man davon ausgehen, daß Kinder und Jugendliche alle geeigneten öffentlichen und privaten Anlagen wie Park-
plätze und Hinterhöfe benutzt haben, um zu "kicken",
wie man die noch unstrukturierten Kontakte mit dem Fußballspiel landläufig nennt; rund 22 % gaben an, daß die
verfügbaren Sportanlagen in der Kindheit bzw. Jugendzeit zwischen einem und fünf Kilometer von der Wohnung
entfernt lagen. Insgesamt ändern diese Daten jedoch
wenig an der, aus Vereinssicht berechtigten, Forderung
nach einer optimalen Versorgung mit einer sportspezifischen Infrastruktur, da nur so die Kontinuität des
aktiven Sporttreibens über die Phase der primären Sport-
Sozialisation hinaus verwirklicht, wenn auch nicht garan-
tiert werden kann.

Obwohl in unserer Umfrage nicht gezielt danach gefragt
wurde, können wir dennoch davon ausgehen, daß die Begegnung der Heranwachsenden mit der Welt des Sports,
wie sie beispielsweise die verschiedenen elektronischen
und Printmedien sowie der persönliche Besuch von Sportveranstaltungen ermöglichen, ebenfalls einen sport-
sozialisatorischen Effekt hat.[1] Mit 52,1 % am meisten wurde das "Fernsehen" genannt, mit dessen Hilfe
man sich in Kindheit und Jugendzeit "häufig" über Sport
informierte, noch 17,2 % gaben an, daß sie "gelegentlich" Sport im Fernsehen zur Kenntnis genommen haben.
Damit beherrschte dieses Medium die übrigen wie etwa
die "Zeitung/Illustrierte" (33,0 % "häufig" bzw. 17,7 %
"gelegentlich") und das "Radio" (27,7 % bzw. 23,7 %).
Allerdings liegen noch vor diesen letztgenannten, reinen Informationsträgern die "Besuche von Sportveranstaltungen" (47,0 % bzw. 20,9 %), dicht gefolgt von den
"Gesprächen mit Freunden" über Sport (40,9 % bzw. 9,3 %).
Nicht zuletzt darf aus dem außerordentlich hohen Pro-
zentsatz von 87,0 % der Befragten, die sich zu Idolen
und Lieblingsmannschaften im Sport bekannten, geschlos-
sen werden, daß prominente Sportpersönlichkeiten ebenfalls die Sportaktivität von Heranwachsenden günstig
beeinflussen können.

---

1) Vgl. Übersicht 6, S. 308.

Übersicht 6: Auf welche Weise haben Sie in Ihrer Kind-
heit/Jugend den Sport/Fußball zur Kennt-
nis genommen?

	Spieler (Aktive/AH)	
	häufig (%)	gelegentlich (%)
1. Fernsehen	52,1	17,2
2. Radio	27,7	23,7
3. Zeitung/Illustrierte	33,0	17,7
4. Besuch von Sportver- anstaltungen	47,0	20,9
5. Im Gespräch mit Freunden	40,9	9,3

Quelle: Spielerstichprobe N=215

Ferner weist KLEIN auf mehrere Untersuchungen hin,[1]
denen zufolge den einzelnen Familienmitgliedern eine -
neben der Schule - entscheidende Bedeutung für die Sozialisation zum Sport zukommt, wobei die beiden Eltern-
teile noch eine je eigene Schlüsselrolle spielen. Sinn-
fällig wird sie vor allem unter dem Gesichtspunkt, daß
an bestimmte Sportarten eindeutige geschlechtsspezifi-
sche Wertungen geknüpft sind, die heute den Zugang zu
ihnen für Jungen oder Mädchen noch immer verbauen, zumindest stark einschränken können.[2] Auf welche Art etwa im Elternhaus die Motivation für oder gegen das Fußballspiel erzeugt werden kann, dafür bietet KLEIN ein-
leuchtende Erklärungen.

---

1) KLEIN 1982a, 55; es sind dies GREENDORFER 1978 sowie ders./LEWKO 1978.

2) Wie an anderer Stelle aus gegebenem Anlaß bereits
angemerkt (vgl. S. 123, Anm.2), kann der Themenkomplex der geschlechtsspezifischen Sportaktivitäten im Zusammenhang mit der in dieser Arbeit zu
behandelnden Thematik nur gestreift werden.

Fußball wird vor allem deshalb so problemlos als reiner Männersport tradiert, weil Väter primär ihre Söhne
dazu ermuntern; in unserer Untersuchung waren es konkret 41,4 % der Befragten, die dem zustimmten, nur in
17,2 % der Fälle haben Väter eher abgeraten.[1] Mit anderen Worten können sich fußballinteressierte Jungen
in der Regel auf die Unterstützung ihrer Väter verlassen und damit sich mit einer Bezugsperson des eigenen Geschlechts identifizieren. Umgekehrt haben Mädchen nicht nur mit dem geschlechtsspezifischen Vorur-
teil zu kämpfen, daß Fußball kein Mädchen- bzw. Frauen-
sport sei, sondern als Hindernis steht ihrem aktiven
Interesse auch noch entgegen, daß sie in diesem Punkt
einen Identifikationswechsel zum anderen Geschlecht
vornehmen müssen. Abgesehen davon, ist auch noch mit
dem Widerspruch der Mütter zu rechnen, die bereits in
rund 34 % der Fälle unserer Untersuchungsgruppen den
Söhnen vom Fußballsport abgeraten haben, nur 16,3 %
konnten von ihren Müttern eine Ermunterung erfahren.
Lehrer fanden sich mit 29,3 % auch noch unter den signifikanten Befürwortern des aktiven Fußballsports,
während Geschwister mit 22,3 % sowie Verwandte mit
14,4 % eine eher untergeordnete Rolle spielten. Doch
auch hier zählt der Kreis der Schulfreunde zur wichtigsten Personengruppe, die auf potentielle Fußballver-
einsmitglieder einen forcierenden Einfluß nahm: Sie
wurde von über 64 % der Befragten genannt.

---

1) Vgl. Übersicht 7, S. 310.

Übersicht 7: Wie haben sich folgende Personen zu Ihrem
Entschluß verhalten, Fußball (im Verein)
spielen zu wollen?

Eher zugeraten		Eher abgeraten
%		%
1. 41,4	1. Vater	1. 17,2
2. 16,3	2. Mutter	2. 34,0
3. 22,3	3. Geschwister	3. 4,2
4. 29,3	4. Lehrer	4. 4,7
5. 64,2	5. Schulfreunde	5. 0,9
6. 14,4	6. Verwandte	6. 10,2

Quelle: Spielerstichprobe N=215

b) Formelle und quantitative Erfassung der (jugendlichen) Altersgruppen im Wettkampfbetrieb des
Deutschen Fußball-Bunds

Wie eingangs dieses Kapitelabschnitts bereits angedeutet, bestätigt sich die aus der Beobachtung der historischen Entwicklung des deutschen Fußballvereinswesens
gewonnene Erkenntnis, wonach den Altersgruppen der Heranwachsenden die entscheidende Bedeutung bei der Genese der Vereine zukam, auch in der Gegenwart. Als Belege dafür können nicht nur die zuletzt genannten Pro-
zentzahlen derjenigen angeführt werden, die als Personengruppe ("Schulfreunde") das aktive Fußballengage-
ment der Befragten in ihrer Kindheit nachdrücklich unterstützt haben. Sondern bei fast allen anderen hier

besprochenen Einflußgrößen dominierte die jugendliche
Altersgruppe als mitausschlaggebende Entscheidungshil-
fe, entweder im Rahmen der (fußball-)sportlichen Erst-
erfahrungen oder wenn es darum ging, diese kommunika-
tiv, im Gespräch mit den Gruppenmitgliedern zu vertiefen. Es ist daher nur folgerichtig, daß die Jugendarbeit der Vereine und Verbände auf diese sozialen Tat-
bestände Rücksicht nimmt und deren soziologischen Ex-
trakt gewissermaßen strukturell verankert. Denn in der
Einteilung der jugendlichen Leistungsklassen ist der
Gedanke von der Bildung altershomogener Jugendgruppen
quasi wieder aufgenommen, insofern in den Junioren-
Mannschaften jeweils zwei Altersjahrgänge zusammengefaßt sind, angefangen bei den ältesten, den 17/18-Jähri-
gen in der A-Jugend bis hinunter zu den jüngsten, den
7/8-Jährigen in der F-Jugend.[1]

---

1) Die Einteilung der jugendlichen Altersklassen geht
auf die Praxis vor dem 1. Weltkrieg zurück. In der
neu-konzipierten "Jugendsatzung", ausgearbeitet vom
"Verbands-Jugendausschuß" und vorgestellt im Ge-
schäftsbericht 1921/22 des Süddeutschen Fußballverbandes (SFV 1921/22, 16) , ist erst noch von drei
Altersklassen die Rede: Die 17/18-Jährigen bildeten
die A-Jugend, die 15/16-Jährigen die B-Jugend und
in der C-Jugend waren die bis 14-Jährigen versammelt.
Die Tatsache, daß seit etwa den sechziger Jahren
sukzessive eine D-, E- und nun auch F-Jugend hinzu-
gekommen ist, belegt nicht in erster Linie die organisatorische Phantasie von am sportlichen Nachwuchs
interessierten Verbandsfunktionären, sondern sie
reflektiert hauptsächlich die unter dem soziologischen Stichwort der "Akzeleration" zusammengefaßte
Erkenntnis des in industriellen Gesellschaften be-
schleunigten biologischen Wachstums der Nachgeborenen. Gleichzeitig ist eine hochgradig verfeinerte
motorische Fertigkeit bei den heute 8 - 10-jährigen
Jugendspielern zu beobachten, die nach meiner eigenen spielpraktischen Erfahrung selbst Ende der
sechziger/Anfang der siebziger Jahre nur ganz selten
vorkam, ein Phänomen, das wohl nur in der Verknüpfung
der objektiven biologischen Daten und der alters-
bzw. leistungsspezifischen Strukturmaßnahmen der Fußballverbände erklärbar ist.

Die nun folgende Zahlenübersicht schlüsselt den aktuellen Mitgliederstand aller DFB-Vereine im Vergleich der Landes- bzw. Regionalverbände einerseits auf und erlaubt andererseits einen Anteilsvergleich der Alters-(und Geschlechts-)Gruppen nach Mannschaften.

Zahl der Vereine, Mitglieder und Mannschaften 1985

		Mitglieder					Mannschaften				
	Vereine	Senioren	Junioren (14-18)	Junioren (bis 14)	Damen und Mädchen	insgesamt	Senioren	Junioren (14-18)	Junioren (bis 14)	Damen und Mädchen	Insgesamt
Bayern	4 362	655 024	100 990	130 431	117 177	1 003 622	11 486	5 050	7 863	396	24 795
Württemberg	1 759	251 071	47 810	73 315	25 223	397 419	4 677	2 280	4 052	340	11 349
Baden	556	111 576	15 724	25 587	13 734	166 621	2 087	805	1 449	86	4 427
Südbaden	727	144 971	17 345	27 747	22 944	213 007	2 238	835	1 527	73	4 673
Hessen	2 133	297 767	45 269	66 635	22 576	432 247	5 340	2 079	3 750	308	11 477
SÜD	9 537	1 460 409	227 138	323 715	201 654	2 212 916	25 828	11 049	18 641	1 203	56 721
Mittelrhein	1 314	155 420	23 089	46 103	42 978	267 590	2 908	1 264	2 558	215	6 945
Niederrhein	1 451	156 217	35 184	58 834	35 571	285 806	3 413	1 468	2 488	163	7 532
Westfalen	2 746	366 375	58 579	89 219	63 486	577 659	6 315	2 839	4 821	417	14 392
WEST	5 511	678 012	116 852	194 156	142 035	1 131 055	12 636	5 571	9 867	795	28 869
Hamburg	330	42 598	7 888	13 072	1 536	65 094	1 664	493	817	96	3 070
Niedersachsen	2 389	388 627	55 904	99 294	40 026	583 851	8 155	3 115	6 458	824	18 552
Bremen	81	18 848	3 811	5 806	594	29 059	597	197	316	34	1 144
Schleswig-Holstein	569	52 048	16 810	24 406	6 213	99 477	1 445	872	1 390	164	3 871
NORD	3 369	502 121	84 413	142 578	48 369	777 481	11 861	4 677	8 981	1 118	26 637
Südwest	939	115 480	103 638	•	21 482	240 600	2 556	853	1 534	113	5 056
Rheinland	1 157	109 559	16 065	22 312	17 979	165 915	3 106	726	1 122	101	5 055
Saarland	399	73 717	9 262	15 547	7 306	105 832	1 529	449	1 003	47	3 028
FRV SÜDWEST	2 495	298 756	128 965	37 859	46 767	512 347	7 191	2 028	3 659	261	13 139
Berlin	173	27 140	6 980	12 831	3 107	50 058	695	324	656	66	1 741
DFB insgesamt	21 085	2 966 438	564 348	711 139	441 932	4 683 857	58 211	23 649	41 804	3 443	127 107

*) Beim Südwestdeutschen Fußballverband ist die Zahl der Spieler bis 14 in der Gesamtzahl der Junioren enthalten.

Quelle: Amtliche Mitteilungen des DFB Nr.12, 20.12.1985

Auffallend ist, daß mit rund 65.000 Juniorenteams die Zahl der Seniorenteams von rund 58.000 um gut 10 % übertroffen wird, noch übertroffen wird, sollte man hinzufügen. Denn aufgrund der verstärkten Jugendarbeit der vergangenen Jahre, die eine Ausdifferenzierung immer

jüngerer Jugendmannschaften bis zu den 7/8-Jährigen
mit sich brachte, öffnete sich eine Schere zuungunsten
der Seniorenteams. Man kann jedoch davon ausgehen, daß
von den knapp drei Millionen verzeichneten Seniorenmit-
gliedern in den kommenden Jahren eine zunehmende Anzahl
an derzeit eher passiven Mitgliedern wieder reaktiviert
werden wird.[1] Zu beobachten ist nämlich auch eine Ausdifferenzierung von Alteherrenmannschaften nach enger als
bis bisher gefaßten Alterskriterien, sodaß in absehba-
rer Zeit sich nicht mehr nur Teams von über 30-Jähri-
gen gegenüberstehen, wo ein allzu krasses, die über
40-Jährigen oft frustrierendes Leistungsgefälle vor-
herrscht, sondern es werden sich Gruppen herauskristal-
lisieren, die mindestens fünf Altersjahrgänge zusammenfassen.[2]

Die nächste Zusammenstellung von Zahlen betrifft die im
DFB bzw. seinen Landes- und Regionalverbänden aktiven
Jugendmannschaften.

---

1) Aus der Gesamtzahl der aufgeführten Seniorenteams
   von 58.211 errechnet sich eine Seniorenmitgliedschaft von maximal 756.743 Mitgliedern (Basis:
   13 Spieler pro Team). Die Differenz von rund 2,2
   Millionen zur offiziellen Seniorenmitgliedschaft
   (2.966.438) beinhaltet jenes Potential an passiven Vereinsmitgliedern, von denen in den kommenden
   Jahren - Stichworte "Arbeitszeitverkürzung" und
   "Freizeitgesellschaft" - eine große Anzahl ins sportaktive und damit gesellige Vereinsgeschehen re-in-
   tegrierbar sein dürfte. Erstes Anzeichen für den
   Beginn einer Entwicklung in diese Richtung ist die
   Zunahme der Seniorenmannschaften um 631, die die
   Bestandserhebung des Jahres 1985 ausweist; vgl.
   DFB-Pressedienst Nr. 29/85, vom 29.10.1985.

2) Weitere Überlegungen dazu folgen später, vgl.
   S. 334, Anmerkung 1.

Zahl der Juniorenmannschaften im Vergleich 1984/85

Verbände	Juniorenmannschaften A+B				Juniorenmannschaften C–F				Insgesamt			
	1984	1985	+	–	1984	1985	+	–	1984	1985	+	–
Bayern	5 165	5 050		115	7 891	7 863		28	13 056	12 913		143
Württemberg	2 374	2 280		94	4 025	4 052	27		6 399	6 332		67
Baden	819	805		14	1 465	1 449		7	2 275	2 254		21
Südbaden	898	835		63	1 559	1 527		32	2 457	2 362		95
Hessen	2 170	2 079		91	3 915	3 750		165	6 085	5 829		256
SÜD	11 426	11 049		377	18 846	18 641		205	30 272	29 690		582
Mittelrhein	1 339	1 264		75	2 698	2 558		140	4 037	3 822		215
Niederrhein	1 548	1 468		80	2 757	2 488		269	4 305	3 956		349
Westfalen	2 916	2 839		77	5 049	4 821		228	7 965	7 660		305
WEST	5 803	5 571		232	10 504	9 867		637	16 307	15 438		869
Hamburg	570	493		77	945	817		128	1 515	1 310		205
Niedersachsen	3 244	3 115		129	6 773	6 458		315	10 017	9 573		444
Bremen	207	197		10	344	316		28	551	513		38
Schleswig-Holstein	885	872		13	1 553	1 390		163	2 438	2 262		176
NORD	4 906	4 677		229	9 615	8 981		634	14 521	13 658		863
Südwest	933	853		80	1 633	1 534		99	2 566	2 387		179
Rheinland	761	726		35	1 168	1 122		46	1 929	1 848		81
Saarland	475	449		26	1 049	1 003		46	1 524	1 452		72
FRV SÜDWEST	2 169	2 028		141	3 850	3 659		191	6 019	5 687		332
Berlin	362	324		38	675	656		19	1 037	980		57
DFB insgesamt	24 666	23 649		1 017	43 490	41 804		1 686	68 156	65 453		2 703

Quelle: Amtliche Mitteilungen des DFB Nr.12, 20.12.1985

Unglücklicherweise hinkt die DFB-Statistik immer noch der real vorhandenen Differenzierung in die sechs Altersklassen A- bis F-Jugend hinterher; stattdessen listet man nach einer früher praktizierten Betrachtungsweise die Gruppe der "Jugendlichen" (Juniorenmannschaften A + B, d. h. die 15- bis 18-Jährigen) und die der "Schüler" auf (Juniorenmannschaften C - F, d. h. die 7- bis 14-Jährigen). Diese Vorgehensweise ändert allerdings wenig am beeindruckenden Umfang, den die fußballsportliche Jugendarbeit im Bereich des DFB angenommen hat und die einen signifikanten Teil der so-

zialen Wirklichkeit der bundesdeutschen Gesellschaft
repräsentiert. Nähere Einzelheiten dazu, die sich insbesondere mit den jugendspezifischen Integrationschan-
cen befassen, die auf der altershomogenen Gruppenbildung beruhen, werden zum zentralen Gegenstand des folgenden Unterkapitels.

c) Jugendmannschaften als "peer"-Gruppen[1]

Wenn man Sportdisziplinen danach unterscheidet, wieviele Teilnehmer sie in welches Verhältnis zueinander
setzen, um einen Sieger zu ermitteln, dann sind Indi-
vidualsportarten wie Tennis, Leichtathletik oder Schwimmen primär dadurch gekennzeichnet, daß sich hier Individuen entweder paarweise einzeln gegenüberstehen (Tennis) oder daß innerhalb einer bestimmten Anzahl von
Wettkampfteilnehmern jeder gegen jeden zu bestehen versucht. Ein emotionaler, aus sportlicher Kooperation ge-
wonnener Gruppenzusammenhalt wird in diesen Fällen durch
den Sport selbst nicht geschaffen, es sei denn im Rahmen des gemeinsamen Trainings, wo man sich Tips und
Hilfestellung gibt, oder bei Vergleichswettkämpfen,
wenn individuell errungene Siege und Plazierungen einem
Mannschaftsergebnis zugeschlagen werden; auf diesem Wege wird dann auch ein Gefühl von Vereinszusammengehö-
rigkeit erreicht, gegebenenfalls verstärkt, läßt man
einmal die geselligen Veranstaltungen und die daraus
resultierenden Gruppengemeinsamkeiten außer Betracht.

---

1) Empirische Basis für den nun folgenden Abschnitt
   sind zahlreiche informelle Gespräche mit Leitern
   von Jugendabteilungen und mit Jugendtrainern, außerdem wurden Einzel- und Gruppengespräche mit Jugendlichen verschiedener Altersgruppen geführt.

Demgegenüber zeichnen sich Mannschaftssportarten wie
Fußball dadurch aus, daß die Sportaktiven unmittelbar
und geradezu unausweichlich in eine spezifisch verfaßte
Gruppe eingebunden sind. Während also bei Einzelsport-
arten besondere Anstrengungen unternommen werden müssen,
um einen Gruppenkontext herzustellen, wirken in Team-
sportarten die sportimmanenten Regelvorgaben zugleich
als Konstitutionsfaktoren von Kleingruppen und erleich-
tern so ganz erheblich die Aufnahme von sozialen Beziehungen untereinander. Denn die vom Sport selbst verlangte Kooperation auf ein gemeinsames Ziel hin schafft
einen Fundus von, bisweilen hautnahen, Kontakten, Erfolgs-
wie Mißerfolgserlebnissen, an die man prinzipiell
problemlos nachsportliche Kommunikationen anknüpfen
kann. Dieses formale, an der Teilnehmerzahl orientierte Kriterium zur Unterscheidung der sozialen Implikationen bestimmter Sportarten ist insbesondere für die
nun folgende nähere Betrachtung von Jugendmannschaften
im Fußballsport von Bedeutung.

Die oben wiedergegebenen aktuellen Zahlen über die Mitgliedschaft in Juniorenmannschaften bzw. ihren Umfang
in den einzelnen Altersklassen (der A- bis F-Jugend),
die im Rahmen des DFB und seiner Mitgliedsverbände an
Meisterschaftsrunden teilnehmen, sind also, wenn man
sie nach ihrer sozialen Grundstruktur beurteilt, Quan-
tifizierungen von altershomogenen jugendlichen Sportgruppen. Der entsprechenden FIFA-Regel gemäß[1] bilden

---

1) Es handelt sich hier um Regel "III", die die "Zahl
   der Spieler" nur als Höchstzahl (elf) festschreibt
   und eine Festlegung, wieviele Spieler je Mannschaft
   mindestens antreten müssen, ins Ermessen der Nationalverbände stellt. Der DFB hat sich für acht
   Spieler entschieden, von denen einer als Torwart
   gekennzeichnet sein muß; vgl. DFB (Hrsg.), Fußballregeln, Ausgabe 1982/83, 13ff.

im Fußball elf Spieler eine Mannschaft, zu der noch
weitere drei als Ersatzspieler (Torwart inkl.) kommen
können, von denen max. zwei für den Rest eines Spieles
eingewechselt werden dürfen. Somit umfaßt eine Fußball-
sportgruppe formal vierzehn Spieler, eine Größe, die
dennoch für eine brisante Dynamik gerade in den Gruppenbeziehungen von Jugendmannschaften sorgt. Denn soziale Anerkennung als Gruppenmitglieder erlangen in der
Regel nur jene, die aufgrund ihres Leistungsvermögens
regelmäßig zum Einsatz kommen, schon die Ersatzspieler
haben einen etwas geringeren Status, falls es sich
immer um dieselben handelt. Dennoch verfügen viele Fußballvereine über eine größere Anzahl am Spiel aktiv
interessierter Jugendlicher, als pro Mannschaft spielberechtigt sein können, eine phänomenale Entwicklung,
die trotz des sogenannten "Pillenknicks" bis zum Erhe-
bungsjahr 1983 anhielt, als ein Höchststand von fast
69.000 Juniorenmannschaften zu verzeichnen war; zwischenzeitlich bemerken auch die Sportvereine eine rückläu-
fige Tendenz im Beitritt Jugendlicher, der auch von grossen Zuwächsen in der Altersklasse der bis zu 8-Jährigen
(F-Jugend) nicht ausgeglichen werden kann.[1]

Um die Frustrationen bei jenen Jungen abzubauen, die
aufgrund ihrer körperlichen oder spieltechnischen Schwächen nur selten in einer Mannschaft berücksichtigt werden, um sie nicht zuletzt den Vereinen als Mitglieder
zu erhalten, haben die Verbandsjugendausschüsse für
die untersten drei Altersklassen eine Abweichung von
der ansonsten verbindlichen Regel über die Zahl der Spie-

---

[1] Vgl. DFB-Pressemeldung Nr. 29/85, vom 29. 10. 1985,
    die Einzelheiten zur Mitgliederentwicklung im Be-
    standsjahr 1985 enthält.

ler vereinbart. Derzufolge dürfen bei Spielen der F-
bis D-Jugendmannschaften insgesamt 15 Spieler eingesetzt werden, freilich nicht gleichzeitig, sondern,
auch dies ein Novum im Vergleich zu höheren Altersklassen, die vier Ersatzspieler dürfen "fliegend" eingewechselt werden, das heißt für einen bestimmten Zeitraum während des Spiels, den der Trainer für richtig
hält, und zwar auch unter den genannten pädagogischen
Gesichtspunkten. Durch diese Regelergänzung[1] erhält
eine größere Anzahl jugendlicher Spieler als bisher
die Chance, an einem Fußballspiel öfters teilzunehmen
und sich auf diese Weise eine Anerkennung als Mitglied
der Gruppe zu erwerben.

Mit anderen Worten bestimmt sich die formale Zugehörigkeit zu einer jugendlichen Sportgruppe im Bereich des
Fußballs zum einen aus der jeweils gültigen Regel über
die Höchstzahl der Mitglieder, aus denen eine Mannschaft
inklusive Ersatzspieler bestehen kann. Derzeit können
das dreizehn bis fünfzehn Spieler sein, die sich ihrerseits nochmals in Untergruppen aufgliedern, in denen
etwa die Gymnasiasten überwiegen, oder die nach den beiden Altersjahrgängen differenziert sind, die in einer
Jugendmannschaft zusammengefaßt sein dürfen. In diesen
Fällen der Untergruppenbildung, vor allem aber auch auf
die ganze Mannschaft mit Ersatzspielern bezogen, handelt es sich um Gruppengrößen, die unter soziologischen
Gesichtspunkten genügende Überschaubarkeit aufweisen.

---

1) Für die C- bis F-Jugend gilt ferner, daß Mädchen
   und Jungen gemischt zugelassen sind. Ein anderer
   Weg, um Jugendliche an den Vereinssport zu binden,
   sind Spielgemeinschaften, die mit benachbarten
   Vereinen eingegangen werden, wenn auch diese keine eigene Jugendmannschaft aufstellen können. Später ergibt sich gelegentlich das Problem, daß Jugendliche in den Konflikt kommen, ihren Heimatverein zu verlassen und die Sportkarriere in dem Verein fortzusetzen, bei dem die Spielgemeinschaft
   namentlich geführt wurde, da sie aufgrund ihrer
   persönlichen Beziehungen zu Mitspielern hier am
   stärksten sich integriert fühlen.

Dies ist ein zentrales Kriterium, nach dem man die
Möglichkeit beurteilt, ob unmittelbare, spontane
"face-to-face"-Interaktionen zu erwarten sind, aus
denen insbesondere sowohl sachliche als auch intensive gefühlsmäßige Bindungen unter den Gruppenmitgliedern
sich entwickeln können.

Diese wiederum sind die entscheidenden Voraussetzungen
für die Bildung einer Gruppen-Identität, das für die
soziale Integration Jugendlicher eminent wichtige
"Wir-Gefühl". Zum anderen wurde angedeutet, daß die
Mitgliedschaft in einer Jugendmannschaft auch durch Se-
lektion nach reinen Leistungskriterien stattfindet, da
der Grundgedanke des Sports, nämlich die Ermittlung eines Siegers in einem Wettkampf, es erfordert, daß stets
die besten elf Spieler antreten.[1] Aus eben dieser sportlichen, das heißt, am Erfolg orientierten Zielsetzung,
die in Mannschaftssportarten nur als Gemeinschaftsan-
strengung möglich ist, entsteht eine Art "geschlosse-
nes" Sozialsystem, das unter einem "kollektiven Hand-
lungsdruck" steht, wie NEIDHARDT in vergleichbarem Zusammenhang analysierte; daraus erwächst schließlich ein
"zusätzlicher Bedarf an 'Wir-Gefühl'";[2] diesen Gesichtspunkt werden wir an späterer Stelle nochmals auf-
greifen (vgl. hier: S. 327).

Zunächst soll noch einmal kurz auf einige gesellschaft-
lich-soziale Faktoren eingegangen werden, die als
externe Voraussetzungen zur Konstitution jugendlicher

---

1) Hier setzt auch die Kritik derjenigen an, die aufgrund sozialphilosophischer Überlegungen den sportlichen Leistungsdruck ablehnen, und den Charakter
   des unverbindlichen Spiels eher betont wissen wollen, um so allen Interessierten eine unbelastete
   Beteiligungs- und Integrationschance zu geben;
   vgl. FRANKE, Freizeitsport, 1983 sowie SCHÖTTLER,
   New Games, 1983; vgl. außerdem TÖDTMANN 1982, Freizeitsport und Verein. Zur Situation nicht-wettkampforientierter Gruppen im Sportverein.

2) NEIDHARDT 1980, 107.

Altersgruppen im Sport beitragen. Kurz können wir
uns deshalb fassen, weil in verschiedenen Modifikationen davon bereits an mehreren Stellen des bisherigen Themenzusammenhangs die Rede war, am ausführlich-
sten bei der Erörterung der historisch-institutionellen
Bedingungen, die zur Genese der Schülerfußballvereine
geführt haben. Für die Betrachtung der Vereinsgegen-
wart bleibt aus den historisch-theoretischen Überlegungen dazu festzuhalten, daß die Leistungs- und Ver-
haltensanforderungen, die von der Schule an die Kinder der ersten Klassen gestellt werden, ein starkes
Bedürfnis entstehen lassen, die daraus resultierenden
psychischen Anpassungsprobleme und Statusunsicherhei-
ten gemeinsam zu bewältigen. In dieser Situation, generell im Alter zwischen 8 und 10 Jahren, beginnen sich
daher die ersten Freundschaften unter Altersgleichen, den "peers", zu entwickeln. Oft prägen sie schon
früh eine eigene peer-Kultur aus, die sie bei allen Gelegenheiten des Zusammentreffens aktualisieren: auf
dem Schulweg, in der Schulklasse, auf der Straße und
nicht zuletzt im organisierten Sport. Denn gerade im
Sportverein erschließen sich die Heranwachsenden einerseits einen Handlungsraum für ihre alterstypischen Be-
wegungsbedürfnisse; andererseits dient er ihnen als Medium zur Erweiterung ihres individuellen Erfahrungs-
raums, was den altersgleichen Freundeskreis einschließt,
zumal er, wie einigen bereits besprochenen Untersu-
chungsergebnissen zu entnehmen war, in hohem Maße die
Motivation zum Eintritt in einen Fußballverein positiv
beeinflußt.

Zum neuen Erfahrungsspektrum, wir kommen damit zu den
emotionsbezogenen Faktoren, die einen Gruppenzusammenhalt in jugendlichen Fußballmannschaften begründen,
zählen einmal diejenigen Erlebnisse, die unmittelbar

von den sportlichen Aktivitäten und vom Wettkampfbetrieb ausgehen. An erster Stelle ist hier die allmähliche Loslösung des Heranwachsenden aus der behüteten,
primären Lebenswelt zu nennen, ein Hinaustreten in
die Offenheit des Daseins, das ein Junge (oder ein
Mädchen) im Rahmen der Wettkampfreisen erproben kann.
Dabei geben ihm die regelmäßigen räumlichen Stellungs-
wechsel die Gelegenheit, einerseits eine sinnliche Beziehung zur entfernteren Lebensumwelt aufzubauen,
andererseits vermitteln ihm diese Ortsveränderungen
erste Ansätze zu einer überlokalen Orientierung, die
anfangs noch sehr mit einem Hauch von Abenteuer verbunden ist.[1] Des Weiteren kann ein Heranwachsender im
Fußballsport eine Veränderung des körperlichen Leistungsvermögens bei sich (und bei anderen Mitspielern) wahrnehmen, was im Falle der Verbesserung seiner spieltechnischen Fähigkeit Gefühle großer Befriedigung hervor-
ruft, die er ohne den Sport womöglich gar nicht kennen-
lernte; dazu gehören auch Neidgefühle, wenn nur Mitspieler von der Leistungssteigerung betroffen sind und
er (noch) nicht. Andere emotionale Entdeckungen können
jugendliche Sportler für sich machen, wenn es im Rahmen
des Wettspielbetriebs zu ersten Gefühlen einer kollektiven Freude über gemeinsam errungene Siege kommt, oder
man sich bei erlittenen Niederlagen solidarisch verhält
und gemeinsam Niedergeschlagenheit erträgt; auch Wut
und Verzweiflung, sei es über vergebene Torchancen, sei
es über unnötig verlorene Spiele, sind Gefühlszustän-
de,die bei intensiver Sportaktivität konkret erlebbar
sind und individuell wie auch kollektiv verarbeitet
werden müssen.

---

1) Vgl. hier: S. 411ff.

Spätestens an diesem Punkt wird deutlich, wie sinnvoll
eine kompetente pädagogische Betreuung im Jugendsport
auf Vereinsebene ist. Tatsächlich hat man im Laufe der
siebziger Jahre, als das sozialwissenschaftliche Denken in der Bundesrepublik eine weite gesellschaftliche
Verbreitung fand, auch in den großen Sportverbänden erkannt, daß die Weitergabe traditioneller Erziehungs-
maximen aus dem außersportlichen Bereich den Bedürfnissen des Sports nur unzulänglich dienen konnte. Die
daraufhin sorgfältig vorgenommene Aufbereitung von sport-
pädagogischen Arbeitsmaterialien und psychologisch-
pädagogischen Handlungsleitfäden für Jugendbetreuer,
wie sie von DFB und DSB herausgegeben wurden,[1] atmen
unverkennbar den Optimismus sozial-technischer Verän-
derbarkeit der Gesellschaft aus jener Zeit, wobei
einige theoretische Sackgassen erst heute sichtbar werden, ein Inhaltskomplex, auf den wir in unserem Themenzusammenhang jedoch nicht weiter eingehen können.[2] Auf
jeden Fall erwähnenswert ist noch, daß seit dieser Zeit
die einzelnen Sportverbände spezielle Lehrgänge für
männliche und weibliche Jugendleiter anbieten, in denen
sportpädagogische Einsichten sowie methodisch-prakti-
sche Fertigkeiten nach Erkenntnissen der modernen Frei-

---

1) Vgl. in: Handbuch für Vereins- und Verbandsmitarbeiter des DFB (Hrsg.), Frankfurt 1978, 181 - 212
   (Kapitel "VI. Jugendarbeit im Fußball"); außerdem die sehr übersichtlichen, als Ringbuch mit Er-
   gänzungszusendungen angelegten "Materialien für Jugendleiter", DSJ (Hrsg.), Frankfurt 1983.

2) Hierzu hat sich u. a. TENBRUCK (1984) sehr dezidiert kritisch geäußert. Im übrigen verweist zum
   Beispiel BECKER (1982 und 1984) auf erhebliche
   Forschungsdefizite in den sportwissenschaftlichen
   Disziplinen, sodaß nach seiner Ansicht "keine Aussagen" über die allenthalben behauptete gesellschaftliche Sozialisationskapazität des Sports
   selbst und seiner spezifischen Praxisnormen gemacht
   werden können; vgl. ders., 1984, 209.

zeitforschung vermittelt werden, die, in Kombination,
einen Prüfungabschluß zum "Freizeitübungsleiter" zum
Lehrgangsziel haben. [1]

Nach diesem Einschub zur pädagogischen (Ausbildungs-)
Praxis in Fußballvereinen wollen wir mit der Feststellung fortfahren, daß die altershomogene Jugendmannschaft zunehmend zur individuell relevanten jugend-

---

1) Solche Lehrgänge werden z. B. vom Badischen Sport-
Bund regelmäßig angeboten, vgl. BSB-Info Oktober
1985; dessen Lehrprogramm umfaßt sowohl "Gruppen-
pädagogik und Gruppendynamik" als auch Lehreinhei-
ten zu "Sozialisationsprozesse(n)" und "Lehr- und
Lerntheorie". Dagegen konzentrieren sich die Aus-
bildungen zum Jugendbetreuer, wie sie der Hessische
Fußballverband im Jahre 1981 "richtungsweisend für
alle Landesverbände im DFB" konzipiert hat, in
erster Linie ("Kernpunkt") auf die "Fußballpraxis".
Zwar beinhaltet diese Konzeption außerdem Kenntnisse in "Regelkunde, Erster Hilfe, Grundzüge der
Aufsichts- und Haftpflicht sowie der Verwaltungs-
lehre und Satzungskunde", dagegen fehlen Ansätze,
auch Einblicke in die psychologisch-pädagogische Seite der Jugendbetreuung zu vermitteln, in diesem
Szenario vollkommen, vgl. Andres, Otto, Jugendbe-
treuerausbildung auf dem Prüfstand, in: zur Diskussion - Informationen, Themen, Meinungen (Hrsg. DFB),
Dezember 1985, 1 - 4. Auch die Umsetzung der Hessi-
schen Konzeption in einen "Leitfaden für Jugendbetreuer" (Hrsg. DFB, o. O., o. J.) bleibt noch weit
hinter dem in Anm.1, S. 322 genannten Abschnitt
"Jugendarbeit im Fußball" zurück. Auf einer halben
von insgesamt 34 Seiten ist in Stichworten von
"Außersportlicher Jugendarbeit" im Sportverein die
Rede, primär um der "Konkurrenz zu anderen Anbie-
tern für die Freizeitgestaltung" standhalten zu
können. Dagegen wurde im "Handbuch für Vereins-
und Verbandsmitarbeiter" des DFB aus dem Jahre 1978
die Einsicht formuliert, daß "Jugendarbeit im Fußballsport in hohem Maße Verhalten und Bewußtsein
junger Sportler zu beeinflussen (vermag)". Als
Konsequenz daraus stellte man sich die Aufgabe,
"kritische, mündige und zur aktiven Mitarbeit und
Mitverantwortung nach demokratischen Grundsätzen
bereite und befähigte Jugendliche" heranzubilden
(eb., 183). Es ist nicht erkennbar, warum der "Leitfaden" auf die Zielsetzungen von 1978 keinerlei Bezug nimmt.

lichen Bezugsgruppe wird. Dies vor allem deshalb, weil
sich der Fußballverein für Jugendliche als Kristalli-
sationspunkt alterstypischer Beziehungs- und (Selbst-)
Erfahrungsbedürfnisse herausstellt,die ihrerseits mehr
und mehr auch emotional integrierend wirken. Erst im
fortgeschrittenen Jugendalter, also nach der Volks-
schulentlassung, wenn im Zuge einer Lehre alternative
Handlungsangebote und konkurrierende Erlebensbedürfnis-
se auftauchen und Entscheidungen über die weitere Mitgliedschaft verlangen, muß sich dann erweisen, ob die
Sportgruppe beliebig austauschbar (geworden) ist, oder
ob die emotionalen Bindungen stabil genug sind, daß
der Freundeskreis im Fußballverein auch weiterhin als
primäre Bezugsgruppe fungieren kann. Und tatsächlich
beklagen übereinstimmend Jugendtrainer und -betreuer,
daß in der Altersgruppe der 15/16-Jährigen die meisten
Vereinsaustritte zu verzeichnen sind.[1] Doch für die
Verbleibenden erweist sich die Sportgruppe, also die
Mannschaft, zu der sie altersbedingt gehören, als bio-
graphischer Schnittpunkt der verschiedensten soziokulturellen Erfahrungen und zugleich als Plattform ihrer
Bewältigung.

Jugend-Fußball
Die Derendinger B-Jugend Meistermannschaft
84/85 **sucht** für die neue Runde noch einige
Spieler. Wenn Du 14 oder 15 Jahre alt bist
(nach dem 1. 8. 69 geboren), würden sich Spieler und Trainer auf Deinen Einsatz freuen. Mel-
dung telefonisch bei: Trainer Jörg Belser Telefon Tübingen 8 27 30 oder Abteilungsleiter
Klaus-Jürgen Mesick Telefon Tübingen 4 58 27

---

1) Die obenstehende Annonce aus der "Südwestpresse/
   Schwäbisches Tagblatt" vom 24.6. 1985 impliziert
   das angesprochene Problem und weist einen Weg -
   mit historischer Tradition, vgl. hier: S. 198 -
   zur Bewältigung auf.

Denn zum einen kennt man sich seit langen Jahren aus
derselben Schulklasse und ist mit den jeweiligen in-
tellektuellen Leistungsnöten und -stärken vertraut;
manche der interviewten Jugendlichen hatten die Anfahrt zur Schule mit Bus, Mofa oder Fahrrad gemeinsam,
und einige berichteten auch davon, daß man zusammen
die Schularbeiten machte. Besonders im Sommer boten
sich weitere, vielfältige Kommunikationsmöglichkeiten,
bei denen man sich noch besser kennenlernen konnte. Vor
allem fielen in diesem Zusammenhang zum Stichwort "Frei-
zeitaktivitäten" die Beispiele Schwimmen im Freibad
oder an einem Baggersee, wobei ein Fußball das selbst-
verständlichste Requisit darstellte, das mitgeführt
wurde; und ein geeignetes Gelände fand sich immer, um
Sonnennachmittage, zumal in den Schulferien, abwechselnd
mit Schwimmen und Kicken zu verbringen. Schließlich
bieten noch die lauen Sommerabende reichlich Gelegenheit,
sich mit anderen Geschlechtsgenossen zu ersten ero-
tischen Annäherungen an die weiblichen Altersgleichen
zu treffen, oder doch zumindest von solchen Erfahrungen großsprecherisch zu flunkern.

In den Herbst- und Wintermonaten beginnt eine eigene
Zeit intensiver Gruppenerlebnisse, die über den Tag
hinaus verbindend sind. Vor allem die Trainingstermine,
die, für die Jüngsten zumal eine Legitimation und Bestätigung selbständigen Handelns darstellend, je nach
Leistungsstärke schon ab der C-Jugend mindestens zwei-

mal, A-Jugend auch dreimal[1] pro Woche stattfinden,
stellen im Gruppenleben der Jugendmannschaften große
Verlockungen für außersportliche Unternehmungen dar,
die oft im Anschluß daran stattfinden. Denn im Winter
liegt das zeitliche Ende des wöchentlichen Trainings
auch buchstäblich im Dunkeln, eine ideale Voraussetzung, um allerlei kindlichen und pubertären Unfug zu
treiben. Das beginnt, um nur ein paar Beispiele zu
nennen, beim banalen, doch höchst effektiven Klingeln
an fremden Wohnungstüren, worauf man eilig flieht und
aus einer sicheren Deckung die verärgerten Reaktionen
der Bewohner beobachtet, und geht bis zu massiveren
Ruhestörungen, die meistens dorfbekannten Personen gelten. Die hierbei gemeinsam bewältigten "Gefahren"-Si-
tuationen gehen dann ebenso ein in den stark emotional

---

1) Auch hierzu ein authentisches Beispiel aus der "Süd-
   westpresse/Schwäbisches Tagblatt", 11. 9. 1985, das
   an den Kommunikationsstil aus der vorigen Anmerkung
   anknüpft und außerdem Informationen über Trai-
   ningsbeginn, -dauer und -häufigkeit von Jugendmannschaften exemplarisch vermittelt.

gefärbten Erinnerungsbestand der Beteiligten wie auch
andere Kollektiverlebnisse auf dieser Erfahrungsebene.
Eine herausragende Rolle spielen, damals (vgl. hier: 281ff)
wie heute, die ersten Begegnungen mit Handlungs- und
Verhaltenssymbolen der Erwachsenenwelt, angefangen bei
Alkohol- und Nikotin-Erstkontakten bis hin zum ersten
Besuch von Tanzveranstaltungen bzw. einer Disco und
dem Erfahrungsaustausch über gelungene Kontaktaufnah-
men mit Mädchen; aber auch in Zusammenhang mit der Moto-
risierung der (älteren) Jugendlichen eröffnen sich neue
Erlebnissphären, zumal man sich mit Mofa oder Moped der
elterlichen bzw. Erwachsenenkontrolle noch effektiver
entziehen kann.

Die hier beschriebenen ebenso wie die implizierten jugendlichen Erfahrungselemente reichen, sofern sie von
Mannschaftsmitgliedern gemeinsam erworben wurden, in
den Handlungsraum Sport hinein, wo sie das Fundament
bilden, auf dem dann das aus sportlichem Handlungs-
und Erfolgsdruck entstandene "Wir-Gefühl" ergänzt und
verdichtet wird zu dem - synonym verwendeten - Inhalt
eines sozialen Schlüsselbegriffs aller Fußballvereine:
"Kameradschaft". Zwar scheint dieser Begriff im Sprachgebrauch der Vereine eher abgenutzt, wird er häufig
floskelhaft und ohne ernsthaften sozialen Bezug verwendet. Dennoch verkörpert "Kameradschaft" alle die oben
aufgezeigten Verstrebungen von gesellschaftlich-struk-
turellen und individuell-emotionalen Bedürfnissen, die
Heranwachsende bereits in einer Fußballjugendmannschaft
verwirklichen können. Nicht zuletzt deshalb war für
über 88 % unserer Untersuchung Kameradschaft das
"Wichtigste im Fußballverein"; und selbst auf die Frage
nach dem "Wichtigsten am Fußballspiel" erreichte die
Antwort "Kameradschaft und Gemeinschaft" mit 22,8 %
hinter der häufigsten "Spaß am Mannschaftsspiel" (28,8 %)

die zweitmeiste Zustimmung, wie aus der Übersicht 8[1]
hervorgeht.

Übersicht 8:   Für mich ist das Wichtigste

am Fußballverein (drei Nennungen)		am Fußballspiel (eine Nennung)	
1. Sportlicher Erfolg	54,4	1. Gewinnen/Erfolg	21,4
2. Zusammenhalt/Kameradschaft	88,4	2. Spaß am Mannschaftsspiel	28,8
3. Führungsstarke Vorstandschaft	26,0	3. Fitness/Gesundheit	12,6
4. Erziehung der Jugend	37,7	4. Kameradschaft/Gemeinschaft	22,8
5. gesellige Veranst./menschl. Bezieh.	40,5	5. Freude an eigener Leistung	6,5
6. Freizeitgestaltung	25,6	6. Entspannung nach der Arbeit	3,7
7. Gesundheitsförderung	10,2		

Quelle: Spielerstichprobe N=215

---

1) Da der Anteil der lohnabhängig Beschäftigten in unserer Stichprobe mit 39,1 % am größten war, (vgl. die sozialstatistischen Daten in Übersicht 47 Anhang, S. 447), dürfte gerade dieses Ergebnis den Vertretern der Kompensations- und der Reproduktionsthese, für die aufgrund philosophischer Vorentscheidungen die sportliche Betätigung primär eine Entlastungsfunktion von der dominanten beruflichen Anspannung hat, einiges zu denken geben. Vgl. dazu vor allem SCHLAGENHAUF 1977, 124ff., der an dieser auf PLESSNER und HABERMAS (vgl. PLESSNER 1967) zurückgehenden Hypothese mit erkenntnislogischen und empirischen Argumenten (LINDE 1967) scharfe Kritik geübt hat.

Abschließend kann man daher, in idealtypischer Akzen-
tuierung, festhalten, daß jugendliche Fußballspieler
in ihrer Mannschaft einige der fundamentalen Voraussetzungen vorfinden, um ein alters- und ihrer psychischen Entwicklung gerechtes Netz sozialer Beziehungen
aufspannen zu können, die - in enger Verbindung mit
den sport- und vereinsspezifischen Rollen- und Normen-
anforderungen - ein Klima des Vertrauens schaffen, in
dem man sich und andere versteht und von diesen verstanden wird.

d) Gruppenbildung in Seniorenmannschaften

Bei der Suche nach zunächst formalen Kriterien, mit
deren Hilfe man die Zugehörigkeit von erwachsenen Sportlern im Fußball zu gemeinschaftlichen Gebilden eindeutig fassen könnte, steht man vor dem Problem, daß das
Lebensalter zwar auch hier eine abgrenzende Funktion
einnimmt, aber jetzt nur im Sinne eines Mindest-, nicht
- wie bei den Jugendlichen - auch noch eines Höchstal-
ters. Konkret kann man frühestens mit Vollendung des
18. Lebensjahres in einer Seniorenmannschaft[1] spie-

---

1) Als alternative Begriffe werden im Text außerdem
   "Senioren" sowie "Wettbewerbs-" oder "(Sport-)Akti-
   ve" verwendet; die Bezeichnung "Alteherren" (AH) wurde
   durchgehend beibehalten.

len;[1] um die Spielberechtigung in einer Alteherren-
mannschaft zu erhalten, muß man mindestens das
30. Lebensjahr erreicht haben. Schon seit langem ver-
birgt diese im Grunde unausweichliche Festsetzung zwei
schwelende, aber völlig verschiedene Konfliktherde.
Sie können beide den Bestand an aktiven Mitgliedern
eines Vereins ernsthaft gefährden, und zwar genau insofern, als allein die formale Zugangsberechtigung zu
einer Mannschaft entscheidend die Zusammengehörigkeits-
gefühle prägen kann. Dieser Zusammenhang soll im Folgenden kurz erläutert werden.

Zum einen kommt häufig vor, daß diejenigen Jugendlichen,
die die Altersgrenze von 18 Jahren erreicht haben, also
nicht mehr in einer Jugendmannschaft spielberechtigt
sind, im Einzelfall noch nicht über die spielerische
Reife und körperliche Durchsetzungskraft verfügen, um
sofort und mit berechtigter Aussicht auf einen baldigen

---

1) Es zeigt sich hier, daß der Fußballsport eine eigene Trennlinie zwischen Jugendlichen und Erwachsenenstatus institutionalisiert hat. Zwar hält sich auch
das Alltagsbewußtsein in gewisser Weise an das
18. Lebensjahr als Markierungspunkt, dem höhere
Rollenanforderungen folgen, legitimiert etwa durch
Führerscheinbesitz, Wahlrecht u. ä. Aber die Sozial-
wissenschaft definiert die Grenze zum Erwachsenen-
dasein durchgängig mit dem 25. Lebensjahr; mit gutem Grund, denn in der Regel ist der Status beruflicher und ökonomischer Unabhängigkeit nicht vor
diesem Alter erreicht, im Extremfall, durch Verlängerung der Ausbildung wegen gestiegener beruflicher
Qualifikationsansprüche oder durch ein Studium dehnt
sich die Jugendphase bis zum 30. Lebensjahr aus
(Postadoleszenz). Ob aber diese sportimmanente Ent-
lassung in eine bzw. Anerkennung einer Erwachse-
nenposition auch eine Auswirkung auf das individuelle Selbstbewußtsein hat, ist eine Überlegung, die in
einem eigenen Kontext noch zu prüfen wäre.

Dauereinsatz in eine Seniorenmannschaft berufen werden
zu können. Denn hier trifft das Leistungsprinzip bzw.
bestimmt die individuelle sportliche Leistungsfähigkeit
sehr rigoros eine Auswahl über die Mitgliedschaft in
einer Mannschaft, sieht man einmal von den gelegentlichen, auf unterschwelliger Protektion beruhenden Bevor-
zugungen ganz bestimmter (Nachwuchs-)Spieler ab. Wenn
aber das individuelle sportliche Können selbst für den
Einsatz in einer der weiteren Wettbewerbsmannschaften
nicht ausreicht und obendrein auch nicht genügend Spieler zur Verfügung stehen, um eine komplette weitere
Mannschaft für den Wettbewerb zu melden, dann kann der
Mangel an sportlicher Entfaltungsmöglichkeit dazu führen, daß gerade ein direkt der Jugendmannschaft ent-
wachsenes Mitglied mit dem Gedanken zu spielen beginnt,
seine fußballsportliche Aktivität überhaupt aufzugeben.
Dieses Problem dürfte weniger strukturell, sondern primär individuell lösbar sein, etwa daß flankierende soziale Maßnahmen ergriffen werden, um gefährdete Nach-
wuchsspieler zu halten, oder daß man im sportlichen Bereich durch eine Moderation der Wettbewerbsphilosophie
dafür sorgt, daß mehr Spieler regelmäßig in einer Mannschaft berücksichtigt werden können.

Der zweite Punkt, an dem sich gelegentlich vereinsinter-
ne Konflikte entzünden, wurde an anderer Stelle (vgl.
S. 313) bereits angedeutet, er betrifft die Leistungs-
ansprüche in Alteherrenmannschaften. Ursprünglich, und
das heißt bis auf die verbindungsstudentischen (Pauk-)
Gepflogenheiten zurückgehend, versammelten sich in dieser formal unterschiedenen Vereinsinstitution die aus
dem aktiven Wettbewerbssport ausgeschiedenen Mitglieder. Ihre Hauptmotivation, den Alteherren beizutreten,
besteht zum einen darin, auf allerdings reduziertem
Leistungsniveau weiterhin den Fußballsport auszuüben,
um sich so eine gewisse körperliche Fitness zu bewah-

Abb.23: Ausflug der 2. Altherrenmannschaft des FC Freiburg
nach Kenzingen im Jahr 1927.

Die 2. Altherrenmannschaft auf der Fahrt nach Kenzingen

Abb.24: Ausflug der 2. Altherrenmannschaft des FC Freiburg
nach Weisweil/Baden im Jahr 1927.

Unsere 2. Altherrenmannschaft im Frühjahr 1927 in Weisweil

Quelle: jeweils FREIBURG 1927, 118.

ren; zum anderen liegt dem Alteherrenbeitritt, freilich
nur selten direkt ausgesprochen, das Bedürfnis zugrunde, die bestehenden sozialen Beziehungen in regelmäßigen Kontakten aufrechtzuerhalten, eventuell auf ganz
neuer, veränderten Lebensgewohnheiten und -ansichten
entsprechender Ebene fortzuführen. Die allgemeine Entwicklung der Spiel- und Trainingspraxis im Amateur-
fußball brachte jedoch mit sich, daß aktive Wettkampfsportler heutzutage zum Teil bis weit über ihr 30. Lebensjahr hinaus ihre Leistungsfähigkeit auf einem so
hohen Niveau halten, daß sie selbst dann noch wertvolle Mitglieder ihrer Wettkampfmannschaft sein können,
wobei oftmals die in langen Jahren der Wettkampfpraxis
erworbene spieltechnische und -taktische Routine den
Ausschlag für ihren Einsatz geben.

In der nachstehenden Übersicht 9 ist die Alterszusam-
mensetzung unserer Untersuchungsgruppe aufbereitet. Sie
zeigt, daß man generell mit einem Anteil von etwa 13 %
von Sportaktiven rechnen muß, die formal zu den Alteherren gehören, nominell aber noch (regelmäßig) in
Wettbewerbsmannschaften spielen. Im zugehörigen Schaubild 1 markiert also die schraffierte Fläche symbolisch
jenes Konfliktpotential, das hauptsächlich dann entsteht, wenn zuviele der Wettbewerbsaktiven über 30 Jahre in einem Alteherrenteam mitspielen und aufgrund
ihres höheren spielerischen und konditionellen Leistungs-
stands für eine Verzerrung des Leistungsbilds dieser
Mannschaften sorgen. Das dabei entstehende Leistungsgefälle ist aber nicht allein für den jeweiligen Gegner frustrierend, sondern auf Dauer auch für die eigenen Mitspieler. Etwa weil sie ein eingeschlagenes
Spieltempo nicht mehr mitgehen können, oder weil ihnen
die intuitive sowie die körperliche Wendigkeit abhan-
den gekommen sind, die die Spielaktionen der Noch-Akti-

ven erfordern. Die offensichtliche Leistungsüberlegen-
heit einer Mannschaft aufgrund un-sportlicher, wenn
auch legitimer Wettkampfvorteile vermindert durch die
Einseitigkeit einer Spielpartie letztlich nicht nur
deren Attraktivität für die Zuschauer. Sondern die Bevorzugung von Aktiven gegenüber den eigentlichen Alteherren, oft des reinen Erfolgs wegen, kann sich innerhalb der Alteherrenabteilung auch insofern kontraproduktiv auswirken, als die letzteren vom Fußballspiel
ausgegrenzt werden, was dann oft eine allmähliche Ent-
fremdung entstehen läßt, die zum Nachlassen der Gemein-
schaftsgefühle insgesamt führen kann.[1]

---

1) Derzeit gibt es Tendenzen, auch im Alteherrenbe-
   reich zusätzliche Mindest- bzw. Altershöchstegren-
   zen (bis 35 oder über 30) einzuführen. Eine weitere
   Möglichkeit zur Unterbindung der genannten Miß-
   bräuche wäre eine Limitierung der Anzahl von Wettbewerbsaktiven über 30, die in dem Alteherrenteam
   spielberechtigt sind. Dieser Konflikt stellte sich
   im übrigen in ähnlicher Weise auch im Bereich der
   1. Mannschaft von manchen Vereinen, selbst der untersten Amateurklassen. Und zwar insofern, als einige Klubs, meist gedrängt von außenstehenden Interessen und Einflüßen und mit entscheidender Hilfe
   von deren Kapitaleinsatz, (oft ältere) Spieler aus
   höheren Leistungsklassen - wider die Satzungen von
   Verband und Verein - durch "Handgeld" spielver-
   pflichten und monatlich alimentieren, deklariert
   als "Aufwandsentschädigung", um auf diese Weise
   das Vereinsimage aufzuwerten, das heißt als kommerzieller Werbeträger attraktiv zu werden. Auch hier
   ist die Folge oft die Verdrängung bisheriger Stamm-
   spieler, die sich, enttäuscht, nicht selten aus
   dem Vereinsleben zurückziehen. Ist dann, meist nur
   wenige Jahre später, das Experiment der künstlichen
   sportlichen Verstärkung einer Mannschaft gescheitert, dann steht mancher Verein nicht nur vor einem
   finanziellen Scherbenhaufen, sondern in der Regel
   ist auch ein sportlicher Absturz in die untersten
   Leistungsklassen vorprogrammiert, während die seinerzeit verpflichteten "Starspieler" längst einen
   neuen Verein gefunden haben.

Übersicht 9: Alterszugehörigkeit von Senioren- und
Alteherrenspielern.

	Alter bis 20 J.	bis 30 J.	bis 40 J.	bis 50 J.	bis 60 J.
Senioren	24,4%	60,5%	13,4%	-	-
Alteherren	-	14,7%	53,7%	27,4%	3,2%

Quelle: Spielerstichprobe N=215

Schaubild 1 (zu Übersicht 9): prozentuale Verteilung
der Altersgruppen von Senioren und Alteherren

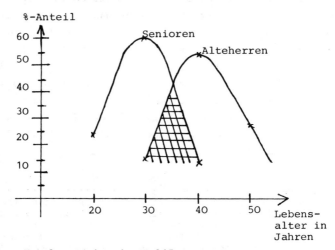

Quelle: Spielerstichprobe N=215

Die eben skizzierten Auseinandersetzungen, die meist
auf dem Untergrund überzogenen Leistungs- und Erfolgs-
strebens entstehen, berühren jedoch nicht die grundsätzliche Annahme, daß man innerhalb des gesamten Se-
niorenspielbetriebs zwei Hauptgruppen unterscheiden
kann, die sich ihrerseits nochmals in Untergruppen, die
einzelnen Mannschaften, gliedern lassen: nämlich die

Wettbewerbsaktiven und die Alteherren. Unsere theoretischen und methodischen Vorüberlegungen hatten sich folglich darauf zu konzentrieren, mit welchen Indikatoren man das Entstehen von Gruppenstrukturen im Fußballverein messen und empirisch bestätigen lassen kann. Als konzeptionelle Richtschnur fungierten dabei die gruppensoziologischen Differenzierungen und Theoriekonzepte, die SCHÄFERS zusammengestellt hat.[1]

e) Sondierung individuell relevanter Lebensbereiche

Als erstes geht es darum herauszufinden, welche Priorität die Befragten dem Sportvereinsleben im direkten Vergleich mit anderen wichtigen Daseinsbereichen einräumen.[2] Hier nannten, ohne nennenswerten zahlenmäßigen Unterschied, sowohl die Aktiven als auch die Alteherren an erster Stelle (von maximal drei möglichen Nennungen) die "Familie" als ihren wichtigsten Lebensbereich; 87,4 % sprechen ihr diesen Rang mit Blick in die Vergangenheit zu, und sogar 92,1 % nehmen an, daß dies auch in Zukunft so sein wird. Es folgte als Bedeutungsbereich mit den zweitmeisten Nennungen der "Beruf" bzw. der "Arbeitsplatz", der für 67 % in der Vergangenheit und für nunmehr 79,5 % ihre Zukunft mitbestimmt(e).

---

1) SCHÄFERS (1980, 77ff.) referiert neuere theoretische Ansätze, die als Weiterentwicklung früherer, etwa von Ch.H.COOLEY, gelten können, weil sie dem Primärgruppen-Konzept ergänzende Beispiele heutiger Gruppenkonstellationen hinzufügen: peer-groups der Erwachsenen, informelle Gruppen in Organisationen, auch Resozialisations- und Selbst-Analyse-Gruppen. "Primärgruppenhaft" können sie vor allem deshalb genannt werden, weil auch ihnen Merkmale wie geringe Zahl der beteiligten Personen und relative Dauer der Gruppen; Relevanz für Norm- und Wertvermittlung und Identifikation; Intimität und Intensität der Beziehungen eigen sind. Vgl. außerdem das Sonderheft 25/1983 "Gruppensoziologie. Perspektiven und Materialien" der Kölner Zeitschrift für Soziologie und Sozialpsychologie (KZfSS).

2) Vgl. Übersicht 10, S. 337.

Übersicht 10: Meine wichtigsten Lebensbereiche

	waren in der Vergangenheit %	sind in Zukunft %
1. Familie/Eltern/Geschw.	87,4	92,1
2. Freunde außerhalb d. Vereins	41,9	34,9
3. politische Aktivitäten	1,9	4,7
4. kirchlich-religiöse Aktiv.	3,3	2,8
5. Beruf/Arbeitsplatz	67,0	79,5
6. Fußballsportverein	61,9	47,9

Quelle: Spielerstichprobe N=215

Offenkundig schlägt sich die latent unsichere Arbeits-
marktlage mit einem Plus von über 12 % in der höheren
Bewertung des Arbeitsplatzes in der Zukunft nieder.
An dritter Stelle rangierte dann der "Fußballsportverein" bei 61,9 %, und zwar unter retrospektivem Blickwinkel; bemerkenswert ist dabei, daß sein Gewicht in
Zukunft offenbar geringer eingeschätzt wird, denn mit
47,9 % entfielen auf ihn zwar immer noch die dritt-
meisten Voten, doch sind das 14 % weniger.

Da den der Befragung vorgeschalteten Gesprächen mit Vereinsmitgliedern verschiedener Funktionsbereiche, Akti-
vitäts- und Altersstufen zu entnehmen war, daß sich in
der Gewichtung der einzelnen Lebensbereiche ein Wandel
anzubahnen scheint, im übrigen die vorige Fragestellung
auch unter dem Gesichtspunkt sich verändernder Arbeits-
zeitbedingungen relevant ist, wurde die hypothetische

Frage eingefügt, auf welche Art und Weise man vermutlich die freigewordene Zeit nach einer eventuellen Re-
duktion der Arbeitszeit nutzen würde.[1]

Übersicht 11: Angenommen, die Arbeitszeit wird in Zukunft weiter verkürzt, auf welche Art
werden Sie vermutlich die freie Zeit
nutzen? (Mehrere Nennungen möglich)

%

1. Andere Hobbies pflegen   52,1

2. Mehr Zeit der Familie widmen   67,4

3. Mehr Sport treiben   35,3

4. Politisch betätigen   4,2

5. Stärker im Sportverein engagieren   18,1

6. Mehr Zeit den Freunden außerhalb
   des Sportvereins widmen   29,8

Quelle: Spielerstichprobe N=215

Zwar empfiehlt es sich, Antworten auf hypothetische Fragen nicht allzu wörtlich zu nehmen, sondern im gün-
stigsten Falle als Artikulation aktueller Wünsche oder
im Sinne einer Trendfeststellung zu begreifen. Unter
diesem Vorbehalt kann also davon ausgegangen werden,
daß der durch Verkürzung der Arbeitszeit verfügbar werdende Handlungsspielraum von 67,4 % primär im Rahmen
der "Familie" ausgeschöpft werden würde; rund 52 %
entschieden sich dafür, auch "andere Hobbies" stärker
ins Auge zu fassen; knapp 35 % würden einen Teil der
Zeit für "mehr Sport" verwenden; etwa 30 % gaben an,
sich mehr um "Freunde und Bekannte außerhalb des Sport-

---

1) Vgl. Übersicht 11.

vereins" kümmern zu wollen,und 18,1 % wären bereit,
sich noch "stärker im Sportverein zu engagieren"; nur
in marginalem Umfang kommen "politische Aktivitäten/
Bürgerinitiativen" (4 %) oder "kirchlich/religiöses Engagement" als Alternativen in Betracht.

Zusammenfassend kann man aus den bisherigen Antworten
den Schluß ziehen, daß der Sportverein, im Gesamthori-
zont der Lebensgestaltungsmöglichkeiten seiner aktiven
Mitglieder, einen, nach Familie und Arbeitsplatz, zentralen Rang einnimmt und auch in Zukunft wird behaupten
können, wenn er auch im Vergleich zur individuell-bio-
graphischen Vergangenheit tendenziell an Gewicht zu
verlieren scheint (vgl. Übersicht 10, S. 337).

Um nun die ganz persönliche Präferenz zu ermitteln,
wurden die Teilnehmer der beiden Untersuchungsgruppen
um die Nennung jenes Lebensbereichs gebeten, in dem
sie sich in ihrer aktuellen Lebenssituation "am lieb-
sten" aufhielten. Ihre Antworten sollten in einer ersten Annäherung eine Auskunft darüber ermöglichen,
welchen Stellenwert besonders die Sportkameraden im
Vergleich zu anderen Bezugsgruppen einnehmen. Das Ergebnis ist, wie die folgende Übersicht 12[1] zeigt, sehr bemerkenswert.

Hervorzuheben ist hier zunächst einmal, daß die Sportaktiven als ihren bevorzugten Sozialkreis die Sportkameraden nannten, und zwar noch vor, zweitens, den
in Frage kommenden weiblichen Bezugspersonen wie Ehefrau, Verlobte, Freundin und auch noch vor, drittens,
der Familie. Die übrigen Sozialgruppen, die mit Nennungen bedacht worden sind und deren Reihenfolge bei den
Aktiven und den Alteherren identisch ist (Arbeitskollegen am Schluß!), können wir hier in der Bewertung ver-

---

1) Vgl. S. 340.

Übersicht 12: Präferenz-Reihenfolge zentraler Bezugspersonen (in %)

	Familie	Eltern/ Geschw.	Ehefr./ Freundin	Freunde außerh.	Arb. koll.	Sport kam.
Aktive	37,8	21,8	47,9	33,6	9,2	54,6
Alteherren	71,6	5,3	28,4	24,2	2,1	48,4

Quelle: Spielerstichprobe N=215

nachlässigen. Betrachtet man nun die Verteilung der
Voten durch die Alteherren etwas näher, so fällt ins
Auge, daß bei ihnen die Familie eindeutig an erster
Stelle rangiert, danach folgen mit großem Abstand die
Sportkameraden. Diese bei beiden Untersuchungsgruppen
ungleiche Präferenz der Familie als bevorzugten sozia-
len Aufenthaltsort kann man zum einen mit einem Blick
auf den Familienstand ihrer Mitglieder erklären.[1]

Übersicht 13: Familienstand bei Aktiven und Alteherren

	unver- heiratet	verhei- ratet
Aktive	72,3	27,7
Alteherren	14,7	78,9

Quelle: Spielerstichprobe N=215

---

1) Vgl. Übersicht 13.

Der überaus hohe Anteil der Unverheirateten unter den
Aktiven trägt offenkundig entscheidend dazu bei, daß
sie ihren primären sozial-emotionalen Bezugspunkt unter den Sportkameraden sehen. Mit genau umgekehrtem
Vorzeichen gilt diese Annahme für die Favorisierung
der Familie durch die Alteherren-Mitglieder. Die un-
tenstehende Übersicht 14, aus der die Verteilung des
Familiennachwuchses bei Aktiven und Alteherren hervorgeht, bringt einen weiteren Aufschluß über die Motivation der Bevorzugung bestimmter Lebenskreise. Da
über 66 % der Alteherren zugleich Väter sind, haben
wir hier eine sehr naheliegende Begründung dafür,
daß sie die Familie vor anderen Sozialgruppen vorzie-
hen.

Übersicht 14: Verteilung der Familiennachkommen

	keine Kinder	mit Kindern
Aktive	60,5	23,5
Alteherren	29,5	66,3

Quelle: Spielerstichprobe N=215

Diese ergänzenden Informationen über Familienstand und
-größe können allerdings ein gewisses Erstaunen darüber
nicht verhindern, daß die Alteherren dennoch ihre Sportkameraden im Verein mit dem sehr hohen Votum von über
48 % als zweiten zentralen Bezugspunkt nach der Familie
genannt haben. Schon dieses Ergebnis berechtigte zu
der Vermutung, daß der Sportverein für jene Mitglieder,
die, wie insbesondere die Alteherren, von ihrer Familie

stark beansprucht werden, einen alternativen Sozialraum darstellt, in den sie sich in geregelten Abstän-
den wollen zurückziehen können. Ausdrücklich daraufhin befragt, bestätigten über 47 % diese Rückzugsthese (vgl. Übersicht 15, S. 343). Denn von denjenigen
Mitgliedern der Befragung, die als primären Lebenskreis die Familie angegeben haben, lehnt es sowohl
bei den Aktiven als auch bei den Alteherren eine deutliche Mehrheit ab, daß die noch verbleibenden Bezugspersonen ebenfalls aktive Vereinsmitglieder werden.[1]

---

1) Dieses Ergebnis korrespondiert mit HEINEMANN (1983,
138ff.), der sich allgemein sehr skeptisch dazu
äußert, in den Sportvereinen auch die Familien zu
integrieren, da sich die "unterschiedlichen Rol-
len-, Positions- und Autoritätsstrukturen überla-
gern können" und so einerseits die Familie überbe-
lastet wird, andererseits die Autonomie des Sportvereins gefährdet ist. Dieser Problemkomplex kann
hier nicht weiter verfolgt werden, gleichwohl ver-
dient er eine ausführliche Behandlung, zumal der
DSB insgesamt, aber auch Einzelverbände wie der DFB
sehr stark auf das Konzept des "Familienvereins"
setzen, um die zukünftige Bedeutung der Sportvereine zu gewährleisten. Es sind Bedenken gegenüber
einem plakativ propagierten "Familienverein" angebracht, da hier der Blick auf den Freiheitsraum
verstellt zu werden droht, den die Vereine für die
Identitätsbildung der Jugendlichen und ihre Ein-
gliederungsversuche in die Gesellschaft der Erwachsenen zum einen bedeuten. Andererseits könnte,
worauf die Bestätigung unserer Rückzugsthese verweist, der Verein seinen Charakter als Sozial-
Reservat für nicht wenige (auch erwachsene) Mitglieder verlieren.

Übersicht 15: Sollen die Personen des primären Lebenskreises auch aktive Vereinsmitglieder
werden?

	ja	nein	keine Angaben
Aktive	8,4	22,7	23,5
Alteherren	18,9	25,3	12,6

Quelle: Spielerstichprobe N=215

Nach der bisher vorgenommenen Differenzierung von Lebensbereichen, denen nach Einschätzung von Aktiven und
Alteherren sowohl in ihrer Vergangenheit Bedeutung zukam, als sie ihnen größte Relevanz auch für die Zukunft einräumten, spielten der Sportverein insgesamt
und die Sportkameraden im besonderen eine herausragende Rolle, je nach Familienstand sogar die wichtigste.
Auch für diejenigen Teilnehmer der Befragung, es waren mehrheitlich die mit Kindern in der Familie primär
verankerten Alteherren, stellten die Personen des gemeinsamen Vereinsengagements einen eminent wichtigen
Bezugspunkt in ihrem gesamten Dasein dar, und zwar
vorrangig als alternativer Ort sozialer Integration.
Eine nicht unbeträchtliche Anzahl von knapp einem Viertel der Befragten beanspruchte eine geradezu private
Nutzung des Sozialkreises Sportvereinskameraden, indem
sie dort ein permanentes Zusammentreffen mit den Personen ihres üblicherweise primären Lebensbereichs ausdrücklich ausschlossen.

Alles in allem können aber noch immer keine genaueren
Angaben darüber gemacht werden, aufgrund welcher Fakto-

ren die Integration von Aktiven und Alteherren in den
Sportverein konkret gewährleistet wird. Es wurden deshalb weitere Daten ermittelt, die sich mit den biographischen Hintergründen der Vereinsaktivität und dem
individuell angesetzten Zeitbudget beschäftigten; außerdem wurde nach Anhaltspunkten gesucht, die vereinsüber-
greifende soziale Interaktionen abbilden. Man kann erwarten, daß wir dem Ziel, einen genaueren Einblick in
die soziale Verbundenheit unter aktiven Fußballvereins-
mitgliedern zu erhalten, auf diese Weise einen entscheidenden Schritt näherkommen werden.

f) Sozialstrukturelle und biographische Zusammenhänge
   individueller Bindung an die Sportgruppe

Weiter oben wurde der an sich spezifische, in unserem
engeren Kontext gleichwohl verallgemeinernde Terminus
"Sportkameraden" gebraucht, um eine sozial bedeutsame
Beziehungskonstellation unter Sportaktiven zu erfassen
und von anderen, soziologisch zu vermutenden Lebensbereichen begrifflich abzugrenzen. Nun kommt es also
darauf an, den strukturellen Kern der sozialen Beziehungen im Verein zu ermitteln, und deshalb wurde die
explizite Frage nach einer Untergruppenzugehörigkeit
gestellt. Die Teilnehmer sollten sich selbst einer spezifischen Gruppe zuordnen und auf diese Weise andeutungsweise einen identifikatorischen Rückbezug herstellen.[1]

---

1) Vgl. Übersicht 16, S. 345.

Übersicht 16: Gibt es im Verein eine bestimmte Gruppe
von Personen, mit der Sie besonders oft
zusammenkommen? Wer sind diese?

	ja	meine Mitspieler	andere Vereinsmitgl.
Aktive	82,4	77,3	4,2
Alteherren	75,8	67,4	9,5

Quelle: Spielerstichprobe N=215

Tatsächlich fühlen sich 82,4 % der Senioren und 75,8 %
der Alteherren einer bestimmten Personengruppe im Verein zugehörig, mit der sie besonders oft zusammentreffen, konkret sind es die "Mitspieler" in der jeweiligen
Aktiven-Mannschaft (77,3 %) bzw. im Alteherrenteam
(67,4 %). Aus diesem Ergebnis können wir vorläufig bereits den Schluß ziehen, daß sowohl Wettkampf- als
auch Alteherrensportler in ihren jeweiligen Teams einen eigenen Sozialzusammenhang erkennen, den wir aufgrund der äußeren Merkmale soziologisch als Gruppe bezeichnen können, wenn auch noch keine Aussagen über einen inneren Wirkungs- und Bedeutungsgehalt möglich sind.
Ein erster Anhaltspunkt in dieser Richtung wäre etwa
die Dichte der sozialen Beziehungen unter den Mitgliedern in den jeweiligen Fußballsportgruppen. Auskunft
darüber kann man zum Beispiel den Angaben über Grad und
Umfang der zeitlichen Kontinuität ihrer sozialen Kontakte entnehmen.[1]

---

1) Vgl. Übersicht 17, S. 346.

Übersicht 17: Wie lange kennen Sie diese Personen?

	seit der Kindheit %	seit der Schulzeit %	seit der Mitgliedsch. %
Aktive	21,8	21,8	35,3
Alteherren	11,6	25,3	41,1

Quelle: Spielerstichprobe N=215

Über 35 % der Aktiven und knapp 41 % der Alteherren "kennen sich" seit "Beginn der Vereinsmitgliedschaft". Bei zusammengenommen fast 44 % der Aktiven kann man den Sportverein sogar als gemeinsame Schnittachse ihrer Biographie bezeichnen, denn etwa 22 % kennen sich schon seit ihrer "Kindheit" und bei weiteren 22 % stammen die ersten Berührungspunkte aus der gemeinsamen "Schulzeit". Bei den Alteherren verteilen sich diese Daten zu 11,6 % auf die Kindheit, und 25,3 % führen erste Kontakte bis auf die Schulzeit zurück. Mit anderen Worten haben die persönlichen Beziehungen von Aktiven und Alteherren im Fußball bei 41 % der Mitglieder einen gemeinsamen biographischen Hintergrund, der bei rund jedem sechsten sogar bis in die Kindheit zurückreicht.[1]

---

1) Vgl. unsere Ausführungen in Abschnitt a) auf S. 300, insbesondere S. 304 über die Einflußfaktoren auf die erste Sportaktivität.

Untersuchen wir nun, bei welchen direkt mit dem Fußballsport in Verbindung stehenden Anlässen sich die
Mitglieder dieser Gruppen jeweils treffen.

Übersicht 18: Häufigkeit der sportbezogenen Kontakte
1. Training

	regelmäßig %	häufig %	gelegentlich %
Aktive	68,9	10,9	0,8
Alteherren	45,3	18,9	6,3

Quelle: Spielerstichprobe N=215

Es überrascht kaum, daß unter dem Gesichtspunkt Kontakt-
häufigkeit die Aktiven der Wettbewerbsmannschaften sowohl quantitativ als auch in der prozentualen Höhe her-
ausragen. So sehen sich fast 69 % "regelmäßig" beim in
der Regel zweimal pro Woche stattfindenden "Training",[1]
noch knapp 11 % beantworteten die entsprechende Frage
mit "häufig". Es ist bekannt und aufgrund ihrer familiären, oft auch beruflichen Verpflichtungen in gewissem
Umfang verständlich, daß die Mitglieder von Alteherrenteams einen weit geringeren Trainingsfleiß an den Tag
legen. Dieser häufig in Gesprächen zu vernehmende,
durchaus auch beklagte Zustand spiegelt sich in unserer
Untersuchung ebenfalls wider. Im Unterschied zu den
69 % bei den Aktiven gaben 45,3 % der Alteherren an,
daß sie sich "regelmäßig" beim "Training" treffen, bei

1) Vgl. Übersicht 18.

etwa 19 % kommt das noch "häufig" vor und 6,3 % lassen sich nur "gelegentlich" im Training sehen; die
übrigen 30 % machten keine Angaben.

Übersicht 19: Häufigkeit der sportbezogenen Kontakte
2. Spielersitzung

	regelmäßig %	häufig %	gelegentlich %
Aktive	56,3	9,2	8,4
Alteherren	24,2	18,9	9,5

Quelle: Spielerstichprobe N=215

Die gewöhnlich einmal pro Woche sich an das Training
anschließende "Spielersitzung",[1] in der die Mannschafts-
aufstellung für das nächste Spiel besprochen, eventuell
die Abfahrtszeiten festgelegt, spieltaktische Überlegungen vorgetragen und Kritik am letzten Spiel geübt
werden, ist für über 56 % der Aktiven ein Anlaß, "regelmäßig" dabeizusein,[2] etwa 9 % nehmen "häufig" teil
und 8,4 % "gelegentlich". Wie schon das Training ist
für Mitglieder von Alteherrenteams auch die Teilnahme
an Spielersitzungen nicht ganz so vordringlich, zumal
ihre Spielsaison meist nur von Frühjahr bis Herbst
dauert und Spiele eher unregelmäßig stattfinden. So
finden sich lediglich 24,2 % "regelmäßig" zu einer
Spielersitzung zusammen, rund 19 % kommen "häufig" und
9,5 % stoßen "gelegentlich" dazu.

---

1) Vgl. Übersicht 19.
2) Ein im Grunde etwas merkwürdiges Ergebnis, das eigentlich viel zu niedrig ausgefallen ist; 17,6 %
   machten hierzu auch keine Angaben, ein Grund ist
   nicht erkennbar.

Übersicht 20: Häufigkeit der sportbezogenen Kontakte
3. andere Sportarten

	regelmäßig %	häufig %	gelegentlich %
Aktive	-	5,9	35,3
Alteherren	-	4,2	29,5

Quelle: Spielerstichprobe N=215

"Andere Sportarten"[1] führt 5,9 % der Aktiven "häufig" und 35,3 % "gelegentlich" zusammen; ganz ähnlich verhält es sich hier bei den Alteherren (4,2 % bzw. 29,5 %). Rechnet man nun noch die wöchentlichen Wettspiele als regelmäßige Treffpunkte der Aktiven hinzu, dann kann man bei ihnen von einer recht umfangreichen, auch zeitlichen Beanspruchung durch den aktiven Fußballsport sprechen, der die einzelnen Spieler kontinuierlich zusammenbringt und immer auch sozial in Beziehung setzt. In reduziertem Ausmaß gilt Gleiches für die Mitglieder von Alteherrenmannschaften. Zwar vereinbaren sie ihre Spiele oftmals noch eher spontan, sei es, daß durch Vermittlung von Arbeitskollegen oder durch andere, sich zufällig ergebende Umstände ein Spiel zustande kommt. Dem Vernehmen nach gehen allerdings immer mehr Alteherrenteams dazu über, schon vor Beginn des Frühjahrs eine bestimmte Anzahl von Spielen sowie die Teilnahme an Pokalturnieren, Sportwochen und ähnlichen

1) Vgl. Übersicht 20.

Veranstaltungen verbindlich zuzusagen.[1] Auf diese Art
entsteht ein fester Terminplan, an dem sich dann die
einzelnen Mitglieder orientieren und den sie in Übereinstimmung mit ihren privaten Vorhaben bringen können. Vielleicht entspricht diese Vorgehensweise noch
am ehesten der vor der Jahrhundertwende üblichen Ge-
pflogenheit sukzessiver Spielvereinbarung, bevor man
schließlich Meisterschaftsrunden nach dem Vorbild der
englischen Football League einführte (vgl. hier: S.253ff).

Um nun noch das für die genannten Sportaktivitäten insgesamt benötigte Zeitbudget[2] von Sportaktiven und Alteherren getrennt ermitteln zu können, wurden die Teilnehmer der Untersuchung gebeten, dazu ebenfalls nähere Angaben zu machen.

Übersicht 21: Bitte schätzen Sie den gesamten Zeitaufwand,
den Sie für den Sport pro Woche aufbringen.

	bis zu 4 Std. %	4 bis 6 Std. %	6 bis 8 Std. %	bis 10 Std. %	über 10 Std. %
Aktive	6,7	23,5	26,9	19,3	22,7
Alteherren	46,3	17,9	18,9	7,4	7,4

Quelle: Spielerstichprobe N=215

---

1) Auf diese Weise gehen zum Beispiel die Alteherren
des FC Überlingen vor, die pro Saison zwischen
20 und 25 Freundschaftsspiele absolvieren sowie
mehrere Turniere - im Sommer auf dem Feld, im Winter in der Halle - belegen; vgl. ÜBERLINGEN 1984, 37.

2) Vgl. Übersicht 21.

Wie zu erwarten war, reflektieren auch diese Ergebnisse
die unterschiedliche Inanspruchnahme, wie sich das aus
den Erfordernissen des Wettkampfsportes ergibt. Während
nur 6,7 % der Aktiven maximal "4 Stunden" durch den
Sport selbst im Verein verbringen, war es bei den Alteherren mit 46,3 % fast die Hälfte. Das Gros der Aktiven (50,4 %) schätzte den Zeitaufwand für den Wettkampfsport auf "4 bis 6" (23,5 %) bzw. "6 bis 8 Stunden pro
Woche" (26,9 %); diesen Zahlen entsprechen bei den Alteherren dagegen 36,8 % (im einzelnen 17,9 % bzw.
18,9 %). Etwas Erstaunen lösen die Nennungen zu folgenden Zeitvorgaben aus: 19,3 % der Aktiven widmen dem
Sport "8 bis 10 Stunden pro Woche" und 22,7 % sogar
"über 10 Stunden". Zusammengefaßt sind das 42 % aller
Sportaktiven, die mindestens acht, wenn nicht mehr als
zehn Stunden pro Woche für ihre Aktivitäten im Rahmen
des Wettkampfsports Fußball und, in geringerem Umfang,
sonstiger sportlicher Betätigung aufwenden; bei den
Alteherren entfallen 14,8 % auf dieses Zeitbudget (jeweils 7,4 %).

Gerade diese zuletzt genannten Daten der Aktiven unter-
streichen den Eindruck, den man bisher aufgrund früherer Untersuchungsergebnisse gewinnen konnte: für einen
großen Anteil aktiver Fußballspieler handelt es sich
beim Sportverein um einen Sozialzusammenhang, der
ihnen nicht nur emotionale Bindungen und den Austausch
sozialer Beziehungen ermöglicht, sondern der auch ein
zeitintensives Engagement erfordert, um zum persönlichen Kommunikationsklima auch seinen eigenen Beitrag
leisten zu können. Dies gilt grundsätzlich zwar auch
für die Mitglieder der Alteherren-Abteilung, allerdings
kann man dort von einem Konsens ausgehen, der einen vergleichsweise geringeren Intensitäts- und Verpflichtungs-
anspruch beinhaltet.

g) Sport(verein)übergreifende gemeinsame Initiativen

"Fußball ist unser Leben!", so dichtete der Verfasser
eines bekannten Fußballiedes in flagranter, für diese
Form der Gebrauchslyrik dennoch nicht ungewöhnlichen
Übertreibung. Denn, abgesehen vielleicht für die In-
terpreten des Liedes,[1] hat der Vers in seiner beinahe
apodiktischen Ausschließlichkeit mit der Lebenswirk-
lichkeit etwa von Sportaktiven des Amateurfußballs nur
wenig gemein. Wir konnten dies im Rahmen unserer Untersuchung bereits mehrfach belegen, zuletzt mithilfe der
Angaben des individuellen Zeitaufwands, der bei einer
beträchtlichen Anzahl von Fußballsportlern zwar erstaunlich hoch lag, aber immer noch weit davon entfernt
ist, daß man hier von einer totalen Absorbierung, wie
das Lied suggeriert, sprechen könnte. Wenn man jedoch
will, kann man insofern in dem Vers einen realen Kern
entdecken, als das Fußballspiel über die Vereinsgrenzen
hinaus soziale Wirkungen entfaltet, auf das individuelle Leben ausstrahlt; in Ansätzen ist dies bereits in
unseren historischen Ausführungen erkennbar geworden.

Ausgangspunkt des nächsten empirischen Untersuchungs-
blocks war deshalb die historisch untermauerte, theoretische Annahme, daß sich die sozialen Interaktionen der
Mitglieder von Fußball-Sportgruppen nicht in den gemeinsamen sportlichen und vereinsspezifischen Aktivitäten erschöpfen. Deshalb zielten einige Fragen darauf
ab, festzustellen, ob die Mitglieder dieser Gruppen,
also Senioren- wie Alteherrenteams gleichermaßen, sich
überhaupt auch noch zu gemeinsamen Unternehmungen "außer-

---

1) Dieses Lied (Text und Musik: Jack White) wurde von
   der deutschen Fußball-Nationalmannschaft auf Schall-
   platte gesungen (Polydor 214 1009) und 1973 veröffentlicht.

353

halb des Vereins treffen".[1] Die hohe Zustimmung, die
von 80,7 % der Aktiven und 75,8 % der Alteherren
auf diese Frage kam, läßt nun sogar darauf schließen,
daß es in beiden Gruppen zu diesem Punkt einen weit-
verbreiteten Konsens gibt. Mit anderen Worten scheint
es geradezu selbstverständlich zu sein, daß sich
Sportkameraden der jeweiligen Gruppen (bzw. Mannschaft) auch ohne einen unmittelbar vom Sport(verein)
gelieferten Anlaß in ihrer Freizeit treffen. Umso ge-
spannter durfte man daher sein, auf welche der konkreten Gelegenheiten sich die meisten Nennungen verteilen
würden.

Übersicht 22: Kommen Sie mit einzelnen aus dem engeren
Personenkreis (Übersicht 16, S.345) auch
außerhalb des Sportvereins zusammen?

	ja %	Hobby %	and. Verein %	Kneipen %	Nach- bar. hilfe %	Tanz Disco %
Aktive	80,7	28,6	6,7	47,1	22,7	38,7
Alteherren	75,8	26,3	16,8	37,9	24,2	11,6

Quelle: Spielerstichprobe N=215

Insgesamt knapp 12 % aller Befragten, und damit am unteren Ende der ermittelten Häufigkeitsliste liegend,
waren noch durch ein gemeinsames Engagement "in einem
anderen Verein" verbunden, wobei auffällt, daß dies
für 16,7 % der Alteherren zutrifft, während lediglich
6,7 % der Aktiven dies einräumen. Als nächstes folgte
die "Nachbarschaftshilfe", wie Helfen beim Hausbau oder

1) Vgl. Übersicht 22.

Umzug, die jeweils etwa 23 % der Aktiven und der Alteherren als Gelegenheit zusätzlicher Sozialkontakte
nannten. Erwartungsgemäß überwiegen beim Stichwort
"Tanz/Disco" mit 38,7 % die Sportaktiven, die gegenüber 11,6 % der Alteherren dies zu Treffen außerhalb
des Vereins nutzen. Des weiteren sehen sich 28,6 %
der Aktiven und 26,3 % der Alteherren regelmäßig bei
einem gemeinsamen "Hobby", das sie über die sportlichen Ambitionen hinaus miteinander verbindet. Die
höchste Zahl der Nennungen erreichte, auch dies kommt
nicht ganz unerwartet, ein unter Fußballspielern traditioneller Kommunikationsort, das "Stammlokal" bzw.
allgemein "Kneipen". Darauf entfielen insgesamt 42,8 %,
wobei auch hier - analog dem Kriterium "Tanz/Disco" -
die Aktiven mit 47,1 % sehr deutlich die Alteherren
mit 37,9 % übertreffen.

Doch damit ist die Skala gemeinsamer Handlungs- und
Kommunikationsgelegenheiten unter aktiven Fußballspielern noch nicht vollständig beschrieben. Um das Spektrum gemeinsam geteilter, soziokultureller Berührungspunkte auch noch nach den eventuell beteiligten "sonstigen Personen" zu differenzieren, wurden die Teilnehmer der Befragung um eine entsprechende Unterscheidung gebeten.[1]

Derzufolge stehen einem nur marginalen Umfang an
"politischen" (2,8 %) und "religiösen Veranstaltungen"
(2,3 %), an denen man gemeinsam mit Sportkameraden
teilnimmt, eine deutlich größere Beteiligung entgegen,
wenn dabei "andere Personen" berücksichtigt werden
(24,2 % der Aktiven, 19,5 % der Alteherren); im übrigen bekundeten 46,0 bzw. 48,8 % weder für politische
noch für religiöse Veranstaltungen überhaupt ein Interesse. Ganz anders bei "kulturellen Unternehmungen wie

---

1) Vgl. Übersicht 23, S. 355.

355

Übersicht 23: Besuchen Sie folgende Veranstaltungen, und
wenn ja, mit wem?

	mit Vereins-mitglied. %		m.and. Person. %		gar nicht %	
1. Politische Veranst.	2,5	3,2	17,6	32,6	57,1	32,6
2. Kino/Konzerte/Theater/Museum	31,9	5,3	31,9	43,2	15,1	16,8
3. Religiöse Veranst.	3,4	1,1	16,8	23,2	57,1	38,9
4. Überreg. Sportveranstaltungen	63,0	49,5	12,6	16,8	6,7	11,6
5. Kommunale/Stadtteilfeste	57,1	38,9	15,1	25,3	9,2	6,3
	Sen.	AH	Sen.	AH	Sen.	AH

Quelle: Spielerstichprobe N=215

Kino, Konzerte, Theater und Museen"; hier fehlt nur
bei insgesamt rund 16 % ein entsprechendes Bedürfnis.
Aber rund 32 % der Aktiven nimmt zusammen mit Sportkameraden an solchen Veranstaltungen teil und weitere
32 % gaben an, "mit anderen Personen" die genannten Kul-
turinstitutionen zu besuchen. Bei den Alteherren verteilen sich die Gewichte in diesem Punkt extrem unterschiedlich: nur 5,3 % unternehmen mit Sportkameraden,
dafür 43,2 % mit anderen Personen Kulturelles. Man kann
daher vermuten, daß es den höheren Altersgruppen unter den Alteherren eher außerhalb der Rollenstrukturen
des Sportvereins gelingt, einem Personenkreis mit homogenen kulturellen Ansprüchen anzugehören.

Des weiteren bilden "kommunale oder Stadtteil-Feste"
für aktive Wettkampfsportler wie Alteherren ein geeignetes Forum der Geselligkeit. Dies wohl nicht zuletzt
deshalb, weil bei dieser Gelegenheit die Vereine eine
Selbstdarstellungsmöglichkeit erhalten, sei es durch
einen organisierten Auftritt etwa bei Umzügen oder im
Rahmen der Ausrichtung eigener Verkaufs- und Vergnü-
gungsstände zum Beispiel bei Straßenfesten, die dann
natürlich in erster Linie Vereinsmitglieder entweder
zur Einkehr animieren oder gar als Helfer zusammenfüh-
ren.[1] Gemeinde- oder Stadt(teil)festivitäten wurden folglich auch von insgesamt 49,3 % als quasi vereinsinterner
Treffpunkt genannt, während rund 19 % der Befragten diese überlicherweise mit anderen Personen besuchen. Schließlich geben mit über 57 % die meisten an,
daß sie an "überregionalen Sportereignissen" gemeinsam mit Sportkameraden teilnehmen, für etwa 14 % kommen andere Personen als Begleiter in Betracht, und weniger als 9 % zeigen dafür überhaupt kein Interesse.

Abschließend soll noch der "Zeitaufwand"[2] dargestellt
werden, den die beiden Befragungsgruppen für ihre
kulturalen Aktivitäten außerhalb des Vereins kalkulie-
ren.

---

1) Vgl. die Abbildungen 25 und 26, S. 357.
2) Vgl. Übersicht 24, S. 358.

Abb.25: Vereinsschenke des FC Wollmatingen beim
        Dorffest 1982.

Abb.26: Schankbetrieb des FC Wollmatingen beim
        Dorffest 1982.

Quelle: jeweils WOLLMATINGEN 1984, 176.

Übersicht 24: Bitte schätzen Sie den gesamten Zeitaufwand ein, den Sie mit dem (engeren) Personenkreis außerhalb des Vereins verbringen (pro Woche).

	bis zu 4 Std. %	4 bis 6 Std. %	6 bis 8 Std. %	bis 10 Std. %	über 10 Std. %
Aktive	31,1	19,3	8,4	9,2	16,0
Alteherren	53,7	11,6	9,5	2,1	5,3

Quelle: Spielerstichprobe N=215

Drei deutliche Schwerpunkte haben sich herausgebildet. Mit 41,4 % (31,1 % Aktive, 53,7 % Alteherren) nehmen sich die meisten "bis 4 Stunden" Zeit, gefolgt von fast 16 % (19,3 % bzw. 11,6 %), die zwischen "4 bis 6 Stunden" aufwenden. Die dritte und kleinste Gruppe könnte man als den "harten Kern" bezeichnen, denn 16,0 % der Aktiven und 5,3 % der Alteherren verbringen "über 10 Stunden" pro Woche zusammen mit Sportkameraden aus der spezifischen Bezugsgruppe, der Mannschaft, bei soziokulturellen Unternehmungen, wie sie zuvor im einzelnen dargestellt wurden. Nimmt man nun noch die anderen Nennungen hinzu, die auf die Vorgaben "6 bis 8" bzw. "8 bis 10 Stunden" entfielen, dann ergibt sich in der Summe, daß knapp 42 % aller Sportaktiven und Alteherren mehr als vier, zu einem großen Teil über zehn Stunden ihrer Freizeit pro Woche mit ihren Sportkameraden verbringen, und zwar zusätzlich zu den reinen Sportaktivitäten, also Training und Wettkampf. Hauptanlässe für diese Treffen sind sowohl offizielle als auch informelle Veranstaltungen mit teils sozialem, teils kulturellem Hintergrund.

h) Gesellige Veranstaltungen als Mittel des Gemein-
schaftserlebnisses und des Gruppenbewußtseins

Feste und Feiern gehören zu den integralen Bestandtei-
len des sozialen Lebens in allen Vereinen, und auch
Sportvereine machen in diesem Punkt keine Ausnahme.
Ganz konkret liefert unsere Vereinsumfrage empirische
Belege dafür, daß der jeweils bestehende Umfang der
geselligen Aktivitäten von der befragten Mitgliedschaft
mit großer Zustimmung aufgenommen wird: über 78 %
halten das Angebot an gemütlichen Zusammenkünften in
ihrem Verein für "ausreichend"; etwa 13 % der Befragten äußerten den Wunsch, es möge noch "mehr" für die

Übersicht 25: Ist das Angebot an geselligen Veranstaltungen in Ihrem Verein ausreichend oder sollte
mehr gemacht werden?

	Ist ausreichend %	mehr machen %
Spieler (Aktive/AH)	78,6	13,5

Quelle: Spielerstichprobe N=215

Übersicht 26: Haben Sie in den letzten 12 Monaten gesellige Veranstaltungen Ihres Vereins besucht?

	des Gesamtvereins %	der Abtlg./Mannsch. %
Spieler (Aktive/AH)	77,2	78,1

Quelle: Spielerstichprobe N=215

Geselligkeit getan werden.[1]

Anhand der Einzelnennungen, die zu dieser im Interview offenen Frage eingegangen sind, konnten die in Fußball- vereinen üblichen geselligen Veranstalt8ngen kategori- siert werden, sodaß eine übersichtliche Darstellung nach Art und Anlaß der Treffen möglich wurde. Des weiteren haben wir die Initiativen danach unterschieden, ob sie vom Gesamtverein oder von einer Abteilung bzw. einer Mannschaft ausgingen. Daraus wurden dann Nachfragehäu- figkeiten ermittelt, die in der Reihenfolge der be- liebtesten Veranstaltungen hier vorgestellt werden.[2] Abschließend geht es dann um einige Funktionszuschrei- bungen und Begründungen für die Teilnahme an Festen und Feiern im Verein, die ebenfalls von den Umfragebetei- ligten erbeten worden sind.[3]

Den hohen Stellenwert, den die Geselligkeit im Vereins- leben insgesamt einnimmt, kann man an zwei Grunddaten ablesen, die zur Einleitung des Befragungsabschnitts erhoben wurden. Denen zufolge nahmen nicht nur über 77% der Befragten an den entsprechenden Veranstaltun- gen teil, die vom Gesamtverein ausgerichtet wurden, sondern es beteiligten sich auch noch über 78% an Festen und kleinen Feiern, die in der Regie von Abtei- lungen bzw. Sportgruppen des Vereins lagen; häufig gab es sogar Mehrfachnennungen zu den Initiativen beider Veranstalter.[4]

---

1) Von den insgesamt 13%, die das Angebot an geselli- gen Veranstaltungen als zu gering bemängelten, kri- tisierten fast 2%, daß weibliche Bezugspersonen (Ehefrau, Verlobte, Freundin) nur ungenügend ein- bezogen würden, über 5% klagten darüber, daß ver- einsinterne, nur für "Sportkameraden (der jeweili- gen Gruppe)" zugängliche, nichtsportliche Treffen nur unzureichend angeboten würden; Quelle: Spieler- stichprobe N=215.

2) Vgl. Übersicht 27, S. 361.

3) Vgl. Übersicht 28, S. 363.

4) Vgl. Übersicht 26, S. 359.

361

Übersicht 27: Vergleich der Spieler-Teilnahme an geselligen Veranstaltungen von

	Abteilung %	Gesamtverein %
1. "brauchtum"- orientiert	65,1	50,2
2. "kommunikativ"- orien./"Aktiv."	17,7	46,5
3. im Anschluß an "sportl. Bezüge"	17,2	26,5

Quelle: Spielerstichprobe N=215

Von allen geselligen Zusammenkünften erzielten mit
65,1 % die im Abteilungsrahmen bzw. auf Gruppenbasis
stattfindenden "brauchtum-orientierten" Treffen die
insgesamt höchste Resonanz.[1] Unter dieser Bezeichnung
wurden folgende Geselligkeitsanlässe zusammengefaßt:
Die Feiern von "Geburtstagen" und "Taufen" bzw. deren
Vorabfeiern ("Freibier") direkt nach der Geburt; die
Beteiligung an "Polterabenden", "Hochzeiten" - mit dem
traditionellen "Spalierstehen"[2] am Ende der kirchlichen

---

1) Vgl. im folgenden Übersicht 27.

2) "Spalierstehen" ist die nicht überall gebräuchliche
Variante eines auch in anderen kulturellen Vereinen
(gelegentlich noch) gepflegten Brauchs der Teilnahme an der Trauung, wobei vereinscharakteristische
Merkmale die Kennzeichen des Spaliers der Mitglieder
bilden, etwa eine Art Arkade aus Fechtsäbeln oder
ein Bogengang aus gefüllten Wasserschläuchen bei
Feuerwehren; bei Fußballvereinen stehen Vereins-
und Mannschaftsmitglieder, in komplettem Sportdress gekleidet, am Kirchenportal und bilden eine
Gasse, durch die das Brautpaar dann schreitet; an
deren Ende findet der frisch Getraute dann das
Trikot mit seiner üblichen Rückennummer auf dem
Boden ausgebreitet vor, dazu einen Fußball, den
er seinen Kameraden als symbolische Geste der
weiteren Verbundenheit sportlich wieder zurück-
schießt.

Trauung, dem sich ein vom Brautpaar spendierter "Um-
trunk" anschließt; weitere, entweder auf allgemein-
kulturelle Bräuche oder auf gruppeninterne Konventio-
nen zurückgehende Anlässe zu Feiern im kleineren
Kreise der Abteilung oder einer (Alteherren)Mannschaft
sind: "Nikolaustag", "Weihnachten", "Neujahr", auch
ein "bestandenes Examen" und "berufliche Beförderungen".

Auch die Gesamtvereine organisieren gesellige Treffen,
die man mit dem Begriff "brauchtumorientiert"[1] umschrei-
ben könnte. Allerdings basieren sie hier meistens auf
den bekannten überlieferten oder gesellschaftlich über-
formten Volksbräuchen, andere folgen jahreszeitlichen
bzw. kalendarischen Vorgaben. Dazu zählen: "Vatertags"-
wanderungen; die Organisation von (unpolitischen)
"1. Mai-Veranstaltungen" wie "Tanz in den Mai", "1. Mai-
Wanderungen", "Aufstellen eines Maibaums"; Feier von
"Winter-" ("Scheibenschlagen") und "Sommerfesten"
("Sonnwendfeier"[2]; Vereinsfeste schließen sich oft
auch dem Rhythmus der kirchlichen Feiertage an wie etwa "Pfingsten", vor allem aber "Weihnachten", das vielfach in Kooperation mit anderen örtlichen Vereinen feier-
lich gestaltet wird; dazu kommen "Sylvestereinladungen"

---

1) Vgl. Übersicht 27, S. 361.
2) Vgl. KLING (Red.), Fest und Feier im Verein, 1980,
   39ff; dieses "Handbüchlein für die Vereinspraxis",
   herausgegeben vom Deutschen Turner-Bund, will zwar
   alle Turn- und Sportvereine ansprechen, basiert
   aber vielfach auf den Praktiken der Turnvereine
   (angesprochen werden deren "Kulturwarte"). Die Redaktion muß sich beim Abschnitt über Geschichte und
   Praktiken der "Sonnwendfeier" den Vorwurf gefallen
   lassen, daß der unhistorische Umgang mit diesem
   Brauch zu einer stellenweise raunenden, trivial-
   mythologischen Beschwörung von "Gemeinschaft" wird,
   zu dem man in bedenklich naiver Weise auch noch den
   Begriff "Volk" assoziiert bzw. artikuliert. Mit
   keinem Wort wird die mißbräuchliche Kultivierung
   erwähnt, die der Nationalsozialismus mit den Sonn-
   wendfeiern betrieben hat.

und "Neujahrsempfänge" und, je nach ortsüblicher Tradition, Veranstaltungen an "Fasching", gefolgt von
einem "Heringessen" am Aschermittwoch. Dieses Spektrum
geselliger Unternehmungen unter der Leitung des Gesamtvereins wird von rund 50 % der Mitglieder besucht,
wobei Überschneidungen nicht selten sind: Bestimmte
Gruppen des Vereins tragen die inhaltliche und organisatorische Verantwortung.[1] die Veranstaltungen an sich
sind aber offen für alle anderen Vereinsmitglieder sowie die lokale Öffentlichkeit.

Übersicht 28: Feste, Feiern und gesellige Veranstaltungen
mag jeder aus anderen Gründen. Wie ist das
bei Ihnen?

Ist mir wichtig (%)		Nicht so wichtig (%)
36,3	1. Alte Festbräuche soll man erhalten	54,9
90,7	2. Feste fördern den Zusammenhalt im Verein.	6,0
56,3	3. Feste/Feiern lenken vom Alltag ab	34,4
92,1	4. Feste/Feiern fördern Kameradschaft in Mannschaft/Abteilung	3,3
74,9	5. Da lernt man seine Kameraden besser kennen.	16,3
53,0	6. Da kann man andere Leute des Vereins kennenlernen.	38,6

Quelle: Spielerstichprobe N=215

---

1) An dieser Stelle soll auf ein weiteres Feld außersportlicher kooperativer Handlungen hingewiesen
   werden, die unter Vereinsmitgliedern etwa auch bei
   den Festvorbereitungen deren persönliche Beziehungen ergänzen und selbstverständlicher werden lassen: Die Organisation binnenvereinlicher Sonder-
   veranstaltungen auf kulturellem Gebiet (Theaterauf-
   führungen, Sketche, humorvolle Darbietungen) oder
   etwa die Herstellung einer Vereinszeitung, die Ansätze zu einer Binnenöffentlichkeit bieten; vgl.
   etwa das "FC Blättli", herausgegeben vom FC 08
   Bad Säckingen.

Unter der Bezeichnung "kommunikative Begegnungen"[1]
wurde eine Anzahl von Gesamtvereinsfestivitäten erfaßt, die mit 46,5 % ebenfalls eine hohe Besuchsfrequenz aufweisen. Dazu zählen im einzelnen: "Skat-
Turnier", "Theaterabende", "Tanzveranstaltungen (Disco)", "Waldfest" und "Familienfeiern".[2] Eine Sonder-
stellung nehmen in dieser Kategorie diejenigen Treffen ein, die vom Gesamtverein in Form eines gemeinsamen Essens veranstaltet wurden: "Grillfeste", "Vesper",
"Speckkuchen-", "Schnitzel-", "Hasenessen".[3]

Deutlich seltener waren Feste, die die Gesamtvereine
"mit Bezug auf sportliche Ereignisse"[4] arrangierten:
"Saisonabschlußfeste", "Meisterschafts- oder Klas-
senerhaltsfeiern" sowie gesellige Zusammenkünfte im
Rahmen von "Sportwochen" wurden von rund 26 % der
(aktiven) Mitglieder genannt. Noch seltener waren
Treffen, die aus ähnlichem Anlaß von einer Abteilung/
einer Mannschaft inszeniert wurden: "Mannschafts/Sie-
gesfeiern", "Prämienessen",[5] "Trainer-Einstand", "Ab-

---

1) Vgl. Übersicht 27, S. 361.

2) "Familienfeiern" sind Veranstaltungen,bei denen
   ausdrücklich auch Ehefrauen und die Kinder der
   Mitglieder in den Ablauf der Feier einbezogen werden, etwa durch besondere, generationsübergreifende
   Spiele.

3) Ohne psychoanalytische Theoreme bemühen zu wollen,
   kann man anhand der häufigen Nennungen von speziell
   an Speisen orientierten Treffen den lustbetonten
   Charakter aller Geselligkeitsformen im Sportverein
   ablesen, vgl. Anm. 5, unten.

4) Vgl. Übersicht 27, S. 361.

5) "Prämienessen" werden meistens am Saisonende arran-
   giert, wenn die für den Gewinn einer bestimmten Anzahl von Punkten pro Saison oder pro Spiel vereinbarten Geldbeträge (aus dem Erlös der Eintrittskarten)
   gemeinschaftlich ausgegeben werden. Andere Formen
   der "Prämien"verwendung sind Einlagen in die Aus-
   flugskasse. Die Verwendung des Begriffs "Prämien"
   ist an den professionellen Sport angelehnt und symbolisiert die Ansätze einer Professionalisierung auch
   des Amateursports.

schluß des Trainingslagers"; nur 17,2 % vermerkten
hierzu ihre Teilnahme. Auch die von Abteilungen organisierten und "mit bestimmten Aktivitäten verbundenen geselligen Treffen" wie "Wanderungen", "Radtou-
ren", "Weinproben" fanden mit 17,7 % ein nur unwe-
sentlich höheres Interesse.

Vor dem Hintergrund dieser vielfältigen, viele Gelegenheiten ausnutzenden und auch in unterschiedlicher
Häufigkeit nachgefragten Maßnahmen von Gesamtverein und
Abteilung/Sportgruppe, unterhaltende und entspannende
Akzente im Vereinsleben zu setzen und auf diese Weise
eine Abwechslung zum Wettbewerbs- und Trainingsalltag
zu schaffen, sollen nun einige Einstellungen näher betrachtet werden, mit denen Mitglieder ihre Teilnahme
begründen.[1]

---

1) Vgl. Übersicht 28, S. 363.

Herausragende Teilnahmemotivation ist bei knapp 75 %
der Befragten, daß ihnen die genannten Veranstaltungen eine Möglichkeit bieten, ihre "Sportkameraden besser kennen(zu)lernen". Die hohe Zahl der Nennungen
signalisiert hier zweierlei. Zum einen illustrieren
sie ein emotionales Bedürfnis unter Sportgruppenmit-
gliedern, sich über die Einseitigkeit der Handlungs-
und Rollenanforderungen des Sportbetriebs hinaus näher
zu kommen und eine Basis für gegenseitiges Vertrauen
und persönliche Beziehungen zu schaffen. Zum anderen
belegen bereits die nackten Zahlen, daß die Veranstal-
tungsangebote auch in diesem Sinne genutzt werden,
nämlich als Ergänzung der bereits bestehenden sozialen
Kontakte bzw. zu ihrer Intensivierung. In diesem Kontext kann man auch eine Funktion der Feste und Feiern
als Integrationsmedien feststellen. Demonstriert wird
ihre Relevanz von jenen 53 % der Befragten, denen
"wichtig" ist, daß man bei Festen "auch andere Leute
aus dem Verein kennenlernen (kann)"; angesichts der hohen Nennungen darf man vermuten, daß die Feste zur Integration auch tatsächlich beitragen. Im übrigen schätzen über 56 % die geselligen Vereinsinitiativen auch
als Entspannungsalternativen zur Routine der individuellen Lebenspraxis, denn ihnen ist "wichtig", daß
Vereinsfeste "vom Alltag ab(lenken)".

Oberflächliche Betrachter des (deutschen) Vereinswesens
unterstellen mit dem polemisch gemeinten Begriff des
"Vereinsmeiertums"[1] einen blanken Sozialaktionismus,
der unreflektiert nur sich selbst genügen will und
dem die Erfüllung von Vorschriften und Regeln um ihrer
selbst willen ein zentrales Anliegen ist. Dieser dünkelhaften Einschätzung zufolge, die wenig Kenntnis von

---

1) Vgl. HOYER 1964, siehe auch hier: S. 135, Anmerkung 2.

den realen Vorgängen und sozialen Bedürfnissen in Vereinen verrät, hätte zum Beispiel das Statement "Alte
Fest-Bräuche soll man erhalten" eine überwältigende
Mehrheit der Nennungen finden müssen. Tatsächlich
hielten es nur knapp 36 % für "wichtig", mit dieser Begründung bestimmte Fest-Traditionen eines Vereins fortzuführen, fast 55 % lehnen dies jedoch ab. Aus dieser
klaren Absage an die stereotype Befolgung traditioneller Festpraktiken kann man auch den Rückschluß ziehen,
daß es für die Mitglieder über die schon genannten emotionalen und integrativen Veranstaltungsgründe hinaus
noch weitere Argumente gibt, die die soziale Relevanz
der gesellig-kommunikativen Veranstaltungen offenlegen.

Wir wenden uns daher den beiden Fragestellungen zu, in
denen das Stichwort "soziale Gemeinschaft" aufgenommen
und in die im Sportverein gebräuchliche Terminologie
übertragen wurde. Im Ergebnis bestätigten über 90 % der
Befragten die Behauptung, gesellige Veranstaltungen
seien deshalb "wichtig", weil sie den "Zusammenhalt im
Verein (fördern)". Dieses eindrucksvolle Votum kann man
als Indikator dafür interpretieren, daß mit der Vereinsgeselligkeit auch eine Identifikation mit dem Verein als soziales Gesamtgebilde nicht nur möglich, sondern sogar erwünscht ist. Zusammenhalt steht also als
Metapher für das "Vereins-Wir". Dieses, in vielen vereinsspezifischen und, damit verwoben, biographischen
Stationen erworbene Gemeinschaftsbewußtsein wird noch
um ein "Gruppen-Wir" ergänzt, das seine Geltung im speziellen Rahmen der Untergruppen eines Sportvereins (Abteilungen bzw. Seniorenmannschaften) entfaltet, wie
aus einer weiteren Fragestellung hervorgeht. Denn es
halten - sogar - 92,1 % der Befragten die geselligen
Veranstaltungen deshalb für "wichtig", weil sie "die
Kameradschaft in der Mannschaft/der Abteilung (fördern)".

Im Begriff "Kameradschaft"[1] spiegeln sich einige sozialpsychologische Bedürfnisse, die Mitglieder von
Sportvereinen mitbringen und die in den Wechselbe-
ziehungen zwischen dem Individuum und seiner (Sport-)
Gruppe erfüllt werden können, zugleich aber darüber
hinausweisen. Zum einen erfordert Kameradschaft die
individuelle Eingliederung in den Gruppenrahmen und
seine Normen. Gewissermaßen belohnt wird man dafür
mit der Gruppensolidarität in sport- und vereinsspezifischen Problemsituationen sowie mit dem Anrecht auf
Zugehörigkeit, die eine wichtige emotionale Qualität
darstellt, da sie der sozialen Vereinzelung entgegen-
steuert. Zum anderen kann sich das Individual-Ich, der
einzelne Fußballspieler, im Schutz seiner Sportgruppe
stabilisieren und gegebenenfalls, etwa bei Auseinandersetzungen, profilieren. Die Verschränkung dieser beiden psychischen Ebenen findet schließlich im "Wir-
Bewußtsein" ihren speziellen Ausdruck der inneren
Einheit (einer Mannschaft/Abteilung); auch dafür
steht der Begriff "Kameradschaft" . Gerade weil die
Geselligkeitsanlässe, die Feste und Feiern im Verein
auch nicht an Rollenspezialisierungen gebunden sind,
sondern die Ungezwungenheit und Spontaneität des persönlichen Gesprächs- und Interaktionsaustauschs ausdrücklich zulassen, weil sie in vielfältiger Weise die
Gruppenmitglieder an deren individuellen Biographien
und ihren sukzessiven Veränderungen (Hochzeit, Taufe,
Examen) teilnehmen lassen, werden diese Vereinsmitglieder vor der gesellschaftlichen Isolierung bewahrt und
stattdessen in die Kommunikations- und Handlungskonti-
nuität einer erwachsenen Bezugsgruppe eingebettet, die
überdies langfristige Bestandsperspektiven bietet: durch
den konkreten Wettbewerbsbetrieb oder im Rahmen des
eher freizeitlichen Alteherrensports.

---

1) Vgl. die Ausführungen zur "Kameradschaft" hier: S. 327f.

i) Die sozialen Implikationen von Gruppenkonstellationen und Gruppenhandeln für Sportaktive eines
Fußballvereins

In den Vorüberlegungen zum empirischen Teil dieser Arbeit, in die historische Quellenstudien, Erkenntnisse
aus Gesprächen mit aktiven Vereinsmitgliedern, die Re-
flexion eigener Erfahrungen, aber auch (jugend)soziolo-
gische Theoreme eingeflossen sind, bildete sich allmählich die Überzeugung heraus, daß entgegen der herkömmlichen Betrachtungsweise nicht die Erfassung der
zentralen gesellschaftlichen Institutionen Familie und
Schule schlechthin, sondern erst die Differenzierung
nach den Gruppen der Altersgleichen einen brauchbaren
Aufschluß über die entscheidenden Stationen jugendlicher Sozialisation zum (Fußball-)Sport liefern würde.
Bereits die ersten Ergebnisse der Datenauswertung bestätigten dieses Vorgehen, denn insbesondere aus den
Antworten auf Fragen nach den Einflußfaktoren für die
ursprüngliche Sportaktivität ergab sich ein eindeutiger
Trend in der angesprochenen Richtung. Sei es hinsichtlich der primären Berührungspunkte mit Sport im allgemeinen und Fußball im besonderen, sei es unter Berücksichtigung der ausschlaggebenden Motivationsgrößen für
einen Vereinsbeitritt oder sei es in Bezug auf die
wichtigsten Kommunikationspartner zum Thema Sport im
(frühen) Jugendalter: auf die "Schulfreunde" entfielen
mit einer Ausnahme, wo sie erst an zweiter Stelle genannt wurden, fast immer die meisten Nennungen. Mit anderen Worten kann man das erste Ergebnis der empirischen
Untersuchung so zusammenfassen, daß den Altersgleichen,
den "peers" im sozialwissenschaftlichen Fachterminus,
eine Schlüsselfunktion schon vor einer organisierten
Sportaktivität zukommt.

Dieser Erkenntnis ist die tatsächliche Entwicklung im
Wettkampfsport der Verbände des Deutschen Fußball-Bundes insofern bereits vorausgeeilt, als hier die Bildung
von jugendlichen Wettkampfmannschaften zunehmend jüngere Jahrgänge erfaßt, in Ausnahmefällen sogar schon die
Einrichtung eines "Fußball-Kindergartens" zu beobachten
ist.[2] In Form der "F-Jugend", das sind die Kinder (beiderlei Geschlechts) bis zum Alter von 8 Jahren, hat man
nun schon das Einschulungsalter erreicht, das bedeutet,
daß parallel zur zweiten Phase der gesellschaftlichen
Sozialisation, die mit dem Eintritt in die Schulausbil-
dung beginnt, auch die Phase der Sport- bzw. der Ver-
einssozialisation einsetzt. In der Konsequenz ist zu
erwarten, daß die noch früher als bisher sich anbahnen-
de Verzahnung von schulischen und sportlichen "peer"-
Gruppenerfahrungen auch frühzeitiger den jugendlichen
Individuationsvorgang auslöst, was, soziologisch betrachtet, eine baldigere Herauslösung aus dem primären
Lebenskreis und die damit einhergehende individuelle
Selbständigkeit in der Rolle des Jugendlichen zur Folge
haben dürfte. Zwar kann man gegenwärtig den gesamtgesellschaftlichen Verlauf nicht bis in die fernere Zukunft übersehen, aber der hier nur skizzierte Sachverhalt läßt - erst recht im Lichte der geschichtlichen
Ausgangsbedingungen vor bzw. um die Jahrhundertwende
gesehen - die Vermutung zu, daß die Verjüngung des jugendlichen Wettkampfbetriebs einen weiteren, wenn auch
nur kleinen Schritt im historisch-biologischen Beschleu-
nigungsvorgang ("Akzeleration") des jugendlichen Reife-
prozesses bedeutet. Nicht zuletzt deshalb haben die entsprechenden Entwicklungen und Bestrebungen in den Vereinen und Verbänden des Sports einen hohen gesellschaftlichen Stellenwert.

---

1) Vgl. RHEINFELDEN 1984, 47.

Aus allen diesen Gründen wurde den spezifischen Strukturbildungen im Jugendfußball und ihren möglichen sozialen Folgewirkungen in der ganzen Arbeit große Aufmerksamkeit gewidmet; in entscheidenden Punkten auch
noch durch die historischen Erkenntnisse begründet,
wie sie in den Kapiteln über die Spielbewegung und die
Schülerfußballvereine vorgelegt wurden. Analytischer
Ausgangspunkt war dabei, daß die Regelbestimmungen über
die Mindest- bzw. Höchstteilnehmerzahl je Mannschaft
ein signifikantes Strukturmerkmal darstellen. Sie steu-
ern zum einen die formale Zugehörigkeit zu einer Jugendmannschaft; dadurch ist zum anderen in gewissem Ausmaß auch schon die Intensität der individuellen Integration in die darauf basierende "peer"-Gruppe vordefi-
niert. Ihre jugendspezifische Bedeutung als eine sozialisationsrelevante Bezugsgruppe erlangen jugendliche
Fußballmannschaften also zunächst durch die Festsetzung
einer Gruppengröße, die eine auch für den inneren Zusammenhang wichtige Abgrenzung nach außen zuläßt und
zugleich vom Umfang her geeignet ist, jederzeit direkte Kontakte der Mitglieder untereinander verwirklichen
zu können. Diese sozialen Kontakte werden dann im Rahmen des Wettkampfsports einschließlich seiner Vorberei-
tungsmaßnahmen, dem mehrmaligen Training pro Woche,
sowie aufgrund seiner normativen Anforderungen in sportlicher ("Fairness") und in sozialer Hinsicht ("Kooperation", "Rücksichtnahme") permanent erneuert. Auf diese
Weise kommt ein Kommunikationsfluß in Gang, der ein zu-
nehmendes Miteinandervertrautsein und Vertrauen unter
den Gruppenmitgliedern zur Folge hat.

Hinzu kommt außerdem noch, daß es personelle Übereinstimmungen von Mitgliedern einer Jugendmannschaft und
einer Schulklasse gibt, da jugendliche Wettbewerbsmannschaften im Fußball auf einer weitgehenden Altershomo-

genität beruhen. Dies wiederum bedeutet, daß sich die
in Schule und Verein erworbenen altersgemäßen Erfahrungen und Bedürfnisse wechselseitig ergänzen und erfüllen
können und somit den Grundbestand an charakteristischen
gemeinsamen Erlebnissen bilden. Schließlich sind es im
wesentlichen diese Gruppenerlebnisse, die ein intensi-
ves "Wir-Bewußtsein" konstituieren, das auch über den
Zeitraum des Jugendfußballs hinaus wirksam bleibt und
im Rahmen des Seniorensports immer wieder aktualisier-
bar ist. Unter anderem dadurch wird die Kontinuität der
sozialen Beziehungen im Fußballverein symbolisch und
konkret sichtbar gemacht, zum Beispiel in Form von Re-
miniszenzen und Anekdoten, in denen das "Wir" durchgehend eine dominierende Rolle spielt.

Soweit nicht bestimmte Lebensentscheidungen beruflicher
oder privater Natur, die gewiß immer auch von veränderten politisch-gesellschaftlichen und wirtschaftlichen
Bedingungen abhängig sind, einen Wechsel des Vereins
oder gar die Aufgabe des Sports nahelegen, manchmal gar
erforderlich machen, können die im Jugendspielbereich
aufgebauten Gruppen- und Freundschaftsbeziehungen ein
ganzes Netz von sozialen Bezugspunkten ausprägen, an
die dann nach Übertritt in den Seniorenspielbereich erneut angeknüpft werden kann; ein Teil der empirischen
Ergebnisse hat in signifikanter Weise die Fortdauer solcher Beziehungen und persönlichen Bindungen schon seit
der Kindheit und der Schulzeit unter aktiven Vereinsmitgliedern bestätigt. Dieses Beziehungsnetz und die
vom Sportbetrieb verlangten regelmäßigen Kontakte erklären zum einen das beachtlich umfangreiche Zeitbudget, das ein Großteil der Aktiven für den Sportverein
und dessen Sozialleben einzurichten bereit ist. Die
daraus erwachsenen Verbindungen sind es dann auch, die
einen weiteren, nicht unbeträchtlichen Teil der Akti-

ven außerdem noch zu gesellig-kulturellen Initiativen zusammenführt, die einen zusätzlichen Zeitaufwand jenseits des vom Wettkampfbetrieb geforderten bedeuten. Dazu zählen insbesondere die Besuche von unterhaltend-gemütlichen Veranstaltungen, die einerseits vom Gesamtverein und andererseits von spezifischen Untergruppen des Vereins intern organisiert werden.

Gerade in den zuletzt genannten Zusammenhängen gewinnen die Gruppenbeziehungen in Seniorenmannschaften ihren umfassenderen Charakter, werden sie zu sozialen Bezugsgruppen. Denn die vielfältigen außersportlichen Handlungs- und Begegnungssituationen, die Übereinstimmungen in Freizeithobbies und kulturellen Interessen erweitern sukzessive das Persönlichkeitsbild, das die Sportgruppenmitglieder voneinander (bekommen) haben und steigern deren Kommunikationsfähigkeit; mithin auch die des Gesamtvereins. Allmählich wachsen diejenigen Mitglieder, die für die skizzierte Entwicklung persönlicher Beziehungen im und durch den Verein offen und bereit sind, mit allen ihren Eigenheiten, die sie als individuelle Personen auszeichnen, in die, ursprünglich vom Sport ausgelöste, soziale Gemeinschaft, die sie für die Sportaktiven primär ist. Exakt dieser engere Bezugskreis, die "Mannschaftskameraden", ist es auch, den 47 % der Interviewten angegeben haben, als sie daraufhin befragt wurden, wen oder was sie mit dem Vereinsnamen spontan identifizierten, wenn er ihnen, ohne Zusammenhang und unvermutet, genannt wird; 30,2 % dachten

in diesem Fall an das "letzte bzw. nächste Wettkampf-
spiel" (20,5 % machten keine Angaben).[1]

Das eben erwähnte Umfrageergebnis bestätigt ein weiteres Mal unsere eingangs des Unterkapitels aufgestell-
te These, weshalb wir die Quintessenz funktionierender
Bezugsgruppen im Sportverein folgendermaßen zusammenfassen wollen: Ihr innerer und äußerer Zusammenhalt
ruht sowohl auf einer mit den individuellen Biographien
verwobenen Zeitachse, als auch auf einer sozialen Verbundenheit, deren breit gefächerte Handlungs- und Er-
lebensgemeinsamkeiten sie als autonome Individuen zu
einer gewachsenen, homogenen Sozialgruppe zusammenfügen.

---

1)

Übersicht 29: Wenn plötzlich und völlig unverwartet <u>nur der Name</u> Ihres Vereins erwähnt wird, was fällt Ihnen als erstes ein?	Spieler (Aktive/AH) %
1. meine Mannschaftskameraden/jene, mit denen ich meist zusammen bin	47,0
2. das letzte/nächste Spiel	30,2
3. keine Angabe	20,5

Quelle: Spielerstichprobe N=215

2. Der Stellenwert des Vereinsheims im Sozialleben
   des Sportvereins

Gerade in den letzten Abschnitten, die ausführlich von
sozialen Begegnungen unter Sportkameraden, von gemeinsamen geselligen Aktivitäten und ihrer zeitlichen Ausdehnung in das Privatleben der einzelnen Mitglieder handelten, blieben Angaben zum konkreten Ort dieses kommunikativen Geschehens weitgehend ausgespart. Gewiß wird
bei einem Sportverein, wie im entsprechenden Abschnitt
des Kapitels II zusammenfassend festgestellt (vgl. hier:
S. 140ff), fast immer ein Sportplatz als ureigenster Er-
eignisraum assoziiert. Doch damit ist nur eine äußere
Bestimmung getroffen, differenzierende Nachfragen müssen noch folgen, ehe Aussagen zur Bedeutung des Sportgeländes als spezifischer Sozialraum für Sportverein und
Vereinsmitglied gemacht werden können. Im weiteren soll
es also darum gehen, einige der zentralen Aspekte herauszuheben, die zur sozial-ökologischen Etablierung des
Sportvereinslebens beigetragen haben. Zu diesem Zweck
werden noch einmal zwei Fäden aufgenommen, die zu diesem Themenkomplex in früheren Zusammenhängen unter vorwiegend anderen Gesichtspunkten eine Rolle spielten, und
zwar zunächst der Spielplatz, danach das Vereinslokal.
Vor dem Hintergrund ihrer historischen Herausbildungen
und deren entscheidenden Funktionen können dann Einschätzungen zur sozialen Geltung der entsprechenden Einrichtungen eines Sportvereins vorgenommen werden; sie
stützen sich im wesentlichen auf die Ergebnisse aus dem
dafür konzipierten Befragungsabschnitt unserer empirischen Untersuchung.

a) Stationen der sozial-räumlichen Verankerung der
Sportvereine: Vom Spielplatz zum Vereinslokal

"Der gesellige Verkehr auf dem Spielplatz (bringt) die
Knaben zusammen".[1] Auf diesen Nenner brachte Konrad
KOCH bereits zu Beginn der neunziger Jahre des vergangenen Jahrhunderts seine Beobachtungen, mit denen er die
Forderung an die staatlichen und kommunalen Behörden
begründete, um sie für den Ausbau von öffentlichen
Spielplätzen zu gewinnen. Die diesem Ansinnen zugrunde
liegenden Überlegungen resultierten hauptsächlich aus
den Erfahrungen am Braunschweiger Gymnasium, an dem er
unterrichtete, wo im Anschluß an die von ihm gegründeten (Rugby-)Schülerfußballvereine sich jugendliche
Gruppen bildeten, deren Mitglieder über das gemeinsame
Spiel hinaus einen sozialen Zusammenhalt aufrecht zu erhalten versuchten. Ähnliche Wahrnehmungen veranlaßten
den Magdeburger Schulrat Platen im Jahr 1895 zu der
Feststellung, in Zusammenhang mit regelmäßig an Schulen
organisierten (Sport- und Turn)Spielen könnten die
Spielplätze zu "Krystallisationspunkten" werden, die
"weitere Spieler naturgemäß anziehen",[2] nämlich zu jugendlichen Kleingruppen. Damit haben beide Autoren den
mitentscheidenden strukturellen Untergrund umschrieben,
den "festen Boden", wie Platen in unbeabsichtigt doppel-
ter Bedeutung formulierte, für zahlreiche Schülerspielvereinigungen. Diese wiederum haben wir als Keimzellen
des gesamten späteren Fußballvereinswesens in Deutschland identifizieren können. Mit der erfolgreichen For-
cierung des Spielplatzbaus erwarb sich die "Spielbewegung" in den Worten des ersten DFB-Präsidenten HUEPPE

---

1) In: JfJuV 1892, 6; vgl. hier: S. 109f.
2) Vgl. JfJuV 1895, 16.

"große Verdienste"[1] für die Entwicklung des organisier-
ten Fußballspiels; dieser Einschätzung haben wir uns am
Ende der Erforschung der umfangreichen Initiativen der
"Spielbewegung" ebenfalls angeschlossen.

Das zweite Fazit jenes Kapitels knüpft nun direkt an
unsere aktuellen Forschungs- bzw. Analyseabsichten an.
Denn die "Spiel(platz)bewegung" bedeutete nicht nur eine
Legitimierung von altersgemäßen Bedürfnissen Heranwachsender, etwa nach freier Gruppenbildung, nach physischer
Aktivität und Unabhängigkeit von erwachsener Kontrolle,
sondern zugleich wurde den Heranwachsenden in Form der
(Spiel- und) Sportplätze ein sozialer Treffpunkt zuge-
wiesen. Soziologisch gesprochen symbolisierte der Sportklub zum einen den gesellschaftlich gestatteten Handlungsrahmen einer bestimmten Altersgruppe (der bis
16-Jährigen), und zum anderen war damit ihr gesellschaftlicher Rang definiert, nämlich die Übergangsphase zum
Jugendlichenstatus, eine Zwischenstufe gewissermaßen,
die der quantitativen Verbreitung des gesellschaftsge-
schichtlich neuen Phänomens "Jugend" (als eigene soziale Gruppe) vorausging. Unter diesem Aspekt gesehen ver-
körpern die Spiel- und Sportplätze von Anfang an zwei
zentrale Merkmale, den eines kollektiv erworbenen, gelegentlich auch eroberten gesellschaftlichen Aktions-
raumes und den eines kollektiv gestalteten Sozialraums.
Denn die ersten jugendlichen Vereine waren zur Erledigung ihrer Vereinsgeschäfte wie auch zur Beratung ihrer
sportlichen und geselligen Initiativen auf den Sportplatz angewiesen, sie trafen sich "im Freien",[2] zumal
ihnen Jugendschutzgesetze den Zutritt zu den Gaststätten, den Kommunikationsräumen von Erwachsenen, prinzipiell verwehrten.

---

1) Vgl. HUEPPE 1925, 54.
2) Vgl. WEGELE 1956, 23.

Kein Zweifel, daß es sich in den Fällen, wo der Sportplatz als primärer Vereinstreffpunkt ausreichen mußte,
um ein nur vorübergehend akzeptables Provisorium handelte, das zudem oft umgangen werden konnte. Etwa dadurch,
daß sich Kneipenwirte - nicht ohne Bedacht auf den eigenen Vorteil, auf diese Weise potentielle Dauerkunden
zu gewinnen - großzügig in der Gesetzesauslegung zeigten; zum anderen genügte eine erwachsene Begleitperson
als Vereinsmitglied, und den Jugendschutzbestimmungen
war Genüge getan. Insgesamt darf man dennoch in der Institution "Vereinslokal", dessen Wahl meist mit der
Vereinsgründung parallel erfolgte, eine ursprünglich
symbolische Funktion als signifikant ansehen, und das
ist seine Bedeutung als allgemein akzeptierter Treffpunkt von (nunmehr) Jugendlichen innerhalb von Reserva-
ten der Erwachsenen.

Mit der zunehmenden Versportlichung des Fußballspiels,
das heißt: dem Ausbau des wettkampforientierten Spielbetriebs und der regionalen und nationalen Organisierung
in Verbänden, hatten die Vereinslokale außerdem mehrere
instrumentelle Funktionen zu übernehmen. Zum einen waren Vereine in ihrem Lokal nun auch für auswärtige Vereine entweder telefonisch oder telegraphisch erreichbar.
Zum anderen diente es als Versammlungsort, wo alle
Vereinsangelegenheiten, die nun regelmäßig und in größerem Umfang als vor der Etablierung im Wettbewerbsge-
schehen anfielen, kontinuierlich erledigt werden konnten. Dafür insbesondere waren "Clubtage" eingerichtet,
verbindliche Termine, an denen alle Mitglieder verpflich-
tet waren, im Vereinslokal zu erscheinen. Hierbei ging
es aber nicht nur um die Aufrechterhaltung der Vereinsgeschäfte im vereinspolitischen Sinn, sondern gerade mit
den festen Terminen waren soziale Dimensionen eng ver-
flochten: Das Vereinslokal wurde allmählich zur kommuni-

kativen Anlaufstelle für Mitglieder auch außerhalb der
Clubtage, wenn es das nicht schon vorher bereits war,
und speziell aus diesem Grund ausgewählt worden war.
Schließlich boten sich die oft über einen größeren Saal
verfügenden Vereinslokale auch noch an, ihre sozio-kulturellen Bedürfnisse, also Feiern, Kommerse, Tanz- und
Theaterveranstaltungen sowie Musikaufführungen, zu
entfalten. Eine spezifische Vereinsgeselligkeit konnte
sich nun ausbreiten, die in der Charakterisierung, ein
"gesellschaftlicher Aufschwung",[1] gemeint sind vereins-
interne Geselligkeit und soziale Akzeptanz, habe stattgefunden,sprachlich ihren Ausdruck fand.

Ein weiterer Grund, der für die Wahl eines (innerörtli-
chen) Gasthauses als Vereinslokal sprach, wird in zahlreichen Vereinschroniken eher verschlüsselt angegeben.
Exemplarisch nachzulesen in der Chronik des FC Wollmatingen, heißt es, daß das von der politischen Gemeinde,
in anderen Fällen vom Pfarramt, gelegentlich von Pri-
vatbesitzern für das Fußballspiel überlassene Gelände
in einer "abgelegenen Gegend",[2] weit außerhalb des Wohngebiets sich befunden habe. Zwar wurde in der Regel
schon in frühesten Vereinszeiten am Sportplatz der Verkauf von (alkoholischen) Getränken organisiert, sodaß
man gegebenenfalls vor Ort die Siege "begiessen" konnte.
Dennoch war das gerade für neu-entstandene Vereine, die
von Jugendlichen eventuell in Konfrontation mit dem örtlichen Turnverein durchgesetzt worden waren, nicht der
angemessene Rahmen, in dem man sich als autonomer Verein präsentieren konnte. Entschieden geeigneter war dagegen das Vereinslokal im Lebenszentrum der Kommune, denn
dort war man, etwa beim Feiern der sportlichen Erfolge,
inmitten der lokalen Öffentlichkeit und konnte auf diese

---

1) Vgl. SÜDSTERN Karlsruhe 1981, 54.
2) Vgl. WOLLMATINGEN 1984, 53.

Weise den Anspruch auf soziale Aufmerksamkeit und Geltung als jugendlicher Zusammenschluß deutlich machen.

Zu dieser sozialpsychologischen Motivation, die für ein
zentrumsnahes Vereinslokal den Ausschlag gegeben haben
mag, kommt eine weitere hinzu, die LAERMANN zwar an
der Berliner Kneipenszene der Gegenwart beobachtete,
der man eine Plausibilität aber auch in historischer
Dimension zuerkennen kann. Denn traditionell stellt
"für zahllose Männer (in unserer Gesellschaft) die Kneipe den einzigen Ort" dar, "an dem sie ungestört (und das
heißt: fern von Familie und Arbeitsplatz) mit anderen
Männern zusammentreffen können".[1] Dieses "männerbündi-
sche Element", wie LAERMANN die Anziehungskraft der
Wirtshäuser unter anderem erfaßt, dürfte auch im Falle
der Fußballvereine unausgesprochen eine wichtige Rolle
gespielt haben und noch spielen. Für eine andere Besu-
chergruppe von Kneipen, die gewiß auch in Fußballvereinen repräsentiert ist bzw. war, stellt ein (Vereins)Lo-
kal den Versuch dar, "die Grenzen des Vertrauten über
die Wohnung hinaus in fremde Bereiche auszudehnen", mit
anderen Worten die Kneipe in "eine Art öffentliches
Wohnzimmer" umzuwandeln.[2]

Für die genannten Merkmale und Motivationen (fußball)-
vereinsspezifischer Kommunikation hat also das Vereinslokal den zugehörigen sozialen Ort abgegeben, übernahm
es die Funktion einer Anlaufstelle, deren Kommunikations-
inhalte und -partner von vornherein bekannt und bis zu
einem gewissen Grad auch vertraut sind. Vor der Einseitigkeit der Gesprächsgegenstände schützte sie die Tatsache, daß diese Lokale auch für andere Besuchergruppen

---

1) Vgl. LAERMANN 1978, 427.
2) Ebd., 429.

zugänglich waren und von diesen frequentiert wurden.
Gesprächsteilnehmer konnten sich abwechseln und mit
ihnen die Themen, was dem ohnehin vorhandenen Bedürfnis nach einem weitergesteckten Spektrum an Unterhal-
tungs- und Verständigungsthemen entgegenkam. Man kann
annehmen, daß für die regelmäßigen Besucher unter den
aktiven Vereinsmitgliedern das Vereinslokal die bereits
beschriebene Funktion einer "Stammkneipe" innehatte,
was für die Gegenwart noch zu überprüfen wäre (vgl.
S. 392ff. insbes. 400ff.).

b) Das Vereinsheim

Würde man sich nur auf die Quelle DIEM/SEIFFERT stützen,
die in den zwanziger Jahren "Leitsätze für Bau und Instandhaltung" von Sportplätzen und Stadien veröffentlicht
haben,[1] dann könnte man dem Eindruck erliegen, Freiluft-
Sportstätten seien in Deutschland ausschließlich Austra-
gungsorte von (männlich-)harten Kämpfen um Siege, vom
Ringen um sportlichen Lorbeer zur Ehre der deutschen Nation gewesen. Diesen vermeintlichen Bedeutungsschwerpunkt
sportlicher Anlagen in der Weimarer Republik suggerie-
ren die Autoren nicht nur dadurch, daß ihre Schrift bereits im Titel den Begriff "Kampfbahn" führt, sondern
im Text selbst findet sich kaum ein direkter Bezug zu
den zuvor festgestellten sozialen Funktionen der Sportplätze. Allenfalls unter dem Stichwort "Baulichkeiten"
versteckt findet man einen in diesem Sinne interpretier-
baren Hinweis, denn immerhin "erwünscht" war ein "Er-
frischungsraum mit anschließender Wirtschaftsküche"; er
gehörte aber offensichtlich nicht zur Grundausstattung

---

1) Vgl. DIEM/SEIFFERT 1922.

eines Sportgeländes und wurde in erläuternden Modell-
zeichnungen auch nur gestrichelt angefügt. Diese von
stark asketischen Zügen geprägte und von einem unter-
gründigen Kampfmythos umgebene sportliche Leistungs-
ethik entsprach allerdings nicht ganz der Wirklichkeit.
Denn nach unseren Recherchen herrschte schon damals auch
auf den Sportplätzen selbst ein reges Leben, wenn auch
nach wie vor das separat vom Platz liegende Vereinslokal
in sozialer Hinsicht eine dominierende Stellung einnahm.
Im folgenden wird nun darauf eingegangen, aufgrund welcher Faktoren das Vereinslokal seine Position verlor und
durch das Vereinsheim ersetzt wurde.

Villenartige Gebäude wie das "Clubhaus", das der SV
Haslach im Jahr 1925 errichtet hat,[1] waren gewiß die
Ausnahme. Weit häufiger berichten die Vereinschroniken
von "Baracken", also provisorischen Unterkünften, die
notdürftig für den Verzehr von kleineren Speisen und
zum Verkauf von Getränken hergerichtet waren. So hatte
zum Beispiel der FC Mühlburg, bald nachdem er ein neues
Vereinsgelände erworben hatte, "eine Art Geräteschuppen"
aufgestellt, der dem Verein zugleich "als erste Kantine"[2]
diente. Gleich im darauffolgenden Jahr, 1909, bauten die
Mitglieder in zäher Eigenleistung ein "Clubhaus", das
"zur Hebung der Geselligkeit und Kameradschaft"[3] beitragen sollte. In dieser Gesamtfunktion überdauerte das
Mühlburger Sportgelände unversehrt nicht nur den 1. Welt-

---

1) HASLACH 1982, 23; vgl. Abb.28, S. 384.
2) MAAG 1956, 148; (dieser Quelle sind auch die weiteren
   Informationen zu Mühlburg entnommen) weiter heißt es
   dort: "Erster Kantinier war Karl Scherer, als Spezia-
   lität servierte er 1 Portion Rettichsalat mit viel
   Zwiebeln, Brot und 1 Flasche Bier zu 25 Pfennigen".
3) WEGELE 1956, 36.

krieg, ganz im Gegensatz zu Karlsruher und Stuttgarter Vereinen, die von "Sportplatzentziehungen"[1] betroffen wurden, sondern es bestand als beliebter Vereinstreffpunkt bis zum Jahr 1942. Dann wurde es ein Opfer der Kriegsereignisse, als Luftangriffe in der Nacht zum 3. September sowohl das Klubhaus als auch den Sportplatz völlig zerstört haben. Dadurch sei man "sozusagen obdachlos" geworden, kommentierte der Chronist in leidenschaftloser, aber vermutlich charakteristischer Nüchternheit. Denn dieselbe Ausgangslage fanden viele Sportvereine in deutschen Städten nach Kriegsende vor, sodaß "Wiederaufbau" auch auf diesem Gebiet zur vorherrschenden Maxime der Nachkriegszeit wurde.

Abb.27: Die alte Sportplatzhütte des FC Bonndorf (1967)

Die alte
Sportplatzhütte

Quelle: BONNDORF 1980

1) Unter dem Stichwort "Sportplatzentziehungen" hielt der KRIEGSGESCHÄFTSBERICHT (1918, 17f) fest, daß eine Bundesratsverordnung vom 4.4.1916 Bestimmungen über die Verwendung, eventuell Enteignung bebauungsfähiger und zur landwirtschaftlichen Nutzung ("Kartoffelanbau") tauglicher Flächen enthielt. Im Gebiet des Süddeutschen Fußballverbandes waren in 55 Fällen auch Fußballvereine, vor allem in Stuttgart, vereinzelt auch in Karlsruhe, betroffen.

Abb.28: Aufnahmeserie: Die Geschichte des Clubhauses des
SV Haslach in Bildern (1925-1957/58-1980)

1. und 2. August 1925: Einweihung des Clubhauses des Fußballsportvereins 1911 Haslach.
(Bleistiftzeichnung von Paul Kriesch)

23. Oktober 1980: Bürgermeister Rau nimmt
den ersten Spatenstich für den Neubau des
neuen Clubhauses vor.

1957/58: Erweiterungsbau – Mit einem Kosten-
aufwand von 25.000,- DM wurde für den Platz-
wart eine Wohnung eingebaut.

Quelle: HASLACH 1982, 23.

- Der Entstehungshintergrund des Sportanlagenbaus
  nach 1945

Obwohl also die Kriegsfolgen auch für die Sportvereine
und ihre Anlagen große Hindernisse darstellten, um nach
der Freigabe der Vereinsaktivitäten durch die Alliier-
ten-Behörden wieder ein Sportvereins- und verbandsleben
entstehen zu lassen, konnte man in den fünfziger Jahren
nur mit geringer finanzieller Unterstützung durch staatliche Stellen rechnen.[1] Da das Grundgesetz eine bundesstaatliche Kompetenz für den Sport und seine Organisationen nicht vorsieht, fehlten für einen entsprechenden Mitteleinsatz zum einen die verfassungsrechtlichen
Voraussetzungen. Zum anderen mangelte es offenkundig auch
am politischen Willen, noch mehr als die Einrichtung eines "Fachreferats für Sport und Leibesübung" beim Bun-
desinnenministerium im Jahr 1950 zu genehmigen, sowie
Finanzmittel in bescheidenster Höhe, etwa zur Förderung
des internationalen Sportverkehrs, im Haushaltsplan
vorzusehen; wie PEDERSEN recherchiert hat, kam das Stichwort "Sport" noch nicht einmal in einer der drei Regie-
rungserklärungen während Konrad Adenauers Amtsperioden
vor.[2] Zumindest der Bundesstaat hielt sich strikt an
das Subsidiaritätsprinzip, das ihn allenfalls zu "Bei-
hilfen (...) bei einer hinreichenden Selbstbeteiligung
des Sports"[3] verpflichtete; ansonsten trug man dem Ver-
fassungsgrundsatz Rechnung, daß es sich beim Sport um
eine Betätigung innerhalb der Privatsphäre des einzelnen
Staatsbürgers handelt, die nach Artikel 2 GG ("Jeder
hat das Recht auf freie Entfaltung seiner Persönlichkeit"
(Abs. 1) geschützt ist. Wenn es eine staatliche Zustän-

---

1) Die Informationen zum folgenden Abschnitt entstammen
   weitgehend PEDERSEN 1977.
2) Ebd., 52.
3) Ebd., 51.

digkeit gab, dann die der Bundesländer, denn deren Aufgaben stellen sich unter anderem in den Fällen der "ge-
setzesfreien Verwaltung", zu denen der Sport aufgrund
seiner fehlenden grundgesetzlichen Berücksichtigung
zählt.[1]

Die bundesstaatliche Zurückhaltung in der nationalen
Sportförderung wurde erst aufgegeben, als 1959 die
Deutsche Olympische Gesellschaft ein Memorandum vorleg-
te, das besorgniserregende Zahlen über den schlechten
Gesundheitsstand und die hohe Frühinvalidität der Bevölkerung verbreitete. "Um einem allmählichen biologischen Verfall des deutschen Volkes entegenzuwirken",[2]
legte die Gesellschaft 1960 ihren, unter demselben Namen bekannt gewordenen "Goldenen Plan" vor. Er beruhte
auf Berechnungen, aus denen ein Fehlbestand an folgenden Einrichtungen hervorging: "31.000 Kinderspielplätze,
14.700 Allgemeine und Schulsportplätze, 10.400 Turn-,
Spiel- und Gymnastikhallen, 5.500 Gymnastikhallen bzw.
-räume, 2.625 Lehrschwimmhallen, 2.420 Freibäder und
435 Schwimmhallen".[3] Der gesamte Finanzbedarf zur Erfüllung des "Goldenen Plans" bis zum Jahr 1975 belief
sich auf 6,3 Mrd. DM, die im Verhältnis 5 : 3 : 2 von
Ländern, Gemeinden und Bund aufgebracht werden sollten;
in jährlichen Haushaltsposten waren das 222 Millionen
DM für die Länder, 115 Millionen für die Gemeinden und
84 Millionen für den Bund, der damit eine hohe Ausga-
bensteigerung zu verzeichnen hatte, vergleicht man die
zwischen 1950 und 1958 geleistete (Spitzen)Sportförde-
rung von anfangs 300.000 DM und am Schluß 2,4 Millionen
DM pro Jahr.[4]

---

1) Die Informationen zum folgenden Abschnitt entstammen
   weitgehend PEDERSEN 1977, 49.
2) Ebd., 53; vgl. auch die Begründungen der Spielbewegung sowie der Reformpädagogen, hier: S. 36, Anm.1.
3) Ebd., 54.
4) Ebd.

Beobachter stimmen darin überein, daß der "Goldene
Plan" die entscheidenden Impulse für den Sportstätten-
bau in der Bundesrepublik gegeben hat, mehr noch, daß
Zug um Zug mit der Verwirklichung des Plans auch die
Mitgliederzahl in den Sportvereinen angestiegen ist;
betrug sie im Jahr 1954 noch 3,7 Millionen, was einem
Bevölkerungsanteil von etwa 7 % entsprach, so stieg
sie im Jahr 1984 bis auf knapp 18 Millionen an; mithin
etwa 29 % der Gesamtbevölkerung sind in einem Sportverein Mitglied.[1] Folgende, im Rahmen des "Goldenen Plans"
bis 1984 errichtete Anlagen stehen heute zur Verfügung:
"24.800 Sport- und Gymnastikhallen, 3.400 Hallenbäder,
3.900 Freibäder, 100 Sporthallen, 2.200 Spielfelder in
Tennishallen, etwa 13.000 Kleinspielfelder, 21.000
Großspielfelder und 15.000 Tennisfelder".[2] Insgesamt
wurde eine Sportfläche von weit über 200 Millionen Quadratmetern Größe geschaffen, deren Bausumme bis 1974
etwa 17 Milliarden DM betrug; nimmt man den ganzen Zeitraum seit Bekanntwerden des "Goldenen Plans" im Jahr
1960 bis 1984, dann wurden sogar rund 24 Milliarden DM
in den Bau von Sportanlagen aus Bundes-, Landes- und Ge-
meindemitteln investiert.[3]

Imponierende Zahlen, ohne Zweifel, imponierend aber auch
die Leistungen, die hinter diesen Zahlen stecken, denn
manche Sportanlage konnte nur deshalb gebaut werden,
weil sich Vereinsmitglieder in großer Zahl mit freiwilligen Hilfsleistungen sowie mit Spenden an den Baumaßnah-

1) GIESELER 1984, 48.

2) PIRO 1984, 36.

3) Ebd.; da die Bundesförderung nach den Ergebnissen der
   Finanzreform von 1974 ausgesetzt wurde, legten Bundesländer wie Baden-Württemberg eigene Förderungspro-
   gramme auf, die in "Sportstätten-Entwicklungspläne"
   eingegangen sind; vgl. den "Sportstättenleitplan" in:
   BÜRGERMEISTERAMT der Stadt Freiburg 1976. Weitere Zahlenangaben über die Höhe der staatlichen Sportförderung in: PEDERSEN 1978, 65 - 71.

men beteiligt haben.[1] Doch, so muß man fragen, wo in
all den statistischen Daten sind die spezifisch sozial-
kommunikativen Einrichtungen enthalten, in welcher Statistik, unter welcher Rubrik werden "Vereinsheim" bzw.
"Klubhäuser" erfaßt, von denen viele Vereinschroniken
berichten, einige mit großem Stolz, andere erinnern
an dadurch ausgelöste "Krisen"?[2]

In sportsoziologischen Untersuchungen der siebziger Jahre wie etwa von SCHLAGENHAUF und TIMM[3] sind sie zwar
empirisch erfaßt worden, wobei man zum Schluß kam, daß

---

1) Ein besonders eindrucksvolles Beispiel liefert
   der FV Sulz, dessen Vereinsgeschichte zu weiten Teilen als Geschichte des Neu-/Aus-/Um- und Anbaus von
   Sportanlagen und Clubhaus gelesen werden kann; mit
   viel Detailinformationen festgehalten in SULZ 1984;
   daraus nur zwei Zahlen: 120 Mitglieder beteiligten
   sich am letzten Sportplatzneubau (der zweite in der
   Geschichte); sie leisteten insgesamt fast 5.000 Arbeitsstunden; schon zu Beginn der fünfziger Jahre
   baute der SV SCHOPFHEIM (1952, 27ff) seine Sportanlage neu; in der Chronik sind die beteiligten Helfer sogar namentlich und mit der Anzahl der gelei-
   steten Arbeitsstunden aufgeführt, eine sehr subtile Form der sozialen Kontrolle, zugleich für die
   Erwähnten eine hohe Ehrung.

2) Ein Gegenbeispiel zu den vorerwähnten Vereinen in
   Sulz und Schopfheim scheint der FC Wollmatingen zu
   sein. Von 1959 bis 1965 baute man dort ein Clubhaus neu und den Sportplatz um bzw. zu einem Stadion aus. "Selten, eigentlich nie kam es zu einem
   einstimmigen Ergebnis für den Bau", vermerkt der
   Chronist (WOLLMATINGEN 1984, 93), sodaß sich jedes
   Mitglied dazu verpflichten mußte, "mindestens 20
   Arbeitsstunden zum Gelingen des Werkes beizutragen" (ebd.). Im Laufe der immerhin sechsjährigen
   Bauphase kam es verschiedentlich zu "kleinen Zwi-
   schenfällen, ernsthaften Krisen, die sich aus der
   Skala menschlicher Schwächen und Unzulänglichkeiten
   entwickelten (und die) durchgestanden werden mußten"
   (94); verständlich, daß in der Chronik vor allem
   jene Mitglieder namentlich erwähnt wurden, die sich
   "einmalige Verdienste beim Bau" erworben hatten
   (ebd.).

3) Vgl. SCHLAGENHAUF 1977; TIMM 1979.

"ein Anteil von 42 % Vereinen mit eigenem Vereinsheim
(angesichts des Befundes von seiner gesellschaftlichen
Integrations- und sozialen Vermittlungsfunktion) als
eine strukturbedingte Mangelerscheinung angesehen werden" müsse.[1] Dennoch rangieren die Vereinsheime in
offiziellen Statistiken, etwa in der des DSB, gewissermaßen auf analytischen Nebengeleisen. Denn wie
schon bei DIEM/SEIFFERT, die gerade noch unter dem Stichwort "Baulichkeiten" - wie erwähnt - kleine Hinweise auf
die soziale Dimension des Sportplatzes untergebracht
haben, so tauchen Vereinsheime in den regelmäßig durchgeführten "Finanz- und Strukturanalysen (FISAS)"nur
als "Nebeneinrichtungen" auf, über die in der Darstel-
lungsreihenfolge noch hinter den "Umkleideräumen" statistische Angaben gemacht werden.[2] Nicht ohne Genugtuung registriert man an dieser Stelle dennoch, daß
etwa "zwei Drittel" der Sportvereine mit ihrem Vereinsheim zufrieden seien, Kritik allenfalls einmal, "wenn
überhaupt",[3] an der Ausstattungsqualität geäußert würde. Ohne diese Zahlen selbst anzweifeln zu wollen,ist
gleichwohl Skepsis angebracht, ob die zugrundeliegenden
Aussagen repräsentative Geltung beanspruchen können.
Denn vermutlich handelte es sich bei den Befragten um
jene Funktionärsstichprobe, die schon für SCHLAGENHAUFs
unf TIMMs Arbeiten die Basisdaten lieferte.[4] Diese In-
terviewpartner, also Mitglieder der Vereinsvorstand-
schaft, entwickeln in der Regel jedoch eine vergleichsweise hohe Identifikation mit 'ihrem' Verein, die sie

---

1) TIMM 1979, 116.
2) Vgl. Der Verein heute, Bd. I, 64.
3) Ebd., 65.
4) Ebd., 2; es wird dort darauf hingewiesen, daß "Erkenntnisse und Angaben" aus den Arbeiten von
   SCHLAGENHAUF und TIMM (1977 bzw. 1979) in die drei
   Bände von "Der Verein heute" eingeflossen sind.

tendenziell über vorhandene Defizite eher großzügig
hinwegsehen lassen, wenn sie sich in der Öffentlichkeit dazu äußern sollen. Aus diesem Grund kann man auch
vermuten, daß sie den eventuell unter ihrer Verantwortung geplanten und aufgebauten Vereinsanlagen vielfach
fast unkritisch gegenüberstehen.

Zu diesem Schluß kann man unter anderem gelangen, vergleicht man die Einschätzungen zur Vereinsheim-Ausstattung von Funktionären mit denen von Spielern, wie
wir das auf der Grundlage der in inserem Zusammenhang
erhobenen Daten tun können.[1]

	eher gut %	eher befriedigend %	eher mangelhaft %
Übersicht 30: Wie würden Sie die Ausstattung Ihres Vereinsheims für gesellige Veranstaltungen und gemütliche Aufenthalte beurteilen?			
1. Spieler (Aktive/AH)	9,8	44,7	42,8
2. Funktionäre	63,2	25,4	10,5

Quelle: 1. Spielerstichprobe N=215; 2. Funktionärsstichprobe N=114

Ähnlich wie bei den FISAS-Daten beurteilt auch in unserer Umfrage die übergroße Mehrheit der Funktionsträger,
88,6 %, die Ausstattung positiv, davon 63,2 % "eher gut"
und 25,4 % doch mindestens noch "eher befriedigend"; nur

---

1) Vgl. Übersicht 30.

knapp 10 % halten sie für "eher mangelhaft". Weitaus
kritischer äußern sich dagegen die Spieler, von denen
insgesamt nur 54,5 % zufrieden sind (9,8 % "eher gut",
44,7 % "eher befriedigend"); doch bei fast 43 % lautet
das Urteil über die Ausstattung ihres Vereinsheims
"eher mangelhaft", eine signifikante Diskrepanz zu den
Aussagen der Funktionäre, die hier allerdings nicht
weiter überprüft werden kann, da keine Anschlußinforma-
tionen erfragt wurden. Stattdessen kommen wir nun zu
den einzelnen Vorstellungen, die sich Mitglieder über
das Leistungsvermögen des Vereinsheims machen.

- Einige Funktionszuschreibungen sowie die Stellung
  des Vereinsheims für Einzelmitglieder und Gruppen
  im Fußball-Sportverein

Es wurden zuvor Bedenken geäußert, ob man die überra-
gend positive Beurteilung der Vereinsheim-Ausstattung
(durch Funktionäre) als allgemein gültige Einschätzung
von Sportvereinsmitgliedern insgesamt akzeptieren kann,
zumal sich das positive und negative Bild, das sich
Spieler davon machen, fast die Waage halten. Aus einem anderen Blickwinkel bestätigt sich unsere Skepsis.
Nur etwa 37 % der Funktionäre sind der Meinung, daß ihr
Vereinsheim geeignet sein soll, als "Aushängeschild des
Sportvereins" zu dienen; noch weniger, nämlich 28,4 %
der Spieler halten diese Repräsentativfunktion[1] des
Vereinsheims für wichtig. Leider kann dieser Inkon-
sistenz der Aussagen, die allerdings bei den Funktionären weit gravierender ausfällt als bei den Spielern,
mangels zusätzlicher Informationen nicht weiter auf
den Grund gegangen werden.

Übersicht 31: Ein Vereinsheim ist das Aushängeschild
eines Sportvereins?

	ja, ist wichtig %	nein, ist unwichtig %
1. Spieler (Aktive/AH)	28,4	66,0
2. Funktionäre	36,8	56,1

Quelle: 1. Spielerstichprobe N=215; 2. Funktionärsstichprobe N=114

---

1) Vgl. Übersicht 31.

Große Übereinstimmung herrscht dagegen bei beiden Untersuchungsgruppen hinsichtlich der Beurteilung der ökonomischen Bedeutung[1] eines Vereinsheims: jeweils rund
85 % halten für wichtig, daß mit einem Vereinsheim eine
"ständige Einnahmequelle" zur Verfügung steht.

Übersicht 32: Mit einem Vereinsheim hat ein Verein eine
ständige Einnahmequelle?

	ja, ist wichtig %	nein, ist unwichtig %
1. Spieler (Aktive/AH)	86,0	9,0
2. Funktionäre	84,2	12,3

Quelle: 1. Spielerstichprobe N=215; 2. Funktionärsstichprobe N=114

In diesem Zusammenhang soll nur kurz darauf hingewiesen werden, wie extrem rückläufig in den letzten Jahren
sich die Tradition des Vereinslokals entwickelte. Denn,
wie unsere Umfragedaten belegen, unterhalten nur noch
knapp 10 % der Fußballvereine ein Vereinslokal, dagegen
besitzen fast 82 % heute ein Vereinsheim.[2] Von daher
gesehen ist verständlich, wenn von privaten Gasthausbe-
sitzern gelegentlich Klagen über Umsatzrückgänge laut
werden, die sie auf die gastronomischen Initiativen der
Sportvereine zurückführen. Sie bemängeln einerseits,
daß ihnen diese Konkurrenten auch noch mit dem Segen
staatlicher Subventionen erwachsen sind, und befürchten

---

1) Vgl. Übersicht 32.

2) Dies ergab sich aus der Spielerstichprobe, abgeschlossen im Jahr 1985. Demgegenüber referierte TIMM
(1979, 116; Tabelle 58, ebd., 251; vgl. auch hier:
S. 389) den Stand von 1976 mit "42% aller Sportvereine", die ein eigenes Sportheim besaßen.

394

darüberhinaus eine bevorzugte Behandlung der Vereine
durch die Steuerbehörden. Dabei wird jedoch mindestens
zweierlei übersehen. Zum einen unterliegen auch die
Sportvereine sowohl hinsichtlich des Baus ihrer Anlagen
als auch bei der Durchführung öffentlicher geselliger
Veranstaltungen (bei Jugend-Disco und Tanzabend werden
auch GEMA-Gebühren fällig) der üblichen Besteuerung,
was verschiedentlich zu großer Verbitterung Anlaß gibt,
da man sich um die "Früchte uneigennütziger Arbeit" be-
trogen fühlt.[1] Zum anderen lassen die Kritiker unter
den Privat-Gastronomen zumeist unberücksichtigt, daß
Umsätze im unter Verschuldung gebauten Vereinsheim Bestandteil der Gesamt-Kostenkalkulation sind, ein heutzutage durchaus übliches Vorgehen im Rahmen privatwirtschaftlichen Handelns - Fehlkalkulationen eingeschlos-
sen.[2]

1) Vgl. SULZ 1984, 59; weiter heißt es dort, daß der
   steuerliche "'Zugriff' auf die Vereinskasse viele
   der zu Eigenleistung und Eigenleistung immer be-
   reiten Mitglieder (lähmte)".

2) Vgl. nachfolgende Annonce in "Südwestpresse/Schwä-
   bisches Tagblatt/Tübinger Chronik" vom 16. 11. 1985:

**Verpachtung des
Sportheims Rübgarten**

Der SSV Rübgarten sucht für
sein Sportheim mit ca. 100 Sitz-
plätzen, in schöner, ruhiger
Lage ab sofort einen Pächter.
Bewerbungen bitte an den
1. Vorsitzenden G. Betz, Koch-
gasse 34, 7401 Pliezhausen-
Rübgarten, Tel. (0 71 27) 84 26

Wenden wir uns nun der potentiellen Möglichkeit eines Vereinsheims zu, Schnittstelle privater und vereinsinterner Begegnung und Verständigung zu sein. Ganz pauschal sprechen zunächst einmal über 82 % der Spieler und fast 88 % der Funktionäre vom positiven Einfluß eines Vereinsheims auf das "Vereinsklima", eine Metapher, die in der Umgangssprache für locker-vertraute und freundschaftliche Umgangsformen steht.

Übersicht 33: Ein Vereinsheim verbessert das Vereinsklima?

	ja, ist wichtig %	nein, ist unwichtig %
1. Spieler (Aktive/AH)	82,3	14,4
2. Funktionäre	87,7	7,0

Quelle: 1. Spielerstichprobe N=215; 2. Funktionärsstichprobe N=114

Einen wichtigen Schritt in diese Richtung, ja, die Voraussetzung für einen kameradschaftlichen Umgangston unter Vereinsmitgliedern ist geschaffen, wenn sie sich "besser kennenlernen" konnten und können, eine Leistung, die von fast 79 % der Spieler und über 82 % der Funktionäre dem Vereinsheim zugebilligt wird.

Übersicht 34: Durch ein Vereinsheim lernen sich die Mitglieder besser kennen?

	ja, ist wichtig %	nein, ist unwichtig %
1. Spieler (Aktive/AH)	78,6	17,7
2. Funktionäre	82,5	11,4

Quelle: 1. Spielerstichprobe N=215; 2. Funktionärsstichprobe N=114

Übersicht 35: Mit einem Vereinsheim kann man mehr Veranstaltungen durchführen?

	ja, ist wichtig %	nein, ist unwichtig %
1. Spieler (Aktive/AH)	67,0	28,4
2. Funktionäre	18,4	74,6

Quelle: 1. Spielerstichprobe N=215
2. Funktionärsstichprobe N=114

Gesellige Veranstaltungen bieten in diesem Sinne, wie
an anderer Stelle bereits ausgeführt, eine gute Gelegenheit, sich persönlich näher zu kommen, denn sie erweitern das gemeinsame Handlungsspektrum und ermöglichen
intensive, positiv besetzte Erinnerungen, an die, etwa
in Anekdoten, auch später wieder angeknüpft werden kann.
Vermutlich mit aus diesem Grund halten 67 % der Spieler
und 62,3 % der Funktionäre für wichtig, daß mit einem
Vereinsheim "mehr Veranstaltungen"[1] durchgeführt werden können; dabei neigen nur 23,7 % der Spieler und
gar nur rund 18 % der Funktionäre zu "kulturellen Veranstaltungen (Film/Theater)".[2]

Übersicht 36: Mit einem Vereinsheim kann man auch kulturelle Veranstaltungen (Theater/Film)
durchführen?

	ja, ist wichtig %	nein, ist unwichtig %
1. Spieler (Aktive/AH)	23,7	71,2
2. Funktionäre	18,4	74,6

Quelle: 1. Spielerstichprobe N=215
2. Funktionärsstichprobe N=114

---

1) Vgl. Übersicht 35.
2) Vgl. Übersicht 36.

Abb.29: Das neue Vereinshaus des FC Bonndorf (1970)

1967 bis 1970

1967 schritt der Bau des Clubhauses rüstig voran. Die Eigenleistung konnte mit 6000.—
DM veranschlagt werden, von denen ein guter Teil den unermüdlichen Vereinsmitgliedern Helmut Kriegl und Kasimir Linder zu Gute geschrieben wurde. Diese vorbildliche
Haltung wurde in einer Versammlung vom Vorstand anerkannt. Wasser und Strom
wurden gelegt und die Beleuchtung des Platzes fertiggestellt.

Quelle: BONNDORF 1980, 15f.

Übersicht 37: Ein Vereinsheim schafft Zusammenhalt und
fördert die Kameradschaft?

	ja, ist wichtig %	nein, ist unwichtig %
1. Spieler (Aktive/AH)	87,4	9,3
2. Funktionäre	93,9	2,6

Quelle: 1. Spielerstichprobe N=215
2. Funktionärsstichprobe N=114

Von überragender Bedeutung erweist sich das Vereinsheim
bei 87,4 % der Spieler und fast 94 % der Funktionäre,
die der Meinung sind, daß es den "Zusammenhalt (schafft)
und die Kameradschaft (fördert)".[1]

---

1) Vgl. Übersicht 37.

Übersicht 38: Wie häufig besuchen Sie das Vereinsheim?

	mehrmals/ Woche (%)	1-2 mal/ Woche (%)	2-3 mal/ Monat (%)
1. Spieler (Aktive/AH)	24,7	37,2	11,2
2. Funktionäre	25,4	39,5	12,3

Quelle: 1. Spielerstichprobe N=215
2. Funktionärsstichprobe N=114

Betrachtet man unter diesem Gesichtspunkt die Nennungen beider Gruppen zur Besuchsfrequenz[1] des Vereinsheims, dann kann man vermuten, daß es real auch zur Intensivierung der Einzel- und der Gruppenbeziehungen im Sportverein entscheidend beiträgt. Im einzelnen besuchten jeweils etwa 25 % der Spieler und Funktionäre das Vereinsheim "mehrmals pro Woche", rund je 38 % gaben "1 - 2-mal pro Woche" an und bei jeweils etwa 11 % kam der Besuch etwa "2 - 3-mal pro Monat" vor.

---

1) Vgl. Übersicht 38.

Übersicht 39: Falls Ihnen ein Vergleich möglich ist:
Treffen Sie durch das Vereinsheim Ihre
Mannschaftsmitglieder/Vereinsmitglieder
häufiger als früher?

	Vergleich un- möglich %	eher häufiger %	eher gleich %	eher seltener %
1. Spieler (Aktive/AH)	27,4	40,0	27,4	1,4
2. Funktionäre	7,0	69,3	21,9	0,9

Quelle: 1. Spielerstichprobe N=215
2. Funktionärsstichprobe N=114

Berücksichtigt man schließlich, daß sich 40,0 % der Spieler und sogar 69,3 % der Funktionäre seit Bestehen ihres Vereinsheims "häufiger treffen"[1] als früher zu Zeiten des Vereinslokals, dann kann man zurecht behaupten, daß sich das Vereinsheim in der Nachfolge des Vereinslokals den Rang eines primären vereinsspezifischen Kommunikationszentrums erobert hat.

---

1) Vgl. Übersicht 39.

Abschließend soll nun noch eine Antwort auf die Frage
versucht werden, ob und für wieviele Mitglieder das
Vereinsheim selbst dann ein völlig selbstverständlicher Treffpunkt ist, wenn kein sport- bzw. verins-
immanenter Anlaß vorliegt, sich dort einzufinden.
Eine Möglichkeit, darüber Aufschluß zu erhalten, schien
die Frage nach der Vorgehensweise, mit der aktive Mitglieder und Funktionäre ein Zusammentreffen untereinander arrangieren.[1] Fast 48 % der Spieler und etwa
43 % der Funktionsträger gaben an, daß sie sich mit
den jeweils gewünschten Personen gezielt "verabreden";
etwa 13 % der Spieler und rund 17 % der Funktionäre
suchen zu diesem Zweck ihre "Stammkneipe" auf; aber
fast 21 % der Spieler und sogar über 37 % der Funktionäre gehen "aufs Geratewohl ins Vereinsheim", wenn sie
- zum Beispiel am Feierabend oder beim Frühschoppen
am Sonntagmorgen - Mannschaftskameraden oder andere
Vereinsmitglieder treffen wollen.

Übersicht 40: Wenn Sie Vereinsmitglieder/Mannschafts-
kameraden treffen wollen, z.B. am Feierabend, wie gehen Sie dann vor?

	gezielte Verabredung %	ich gehe in Stammkneipe %	Ich gehe aufs Geratewohl ins Vereinsheim %
1. Spieler (Aktive/AH)	47,9	16,7	20,9
2. Funktionäre	43,0	17,5	37,7

Quelle: 1. Spielerstichprobe N=215
2. Funktionärsstichprobe N=114

---

1) Vgl. Übersicht 40.

Gerade diese letzten Ergebnisse belegen unsere Vermutung, daß das Vereinsheim mittlerweile von mehr Spielern und Funktionären im Sinne eines "Stammlokals"
frequentiert wird, zumal es unter beiden Gruppen Personen gibt, die ein anderes Lokal als ihre "Stammkneipe"
bezeichnen. Mit anderen Worten hat das Vereinsheim
für diesen Personenkreis seine Attraktivität zum einen darin, daß sie es in der Gewißheit aufsuchen können, dort auf ein von ihnen bevorzugtes Besucherspek-
trum zu treffen, das eigene Interessen und vielleicht
auch Ansichten, zumindest Gesprächsthemen teilt.

Zum anderen, um noch einmal das von LAERMANN themati-
sierte Bedürfnis nach geschlechtsspezifischer Kommunikation[1] aufzugreifen, dürfte ein Fußballvereinsheim
seine Anziehungskraft nicht zuletzt daraus beziehen,
daß es der ureigenste Ort für Diskussionen über Fußball ist. Auf der (handlungs)theoretischen Grundlage
des symbolischen Interaktionismus hat sich der Berliner Soziologe PARIS[2] zu diesem Diskussionstypus einige originelle Gedanken gemacht, die nur auf den ersten
Blick ketzerisch-abwertend wirken. Für ihn sind Fuß-
balldiskussionen der "ideale Gegenstand für männlichen
Tratsch", da auch hier "von vornherein ausgeschlossen"
sei, "daß am Ende das bessere Argument für alle ein-
sichtig den Ausschlag gibt".[3] Alle Diskussionsteil-
nehmer können ernsthaft und engagiert individuelle
Spielerleistungen gedankenreich zu optimalen Mann-
schaftsaufstellungen zusammenfügen und daraufhin Spiel-
ergebnisse prognostizieren, und sie "wissen doch zugleich, daß alles am Ende nur Spekulation ist",[4] ein

1) Vgl. hier: S. 380.
2) PARIS 1983, 198.
3) Ebd.
4) Ebd.

Sachverhalt, den schon SARTRE auf den - unfreiwillig komischen - Nenner brachte: "Bei einem Fußballspiel kompliziert sich allerdings alles durch die Anwesenheit der gegnerischen Mannschaft".[1]

Unter den genannten strukturellen Voraussetzungen kann schließlich ein Vereinsheim/Klubhaus die Qualität eines angenehmen Sozialraums gewinnen, wo man sich ungezwungen bewegen und verhalten kann, hin und wieder wird man es auch deshalb aufsuchen, um in einer Gesprächsrunde mit bekannten und teils vertrauten Personen über einige privaten Ereignisse des Tages, über die der politischen und lokalen Öffentlichkeit sowie über diejenigen des Vereins, der Spieler, der vergangenen und bevorstehenden Spiele sich entspannend zu unterhalten.

---

1) In der "Kritik der dialektischen Vernunft", Reinbek 1967, analysiert Jean-Paul SARTRE das Fußballspiel und erläutert am Beispiel einer Fußballmannschaft das dialektische Spannungsverhältnis zwischen Individuum und Gruppe; zit.nach HORTLEDER 1974, 106; vgl. auch Wilfried UESSELER (1979), Jean-Paul Sartre als Theoretiker des Fußballs, in: HOPF 1979, 202 - 213.

3. Wettspielreisen, Jahres- und Sportausflüge:
   Umgang mit Nähe und Ferne

Um den Wandel der "Volkskultur in der technischen Welt"[1]
näher bestimmen zu können, befaßte sich BAUSINGER in
seinem gleichnamigen Werk in einem Kapitel mit der
"räumlichen Expansion" des sozialen Lebens. Er hat
dabei einige der in diesem Prozeß entstandenen und mit
der Zeit veränderten kulturellen Zeugnisse wie Redens-
arten, Sitten und Brauchmerkmale in einer analytischen
Perspektive interpretiert, die auch uns zu einem Ein-
stieg in das Bedeutungsfeld des Reisebetriebs von Fußballsportvereinen verhilft.

In Abgrenzung zur traditionellen volkskundlichen Vorgehensweise, das alte Dorf idyllisierend als geschlossenen Organismus zu beschreiben, wählte BAUSINGER mit
dem Begriff "Einheit des Orts"[2] einen Terminus aus
der Dramaturgie, der die konfliktreiche Dynamik des Zu-
sammenhandelns vielgestaltiger Charaktere in einem überschaubaren Raum als "aufeinander bezogenes Geschehen"[3]
sichtbar machen soll. Die "Einheit" entsteht real durch
"Horizonte, welche die Zusammengehörigkeit des Geschehens und die Verständigungsmöglichkeiten begrenzen",[4]
das heißt, daß praktisch nicht ins Blickfeld rückt, was
jenseits der sozial-räumlich fest umrissenen Denk- und
Erfahrungsbereiche geschieht. Freilich versäumte er
nicht darauf hinzuweisen, daß es in Gestalt der wan-
dernden Handwerksburschen, der Seefahrer und Kaufleute

---

1) Vgl. BAUSINGER (1961); erfreulicherweise ist das
   Buch in Neuauflage erschienen (1986), zitiert wird
   jedoch nach der Ausgabe von 1961.

2) Ebd., 54.

3) Ebd., 56.

4) Ebd.

schon immer Personen gab, die ortsgebundene Horizonte überschritten und für sich ausgeweitet haben, allerdings habe es sich in diesen Fällen eher um einen Horizont"wechsel" gehandelt, denn primär waren diese Personen darauf angewiesen, in noch so verschiedenarti-
gen sozialen Zusammenhängen zurecht zu kommen.

Erst mit der Reiseliteratur, die am Ende des 18. Jahrhunderts eine zunehmende Verbreitung fand,sieht BAUSIN-
GER den Beginn der Auflösung der festgefügten, relativ
engen Horizonte, da über exaktere Beobachtungen und
sinnliche Eindrücke alte Vorurteile und Vorbehalte
abgebaut wurden und Platz machten für neue Erkenntnisse und Einsichten. Nach neuesten Forschungen[1] könnte
man die (Postkutschen-)Reise selbst in diesen Prozeß
der erweiterten Welterfahrung einbeziehen, auch wenn
sie insgesamt auf bürgerliches Publikum beschränkt
blieb. Als Beispiel dafür, wie sich, vermittelt über
die Reise(lektüre), eine "Spannung zwischen Enge und
Weite" auch im Alltagsbewußtsein mittlerer und unte-
rer Bevölkerungsschichten festzusetzen begann, verweist BAUSINGER auf die Entwicklung des Vereinswesens
im 19. Jahrhundert in Deutschland.[2] Insbesondere das
Aufkommen von Männergesangvereinen in den frühen zwanziger Jahren und deren Sängerwettstreite, die sich mit
Beginn der dreißiger Jahre innerhalb kurzer Zeit von
zunächst ortsnachbarlichen Vereinstreffen zu nationalen
und dann internationalen Sängerfesten erweiterten,
illustrieren eindrücklich das Hinausschieben des Horizonts
durch das stufenweise Überschreiten der lokalen und

---

1) Vgl. BEYRER, Die Postkutschenreise; insbesondere
   IV. Kapitel: Funktionen und Wandel der Bildungs-
   reise, 97 - 142.
2) BAUSINGER 1961, 65f.

regionalen, räumlichen und mentalen Horizontbegrenzungen. Die in diesem Vorgang zum Ausdruck kommende
geografische und geistige Mobilität des Einzelnen, der,
im Sicherheit und Schutz bietenden Sozialverband über
die Vereins- und Ortsgrenzen hinauszugreifen lernte,
erfuhr schließlich, so konstatierte BAUSINGER, eine
"Steigerung durch die Sportvereine".[1] Denn, und dies
haben auch unsere Forschungen hier belegt, auf der
Grundlage des Wettkampfprinzips suchten sie den kontinuierlichen Leistungsvergleich mit Vereinen anderer
Ortschaften, und auf diese Weise institutionalisierten
sie das regelmäßige Überschreiten der lokalen Begren-
zungen und lieferten so einen Beitrag zur "Auflösung
der Horizonte" (BAUSINGER). Grundsätzlich ist diese
Beobachtung korrekt, dennoch geht sie über eine Erscheinung hinweg, die sowohl chronologisch als auch kultur-
und sozialgeschichtlich als wichtige Zwischenstufe begriffen werden muß, nämlich die Turnfahrten der (jugendlichen) Turnvereinsmitglieder, deren Aktivitäten
daher am Beginn der nun folgenden Untersuchungen stehen
werden.

---

1) BAUSINGER (1961, 66) bezieht in seinen Sportverein-
Begriff offenkundig ("seit einem starken Jahrhundert"
sei die Steigerung erfolgt) auch die Turnvereine
mit ein. Dieses Vorgehen ist aber weder begrifflich
noch inhaltlich-historisch haltbar, denn mit Ausnahme der jugendlichen "Turnfahrten", worauf im einzelnen (deshalb) eingegangen wird, hat sich die
Reisetätigkeit der Turner im 19. Jahrhundert nicht
wesentlich von der Praxis der von BAUSINGER erwähnten Gesangvereine unterschieden: Zu den regionalen
("Gau-Turntagen") kamen noch die jährlichen nationalen, die "Deutschen Turntage", abwechselnd in
großen deutschen Städten. Erst gegen Ende des 19. Jahrhunderts, als die Gründung von (Rad-, Schwimm-, Fuß-
ball-)Sportvereinen begann, kann man wirklich eine
"Steigerung" der Reiseaktivitäten feststellen, eben
weil der sportliche Wettkampf einen regelmäßigen
Reisebetrieb auslöste.

406

a) Jugendwettspielreisen als 'räumliche Sozialisation'

- Historischer Vergleich

Schon F. L. Jahn propagierte in seinem Standardwerk
"Das Deutsche Volkstum"[1] in seiner unverwechselbaren,
patriotisch gemeinten, das Nationalchauvinistische oft
nur knapp verfehlenden Diktion ("Uralt ist des Deutschen Reisetrieb") den Bildungscharakter des Reisens
schlechthin. Diese Behauptung belegte er zum einen mithilfe von Sprichwörtern, die angeblich sogar "des Rei-
setriebs Deutschheit (beurkunden)", zum Beispiel:
'Er ist nicht hinter dem Ofen der Mutter weggekommen'
oder 'Er hat sich keinen Wind um die Nase wehen lassen';
zum anderen beruft er sich in einem etymologischen Exkurs darauf, daß bei den Isländern - "unsern fernsten
Stammesvettern" - der "dumme, der abgeschmackte, der
hämische, der dummdreiste Mensch und andererseits der
ungereiste einen Namen hatte: Alle hießen 'heimskr'
(Heimlinge) und es ward ein Sprichwort: 'heimskt er
heimalit barn!, d. h. 'Kinder, die bloß zuhause erzo-
gen werden, sind dumm!'".

Auf der Grundlage solcher Erkenntnisse und Überlegungen betrieb Jahn die Einführung von sogenannten "Turnfahrten". Das waren durchorganisierte Wanderungen von
manchmal mehreren Tagen Dauer, gelegentlich ähnelten
sie einfachen Streifzügen durch Feld und Wald, die bisweilen durch Geländespiele aufgelockert wurden.[2] Während jedoch nach dem Neuaufbau des Turnvereinswesens
in der zweiten Hälfte des 19. Jahrhunderts das Wandern

1) Im folgenden wird Jahn zitiert nach BACH 1885, 192.
2) Vgl. BACH 1974, 34 - 45.

"seine einstige hohe Wertigkeit einbüßte",[1] gab es vor
allem unter den Berliner und Breslauer Turnvereinen eine Wiederbelebung der Turnfahrten im Stile der Frühzeit
unter Jahn. Damit einher ging, bezeichnenderweise, der
Auf- und Ausbau von "Knabenturngenossenschaften" bzw.
"Schülerturngemeinden", eine strukturelle Neuerung der
Turnvereine in der zweiten Hälfte des 19. Jhts., über
die noch zu wenig geforscht wurde, obwohl sie, in
Verbindung mit den Wanderungen, ein interessantes Phänomen bildeten, das ein Zeitgenosse folgendermaßen ein-
schätzte: "Die Turnfahrten, welche so oft als möglich
unternommen werden (im Sommer 10 bis 12, im Winter ungefähr 4), sind das hervorstechendste Charakterzeichen
unserer Jugendabteilung und gelten als das erste und
beste Erziehungs- und Bildungsmittel".[2]

Wanderungen als pädagogisch wertvolle Instrumente wurden
auch ein Thema der Spielbewegung, zuerst erschlossen
von RAYDT im Jahre 1891,[3] sodaß BEYER bereits im Jahrbuch von 1897 umfangreiche "Erhebungen über Wanderungen
der Schuljugend" präsentieren konnte, denen er eine international bestückte Literaturliste über Theorie und
Praxis der Schülerwanderungen hinzufügte.[4] Schon im Jahre 1885 zog ein Autor am Ende seines Plädoyers für "Fuß-

1) Vgl. BACH 1974,41.
2) Ebd., 42; BACH zitiert hier eine Quelle aus dem Jahre
   1864. Außerdem berichtet die Berliner Zeitschrift
   "Der Jugendturner", Jg. 1912, 43 von den Pfingst-
   wanderungen der Jugend-Abteilungen der "Berliner
   Turnerschaft Corporation"; die Zusammenstellung der
   Daten und Reiseziele, differenziert nach Schüler-
   und Jugendabteilung (ab 1888) reicht zurück bis in
   das Jahr 1868 und läßt eine steigende Tendenz der
   Teilnehmerzahlen erkennen (1868: 31 - 1911: 291).
   Zur historischen Sozialisationsforschung speziell des
   Turnens, vgl. KUNZE 1982.
3) RAYDT 1891, 124f. empfiehlt "Schulspaziergänge, Turnfahrten und größere Schulreisen" ausdrücklich als
   "nützliche Einrichtungen".
4) Otto W. BEYER in: JfJuV 1897, 222 - 235.

touren" ein (proto)soziologisches Fazit, wonach man
beim Wandern "sich selbst, seine Genossen, Welt und
Bräuche" kennenlernen konnte,[1] während ein späterer
Autor geradezu schwärmerisch, doch nicht minder zutreffend in einem (vor-)wissenschaftlichen Sinn die Turnfahrten seiner Jugendzeit resümierte: "Sind es nicht
die schönsten Stunden der goldenen Jugendzeit, in denen wir mit treuen Freunden und unseren Gespielen vom
Turnplatz durch die weite Gotteswelt wandern (...) Fester und inniger knüpft die Schönheit der Natur die
Wandergenossen aneinander, offener und ehrlicher gibt
der Freund dem Freunde sein innerstes Wesen zu erkennen, die gemeinsamen Erlebnisse und Anstrengungen stärken unsere Widerstandskraft und wecken den Wagemut".[2]
Geradezu programmatisch findet man hier bildungsprakti-
sche Intentionen verknüpft mit allgemeinen sozialisatorischen Forderungen, wobei das Gemeinschaftserlebnis,
im Sinne heutiger gruppensoziologischer Erkenntnisse,
als wichtige Instanz auch für individuelle Identitäts-
prozesse erkannt wird. Man darf annehmen, daß die speziellen Schülerturnabteilungen dort, wo sie eingeführt
waren, latent diese Sozialisationsfunktionen erfüllt
und vermutlich auch auf diesem Wege Eingang in die frühe
Fußballvereinsbewegung gefunden haben.[3]

Die oben zitierten Autoren und Beispiele reflektieren
im wesentlichen einen städtischen Kultur- und Bildungs-
hintergrund, der noch um die Wende zum 20. Jahrhundert
weitgehend untypisch für die reichsdeutsche Gesellschaft

---

1) BOEHNKE-REICH in: Deutsche Sport- und Spiel-Zeitung
   Nr. 6/1885, 67 - 69.
2) SEIBEL in: Der Jugendturner Nr. 7/1913, 54ff.
3) Zum Beispiel war Konrad KOCH (vgl. hier insbesondere
   S. 112ff) Mitglied einer Schülerturngemeinde gewesen,
   vgl. HOPF 1979, 66.

war, ungeachtet der in Gang befindlichen Urbanisierung
(vgl. hier: S.45f). In krassem Gegensatz dazu stand das be-
scheidene Quantum an überlokalen Erfahrungen, das zu
jener Zeit Heranwachsende auf dem Lande erwerben konnten. In der Rekonstruktion ländlicher Kindheit in einem württembergischen Dorf um 1900 faßte die Autorin
die Lebenserinnerungen, die ihre Gesprächspartner
von der eigenen Kindheit und dem frühen Jugendalter
hatten, in den folgenden Worten zusammen: "Bis zum
vierzehnten Lebensjahr, dem Eintritt ins Berufsleben,
war das Dorf der absolut bestimmende Sozialisations-
raum; jeder Gang nach Reutlingen auf den Christkindles-
oder Pfingstmarkt (etwa eine Stunde Fußstrecke, R.B.)
war eine aufregende Angelegenheit. Der Konfirmations-
ausflug nach Stuttgart (nach heutigen Straßenverhält-
nissen gerechnet: rund 45 km entfernt, R. B.) grenzte
ans Sensationelle".[1]

Der in diesem Beispiel offenbar werdende Kontrast verdeutlicht sehr anschaulich den Vorsprung an räumlich
orientierender Handlungserfahrung, den schon vor der
Jahrhundertwende jugendliche Turner im Rahmen der häufigen Turnfahrten im Unterschied zu ihren ländlichen
Altersgenossen erwerben konnten, und zwar unter Führung
von Erwachsenen, wie das im übrigen auch auf die Wan-
dergruppen des Wandervogel zutraf. Entscheidend neu am
Reiseverhalten der Sportvereine dürfte daher nicht in
erster Linie die zahlenmäßige Ausweitung und Versteti-
gung der Reiseziele und -tätigkeiten gewesen sein,
also die "(gesteigerten) Ausgriffe über die Vereins-
und Ortsgrenzen hinaus", wie BAUSINGER feststellte,[2]

---

1) MUTSCHLER 1985, 144.
2) BAUSINGER 1961, 66.

sondern daß sie, zumindest die (Schüler-)Fußballver-
eine betreffend, von den noch jugendlichen Vereinsmitgliedern selbständig organisiert und autonom durchgeführt wurden. Nicht zuletzt gegen diese unbeaufsichtig-
ten Reisen der Schüler wandte sich seinerzeit, wie an
anderer Stelle bereits angedeutet (vgl. S. 136f), der
Karlsruher Gymnasiallehrer MARX, da er u. a. in Zusammenhang mit bzw. in Form von Wirtshausbesuchen mit den
"verschiedensten unerfreulichen Ausschreitungen" rechnete.[1)

Nun dient gerade der Wirtshausbesuch symbolisch als jugendliche Demonstrationshandlung, die die Übernahme
eines Erwachsenenstatus signalisieren soll. Es kennzeichnet die historische Sozialisationssituation, daß hier-
für ein "Ausschreiten" im (nicht mehr gebräuchlichen)
Wortsinn vonnöten war, wie auch der Reisevorgang selbst
die jugendliche Unabhängigkeit, Selbstbestimmung und
"weitgehende" Handlungsfreiheit dokumentiert. Im Rahmen
unserer Interpretation der gesellschaftlich-histori-
schen Wurzeln der Fußballvereinsbewegung waren es bereits diese Merkmale, denen eine motivationale Bedeutung zukam. Unter dem aktuellen Blickwinkel der Reiseaktivitäten betrachtet trugen also die sportimmanenten
Spielbegegnungen an wechselnden Orten zur individuellen
Loslösung von traditionellen lokalen Bindungen bei; nicht
zu vergessen die positiven Auswirkungen auf die sozialen
Beziehungen der Spieler, die sich bei Wettspielreisen
ebenfalls näherkommen konnten.[2)

---

1) MARX 1894, 24.

2) So resümiert WEGELE (1956, 46) die "vielen Privat-
   spielreisen in alle Gegenden Deutschlands und ins
   benachbarte Ausland" mit folgenden Worten: "Nichts
   hat uns menschlich näher gebracht als diese vielen
   Reisen, nichts hat uns mehr geformt und gebildet
   in der inneren Haltung zueinander und zu unserer
   Umgebung als die gemeinsamen Tage auf Reisen".

- Sportreisen in der Gegenwart

Die obige Einschätzung ist jedoch beileibe nicht auf
den historischen Sachverhalt beschränkt, sondern gerade der jugendliche Wettspielbetrieb der Gegenwart ist
davon in noch weit stärkerem Maße geprägt. Da die Wett-
spielorganisation, wie an anderer Stelle schon ausgeführt, analog dem System der Punkterunde bei den Seniorenmannschaften aufgebaut ist, tragen auch die Jugendmannschaften aller Altersgruppen ihre Spiele abwechselnd auf eigenem Platz oder auf dem ihres Gegners aus.
Dies hat eine geregelte Reisetätigkeit zur Folge, die
bereits die 7- bis 8-Jährigen mit bisher unbekannten
Landschaften und Ortschaften in Berührung bringt, ja,
diese ihrem Handlungsbereich erschließt, denn die Entfernungen werden überwunden, um auf dem Platz des Gegners aktiv zu werden; anschließend kehrt man in die vertraute eigene Ortschaft bzw. in den Stadtteil zurück.
Für den unbefangenen Betrachter mag an diesem Vorgang
nichts sonderlich Bemerkenswertes zu entdecken sein,
denn nach seiner Auffassung gleicht eine Ortschaft im
wesentlichen einer anderen, und ein Fußballplatz kann
an einem Ort im Grunde nicht mehr sein als eben ein
Fußballplatz, auch an einem anderen Ort. Ganz anders
stellt sich dies jedoch einem Fußballspieler dar, denn
er verbindet mit den im Rahmen des Wettspielverkehrs
kennengelernten Vereinen und den zugehörigen Kommunen
eine ganze Reihe spezieller Informationen und Merkmale,
die sich zu einer Art räumlich verteiltem, sozialen
Wissen verdichten, wie sich im folgenden zeigen wird.

Schon die Anfahrt, im einen Fall von der Ebene in ein
Tal, in einem anderen von einer höher gelegenen Region
in eine tiefere oder über eine topographische Erhöhung
hinweg in eine ganz anders strukturierte Landschaft,

vermittelt die Vielfalt der möglichen Lebensräume und
die Wirklichkeit von natürlichen und gebauten Kontra-
sten. Sodann muß man am jeweiligen Spielort auch die
konkrete Lage des Sportplatzes herausfinden, was beim
ersten Mal noch mit der Hilfe des Betreuers gelingt;
beim nächsten Mal, also im folgenden Spieljahr will man
aber schon selbständig, aus der Erinnerung oder durch
Nachfragen vor Ort, den Platz ausfindig machen. Schließlich sind die Fußballplätze selbst, über die die einzelnen Vereine verfügen, mitnichten überall gleich. In
Bergregionen kommt es vor, daß der Platz ein leichtes
Gefälle aufweist, bestimmte Ortschaften besitzen nur
einen Hart- und keinen Rasenplatz, anderswo ist der
Platz deutlich kürzer und schmaler als gewohnt, bei
wieder einem anderen sind die Umkleidegelegenheiten
in einer Kneipe weit abseits vom Platz selbst, die man
zuerst ansteuern muß. Diese und andere Detailkenntnis-
se vom landschaftlichen, lokalen und sportlichen Umfeld der Spielgegner, mit denen man im Laufe einer mehr-
jährigen Aktivenlaufbahn regelmäßig zusammentrifft,
prägen Stück für Stück das Bild mit, das man auf diese
Weise von der näheren bis mittleren sozialkulturellen
Umgebung seines primären räumlichen Bezugspunktes gewinnt. Hinzu kommen dann noch die spezifisch sportlichen Erinnerungen, also großartige Siege, blamable Niederlagen und sonstige, vielleicht kuriose Ereignisse in
Verbindung mit der Hin- oder Rückfahrt, die als emotionale Identifikationspunkte in das gesamte räumliche Wissen eingehen, das man bereits als jugendlicher Fußballspieler in sein Alltagsbewußtsein abzulagern beginnt.

Der eben beschriebene Vorgang wird in sozialphilosophisch-
anthropologischer Perspektive von Alfred SCHÜTZ (und
Thomas LUCKMANN) [1] behandelt, dessen Ausführungen zu den

1) Vgl. SCHÜTZ/LUCKMANN (1979, 62ff.).

"räumlichen Aufschichtungen der alltäglichen Lebenswelt" hier kurz eingeflochten werden sollen, da sie
uns direkt in den lebensweltlichen Kern der jugendlichen Wettspielreisen führen. In diesem Abschnitt seines Werkes kommt es SCHÜTZ darauf an, eine Beziehung
herzustellen zwischen dem Sektor, der den unmittelbaren Handhabungsbereich eines Individuums in einer beliebigen Situation ausmacht - er nennt den Sektor die
"Welt in meiner aktuellen Reichweite" und meint dies im
Wortsinne, weil man direkt und ohne besondere Umstände auf ihn einwirken kann - und der Erfahrungstatsache,
daß man die(se) unmittelbare Handlungsreichweite durch
Verlagerungen seines Körpers verändern kann. Kehrt man
anschließend zum Ausgangspunkt zurück, findet man diesen in seinem ursprünglichen Zustand vor, vorausgesetzt,
es sind zwischenzeitlich keine außergewöhnlichen Ereignisse eingetreten. Die lebensweltliche Erfahrung,
die aus diesem Vorgang resultiert, besteht darin, daß
ein Individuum die "Wiederherstellbarkeit" einer ursprünglichen Reichweite erkennt, was in das individuelle praktische Wissen als Tatsache der "erlangbaren
Reichweiten" eingespeichert wird. Generell, das heißt
unter Berücksichtigung der (verkehrs)technischen Mittel, wird Entfernung auf diese Weise als "potentielle
Reichweite" erfahren.

Diese Reichweiten-Differenzierungen lagern sich, so
SCHÜTZ, als zentrale Wissensvorräte im Alltagsbewußtsein eines Menschen ab, deren lebenspraktische Bedeutung er jedoch erst in Verbindung mit zwei Grundannahmen für sinnvoll hält, die der Phänomenologie von
HUSSERL[1] entstammen. Zum einen können die Veränderungen

_____

1) Vgl. HUSSERL, Formale und transzendentale Logik,
   Halle, Niemeyer, 1929, § 74. Erfahrung und Urteil,
   Prag, Academia, 1939; Hamburg, c/o Assen & Goverts,
   1948/2. Aufl., §§ 24, 58, 61, 516; zitiert nach
   SCHÜTZ/LUCKMANN 1979, 29, Anm. 4.

der Reichweiten, also das Verlagern des eigenen Bezugspunktes für eine bestimmte Zeit und zu einem bestimmten
Zweck, nur dann erfolgreich durchgeführt werden, wenn
man "weiß", daß (in der Zwischenzeit) die "Weltstruktur
konstant" (geblieben) ist, und daß weiterhin die eigenen Vorerfahrungen einschließlich des individuellen,
realen Vermögens, auf die Welt einwirken zu können,
gültig bleiben. Nach HUSSERL setzen sich aus diesen
beiden Erfahrungssegmenten und Grundannahmen die sogenannten "lebensweltlichen Idealisierungen" zusammen,
die er verkürzt das "Und So Weiter" (besteht die Welt)
sowie das "Ich Kann Immer Wieder" (meinen eigenen Stand-
ort im sozio-geografischen Raum verändern und zu einem
ursprünglichen zurückkehren) nennt.

Ohne nun im einzelnen auf die "primären und sekundären
Wirkzonen" eingehen zu müssen, die SCHÜTZ[1] unterscheidet, um die Überschneidungen von individuellem Hand-
lungsvermögen und gesellschaftlichen Rahmenbedingungen
näher beleuchten zu können, sollte für unsere Zwecke
deutlich geworden sein, welcher Stellenwert dem Fußballspielbetrieb in phänomenologischer Sicht zukommt. Zusammenfassend kann man daher festhalten, daß das organisierte Fußballspiel durch seinen regelmäßigen Wettspiel-
verkehr mit Vereinen außerhalb der eigenen Gemarkung
dazu beiträgt, daß bei den beteiligten Heranwachsenden
die ursprüngliche, reifebedingte Verhaltensunsicherheit
gegenüber fremden Ortschaften und Landstrichen sowie
den dort wohnenden Menschen abgebaut wird; weiterhin,
daß allgemein im sportlichen Wettbewerb der Sozial- und
Kulturraum jenseits des vertrauten Horizonts in zumindest groben Zügen erschlossen wird, sodaß er zunehmend
in den eigenen Sicht- und Bewegungskreis gehört. Auf

---

1) Vgl. SCHÜTZ/LUCKMANN 1979, 69ff.

diese Weise leisten Sportvereine einen wichtigen Beitrag zur individuellen "räumlichen Sozialisation".[1]

b) Reiz und Funktion der Jahresausflüge und Turnier-
   besuche im Ausland

Bei aller Spannung, die den sportlichen Wettbewerb um
Meisterschaftspunkte kennzeichnet, bei aller Dramatik,
die von einzelnen Spielen ausgeht, Stichwort "Lokalkampf",[2] bei allen enttäuschenden oder überraschenden
Spielergebnissen, die unerwartet den Tabellenstand verändern und den einen Verein entweder der angestrebten
Meisterschaft, den anderen unter Umständen dem Abstieg
näher bringen: mit der Zeit stellt sich fast unausweichlich im Unterbewußtsein der Spieler ein gewisser
Gleichmut gegenüber dem Wettbewerbsverlauf ein, pendelt

1) Im folgenden Kapitelabschnitt werden unter dem
   Punkt 2. ("Sportreisen ins Ausland") weitere Beispiele aus der Vereinspraxis genannt, die diese
   These ergänzend belegen. Grundsätzliches in sozial-
   psychologischer Sicht haben KRUSE/GRAUMANN (1978,
   183ff) ausgeführt. Im Anschluß an SCHÜTZ/LUCKMANN
   (1979) definieren sie räumliche Sozialisation über
   den Begriff der "Aneignung" von Sachen, Räumen und
   Personen im Sinne des Erlernens von "Haltungen und
   Verhaltensweisen", daher sprechen sie auch von
   "Raum- und Dingverhältnissen" (Hervorhebung im Original, R. B.).

2) Unter einem "Lokalkampf" verstand man ursprünglich,
   so darf man aufgrund der historischen Entwicklung
   der Fußballvereine, wie sie in dieser Arbeit aufgezeigt worden ist, vermuten, den Wettkampf zweier
   Vereine eines Stadtviertels oder -bezirks um den
   imaginären Titel eines Ortsbesten; manchmal wurden
   auch reale Titelkämpfe um einen "Stadtmeister" ausgefochten. In dem Begriff kommt die Rivalität orts-
   ansässiger Vereine untereinander zum Ausdruck, und
   in diesem Sinne wird er auch verwendet, wenn Vereine
   von Nachbarortschaften gegeneinander antreten.
   "Derby" ist der ergänzende Begriff, der die Rivalität zweier Vereine um eine regionale Vorherrschaft
   widerspiegelt, etwa das "Nord-Derby" zwischen dem
   Hamburger SV und Werder Bremen. Etymologisch knüpft
   der Begriff an die Public School der englischen Stadt
   Derby an, die nach MASON (1980, 9) zu Beginn des 19.
   Jahrhunderts eine von drei Hauptformen des historischen Fußballspiels pflegte.

sich der Ereignisfortgang einer Fußballsaison allmählich auf dem Niveau einer allseits akzeptierten Normali-
tät und Routine ein. Dazu kommt noch, daß, im Unterschied zu den Jugendmannschaften, für deren Mitglieder
die sich abwechselnden Spielgegner und -orte immer wieder Neues bieten und sowohl ihre altersgemäße Neugier
als auch die Bedürfnisse nach Aktivität und Mobilität
erfüllen, bei den Seniorenspielern dagegen die Fluktuation der Auswärtsspiele mit ihren regelmäßig wechselnden
sozio-kulturellen Umfeldern kaum noch als eigene Anziehungskraft verfängt. Die Exotik der Naherkundung der
heimatlichen Umgebung, die noch die Jugendlichen zu fas-
zinieren vermag, ist für Aktive und Alteherren weitgehend verflogen, die räumliche Sozialisation, vermittelt im Jugendspielbetrieb, ist sozusagen geglückt:
man kennt sich aus.

- Die sozialen Intentionen der Ausflüge

Vor diesem Hintergrund des Wettbewerbsalltags bieten
Vereinsausflüge eine willkommene Gelegenheit, den Aktiven, einigen besonders zuverlässigen Vereinshelfern und
Mitgliedern der Vorstandschaft, aus diesem Personenkreis setzen sich die Ausflugteilnehmer meist zusammen, eine stimmungs- und ereignisreiche Abwechslung zu
bieten, dem gleichmäßigen Trott einer langen Fußballsaison zum Abschluß einen markanten Akzent entgegenzu-
setzen, wobei als Ausgleich für Anspannung und unver-
meidbare Frustrationen dann Spaß und Ausgelassenheit
den Vorrang bekommen. Diese Vermutung von der primären
Funktion der Vereinsausflüge wird, wenn auch eher indirekt, von Ergebnissen unserer eigenen Umfrage bestätigt. Auf Fragen nach den Gründen für ihre Teilnahme
an einem Jahresausflug bejahten fast 82 % das folgende

Statement: "Da kann man gemeinsam mit seinen Sportkameraden mal etwas ganz anderes machen".[1] Mit anderen Worten ist für die übergroße Mehrheit der aktiven
Vereinsmitglieder auch der Ausflug eine konkrete Möglichkeit, die Einseitigkeit der sportorientierten Beziehungen zu durchbrechen. Allerdings bedeutet diese
hohe Zustimmung noch nicht, daß auch genauso viele
diese Chance der außersportlichen Begegnung wahrnehmen
wollen, wie sich aus den nun folgenden weiteren Ergebnissen der Umfrage entnehmen läßt.

Insgesamt nimmt nur ein Viertel aller Mitglieder an
einem Jahresausflug des Gesamtvereins teil.[2]

Übersicht 41: Hat der Gesamtverein in den vergangenen 12
Monaten einen Jahresausflug gemacht; wenn
ja, haben Sie auch teilgenommen?

	Ausflug %	Teilnahme %
ja	50,2	25,1
nein	41,9	26,0
keine Angabe	7,9	8,9

Quelle: Spielerstichprobe N=215

---

1) Dieses Ergebnis entstammt der Spielerstichprobe zu
   den Ausflügen des Gesamtvereins, auf die hier nicht
   weiter eingegangen wird.

2) Vgl. Übersicht 41. Vor allem hinsichtlich der Mehr-
   spartenvereine ist die Unterscheidung "Gesamtverein"
   und "Abteilung" angebracht, aber auch in Einsparten-
   vereinen ist diese Differenzierung sinnvoll, denn zum
   einen die Alteherren, zum anderen einzelne Seniorenmannschaften begreifen sich, wie zuvor (vgl. S. 344ff)
   belegt, als eigene Gruppen im Verein, denen sie sich
   ausdrücklich zuordnen.

Ein entscheidender Grund für diese relativ geringe Beteiligung ist die Tatsache, daß nur knapp 50 % aller
Vereine überhaupt einen Ausflug auf Gesamtvereinsebene
durchführen; dadurch erhöht sich die Beteiligungsquote
doch auf knapp die Hälfte. Ein weiterer wichtiger Grund
für die insgesamt dennoch eher zurückhaltende Teilnahmebereitschaft an solchen Veranstaltungen besteht darin, daß etwa 72 % der Vereine einen oder mehrere (2,8 %)
Abteilungsausflüge veranstalten, an denen sich insgesamt rund 57 % aller aktiven Mitglieder, einschließlich
der Alteherren, zumindest "manchmal" beteiligen.[1]

Übersicht 42: Hat die Abteilung bzw. Mannschaft, der Sie
zugehörig fühlen, in den vergangenen 12
Monaten einen Ausflug gemacht; wenn ja,
waren Sie auch dabei?

	Ausflug %	Teilnahme %	
ja	72,1	17,7	ja
mehrere	2,8	38,9	manchmal
nein	24,2	17,7	nein

Quelle: Spielerstichprobe N=215

Berücksichtigt man hier die an anderer Stelle bereits
vorgelegten Ergebnisse zur Frage, bei welchen sonstigen
Anlässen innerhalb und außerhalb des Vereins zusätzliche gemeinsame Unternehmungen organisiert werden (vgl.
S. 359ff.), dann kann man die Vereinsausflüge prinzipiell als weitere Kommunikationsgelegenheit unter Sportkameraden interpretieren, die einen zusätzlichen Handlungsspielraum bieten, der zur Erweiterung der gesamten

---

1) Vgl. Übersicht 42.

419

sozialen Beziehungen beitragen kann. Dabei legt gerade
die höhere Akzeptanz der Abteilungsausflüge die Vermutung nahe, daß sie noch weitere Funktionen erfüllen
können, auf die nun eingegangen werden soll.[1]

Obwohl man bei der jetzigen Antwortgruppe, die sich
zur Teilnahmemotivation an Abteilungsausflügen äußerte,
davon ausgehen kann, daß sich die einzelnen Mitglieder bereits näher stehen als andere, die nicht einer Untergruppe des Vereins zugehören, halten dennoch über
75 % die Teilnahme deshalb für "wichtig", weil "man
sich untereinander besser kennenlernen (kann)".[2] Für
knapp 41 % bedeutet dies, so kann man aus einer weiteren Fragestellung den Schluß ziehen, daß "man sich
auch mal von einer anderen Seite zeigen" können will.[3]
Gerade diese Antworten darf man als ein deutliches Votum für das Bedürfnis von aktiven Vereinsmitgliedern
interpretieren, weitere Facetten ihrer Persönlichkeit
in den Kommunikationsraum Fußballverein einzubringen,
um auf diese Weise ein differenzierteres Bild von sich
selbst vermitteln zu können. Man kann in der Deutung
noch weitergehen und den Rückschluß ziehen, daß man
die zugehörige Sportgruppe als jenen Bezugskreis erkennt, in den man sich mit seinen vielfältigen Kompetenzen und individuellen Wünschen tatsächlich einbinden will, was mit einem eindimensionalen Persönlich-

---

1) Zu den folgenden Ergebnissen muß ergänzend bemerkt
   werden, daß hier nicht nur die Antworten der Ausflugteilnehmer erfaßt worden sind, sondern ebenfalls die Einstellungen der rund 28 % Umfrageteil-
   nehmer, die (im Kalenderjahr der Umfrage) keinen
   Ausflug mitgemacht hatten.
2) Vgl. Übersicht 43, S. 420.
3) Vgl. Übersicht 43, S. 420.

keitsprofil des Nur-Sportlers nicht zu leisten wäre.[1]
In diesen Interpretationsrahmen kann man noch ein weiteres Ergebnis hineinnehmen, obwohl es zugleich in andere Deutungsbereiche überleitet.

Übersicht 43: Bei einem Ausflug der Mannschaft/Abtei-
lung kann man

ist mir wichtig (%)		(%) ist mir nicht so wichtig
75,3	1. sich untereinander besser kennenlernen;	15,3
40,9	2. sich auch mal von einer an- deren Seite zeigen;	45,6
49,3	3. andere Leute des Vereins kennenlernen;	37,2
48,4	4. andere Völker und ihre Kul- turen kennenlernen.	38,6

Quelle: Spielerstichprobe N=215

Für knapp 50 % der Befragten dienen Abteilungsausflüge, sogar für über 57 % dienen Gesamtvereinsausflüge
dazu, "andere Leute des Vereins kennenzulernen".[2] Im
Grunde genommen verweisen auch diese Antworten auf ein
vorhandenes Bedürfnis nach Überwindung der generell in
der arbeitsteiligen Gesellschaft dominanten Rollenspezialisierungen (als Arbeiter, als Konsument, als Ver-
kehrsteilnehmer, als Sportler usw.). Andererseits

---

1) Hier ist nochmals kurz auf die bereits erwähnte
(vgl. S. 336, Anm.1) theoretische Weiterentwicklung
des Primärgruppenkonzepts hinzuweisen, das SCHÄFERS
(1980, 77f) vorgestellt hat. Unser Befund stimmt
mit DUNPHY (1972) überein, der den erwachsenen Primärgruppen dann eine relevante Bezugsqualität als
Wesensmerkmal zuschrieb, wenn sie - als Gegengewicht
zur gesellschaftlich dominanten Rollenspezialisie-
rung - die "Diffusität der sozialen Rollen gewährleisten."

2) Vgl. Übersicht 43.

4

könnte man aber auch vermuten, daß beide Formen von
Ausflügen jenen Vereinsmitgliedern als Kommunikations-
basis dienen sollen, die bisher noch keinen engeren Anschluß an eine bereits bestehende Untergruppe des Vereins gefunden haben, daran aber durchaus interessiert
sind. Vermutlich wird diesem Aspekt von den Organisa-
toren der Ausflüge noch nicht in genügendem Maße Aufmerksamkeit geschenkt. Daher wären die zuletzt erwähnten Antworten, die hier für den Ausbau der Chancen zur
Kontaktaufnahme plädieren, zumindest teilweise als
Signale zu verstehen, die in eine solche Richtung zeigen wollen.

Vorhin wurde bereits kurz angedeutet, daß der Wettbe-
werbsalltag, von dem die Masse der Amateur-Fußballver-
eine erfaßt ist, sich auch räumlich-geografisch vor
einem deutlich begrenzten Horizont abspielt. Im Unterschied zu den wenigen Vereinen der höheren Leistungsklassen bewegen sich die Vereine der unteren Sonntag
für Sonntag in einem Umkreis, der 25 km nur selten
überschreitet. Man kann daher erwarten, daß die Vereinsausflüge nicht auch noch innerhalb der vom Sport-
alltag (imaginär) gesetzten Grenzen ihre Zielpunkte
haben, sondern daß es ein Bedürfnis gibt, über sie hinauszugreifen. Unsere Umfrage bestätigt auch diese Vermutung, denn das "Kennenlernen anderer Völker und ihrer
Kulturen" hielten sowohl 51,6 % der Befürworter eines
Gesamtvereinsausflugs als auch 48,4 % der eines Abtei-
lungsausflugs für einen "wichtigen" Grund der Teilnahme.[1]

---

1) Vgl. Übersicht 43, S. 420; vgl. auch Übersicht 44,
   S. 422.

Betrachtet man nun die ebenfalls erbetenen Ausflugsziele etwas näher, dann kann man signifikante Unterschiede der Teilnahmemotivation feststellen.[1]

Übersicht 44: Ausflugsziele

	Gesamtverein		Abteilung	
	n	%	n	%
Nähere Umgebung	4	6,3	17	13,6
Baden-Württemberg	3	4,7	8	6,4
Bundesrepublik	19	29,7	24	19,2
angrenzendes Ausland	20	31,2	25	20,0
entfernteres Ausland	2	3,1	9	7,2
Städtetouren	16	25,0	42	33,6
Total	64		125	

Quelle: Spielerstichprobe N=215

Zum Beispiel galten der näheren Umgebung des jeweiligen
Vereins sowie dem Bundesland Baden-Württemberg etwa
11 % aller Gesamtvereinsausflüge, aber sogar 20 % der
Abteilungsausflüge. Diese große Differenz kann man
zum einen damit erklären, daß Abteilungen sozialen
Kleingruppen vergleichbar sind und daher, oft begünstigt
von einer homogenen Zusammensetzung, flexibler auf die
Wünsche der Teilnehmer reagieren können. Zum anderen
sind Abteilungen, als Musterbeispiel die Alteherren,
öfter unterwegs, ein Gesamtvereinsauflug findet aber
in der Regel nur einmal im Jahr statt. Gerade die Spielvereinbarungen, welche die Alteherren treffen, sind im

---

1) Vgl. Übersicht 44.

Abb.30: Ausflug der 1. Mannschaft des FC Wollmatingen
nach Ihringen/Kaiserstuhl im Jahr 1963.

Abb.31: Ausflugsbetreuer des FC Wollmatingen bei
dessen "Tour de Kaiserstuhl".

Quelle: jeweils WOLLMATINGEN 1984, 135.

allgemeinen als (Familien-)Ausflüge angelegt. Hinzu
kommt, daß sie auch einmal spontan eine "Radtour"
arrangieren oder kurzfristig eine "Weinprobe" (im
Elsaß, am Kaiserstuhl) organisieren, wie die Befragten im einzelnen erwähnt haben.

Reiseziele, die außerhalb der Bundeslandgrenzen liegen und die ganze Bundesrepublik einschließen (29,7 %)
oder sich bis in das angrenzende Ausland der Schweiz,
Frankreichs und Österreichs ausdehnen (31,2 %) sind mit
insgesamt 60,9 % die häufigsten der Gesamtvereinsausflüge; mit 39,2 % ist das Interesse der Abteilungen an
diesen Zielen deutlich geringer (19,2/20,0 %). Umgekehrt bevorzugen letztere mehr als doppelt so oft
(7,2 %) Reisen ins entferntere Ausland (Spanien, Ita-
lien, Jugoslawien); der Anteil der Gesamtvereinsausflüge an diesen entfernteren Reisezielen beträgt dagegen nur 3,1 %. Als eigene Zielgruppe erwiesen sich
reine Städtetouren sowie der Besuch (massen-)touristi-
scher Schwerpunkte wie Mallorca, Ibiza, Gardasee,
Wörthersee; bei den Städten wurden am häufigsten genannt bzw. ragten heraus: Prag, Florenz, Rimini, Lloret
del Mar, Berlin, München, Frankfurt. Rund 16 % der
Gesamtvereinsausflüge und 25 % der Abteilungsausflüge
entfallen auf diese Reiseziele.

Insgesamt bietet sich dem Betrachter der Ausflugsakti-
vitäten in Fußballvereinen ein sehr buntes Bild, das
je nach Teilnehmergruppe unübersehbare Akzentuierungen
in der Präferenz von Nah- und Fernreisezielen aufweist.
Wenn auch bei beiden Gruppen die Hauptmotivation der
Teilnahme vom Bedürfnis nach Abwechslung vom Vereins-
alltag bestimmt scheint, so verraten die Abteilungsausflüge ein unsichtbares Konzept, das die Zielplanungen
der Kontinuität ihrer Kommunikationsbedürfnisse unterzuordnen scheint (Ausflüge finden öfters statt, dafür seltener in größere Entfernungen).

- Sportreisen ins Ausland

Abschließend muß noch auf eine spezielle Form des Ver-
einsausflugs eingegangen werden, die sich zunehmender
Attraktivität erfreut: der Besuch von Sport-Turnieren
im Ausland. Bereits im Jahr 1960 wurde eine von mittlerweile zwölf westeuropäischen Sportverbänden getragene Stiftung gegründet, die unter dem heutigen Namen
"Euro-Sportring"[1] koordinierende und administrative
Hilfestellung gibt für Vereine, die ein internationa-
les Sport-Turnier ausrichten wollen, wie auch für jene,
die an einem solchen teilnehmen möchten. Diese in Holland ansässige Stiftung erstellt jährlich eine Turnierliste von überwiegend Fußball-, einigen Handball-,
gelegentlich Rugby-Veranstaltungen, die in den Mit-
gliedsländern[2] stattfinden. Ergänzend informiert
die von durchschnittlich 150.000 Vereinen angeforderte
(und kostenlos zugestellte) Broschüre über das erwartete Leistungsniveau der Teilnehmer, für welche Altersgruppen das Sportprogramm (und ob auch Damenfußball)
angeboten wird, über die Beschaffenheit der Sportanlagen (Rasen-oder Hartplatz, Halle), über Unterbrin-
gungsmöglichkeiten und Verpflegung sowie darüber, ob
kulturelle Rahmenprogramme vorgesehen sind, oder ob
der Sport das Hauptereignis darstellt. Im Jahr 1985
konnten Interessenten aus insgesamt 150 Turnieren aus-
wählen, von denen die meisten in holländischen Städten,

---

1) Informationen dazu wurden der Broschüre "Euro-
   Sportring 1985" entnommen.

2) Folgende Nationalverbände sind Stiftungsmitglieder:
   DFB Bundesrepublik Deutschland, DBU Dänemark,
   FA England, FFF Frankreich, KBVB Belgien, SFV
   Schweiz, KNVB Holland, OeFB Österreich, NBU Nor-
   wegen, Int. Handb. Fed. Frankreich, DIF Dänemark,
   NIF Norwegen; vgl. "Euro-Sportring 1985", 2.

etwas weniger in deutschen und französischen stattfanden;
aber auch Turnierangebote in Spanien, England, Schott-
land, Österreich, Belgien, Dänemark, Norwegen und in
der Schweiz gehörten zum Programm. Auf Wunsch organisiert die Stiftung sogar den Transport zu den betreffenden Städten.

Eine Durchsicht der Turniervorschläge ergab überraschen-
derweise, daß sie in der übergroßen Mehrheit auf Jugendmannschaften aller Altersgruppen zugeschnitten waren, ganz selten für Senioren- oder Alteherrenteams.
Diese Tatsache stimmt mit der Beobachtung überein, daß
auch Turnierinitiativen aus Ländern, die nicht dem Euro-
Sportring angeschlossen sind, überwiegend dem Jugendsport
gewidmet sind. Zum Beispiel beabsichtigten Jugendmannschaften eines Klubs in Parma/Italien eine Reise nach
Süddeutschland und suchten per Annonce im Mitteilungs-
blatt des Südbadischen Fußballverbands[1] Teilnahmemög-
lichkeiten an Jugendturnieren im südbadischen Verbands-
gebiet; zugleich sagten sie für das Jahr 1987 Gegenein-
ladungen zu.

Auf der Basis des kostenfreien Gegenbesuchs bestehen
sportliche Beziehungen sogar zu Fußballvereinen in den
Vereinigten Staaten.[2] Bereits seit über zehn Jahren
unterhält der südbadische FC Wollmatingen freundschaftliche Beziehungen zu den" Westport Soccers" in West-
port/Connecticut.[3] Abwechselnd verbringen Jugendmannschaften aus beiden Vereinen einige Wochen in den jeweiligen Städten, verbunden mit ausgedehnten Erkundungs-
fahrten im Gastland, die bei den Teilnehmern als "un-

1) Vgl. Amtliche Mitteilungen/SBFV Nr. 9/1986, 3.
2) Hilfreich sind hier auch die Reisekostenzuschüsse
   von maximal DM 250,-, die auf Antrag von der DSJ
   geleistet werden.
3) Vgl. WOLLMATINGEN 1984, 180f.

vergeßliche Höhepunkte" in Erinnerung bleiben, wie ein
Wollmatinger Reisebericht bekennt. Noch nicht ganz so
lange bestehen die Kontakte zwischen einem von einge-
wanderten Deutschen geleiteten, Fußballverein in
Tacoma/Washington State und dem mittelbadischen SV
Staufenberg; wie von dessen Jugendleiter Albert Döffinger zu erfahren war, unterscheiden sich die Beziehungen in diesem Fall noch in anderen Punkten, verglichen
mit Wollmatingen. Über ihn als Mittelsmann suchte man
immer wieder Spielgegner, wenn sich die amerikanischen
Gäste angekündigt hatten. Das führte dann dazu, daß
diese ihrerseits mit Tacoma in Kontakt blieben und Ge-
genbesuche vereinbarten. Gewissermaßen als Orientierungs-
hilfe veranstalteten dann die Staufenberger Jugendlichen
mit ihren Betreuern jeweils ein Treffen für die erstmals
in die USA reisenden Jugendlichen des anderen Vereins,
dem sie ihre konkreten Erfahrungen weitergaben und anhand von Lichtbildern illustrierten. Auf diese Weise
seien, so führte Herr Döffinger aus, auch die Kontakte
des SV Staufenberg zu den einzelnen deutschen Vereinen
intensiviert und auf ein freundschaftliches Niveau gebracht worden, was nun ebenfalls zu Folgekontakten führte. Im übrigen gingen aus den deutsch-amerikanischen
Vereinsbeziehungen auch Bekanntschaften zwischen einzelnen deutschen und amerikanischen Jugendlichen hervor,
die nun separat weitergepflegt würden.[1]

----

1) Für den "Dallas-Cup" im März 1986 suchten auch die
   "Texas Longhorns" in den Amtlichen Mitteilungen/
   SBFV Nr. 2/1875, 3 deutsche Teilnehmer unter A-
   bis D-Jugendmannschaften; Ergebnisse dieser Initiative konnten keine ermittelt werden, doch vermutlich haben sich ähnliche Beziehungen angebahnt
   wie die beschriebenen, es sei denn der Turnier-
   termin (Ende März) lag zu ungünstig. Ein anderes
   Beispiel (geglückter) deutsch-(nord)amerikanischer
   Beziehungen existiert zwischen dem FC "Germania"
   Vancouver und dem bayerischen SV Aubing, die über
   eine Annonce in den Verbandsmitteilungen zustande
   gekommen sind; vgl. Süddeutsche Zeitung Nr. 195/
   August 1984, 15.

Um dieses Kapitel nun zusammenzufassen, kann man folgendes festhalten. Auch wenn die zuletzt beschriebenen Beispiele intensiver USA-Beziehungen unter Fußballvereinen nicht repräsentativ sind, sondern der interkulturelle Austausch im Rahmen des Amateur-Fußballsports in der Regel auf europäischer Ebene stattfindet, dann markieren sie dennoch den (vorläufigen) Höhepunkt jener Entwicklung der "Horizontauflösung", auf deren Anfangsstadien BAUSINGER am Beispiel der deutschen Vereinsbewegung im 19. Jahrhundert zuerst hingewiesen hat. In der Zwischenzeit, die historisch seit dem Beginn des systematischen Ausdehnens der Horizontbegrenzungen vergangen ist, hat die von BAUSINGER konstatierte "Steigerung" der expansiven Bewegung durch Sportvereine selbst seit dem Erscheinen seiner Ausführungen im Jahr 1961 ungeahnte Dimensionen angenommen.

Denn nicht nur wurde mit dem Ausbau der Telekommunikationsnetze etwa über Satellitenfunkstationen im Weltall das zeitgleiche Heranholen ferner (Sozial- und Kultur-)Welten perfektioniert, sondern die Vervollkommnung der technischen Fortbewegungsmittel, allen voran das Flugzeug, und ihre, für viele Einkommensschichten ökonomisch vertretbare Inanspruchnahme hat umgekehrt das Hinausschreiten in die Weite der Welt wesentlich erleichtert und zur selbstverständlichen Handlungsmöglichkeit selbst von Jugendlichen werden lassen, wie die zuvor erwähnten USA-Kontakte belegen. Längst hat sich daher Heideggers Prognose zu den lebensweltlichen Folgen der allgemeinen technischen Entwicklung bewahrheitet. Er ging seinerzeit davon aus, daß mithilfe moderner Technik "das Dasein heute eine in ihrem Daseinssinn noch nicht übersehbare Ent-fernung der 'Welt' (vollzieht) auf dem Wege einer Erweiterung der alltäg-

lichen Umwelt".[1] Angesichts der hier zusammengetragenen Beispiele vom ganz gewöhnlichen, im Rahmen der regulären Wettspiele geforderten Bewegungsverhalten,
erst recht aber unter Berücksichtigung des weit aus-
greifenden Mobilitätsselbstverständnisses von Sportvereinsmitgliedern kann man sich Heideggers Interpretation nur anschließen.

In idealtypischer Zuspitzung kann man daher dem Jugendspielbetrieb die Vermittlung grundlegender lebenswelt-
licher Reichweitenerfahrungen zuschreiben, die in das
Alltagsbewußtsein Heranwachsender sich als Wissens-
Vorrat ablagern und von denen mit zunehmender Selbstverständlichkeit Gebrauch gemacht wird. Wenn man zudem
noch die beschriebenen internationalen Turnierprakti-
ken in idealtypisch gebündelter Form betrachtet, dann
erscheinen die vom Sportverein organisierten Fernrei-
sen bis ins außereuropäische Ausland nicht einfach nur
als Pendant zum Umgang mit der heimatlichen Nähe, sondern hier wird Ferne lebensweltlich als "potentielle
Reichweite" erfahren, um noch einmal an die Sozial-
philosophie von SCHÜTZ anzuknüpfen. Keine Frage, daß
in diesem Vorgang die räumliche Sozialisation, die der
Sportverein als gesellschaftliche Sozialisationsagen-
tur leistet, ihre entscheidende Vervollständigung er-
fährt.

---

1) Vgl. HEIDEGGER, Sein und Zeit; Erste Hälfte, 5. Aufl.,
Halle 1941, 105, zitiert nach BAUSINGER 1961, 62.

Abb.32: Wollmatinger Jugendteam vor der Freiheitsstatue
in New York, 1983, anläßlich des Besuchs der
Westport "Soccers", Westport/Connecticut, USA.

Quelle: WOLLMATINGEN 1984, 180.

V. Zusammenfassung: Fußballverein und Lebenswelt

Gefragt wurde in dieser Arbeit nach der Alltagsrelevanz
des Fußballvereins für seine aktiven Mitglieder. Als
Untersuchungsansatz hat sich ein genetisches Interpretationsverfahren angeboten, denn ausgiebige Quellenstudien legten den Schluß nahe, daß die in Hinsicht auf
das Thema ausschlaggebenden Struktur- und Wesensmerk-
male heutiger Fußballvereine plausibel erst zu erklären sind, wenn die historisch-sozialen Umstände, Entwicklungen und Randeinflüsse ihrer Entstehung ausreichend berücksichtigt werden. Diese Art des methodischen
Vorgehens rechtfertigte sich umso mehr aus dem Sachverhalt, daß die historiographische Forschungslage zum
Fußballsportverein nicht nur generell, sondern auch in
Bezug auf die hier intendierte Fragestellung als unzureichend empfunden werden mußte. Deshalb wurde im ersten Teil der Arbeit, in den Kapiteln II und III, zugleich das Ziel einer soziokulturell orientierten Rekonstruktion der deutschen Fußballvereinsgeschichte verfolgt. Um jedoch die konkreten Ereignisabläufe von Vereinsgründungen auch im Kontext der gesamtgesellschaftlichen Entwicklung verständlich machen zu können, eine
Absicht, die bei der Bearbeitung der weiteren Themen-
aspekte ebenfalls ausführliche Hintergrunddarstellungen
nach sich zog, wurde den beiden Rekonstruktionsabschnit-
ten eine Skizze der realgeschichtlichen Ausgangslage der
ersten Dekade von Fußballvereinsgründungen in Deutschland vorangestellt. Sie war Gegenstand von Kapitel I
und befaßte sich mit dem ökonomisch, weltpolitisch und
kulturell in stürmischem Wachstum begriffenen Deutschen
Kaiserreich an der Wende zum 20. Jahrhundert. Die Analyse der Veränderungsprozesse, die in dieser Ära der
Hochindustrialisierung des Deutschen Reichs vor sich
gingen, hatte einerseits die daraus folgende, zunehmende

Komplexität der Sozialstrukturen einzubeziehen; andererseits spielten vor allem der Ausbau des Bildungswesens und die ihn begleitenden außerstaatlichen Reform-
bestrebungen eine große Rolle; weiterhin für die Analyse relevant wurden der Urbanisierungsprozeß und die
damit einhergehende geographische Verschiebung von Be-
völkerungsgruppen sowie überhaupt der Wandel in der Bevölkerungsentwicklung, die zu einem deutlichen Überhang
des Anteils von Jugendlichen im Deutschen Reich vor 1900
geführt hatte. Die nähere Betrachtung dieser Tatbestän-
de erfolgte vornehmlich in bildungs- und jugendsoziologischer Perspektive. Das hatte seinen Hauptgrund darin,
daß in diesem Erkenntnisspektrum am ehesten ein Schlüssel zur Erklärung eines in der bisherigen Forschung viel
zu wenig beachteten Faktums zu erwarten war, weshalb nämlich die Gründergeneration von Fußballvereinen am Ende
des 19. Jahrhunderts - entgegen weit verbreiteter Annahmen - nicht aus "Männern", sondern überwiegend aus
Schülern und Jugendlichen bestanden hat.

Gewiß kennt die Sozialgeschichte genügend chronologisch
frühere Beispiele, in denen die handelnden Akteure ebenfalls dieser Altersgruppe angehörten und zugleich gesellschaftlich auffälligen und wirksamen Tätigkeiten nachgingen. Zu nennen wären etwa Studenten, die bereits im
Mittelalter eine Art jugendliches Phänomen darstellten,
oder im 18. Jahrhundert und später die Lehrlinge in den
handwerklichen Berufen; auch auf die Rekruten des Militärs traf diese Charakterisierung schon lange vor der
Zeit zu, die unseren Kontext betrifft. Der entscheidende
Unterschied zwischen beiden Erscheinungen lag jedoch in
den nach Mitte des 19. Jahrhunderts stark veränderten Ansprüchen, Erwartungen und Strukturbedingungen, die an
die soziale Eingliederung von Heranwachsenden in die
immer komplexer werdende, arbeitsteilig hochdifferenzier-

te, eben "moderne" Gesellschaft gestellt wurden. Voll-
zog sich die Sozialisation vor dieser Zeit innerhalb
einer familiären oder doch zumindest halb-familiären Umgebung, - das heißt nicht nur in einem vertraut-persön-
lichen Klima, sondern das meint vor allem in einem altersheterogenen Umfeld, in dem die Erwachsenen über Jugendliche eine ständige Kontrolle ausübten über einge-
haltene Erwartungen, übernommene Normen und erlernte
Verhaltensweisen - , so erfuhr diese Erziehungspraxis in
der jungen Industriegesellschaft Deutsches Reich einige
gravierende Veränderungen.

Was bis dato, alles in allem, als eine Homogenität von
Jugendphase und Erwachsenenphase bezeichnet werden konnte, wurde zum erstenmal mit der Einführung der allgemeinen Schulpflicht, insbesondere der altersgegliederten
Schule im Verlauf des 18. Jahrhunderts durchbrochen.
Recht eigentlich aufgehoben wurde sie jedoch erst, als
das durch die fortgeschrittene Industrialisierung beschleunigte Strukturwachstum der Gesellschaft die Diskontinuität zwischen Familie und Gesellschaft noch verschärf-
te, die durch die Separierung der Heranwachsenden im Rahmen der Bildungsvermittlung bereits eingeleitet und in
Ansätzen ausgeprägt war. Zur räumlichen, also emotional
empfundenen Trennung von den primären Bezugspersonen
kamen noch die erhöhten Anforderungen an den Schulen, die
in vorwiegend sachlicher Orientierung auf das erwachsene Erwerbsleben vorbereiteten, aber nur selten die psychischen Bedürfnisse der Schüler in der Übergangsphase zum
Erwachsenen berücksichtigten. Entscheidend in diesem
Prozeß war jedoch, daß die Sozialisationsinstitution
Schule nun nicht mehr auf die Familien- und Verwandt-
schaftszusammenhänge ausgerichtet war, sondern auf die
Gesellschaft als ihnen übergeordneten Tatbestand; in ihr
mußten sich die Heranwachsenden schließlich zurechtfin-

den, während der Adoleszenz und später als selbständige Individuen. Und dies war in der zweiten Hälfte des
19. Jahrhunderts die - strukturbedingte - Legitimation
für Jugendliche, die zur Eingliederung in die Erwachsenenwelt erforderlichen Orientierungen und Wertmaßstäbe
selber zu suchen, die benötigten Kompetenzen und Fertigkeiten in zunehmenden Maße in die eigenen Hände zu
nehmen, ihre Sozialisierung immer öfter "in eigener
Regie" durchzuführen.

Als sozialer Unterbau dieses brisanten, mitunter kon-
fliktreichen, weil erwachsene und staatliche Kompetenzen herausfordernden Prozesses eigneten sich vorzüglich
die altershomogenen Gruppen, die im Zuge der altersgegliederten Schule bereits ein wichtiger Erfahrungshintergrund von Schülern geworden waren. Sie konnten nun
auch Aufgaben als psycho-soziales Beziehungsnetz übernehmen, das in der Umbruchphase der individuellen Per-
sönlichkeitsfindung umso dringlicher benötigt wurde,
weil auch in dieser Hinsicht die Heranwachsenden weitgehend auf sich gestellt waren. Verhaltensunsicherheiten und psychische Labilitäten im Verlauf des Indivi-
duationsvorgangs konnten im Kreis der Gleichbetroffenen
am wirkungsvollsten aufgefangen und verarbeitet werden.
Ein wichtiges Ergebnis der altershomogenen Gruppierung
war daher auch, daß sich die Jugendlichen über ihre Situation klar werden konnten, daß sie ein Bewußtsein von
ihrer besonderen sozialen Lage gewinnen konnten und
schließlich lernten, mit eigenen Mitteln, außer der
Gruppenbildung, auf den "sozial offenen Raum" zu reagieren, den die Defizite der gesellschaftlichen Steuerung
des zweiten Sozialisationsabschnittes hinterließen. Hier-
in lag denn auch die zweite Legitimation für jugendspe-
zifisches Eigenhandeln in der konkreten historischen
Situation, in der sich Jugendliche im Deutschen Reich
vor der Jahrhundertwende befunden haben.

Ganz allgemein sportliche Disziplinen, insbesondere
das Fußballspiel, erwiesen sich schon zur Zeit der Jahrhundertwende als ein geeignetes Medium, um wichtige gesellschaftliche Integrationsfunktionen zu verwirklichen, wie sie aus der strukturellen Veränderung der Gesellschaft bis heute notwendig wurden: Allgemeine sozialisatorische Aufgaben einerseits und die Gestaltung
dieser mit eigenen, jugendspezifischen Mitteln. Für
beide Intentionen wirkt der Zusammenschluß in altershomogenen Gruppen als optimaler Nährboden, zumal sich
hierbei personelle Übereinstimmungen mit den formalen
Anforderungen an die Mitgliederzahl des Mannschafts-
spiels Fußball erzielen lassen; Sportspiele eignen sich
für die angestrebten Zwecke ohnehin, da sie die Reali-
sation alterstypischer Bedürfnisse nach körperlicher
Bewegung und Selbsterfahrung zulassen.

Aus der Verschränkung dieser beiden Funktionsstränge,
Fußballvereine als Sozialisationsgruppen zum einen und
als Folien jugendlicher Eigentätigkeit zum anderen, kann
man eine Alltagsrelevanz aber nicht allein in historischer Sicht, also für die Gründervereine schlußfolgern.
Denn die Binnenstruktur, die schon für "Schülerspielvereinigungen", "Schüler-Fußballvereine" und "Jugendclubs" zutraf, gilt analog auch für die altersabge-
stuften und altershomogenen Jugendmannschaften heutiger
Fußballvereine, selbst wenn diese meistens von Erwachsenen betreut werden. Mit anderen Worten gewinnen diese
Mannschaften eine Qualität als jugendliche Primärgruppen zum einen durch ihre die altersgemäße, Verständigung
fördernde Gruppengröße, zum anderen erlauben sie eine
geeignete Direktheit und Regelmäßigkeit der Kontakte mit
einem konstanten Personenkreis, schließlich weisen sie
eine genügende Dichte der, vom Sport ausgelösten, Kon-
taktfrequenzen aus, die um diejenigen aus der Schule

noch ergänzt werden können. Insgesamt resultieren
aus diesen Voraussetzungen jugendliche Bezugsgruppen,
die im Medium des Fußballvereins das zufällige Neben-
einander und Nacheinander äußerer Ereignisse und Anforderungen aus der schulischen und gesellschaftlichen
Umwelt überwinden helfen. In ihnen kann der einzelne
Jugendliche gemeinsam mit anderen sein ansonsten labi-
les Dasein als unfertiges Gesellschaftsmitglied stabilisieren und seinem Leben einen subjektiv geformten
Sinn geben.

Auf der Handlungs-, Erlebens- und Erfahrungsgemeinsam-
keit, die in altershomogenen Jugendfußballmannschaften
ausgebildet werden, entstehen schließlich die persönlichen Beziehungen, die das Kommunikationsselbstver-
ständnis unter erwachsenen Spielern prägen und auch
zum Bedürfnis führen, neben den Absichten der körperlichen Fitness, die Sozialgemeinschaft auch in einer
Alteherren-Abteilung fortzusetzen. Wie schon zuvor, während der Zeit als Seniorenspieler, sind auch hier die
Sozialaktivitäten nicht auf den Sport selbst beschränkt,
sondern sie werden in vielfältiger Weise in den je privaten Raum ausgedehnt, etwa in Form von Nachbarschaftshilfe, dem gemeinsamen Besuch kultureller und geselliger
Veranstaltungen oder indem man gemeinsamen Hobbies nachgeht.

Ein zentraler Ort der vereinsspezifischen Kommunikation
ist das Vereinsheim. Nicht nur weil es Gelegenheiten
bietet, überhaupt erst Kontakte zu anderen Vereinsmitgliedern anzuknüpfen, sondern gerade auch, um bereits
bestehende zu vertiefen. Das Vereinsheim bietet,
wie schon die Vorgängerinstitution Vereinslokal,
die Möglichkeit, zum alltagsrelevanten Treffpunkt zu
werden, das man selbstverständlich ansteuert, zum einen

um seine Bekannten aus der Sportgruppe zu treffen und zum anderen, um in ihrem Kreis Abstand vom täglichen Einerlei zu gewinnen.

Die Reiseaktivitäten in Fußballsportvereinen sind von zwei Merkmalen wesentlich gekennzeichnet. Im Rahmen des Jugendspielbetriebs erfüllen sie zunächst fundamentale Aufgaben im Sinne einer räumlichen Sozialisation. Das heißt, bereits die jüngsten Mitglieder machen im Zusammenhang mit den Wettspielreisen grundlegende Erfahrungen als heranwachsende Individuen. Indem sie außerhalb ihres primären Bezugskreises Familie sich behaupten müssen, kann sich eine individuelle Handlungskompetenz ausprägen, die entscheidend auch zur Integration in das sozialgeographische Umfeld dient.

In der Zusammenschau der hier dargelegten Einsichten in das Ineinandergreifen von Gruppenbeziehungen und Sozialaktivitäten, die Fußballspieler bereits im Verlauf ihrer allgemeinen Sozialisierung kennenlernen, kann man die Alltagsrelevanz von Fußballvereinen prägnant so formulieren: Sie offerieren ihren Mitgliedern einen kontinuierlichen, biographisch-perspektivischen Handlungs- und Kommunikationsrahmen, mit dem sie sich gerade deshalb identifizieren können, weil er in vielfältiger Weise ihre individuelle Lebenswelt strukturiert, oft sogar ausfüllt.

Abkürzungsverzeichnis

ATB	=	Arbeiter-Turner-Bund
AH	=	Alteherren
BDF	=	Bund Deutscher Fußballspieler
BFC	=	Berliner Fußball-Club
DFB	=	Deutscher Fußball-Bund
DFuCB	=	Deutscher Fußball- und Cricket-Bund
DJK	=	Deutsche Jugendkraft
DSJ	=	Deutsche Sportjugend
DTB	=	Deutscher Turner-Bund
KZfSS	=	Kölner Zeitschrift für Soziologie und Sozialpsychologie
MEW	=	Marx-Engels-Werke
MFC	=	Magdeburger Fußball-Club
SBFV	=	Südbadischer Fußball-Verband
SDFU	=	Süddeutsche Fußball-Union
SFV	=	Süddeutscher Fußballverband
SpW	=	Sportwissenschaft (Zeitschrift)
VBB	=	Verband Berliner Ballspielvereine
ZA	=	Zentralausschuß

439

Verzeichnis der Abbildungen

442

Verzeichnis der Zahlen-Übersichten

Seite

Sozialstatistische Daten

Übersicht 45: Schulbildung

	1. Spieler %	2. Funktionäre %
Volksschule (VS)	12,1	7,0
VS + Lehre	41,1	43,9
Mittlere Reife	27,4	28,1
Abitur	11,2	7,9
Studium	7,4	11,4

Quelle: 1. Spielerstichprobe N=215
2. Funktionärsstichprobe N=114

Übersicht 46: Verteilung der Berufe

	1. Spieler %	2. Funktionäre %
Schüler/Azubi/Studenten	9,3	3,5
kfm.Angest./mittl. Dienst	30,7	35,1
Arbeiter/Handwerker	46,0	21,1
Leit.Angest./Lehrer	8,8	29,8
Selbständig	3,3	2,6
Hausfrau		1,8 (n=2)

Quelle: 1. Spielerstichprobe N=215
2. Funktionärsstichprobe N=114

Übersicht 47: Beschäftigungsverhältnisse

	1. Spieler %	2. Funktionäre %
lohnabhängig	39,1	19,3
angestellt	33,0	43,0
beamtet	12,6	20,2
selbständig	5,6	11,4
Hausfrau		1,8

Quelle: 1. Spielerstichprobe N=215
2. Funktionärsstichprobe N=114

Verzeichnis der Vereinsstichprobe

1. Statistische Codes

KE-5   = Kleinverein (bis 300 Mitglieder)/Einspartig
             (d.h. reine Fußballvereine); bis 5.000 Einw.

KM-5   = Kleinverein/Mehrspartig; bis 5.000 Einwohner

ME-5   = Mittelverein (300 - 1.000 Mitglieder)/Ein-
             spartig (d.h. reine Fußballvereine); bis
             5.000 Einwohner

MM-5   = Mittelverein/Mehrspartig; bis 5.000 Einwohner

MM-20   = Mittelverein/Mehrspartig; bis 20.000 Einwohner

MM-20   = Mittelverein/Mehrspartig; bis 20.000 Einwohner

ME-50   = Mittelverein/Mehrspartig; bis 50.000 Einwohner

ME-50   = Mittelverein/Einspartig; bis 50.000 Einwohner

ME-500   = Mittelverein/Einspartig; bis 500.000 Einwohner

MM-500   = Mittelverein/Mehrspartig; bis 500.000 Einwohner

2. Vereine	Stat. Code
FC Bad Säckingen	MM-20
DJK Donaueschingen	MM-500
SV Ebnet	ME-5
SV Ettenheimweiler	KM-5
VfR Hornberg	ME-5
SC Kiechlinsbergen	KE-5
FV Kirnbach	KM-5
Spfr. Kürzell	MM-5
Spvgg. "Allemania" Müllheim	MM-20
FV Meissenheim	KE-5
FC Nonnenweier	KE-5
SV Nußbach	KE-5
FV Reichenbach/Lahr	KE-5
1. FC Rheinfelden	ME-50
SV Steinach	MM-5
FC St. Georgen/Freiburg	ME-500
VfB Waldshut	ME-20
DJK Welschensteinach	MM-5

Quellen

1. Jubiläums-Festschriften, geordnet nach Bezirken des
   Südbadischen Fußballverbandes, zitiert als: z. B.
                                    WOLLMATINGEN 1984

Bezirk Baden-Baden

VfB Gaggenau	1911-1961
"	1911-1981
FC Rastatt	1904-1979

Bezirk Offenburg

SV Haslach	1911-1982
FV Kehl	1907-1977
"	1907-1982
SV Kippenheim	1926-1966
"	1926-1976
FV Meissenheim	1984
FV Offenburg	1907-1982
PSV Offenburg	1934-1984
FV Sulz (Platzeinweihung 1984)	
FV Zell-Weierbach	1924-1984

Bezirk Freiburg

FC Alemannia	1910-1938
SV Ebnet	1933-1983
FC Freiburg	1897-1927
"	1897-1977
Spfr. DJK Freiburg	1911-1981

Bezirk Oberrhein

FC Bad Säckingen	1908-1958
"	1908-1983
SV Laufenburg	1908-1983
Alemannia Müllheim	1908-1978
1. FC Rheinfelden	1909-1984
SV Schopfheim	1912-1952
"	1912-1962
"	1912-1972
VfB Waldshut	1910-1925
"	1910-1970
"	1910-1980

Bezirk Schwarzwald

TuS Bonndorf	1920-1980
FC Furtwangen	1907-1982
FV St. Georgen	1912-1962
"	1912-1972
SV Nußbach	1933-1958
"	1933-1983

Bezirk Bodensee

TV Aach/Hegau	1905-1980
FC Konstanz	1900-1975
FC Radolfzell	1903-1928
"	1903-1953
"	1903-1983
TUS Stetten a.k.M.	1914-1964
VfR Stockach	1909-1984
FC Überlingen	1909-1984
FC Wollmatingen (Platzeinw. 1966)	
"	1909-1984
FC Zizenhausen	1934-1984

2. Jahrbücher des Gymnasium Freiburg von Schuljahrgang
1831/31 bis 1899/1900; Stadtarchiv Freiburg, Grün-
wälderstr. 15; Signatur Dwh 1135

3. Jahrbücher

Jahrbuch für Jugend- und Volksspiele (JfJuV),
Jahrgänge 1892 - 1916

Jahrbücher der dt. Turnkunst, Organ der deutschen
Turnlehrerschaft, (1. Jg. 1855), Jge. 1893, 1894;
Leipzig

Zeitschrift für Turnen und Jugendspiel (ZTJ), (1. Jg.
1891), Jge. 1894/5; Leipzig

4. Zeitschriften

DEUTSCHE SPORT- UND SPIEL-ZEITUNG, Jg. 1885

DER FUSSBALL. Illustrierte Zeitung für Athletische
Sports (1894-6), Stuttgart; Jg. 1895

DER JUGENDTURNER, Hrsg.: Berliner Turnerschaft
Corporation, 1. Jg. 1912

DER KICKER, Stuttgart; Jg. 1923; Jg. 1933

FUSSBALL und LEICHTATHLETIK; Jge. 1912 und 1922

LITERATURVERZEICHNIS

AKTUELL-Lexikon der Gegenwart, Dortmund 1984

ALEWYN, Richard: Formen des Barock, in: Corona,
Bd. X/6. Zit. nach KÖNIG, Macht und Reiz der
Mode, 1971, 169

AUSUBEL, David: Das Jugendalter, Fakten, Probleme,
Theorie, München, 3. Aufl., 1971

AUFMUTH, Ulrich: Die deutsche Wandervogelbewegung unter
soziologischem Aspekt. Göttingen, 1979

AUTORENKOLLEKTIV: Fußball in Vergangenheit und Gegenwart, Bd. 1 und Bd. 2 (ab 1945). Sportverlag
Berlin, DDR 1978[2]

ARNDT, Arno: Berliner Sport, Bd. 10 der Großstadt-
Dokumente (Hrsg. Hans Ostwald), Berlin und
Leipzig, o. J. (5. Aufl. ca. 1906)

BACH, Hermann: Struktur und Funktion der Leibesübungen in den Jugendorganisationen vor 1914;
Schorndorf, 1974

BACH, Theodor: Wanderungen, Turnfahrten und Schüler-
reisen, Leipzig 1885

BACHLEITNER, Reinhard: Sport, Persönlichkeit, Methoden-
probleme in: SpW 1984/2, 121- 140, Schorndorf 1984

BAUMANN, Axel: Die Wiederbegründung und Entwicklung
der DJK in der Erzdiözese Freiburg nach dem
2. Weltkrieg; Hrsg. Deutsche Jugendkraft, Diözesan-
verband Freiburg; Freiburg 1982

BAUSINGER, Hermann: Volkskultur in der technischen Welt, Stuttgart 1961, Neuauflage 1986

BAUSINGER, Hermann: Dauer im Wechsel, in: Jeans. Beiträge zu Mode und Jugendkultur, Tübingen 1985

BECK, Peter: Kosmologie und Psychologie, Freiburg i. Br. 1911

BECKER, Peter (Hrsg.): Sport und Sozialisation, Reinbek 1982

BECKER, P./BERNER, A./OERTEL, J.: Sport und Sozialisation, in: BUNDESZENTRALE 1984, 202 - 212

BECKERS, E./RICHTER, E.: Kommentierte Bibliographie zur Reformpädagogik, St. Augustin, 1979

BERGER, H./LEGNARD, A./REUBAND, K.-I. (Hrsg.): Jugend und Alkohol, Trinkmuster, Suchtentwicklung und Therapie, Stuttgart 1980

BERNETT, Hajo: Die "Versportlichung" des Spiels, in: SpW 1984/2, 141 - 165

BERNETT, H./BUSS, W./JOHN, H.-G./PFEIFER, L.: Die Geschichte der Sportarten aus der Sicht der nationalistischen "Geschichtspropaganda", in: SpW 1986/1, 91 - 98

BEUTIN, Ludwig: Gesammelte Schriften zur Wirtschafts- und Sozialgeschichte, Köln - Graz 1963

BEYRER, Klaus: Die Postkutschenreise, Tübingen 1985

BEYER, W.: Wanderungen der Schuljugend und nationale Erziehung, JfJuV 1901, 159 - 170

BINZ, R.: Bestandsaufnahme der hauptamtlichen
    Fußballsportvereine des Südbadischen Fußball-
    verbandes; Mschr. M. Tübingen, 1984

BODE, Wilhelm: Kurze Geschichte der Trinksitten und
    Mäßigkeitsbestrebungen in Deutschland, München
    1896

BÖHMERT, Viktor: Die kulturelle und soziale Tätigkeit
    des Dresdener Vereins Völkerrecht von
    1888 - 1913, in: Der Arbeiterfreund 51 (1913),
    392 - 403

BOEHN, Max von: Bekleidungskunst und Mode, München
    1918

BOEHNKE-REICH, Dr. Heinrich: Fußtouren, in: Dt. Sport-
    und Spielzeitung Nr. 6/1885, Berlin, S. 61 - 69

BOURDIEU, Pierre: Die feinen Unterschiede. Kritik der
    gesellschaftlichen Urteilskraft, Frankfurt 1982

BRAMFORD, T. W.: Public Schools and social class,
    1801 - 1850, in: British Journal of Sociology
    12, 1961, 224 - 235

BREDEKAMP, Horst: Fußball als letztes Gesamtkonstrukt,
    in: Konkret Sonderheft Sport, 1982, 42 - 46

BREUER, H. Th./LINDNER, R.: Sind doch nicht alles
    Beckenbauers. Fußballsport und Arbeiterviertel am
    Beispiel Bottrop, in: Ästhetik & Kommunikation,
    24, 1976

BÜCHELE, H.: 30 Jahre Freiburger Fußballsport
1897 - 1927, Freiburg 1927

BÜRGERMEISTERAMT der Stadt Freiburg i. Br.: Sport-
stättenleitplan der Stadt Freiburg i. Br., Reihe:
Beiträge zur Stadtforschung und Stadtentwicklung,
Heft 4, Jan. 1976, Freiburg i. Br.

BUNDESZENTRALE für Politische Bildung (Hrsg.): Gesellschaftliche Funktionen des Sports. Schriften-
reihe Bd. 206, Bonn 1984

CARMESIN, Pfarrer: Jugendpflege auf dem Lande, in:
Die Innere Mission im evangelischen Deutschland.
1. Jg. 1912, 263 - 268, Hamburg

CLARKE, John u. a.: Jugendkultur als Widerstand,
Frankfurt 1979

CLASSEN, Walther: Zucht und Freiheit. Ein Wegweiser
für die deutsche Jugendpflege, München 1914

CLASSEN, Wather: Großstadtheimat. Beobachtungen zur
Naturgeschichte des Großstadtvolkes, Hamburg 1915[2]

DEGENHARDT, Heidrun: Der Stellenwert und die Bedeutung
der Reformpädagogik in der Sport-/Leibeserziehung.
Diss. Köln 1983

DEHN, Günther: Berliner Jungen, in: Die Innere Mission
im evangelischen Deutschland, 1. Jg., 1912,
97 - 104, Hamburg

DEHN, Günther: Die männliche Jugend Berlins, in: Die
Innere Mission im evangelischen Deutschland,
1. Jg., 1912, 107, Hamburg

DEHN, Günther: Gedanken zur Erziehung der schulentlassenen Großstadtjugend, in: Die Innere Mission im evangelischen Deutschland, 1. Jg., 1912, 141 - 148, Hamburg

DEHN, Günther: Großstadtjugend. Beobachtungen und Erfahrungen aus der Welt der großstädtischen Arbeiterjugend, Berlin 1919

DEUTSCHE OLYMPISCHE GESELLSCHAFT (DOG), Hrsg.: Memorandum zum Goldenen Plan für Gesundheit, Spiel und Erholung, Frankfurt 1960

DIECKERT, Jürgen: Die Turnerjugendbewegung, Schorndorf, 1968

DIECKERT, Jürgen: Freizeitsport, Opladen [2]1978

DIEM, Carl/SEIFFERT, Johannes: Sportplatz und Kampfbahn. Leitsätze für Bau und Instandhaltung. Berlin 1922

DUNNING, Eric (Hrsg.): The Sociology of Sport, London 1971

DUNNING, Eric: Industrialization and the Incipient Modernization of Football, in: Stadion' (1975), 103 - 139

DUNNING, Eric: Macht und Herrschaft in den Public Schools (1700 - 1850) in: GLEICHMANN, A. 1979

DUNNING, Eric: Die Entstehung des Fußballsports, in: HOPF (Hrsg.), 1979, 42ff.

DUNNING, E./SHEARD, K. G.: Barbarians, Gentlemen and
Players, Oxford 1979

DUNPHY, D. C.: The Primary Group: A Handbook for
Analysis and Research, New York 1972, in:
SCHÄFERS 1980, 11f.

EELKING, Baron Hermann-Marten von: Lexikon der Herrenmode, Göttingen 1960

EICHBERG, Henning: Der Weg des Sports in die industrielle Zivilisation, Baden-Baden 1979[2]

EICHBERG, H./HOPF, W.: Fußball zwischen deutschem
Turnen und englischen Sport, in: PLANCK, Karl,
Fußlümmelei. Über Stauchballspiel und englische
Krankheit (Nachdruck der Ausgabe) Stuttgart
1898, Münster, 1982, 49 - 87

EILENBERGER, Rudolf: Pennälersprache. Entwicklung,
Wortschatz und Wörterbuch (Nachdruck der Ausgabe)
Straßburg, 1910; Münster 1981

EISENSTADT, S. N.: Von Generation zu Generation. Altersgruppen und Sozialstruktur. München 1966

ELIAS, Norbert: Über den Prozeß der Zivilisation.
2 Bde, Frankfurt/M. 1976

ELIAS, Norbert: Der Fußballsport im Prozeß der Zivilisation, in: LINDNER 1983, 12 - 21

EMSCHER, F. H. v. d.: Schülerverbindungen und Gymnasial-
disziplin, Dresden 1904

ENGELS, Friedrich: Preußischer Schnaps im Deutschen
Reichstag, in: MEW, Bd. 19, 37 - 41

EURO-SPORTRING. Europäische Turnierliste 1985,
Baarn, Holland

FABRICIUS, Wilhelm: Die Studentenorden des 18. Jhts.
und ihr Verhältnis zu den gleichzeitigen Landsmannschaften, Jena 1891

FABRICIUS, Wilhelm: Die deutschen Corps, Frankfurt/M,
1926

FAHRENKRUG, Hermann: Soziologische Aspekte sozial integrierten Alkoholkonsums im Jugendalter, in:
BERGER, LEGNARD, REUBAND (Hrsg.) 1980, 11 - 21

FASSBINDER, Horant: Berliner Arbeiterviertel
1800 - 1918, Berlin 1975

FLIERL, Paul: Sechzig Jahre Süddeutscher Fußball-
Verband, 1897 - 1957, o. O. (Stuttgart), o. J.
(1957)

FICHTE, J. G.: Ausgewählte Werke (6 Bd.);
Darmstadt 1962, Bd. 5

FRANKE, Elk (Hrsg.): Sport und Freizeit, Reinbek
bei Hamburg 1983

FRAUENSTÄDT, Paul: Altdeutscher Durst im Spiegel des
Auslandes in: Archiv für Kulturgeschichte, Bd. 7,
(1909), 258 - 271, Berlin 1909

FRICKE, F. W.: Das Fußballspiel, seine Geschichte, Vorzüge und dessen Betriebsweise auf deutschen Spielplätzen. Hannover-Linden 1890

FRIEDEBURG, Ludwig von (Hrsg.): (Einführung in die)
Jugend in der modernen Gesellschaft, Köln - Berlin 1965

FRITSCH, Wolfgang: Gruppen im Sport, Diss. Tübingen
1983

FUSSBALL-Regeln: Hrsg. DFB, Frankfurt 1982/83

GEHRMANN, Siegfried: Fußball in einer Industrieregion.
Das Beispiel F. C. Schalke 04, in: REULECKE/
WEBER, 1978

GEPPERT, Karl: Entstehung und Entwicklung des Fußballsports in Baden, in: Festschrift aus Anlass der
Eröffnung der Sportschule Schönach auf dem Turm-
berg, Juli 1953. Hrsg.: Badischer Fußballverband,
Karlsruhe 1953

GERNDT, Helge: Kleidung als Indikator kultureller
Prozesse, in: Schweizerisches Archiv für Volkskunde 70. 1974, 81 - 92

GIESECKE, Hermann: Vom Wandervogel bis zur Hitlerjugend,
München 1981

GIESELER, Karlheinz: Die gesellschaftliche Bedeutung
der Sportorganisationen, in: BUNDESZENTRALE 1984,
48 - 63

GILLIS, John R.: Geschichte der Jugend, Weinheim und
Basel 1980

GLEICHMANN, Peter (Hrsg.): Materialien zu Norbert Elias'
Zivilisationstheorie, Frankfurt 1979[1]

GONSER, Immanuel: Verein und Wirtshaus, Berlin 1903

GREENDORFER, S./LEWKO, J. H.: Role of Family members
in Sport Socialization of children, in:
Research Quarterly 49 (1978), 146 - 152

GREENDORFER, S.: Socialisation into Sport, in:
OGLESBY, C. A. (Hrsg.) women and sport.
Philadelphia 1978

GRIMM, Jakob und Wilhelm: Deutsches Wörterbuch,
Leipzig 1899; 9. Bd.

GROTJAHN, Alfred: Der Alkoholismus. Nach Wesen, Wirkung
und Verbreitung, Leipzig 1898

GRÜNFELD, Paul P.: Rasenspiele für die Jugend, in:
Dt. Sport- und Spielzeitung, Berlin 1885,
S. 263, Nr. 24

GRUPE /GABLER/GÖHNER (Hrsg.): Spiel-Spiele-Spielen,
Tübingen 1982: Tagung Dt. Vereinigung für Sport,
Schorndorf 1983

GUKENBIEHL, Hermann L.: Bezugsgruppen, in: SCHÄFERS,
1980

GUKENBIEHL, Hermann L.: Formelle und informelle Gruppen als Grundformen sozialer Strukturbildung,
in: SCHÄFERS 1980

HABERMAS, Jürgen: Soziologische Notizen zum Verhältnis von Arbeit und Freizeit, in: PLESSNER 1967,
17 - 29

HÄUSSLER, G.: Die Jugendpflege in der Stadt Berlin,
in: Monographien dt. Städte, Bd. VIII,
Berlin, 89 - 96, Oldenburg 1914

HÄVERNICK, Walter: Kinderkleiduung und Gruppengeistig-
keit in volksundlicher Sicht. I. Der Matrosenanzug der Hamburger Jungen 1900 - 1920. II. Kleidung und Kleidersitte höherer Schüler in Hamburg 1921 bis 1939,
In: Beiträge zur deutschen Volks- und Altertums-
kunde, 4/1959, 37 - 61 u. 6/1962, 21 - 64.

HAMMERICH, K./KLEIN, M. (Hrsg.): Materialien zur Soziologie des Alltags; 50. Heft 20 der KZfSS,
Opladen 1978

HANDBUCH für Vereins- und Verbandsmitarbeiter des
DFB (Hrsg.), Frankfurt 1978

HARIG, Ludwig/KÜHN, Dieter: Netzer kam aus der Tiefe
des Raumes, München 1974^2

HARTWIG, Helmut: Jugendkultur. Ästhetische Praxis in
der Pubertät. Reinbek 1980

HAUG, F.: Warenästhetik, Köln 1971

HECKER, K./GRUNWALD, W.: Über die Beziehung zwischen
Arbeits- und Freizeitzufriedenheit, in: Soziale
Welt 3/1981, 353 - 368

HEINEKEN, Philipp: Das Fußballspiel in Berlin daselbst, in: DFB Jahrbuch 1904/05, 89 - 94

HEINEMANN, Klaus: Soziale Determinanten des Sportengagements, in: SpW 6 (1976), 374 - 383

HEINEMANN, K./HORCH, H. D.: Soziologie der Sportorganisation, in: SpW 11 (1981), 123 - 150

HEINEMANN, Klaus: Einführung in die Soziologie des Sports, Schorndorf 1983[2]

HELLPACH, Willy: Wirken in Wirren. Lebenserinnerungen Bd. I, 1877 - 1914; Bd. II, 1914 - 1925, Hamburg 1948

HELLPACH, Willy: Geopsyche - Die Menschenseele unter dem Einfluß von Wetter und Klima, Boden und Landschaft, Stuttgart 1950[6]

HERRE, Günther: Arbeitersport, Arbeiterjugend und Obrigkeitsstaat 1893 - 1914, in: HUCK, Gerhard, Sozialgeschichte der Freizeit, Wuppertal 1980

HIRSCHFELD, Magnus: Die Gurgel von Berlin (Großstadtdokumente Bd. 41, Hrsg. v. Hans Ostwald, 2. Aufl., Berlin und Leipzig, o. J. (nach 1906)

HOFFMANN, Hans-Joachim: Kleidersprache. Eine Psychologie der Illusionen in Kleidung, Mode und Maskerade, o. O., o. J. (Berlin 1985)

HOFFMANN, Rudolf: Geschichte des Realschulwesens in Deutschland, in: SCHMID, K. A. 1901, Bd. V, 2. Abt.

HOFFMEISTER, K.: Ein Braunschweiger Lehrer als Begründer
der Schulspiele in Deutschland, mschr. M. 1978

HOHORST, H./KOCKA, J./RITTER, G. A.: Sozialgeschicht-
liches Arbeitsbuch, Materialien zur Statistik
des Kaiserreichs 1870 - 1914, München 1975

HOPF, Wilhelm (Hrsg.): Fußball. Soziologie und Sozialgeschichte einer populären Sportart, Bensheim 1979

HOPF, Wilhelm: Wie konnte Fußball ein deutsches Spiel
werden, in: HOPF, Fußball, 1979

HOPF, Wilhelm: Wie der Fußball nach Deutschland kam.
Nachwort zu KOCH, Gesch. d. Fußballs 1895,
neu: Münster 1983

HOPPE, Hugo: Die Tatsachen über den Alkohol. Ein
Handbuch der Wissenschaft vom Alkohol, München
1912

HORTLEDER, Gert: Die Faszination des Fußballspiels,
Frankfurt 1974

HOYER, Franz, A.: Der Vereinsdeutsche, in: Deutsche
Rundschau, Januar 1964

HUCK, Gerhard (Hrsg.): Sozialgeschichte der Freizeit,
Wuppertal 1980

HUEPPE, Prof. Dr.: Über die Spielbewegung in Deutschland und die Entstehung des Deutschen Fußball-
bundes, in: Jubiläumsschrift "25 Jahre Deutscher
Fußball-Bund", o. O. (Frankfurt), 1925

HUGHES, Thomas: Tom Brown's schooldays. London 1857/
New York 1967

JAKOBI, P./RÖSCH, H.-E. (Hrsg.): Sport und Jugendarbeit (Schriften Christlicher Perspektiven
im Sport; 3), Mainz 1978

JEGGLE, Utz: Alkohol und Industrialisierung, in:
CANCIK, H. (Hrsg.), Rausch, Ekstase, Mystik,
Düsseldorf 1978, 78 - 94

JORDAN, Leo: Das fränkische Gottesgericht, in: Archiv
für Kulturgeschichte, Bd. 6 (1908), 265 - 298,
vor allem 273 - 276 (das mittelalterliche Duell)

JÜTTING, Dieter, H.: Freie Zeit - zum Zeitkonzept
und Zeithaushalt in der Industriegesellschaft
in: FRANKE (Hrsg.) Sport und Freizeit, 1983,
27 - 40

KAUP, J.: Die jugendlichen Arbeiter in Deutschland.
III. Schädigung von Leben und Gesundheit der
Jugendlichen, in: Schriften der Gesellschaft für
soziale Reform, Heft 3, IV. Band (36. Heft
der ganzen Reihe), Jena 1911

KAUTSKY, Karl: Der Alkoholismus und seine Bekämpfung.
Artikelserie in "Die Neue Zeit", 9. Jg., 2. Bd.,
1891

KIENER, Franz: Kleidung, Mode und Mensch, München,
Basel 1956

KLEIN, Michael: Die Sozialisation zum Sport ist
lebenslang, in: BECKER 1982, 49 - 66

KLEIN, Michael: Freizeitrollensozialisation oder wie man
in den Sport involviert wird, in: BECKER 1982
142 - 149

KLING, Hansgeorg (Redaktion): Fest und Feier im
Verein, (Hrsg.: DTB), Celle 1980

KOCH, K.: Fußball. Regeln des Fußballvereins des
Gymnasiums Martino-Catharineum. Braunschweig
1875, 2. Aufl. 1985

KOCH, K.: Vergleiche des engl. Thorballs mit dem deutschen Ballspiel "Kaiser", in: Neue Jahrbücher der
Turnkunst, 1877, S. 137 - 146

KOCH, K.: Fußball, das englische Winterspiel, in:
Pädog. Archiv 1877, Heft 3

KOCH, Konrad: Der erziehliche Wert der Schulspiele
in: Programm des Gymn. Martino-Cath., Braunschweig 1878, 15 - 29

KOCH, Konrad: Die Geschichte des Fußballs im Altertum
und in der Neuzeit, Berlin 1895, Reprint: Münster
1983

KOCH, Konrad: Die Erziehung zum Mute durch Turnen,
Spiel und Sport. Die geistige Seite der Leibesübungen. Berlin 1900

KOEBNER, Th./JANZ, R.-P./TROMMLER, F. (Hrsg.):
"Mit uns zieht die neue Zeit". Der Mythos der
Jugend, Frankfurt 1985

KÖNIG, René: Macht und Reiz der Mode, Düsseldorf und Wien 1971

KÖNIG, René: Menschheit auf dem Laufsteg. Die Mode im Zivilisationsprozeß, München, Wien 1985

KOHL, Wilhelm: Zur Geschichte des Fußballspiels in Frankfurt a. M., in: Dt. Sport- und Spielzeitung, 1. Jg., 1885, 159

KOPPEHEL, Carl: Geschichte des Deutschen Fußballsports, Frankfurt 1954

KORN, Karl: Die freie Jugendbewegung während der Kriegszeit, in: Jungvolk 1916, hrsg. Zentralstelle für die arbeitende Jugend Deutschlands, o. O., 1916

KORR, Charles, P.: Der Fußballklub West-Ham United und die Anfänge des Profifußballs im Londoner Eastend, 1895 - 1914, in: RITTER, Gerhard A., Arbeiterkultur, Meisenheim 1979

KRIEGS-GESCHÄFTSBERICHT des Süddt. Fußballverbandes, 1914 - 1918, Nürnberg 1918

KRUSE, Lenelis/GRAUMANN, Carl, F.: Sozialpsychologie des Raumes und der Bewegung, in: Materialien zur Soziologie des Alltags. Hrsg. HAMMERICH, K./ KLEIN, M., 20. Heft 20, KZfSS; Opladen 1978

KÜPPER, Heinz: Handliches Wörterbuch der deutschen Alltagssprache, Hamburg, Düsseldorf 1968

KUNZE, Eberhard: Eine Generation aufkeimender Kraftmenschen - Ein Beitrag zur historisch orientierten Sozialisationsforschung, in: BECKER (Hrsg.)
1982, 24 - 48

LACHNITT, Maria (Hrsg.): Jugendschutz und Alkoholge-
fahren, Heidhausen-Ruhr 1928

LAERMANN, Klaus: Kommunikation an der Theke. Über
einige Interaktionsformen in Kneipen und Bars
in: Materialien zur Soziologie des Alltags,
So. Heft 20/1978 der KZfSS, 420 - 430

LAFONT, Hubert: Jugendbanden, in: ARIES/BEJIN/FOUCAULT
u. a.: Die Masken des Begehrens und die Meta-
morphosen der Sinnlichkeit, Frankfurt 1984,
209 - 225

LEXIS, Wilhelm (Hrsg.): Die Reform des höheren Schulwesens in Preußen, Halle 1902

LEXIS, Wilhelm: Das Unterrichtswesen im Deutschen
Reich, 5 Bde., Halle 1904

LINDE, Hans: Zur Soziologie des Sports. Versuch einer
empirischen Kritik soziologischer Theoreme,
in: PLESSNER 1967, 103 - 120

LINDNER, R./BREUER, H. Th.: Sind doch nicht alles
Beckenbauers. Frankfurt am Main 1979[2]

LINDNER, Rolf (Hrsg.): Der Satz "Der Ball ist rund"
hat eine gewisse philosophische Tiefe, Berlin
1983 (a)

LINDNER, Rolf: Von Sportsmen und einfachen Leuten,
in: LINDNER 1983 (a), 22 - 36

LINDNER, Rolf: Die Professionalisierung des Fußballsports, in: LINDNER 1983 (a), 56 - 66

LINDNER, Rolf: Straße - Straßenjunge - Straßenbande,
in: Zf. Vkskde. 79. Jg., 1983, 192 - 208
1983 (b)

LINDNER, Rolf: Bandenwesen und Klubwesen im Wilh.
Reich, in: Geschichte und Gesellschaften
10 (1984), 352 - 375, Göttingen 1984

LÖFFLER, Klemens: Vom Zutrinken, in: Archiv für Kulturgeschichte, Bd. 6, (1908), 71 - 78, Berlin 1908

LÜDTKE, Hartmut: Die Freizeit als soziales Bedingungs-
feld für sportliche Aktivitäten, in: DIECKERT
1978

LÜHR, Dora: Matrosenanzug und Matrosenkleid. Entwicklungsgeschichte einer Kindermode von 1770 bis
1920, in: Beiträge zur deutschen Volks- und Alter-
tumskunde 5/1960/61, 19 - 42

LÜTKENS, Charlotte: Die deutsche Jugendbewegung. Ein
soziologischer Versuch. Frankfurt 1925

LÜSCHEN, Günter: Prolegomena zu einer Soziologie des
Sports, in: KZfSS 3 (1960), 501 - 515

LÜSCHEN, Günter (Hrsg.): Kleingruppe und Gruppe
im Sport, KZfSS, So. Heft 10 (1966)

MAAG, Fritz: Vom Karlsruher Exerzierplatz zum heutigen Wildpark-Stadtion, in: Festschrift 60 Jahre KSC Karlsruhe, o. J. (1956), Hrsg. Karlsruher sport-Club

MACHWIRTH, Eckart: Die Gleichaltrigengruppe (peer-group) der Kinder und Jugendlichen, in: SCHÄFERS 1980, 246 - 262

MANGAN, J. A.: Athleticism in the Victorian and Edwardian Public School; Cambridge 1981

MARX, August: Turnen und Bewegungsspiel am Karlsruher Gymnasium. Beilage zu dem Programm des Groß-herzogl. Gymnasiums zu Karlsruhe für das Schuljahr 1893/94 (Progr. 1894 No. 608), Karlsruhe 1894

MASON, Tony: Association Football and English Society 1863 - 1915. The Harvester Press Ltd. 1981

MATERIALIEN für Jugendleiter, Hrsg. DSJ, Frankfurt 1983

MAYER, Hermann: Kurzer Überblick über die Geschichte des Barthold-Gymnasiums zu Freiburg, Freiburg 1934

MENDNER, Siegfried: Das Ballspiel im Leben der Völker, Münster 1956

MERTON, Robert: Social Theory and Social Structure.
New York 1961[3]

MITTERAUER, Michael: Sozialgeschichte der Jugend,
Frankfurt am Main 1986

MOMMSEN, Hans: Generationskonflikt und Jugendrecht
in der Weimarer Republik, in: KOEBNER/JANZ/TROMM-
LER 1985, 50 - 67

MOORMANN, F. W.: Association Football. Ein Handbuch
für Anfänger, Straßburg, o. J. (ca. 1899)

MURRAY'S: New English Dictionary and Historical
Principles, Oxford 1893

MUTSCHLER, Susanne: Ländliche Kindheit in Lebenserinnerungen, Tübingen 1985

NEIDHARDT, Friedhelm: Innere Prozesse und Außen-
weltbedingungen sozialer Gruppen, in: SCHÄFERS,
Gruppensoziologie, 1980

NIENHOLDT, Eva: Die deutsche Tracht im Wandel der
Jahrhunderte, Berlin und Leipzig 1938

NIPPERDEY, Thomas: Jugend und Politik um 1900, in:
RÜEGG 1974

NIPPERDEY, Thomas: Gesellschaft, Kultur, Theorie,
Göttingen 1976

NEULOH, O./ZILIUS, W.: Die Wandervögel, Göttingen 1982

von ONNA, Ben: Jugend und Vergesellschaftung. Eine
Auseinandersetzung mit der Jugendsoziologie,
Frankfurt 1976

472

OSMOND, H.: Function as the basis of psychiatric ward
design, in: Mental Hospitals, 1957, 8, 23 - 29,
Zit. nach KRUSE/GRAUMANN: Sozialpsychologie des
Raumes und der Bewegung, in: KZfSS, So. Heft
20/1978, 177 - 219

PALM, Jürgen: Freizeitsport im Verein, in: DIECKERT
1978

PARIS, Rainer: Für Paule, in: Ästhetik und Kommunikation 24, 1976

PARIS, Rainer: Fußball als Interaktionsgeschehen, in:
LINDNER (Hrsg.), 1983 a

PAULSEN, Friedrich: Das deutsche Bildungswesen in seiner
geschichtlichen Entwickelung
Leipzig 1906

PEDERSEN, Jürgen: Sportpolitik in der BRD. Schriften-
reihe des Instituts für Sportwissenschaft der Uni
Hamburg, II. Wellar/Lahn 1977

PHILIPPOVICH, E. V.: Jugend- und Volksspiele in ihrer
sozialen Bedeutung, in: Sozialpolitisches Central-
blatt II. Jg. 10/1892/93, Nr. 38, 449 - 451
Berlin 1893 (Hrsg. Dr. Heinrich Braun)

PILGER, Robert: Über das Verbindungswesen auf nord-
deutschen Gymnasien, Berlin 1880

PILZ, G. A.: Wandlungen der Gewalt im Sport, Ahrens-
burg 1982

PIRO, Rüdiger: Grundsätze staatlicher Sportförderung, in: BUNDESZENTRALE 1984, 34 - 47

PLANCK, Karl: Fußlümmelei. Über Stauchballspiel und englische Krankheit, Stuttgart 1898, Reprint: Münster 1982

PLESSNER, Helmut: Soziologie des Sports, in: Deutsche Universitätszeitung 22 (1952), 9 - 11 und 23/24 (1952), 12 - 14

PLESSNER, Helmut: Die Funktion des Sports in der industriellen Gesellschaft, in: Wissenschaft und Wirtschaft. 19. Jg. (1956), 262 - 274

PLESSNER, H./BOCK, H. -E./GRUPE, O.: Sport und Leibeserziehung. Sozialwissenschaftliche, pädagogische und medizinische Beiträge, München 1967

POTTHOFF, O. D./KOSSENHASCHEN, G.: Kulturgeschichte der Deutschen Gaststätte, Berlin, o. J. (1932)

PREISING, Wulf: Die Spielbewegung in Deutschland: Die Entwicklung einer gesellschaftlichen Bedeutung des Spiels in: UEBERHORST, 1980

PROSS, Harry: Jugend, Eros, Politik. Die Geschichte der deutschen Jugendverbände, Bern, München, Wien 1964

RACQUET, F. W.: Moderne englische Spiele zum Zwecke der Einführung in Deutschland, Göttingen 1882

RAYDT, H.: Die deutschen Städte und das Jugendspiel, Hannover-Linden, 1891, 112

REICHERT, OttO: Die Benutzung der Schulhöfe als Spielplätze in Deutschland, in: JfJuV 1901, 181 - 188

REULECKE/WEBER, Fabrik-Familie-Freizeit, Wuppertal
1978

RIESMAN, David: Football in America: A study in Culture
Diffusion, in: The American Quarterly Vol. 3,
No. 3, 1951

RIGAUER, Bero: Sport und Arbeit. Soziologische Zusammenhänge und ideologische Implikationen.
Frankfurt 1969

RIGAUER, Bero: Sportsoziologie, Reinbek 1982

RISSE, Heinz: Soziologie des Sports, 1921. Reprint
Münster 1981

RITTER, G. A./KOCKA, J. (Hrsg.): Deutsche
Sozialgeschichte, Bd. II, München 1974

ROBERTS, James, S.: Wirtshaus und Politik in der deutschen Arbeiterbewegung, in: HUCK (Hrsg.): Sozialgeschichte der Freizeit, Wuppertal 1980 a

ROBERTS, James, S.: Die Alkoholkonsum deutscher Arbeiter im 19. Jht., in: Geschichte und Gesellschaft,
Jg. 1980, 220 - 242

ROESSLER, Wilhelm: Die Entstehung des modernen Erziehungswesens in Deutschland, Stuttgart 1961

RÖTHIG, Peter/GABLER, Hartmut: Psychologische Grund-
fragen der Leibeserziehung, in: Einführung in die
Theorie der Leibeserziehung, Schorndorf 1970[2]

RÜEGG, Walter (Hrsg.): Kulturkritik und Jugendkritik, Frankfurt 1974

RÜHLE, Otto: Die Seele des proletarischen Kindes, Dresden 1925

SACK, Hans-Gerhard: Soziale Funktionen des Sportvereins im Jugendalter. Teilbd. 1 - 2, Berlin 1984

SAEDLER, S. J.: Der Kampf um die schulentlassene männliche Jugend, in: Stimmen aus Maria Laach - Kath. Blätter, Freiburg i. Br. 1913

SAUL, Klaus: Der Kampf um die Jugend zwischen Volksschule und Kaserne. Ein Beitrag zur "Jugendpflege im wilhelminischen Reich 1890 - 1914", in: Militärgeschichtliche Mitteilungen 1/1971. Hrsg.: Militärgesch. Forschungsanstalt Freiburg i. Br.

SCHÄFERS, Bernhard: Einführung in die Gruppensoziologie, Heidelberg 1980

SCHÄFERS, Bernhard: Primärgruppen, in: SCHÄFERS 1980

SCHÄFERS, Bernhard: Entwicklung der Gruppensoziologie und Eigenständigkeit der Gruppe als Sozialgebilde in: SCHÄFERS 1980

SCHÄFERS, Bernhard: Soziologie des Jugendalters, Opladen 1982

SCHÄFERS, Bernhard: Gruppenbildung als Reflex auf gesamtgesellschaftliche Entwicklungen am Beispiel der deutschen Jugendbewegung, in: KfZSS, So-Heft 25, 1983

SCHIVELBUSCH, Wolfgang: Das Paradies, der Geschmack
und die Vernunft. Frankfurt, Berlin, Wien
1983, 159 - 214

SCHLAGENHAUF, Karl: Sportvereine in der Bundesrepublik
Deutschland. Teil I: Strukturelemente und Verhal-
tensdeterminanten im organisierten Freizeitbereich
Schorndorf 1977

SCHMID, Georg: Das "neuzeitliche nationale" Gymnasium,
in: SCHMID 1901, Bd. V, 1. Abt.

SCHMID, K. A.: Geschichte der Erziehung vom Anfang bis
auf unsere Zeit, Stuttgart, Berlin 1901

SCHMIDT, F. A.: Über die Anlage von Spielplätzen für
die Spiele der Schulen sowie der schulentlassenen
Jugend, in: JfJuV 1910, 168 - 171

SCHMIDTCHEN, Volker: Arbeitersport - Erziehung zum sozialistischen Menschen? Leitworte der Jugendarbeit
in zwei Ruhrgebietsvereinen in der weim. Republik,
in: Fabrik - Familie - Freizeit REULECKE/WEBER
(Hrsg.), Wuppertal 1978

SCHMITZ, J. N.: Sport und Leibeserziehung zwischen
Spätkapitalismus und Frühsozialismus. Reflexionen
und Materialien gegen die "kritische Sporttheorie",
Schorndorf 1974

SCHNEIDER, H.: Die sozialkritische Jugendbewegung,
Köln 1952 (Dissertation)

SCHÖNBERGER, Klaus: "Arbeiter, heraus aus dem bürgerlichen Sportvereinen!", in: SpW 1986/1, 76 - 90

SCHÖTTLER, Bärbel: New Games - Trend oder Bedürfnis, in: FRANKE 1983, 73 - 82

SCHRÖER, H.: Leibesübungen und Bodenspekulation, in: JfJuV 1910, 67 - 69

SCHRÖDER, Willi: Burschenturner im Kampf für Einheit und Freiheit, Berlin (Ost) 1967

SCHÜTZ, Alfred: Der sinnhafte Aufbau der sozialen Welt. Eine Einleitung in die verstehende Soziologie, Frankfurt/M. 1974

SCHÜTZ, Alfred/LUCKMANN, Thomas: Strukturen der Lebenswelt, Bd. 1, Frankfurt 1979

SCHÜTZ, Alfred: Das Problem der Relevanz, Frankfurt a. M. 1982

SCHULZE, P./SSYMANK, P.: Das deutsche Studententum von den ältesten Zeiten bis zur Gegenwart 1931, München 1932

SCHWANK, Willi: Kirche und Sport in Deutschland von 1848 bis 1920; Mainzer Studien zur Sportwissenschaft, Bd. 4; Hochheim 1979

SCHWONKE, Martin: Die Gruppe als Paradigma der Vergesellschaftung, in: SCHÄFERS 1980

SETZEN, Karl M.: Gruppen im Sport, in: SCHÄFERS 1980, 263 - 281

SIEMERING, Hertha (Hrsg.): Die deutschen Jugendverbände, Berlin 1918

SIEMERING, Herta (Hrsg.): Die deutschen Jugendverbände.
Ihre Ziele, ihre Organisation sowie ihre neuere
Entwicklung und Tätigkeit. 3. neu bearb. Auflage,
Berlin 1931

SIMMEL, Georg: Soziologie. Untersuchung über die Formen
der Vergesellschaftung. Berlin [5]1968

STAUDINGER, Hans: Individuum und Gemeinschaft in der
Kulturorganisation des Vereins, Jena 1913

STUDIER, Manfred: Der Corpsstudent als Idealbild der
wilhelminischen Ära. Phil. Diss., Uni Erlangen
1965

SZEMKUS, Karol: Gesellschaftliche Bedingungen zur Entstehung der deutschen Jugendbewegung, in: RÜEGG
1974

TEICHLER, H.J.: Arbeitersport und Sportgeschichte,
in: Archiv für Sozialgeschichte, Bd. XVII (1971),
474 - 483

TEICHLER, Hans-Joachim: Ausführliche Literatur-Zusam-
menstellung zu Arbeitersport, in: SpW 1/85,
S. 83 ff.

TEICHLER, Hans-Joachim: Arbeitersport - Körperkultur -
Arbeiterkultur, in: Sportwissenschaft 4/84

TENBRUCK, F. H.: Jugend und Gesellschaft, Freiburg
1962

TENBRUCK, F. H.: Die unbewältigte Sozialwissenschaften
oder die Abschaffung des Menschen, Graz 1984

TENFELDE, Klaus: Großstadtjugend in Deutschland vor 1914, in: Viertelahresschrift für Sozial- und Wirtschaftsgeschichte, Bd. 69, 1982, 195 ff.

TIMM, Waldemar: Sportvereine in der Bundesrepublik Deutschland. Teil II: Organisations-, Angebots- und Finanzstruktur, Schorndorf 1979

TIMMERMANN, Heinz: Geschichte und Struktur der Arbeiter- sportbewegung 1893 - 1933, Frankfurt 1969

TÖDTMANN, Friedhelm: Freizeitsport und Verein. Zur Si- tuation nicht-wettkampforientierter Gruppen im Sportverein, Frankfurt/M. 1982

TRÜBNERs Deutsches Wörterbuch, Herausgeg. von Walter Mitzeka, Berlin 1955, 6. Bd.

UEBERHORST, Horst: Frisch, Frei, Stark, Treu. Die Arbeitersportbewegung in Deutschland von 1893 - 1933, Düsseldorf 1973

UEBERHORST, Horst: Geschichte der Leibesübungen Bd. 3/1, Berlin, 1980

UESSELER, Wilfried: Jean-Paul Sarte als Theoretiker des Fußballs, in: HOPF 1979, 202 - 213

VÄTH, Heinrich: "Mir war'n halt ein wilde Haufe..." Die Sozialgeschichte des Fußballsports in einem Spessartdorf, Bensheim 1981

VINNAI, Gerhard: Fußballsport als Ideologie, Frank- furt 1970

VOIGT, Robert: Das Fußballspiel auf deutschem
    Boden, in: Dt. Sport- und Spielzeitung,
    1. Jg. 1885, 129/130

VONDUNG, K.: Das wilhelminische Bildungsbürgertum,
    Göttingen 1976

WARTMANN, Pastor: Jugend-Pfleger-Schule in Berlin,
    in: Die Innere Mission im evangelischen Deutsch-
    land, 7. Jg. 1912, 425 - 426, Hamburg

WAHRIG, G.: Deutsches Wörterbuch, Sonderausgabe;
    Berlin 1968/1977

WEGELE, Karl: Vereinsgeschichte FC "Phönix", Karls-
    ruhe (1894 - 1952), in: 60 Jahre KSC. Hrsg.
    Karlsruher Sport-Club, Karlsruhe, o. J. (1956)

WITT, Günter: Ästhetik des Sports, Berlin, DDR,
    1962

WURZBACHER, Gerhard (Hrsg.): Die Familie als Soziali-
    sationsfaktor, Stuttgart 1968

ZINNECKER, Jürgen: Straßensozialisation. Versuch, einen
    unterschätzten Lernort zu thematisieren, in: Zeit-
    schrift für Pädagogik, 25(1979)5, 727 - 746